REVISTA DE DIREITO MERCANTIL
industrial, econômico e financeiro

131

Publicação do
Instituto Brasileiro de Direito Comercial Comparado
e Biblioteca Tullio Ascarelli
do Departamento de Direito Comercial
da Faculdade de Direito da Universidade de São Paulo

Ano XLII (Nova Série)
julho-setembro/2003

MALHEIROS
EDITORES

REVISTA DE DIREITO MERCANTIL
industrial, econômico e financeiro

Nova Série — Ano XLII — n. 131 — julho-setembro de 2003

REVISTA DE DIREITO MERCANTIL
publicação trimestral de
MALHEIROS EDITORES LTDA.
Rua Paes de Araújo, 29, conjunto 171
CEP 04531-940
São Paulo, SP - Brasil
Tel. (011) 3078-7205
Fax: (011) 3168-5495

Diretor Responsável: Álvaro Malheiros
Diretora: Suzana Fleury Malheiros

Assinaturas e comercialização:
CATAVENTO DISTRIBUIDORA DE
LIVROS S.A.
Rua Conselheiro Ramalho, 928
CEP 01325-000
São Paulo, SP - Brasil
Tel. (011) 289-0811
Fax: (011) 251-3756

Supervisão Gráfica: Vânia Lúcia Amato
Composição: *Scripta*

SUMÁRIO

DOUTRINA

A INCOMPLETUDE DO CONTRATO DE SOCIEDADE
— RACHEL SZTAJN E HAROLDO MALHEIROS DUCLERC VERÇOSA 7

II DIRITTO DELLE SOCIETÀ TRA AUTONOMIA DEI PRIVATI E INTERVENTO DEL LEGISLATORE
— DIEGO CORRADO 21

A REPERCUSSÃO, NO REGIME DA PATENTE "PIPELINE", DA DECLARAÇÃO DE NULIDADE DO PRIVILÉGIO ORIGINÁRIO
— CLÈMERSON MERLIN CLÈVE E MELINA BRECKENFELD RECK 44

ATUALIDADES

A ANÁLISE DO MERCADO RELEVANTE E O PRINCÍPIO DA ISONOMIA NA MATÉRIA ANTITRUSTE
— JOSÉ CARLOS DA SILVA NOGUEIRA 75

AINDA SOBRE A NECESSIDADE DE HOMOLOGAÇÃO DAS SENTENÇAS ARBITRAIS ESTRANGEIRAS PELO STF E A CONVENÇÃO DE NOVA IORQUE DE 1958
— MARCO AURÉLIO GUMIERI VALÉRIO 91

A ARBITRAGEM NA REFORMA DA LEI DAS S/A
— LUÍS LORIA FLAKS 100

PODER REGULAMENTAR DA COMISSÃO DE VALORES MOBILIÁRIOS EM FACE DOS PRINCÍPIOS DA LEGALIDADE E SEPARAÇÃO DE PODERES
— RICARDO GUIMARÃES MOREIRA 122

BREVES PONDERAÇÕES SOBRE O APARENTE CONFLITO DE NORMAS QUE REGEM A SUBSTITUIÇÃO DE ACIONISTAS DISSIDENTES REEMBOLSADOS
— RODRIGO DE OLIVEIRA BOTELHO CORRÊA 144

ELEIÇÃO DE MEMBROS DO CONSELHO DE ADMINISTRAÇÃO PELOS ACIONISTAS MINORITÁRIOS
— NORMA JONSSEN PARENTE 148

O DIREITO DA EMPRESA NO NOVO CÓDIGO CIVIL
— CÁSSIO MACHADO CAVALLI 153

O NOVO CÓDIGO CIVIL E A RETIRADA DE SÓCIOS NAS LIMITADAS
— JOÃO LUIZ COELHO DA ROCHA 185

INOVAÇÕES DA SOCIEDADE LIMITADA NO NOVO CÓDIGO CIVIL
— Guilherme Teixeira Pereira 191

ESPAÇO DISCENTE

DOS DESTINATÁRIOS DA OFERTA PÚBLICA NA ALIENAÇÃO DE CONTROLE DA COMPANHIA ABERTA
— Douglas Yamashita 206

A (DES?)NECESSIDADE DE HOMOLOGAÇÃO DE LAUDOS ARBITRAIS ESTRANGEIROS APÓS A ENTRADA EM VIGOR, NO BRASIL, DA CONVENÇÃO DE NOVA IORQUE
— Fabiane Verçosa 214

CONTRATO PRELIMINAR. Aspectos Jurídicos, Funcionalidade, Análise Econômica e Teoria dos Jogos
— Adriana Josuá 230

JURISPRUDÊNCIA COMENTADA

CRIME CONTRA O SISTEMA FINANCEIRO NACIONAL. Denúncia. Peça processual ofertada com base, exclusivamente, em representação feita pelo Banco Central. Instituição que, após, determina o arquivamento do processo administrativo. Atipicidade da conduta caracterizada. Fato que enseja o trancamento da ação penal por falta de justa causa
— Haroldo Malheiros Duclerc Verçosa 238

PARECERES

NEGÓCIO INDIRETO E OPERAÇÃO DE CÂMBIO
— Luiz Gastão Paes de Barros Leães 251

CHEQUE. FALSIFICAÇÃO. DIREITO APLICÁVEL. USOS E COSTUMES. COMPORTAMENTO DO EMITENTE E DO SACADO. DANO MORAL.
— Fernando Netto Boiteux 264

COLABORAM NESTE NÚMERO

ADRIANA JOSUÁ

Pós-Graduanda da Faculdade de Direito da Universidade de São Paulo — USP

CÁSSIO MACHADO CAVALLI

Mestrando em Direito do Estado pela Pontifícia Universidade Católica do Rio Grande do Sul — PUC/RS. Professor de Direito Comercial dos Cursos de Graduação e Pós-Graduação da Faculdade de Direito Ritter dos Reis. Advogado

CLÉMERSON MERLIN CLÈVE

Professor Titular de Direito Constitucional das Faculdades de Direito da UFPR e UNIBRASIL. Advogado e Consultor em Curitiba

DIEGO CORRADO

Università Commerciale Luigi Bocconi, Milão. Advogado e Doutor Comercialista em Milão

DOUGLAS YAMASHITA

Mestre em Direito (LL.M.) pela Universidade de Colônia, Alemanha. Pós-Graduando da Faculdade de Direito da Universidade de São Paulo — USP

FABIANE VERÇOSA

Mestranda em Direito Internacional e da Integração Econômica da Universidade Estadual do Rio de Janeiro — UERJ. Advogada

FERNANDO NETTO BOITEUX

Doutor em Direito Comercial pela Universidade de São Paulo, onde foi Professor. Professor Doutor de Direito Comercial da Fundação Armando Álvares Penteado (FAAP). Advogado em São Paulo

GUILHERME TEIXEIRA PEREIRA

Bacharel em Direito pela Universidade Salvador. Pós-Graduando em Direito Empresarial pela Pontifícia Universidade Católica de São Paulo — PUC/SP

HAROLDO MALHEIROS DUCLERC VERÇOSA

Mestre e Doutor em Direito Comercial pela Universidade de São Paulo. Professor de Direito Comercial das Faculdades de Direito da USP e da FAAP. Membro do Centro de Mediação e Arbitragem da Câmara do Comércio Brasil-Canadá. Consultor

JOÃO LUIZ COELHO DA ROCHA

Professor de Direito Comercial da Pontifícia Universidade Católica do Rio de Janeiro — PUC/RJ. Advogado no Rio de Janeiro

JOSÉ CARLOS DA SILVA NOGUEIRA

Mestre em Direito pela University of San Francisco. Advogado

LUÍS LORIA FLAKS

Graduado pela Pontifícia Universidade Católica do Rio de Janeiro — PUC/RJ. Especialista em Direito Empresarial pelo Instituto Brasileiro de Mercado de Capitais — IBMEC. Advogado

LUIZ GASTÃO PAES DE BARROS LEÃES

Professor Titular da Faculdade de Direito da Universidade de São Paulo — USP. Advogado

Marco Aurélio Gumieri Valério

Mestrando em Direito pela UNESP, *Campus* de Franca. Advogado

Melina Breckenfeld Reck

Professora dos Cursos de Direito e Administração Pública da UNIBRASIL. Mestranda em Direito do Estado na UFPR. Advogada

Norma Jonssen Parente

Diretora da Comissão de Valores Mobiliários — CVM

Rachel Sztajn

Professora Associada da Faculdade de Direito da Universidade de São Paulo — USP

Ricardo Guimarães Moreira

Mestrando da Universidade Federal de Minas Gerais — UFMG

Rodrigo de Oliveira Botelho Corrêa

Procurador Federal da Comissão de Valores Mobiliários

Doutrina

A INCOMPLETUDE DO CONTRATO DE SOCIEDADE

RACHEL SZTAJN
e
HAROLDO MALHEIROS DUCLERC VERÇOSA

Introdução. I — Informação e sua importância na decisão de contratar. II — A incompletude contratual. III — A sociedade como contrato. IV — O completamento do contrato de sociedade.

Introdução

A noção de incompletude contratual, tal como definida pelos economistas, será utilizada para explicar a importância das reuniões ou assembléias de sócios, a fixação dos *quoruns* deliberantes e, talvez, mais relevante, ainda, a conveniência de que tais reuniões de sócios ou acionistas sejam presenciais, e que a pauta de matérias seja informada com antecedência.

Governança e oportunismo, custos de transação e assimetria de informações são pilares sobre os quais os economistas edificam a discussão da incompletude contratual e todos estão presentes no negócio sociedade.

Pode-se dizer que o marco inicial das discussões a respeito da organização de sociedades seja o trabalho sobre organizações de Ronald Coase, de 1937, denominado *The Nature of the Firm*, em que o economista mostra que, mesmo quando na presença de mercados ativos e eficientes, os agentes econômicos organizam atividades sob forma de empresa e que o fazem para reduzir custos de transação.

Transação, no jargão dos economistas, é qualquer operação econômica ajustada entre agentes econômicos. Portanto, nada tem que ver com o negócio jurídico transação, mediante o qual, para prevenir ou encerrar litígios as partes fazem-se mútuas e recíprocas concessões. Os economistas não pensam em concessões mas sim em barganhas ou negociações.

Consideram-se *custos de transação* aqueles incorridos nas transações ainda quando não representados por dispêndios financeiros (isto é, movimentação de caixa), derivados ou impostos pelo conjunto de medidas tomadas para realizar uma determinada operação ou transação. Incluem-se no conceito de custo de transação o esforço com a procura de bens ou serviços em mercados; a análise comparativa de preço e qualidade entre os bens ofertados; a segurança quanto ao adimplemento da operação pelas partes; a certeza de que o adimplemento será perfeito e a tempo; eventuais garantias que sejam requeridas na hipótese de eventual inadimplemento ou adimplemento imperfeito; a redação de instrumentos contratuais que reflitam todas as tratativas e eventos possíveis que possam afetar as prestações respectivas, que desenhem com clareza os direitos, deveres e obrigações das partes. Compreende, portanto, todos os esforços, cuidados e o tempo gasto entre o início da busca pelo bem, a decisão de efetuar a operação e o cumprimento satisfatório de todas as obrigações assumidas pelos contratantes. Também devem ser incluídos movimentos que se sigam à operação que uma das partes deva fazer para a completa satisfação de seu crédito.

Pode-se utilizar a noção de custo de transação como meio ou forma de precificar incertezas, e, portanto, essa concepção interessa aos juristas uma vez que os agentes econômicos, intuitivamente, consideram os custos de transação envolvidos quando da análise e tomada de decisão no que se refere à garantia do bom resultado da operação (transação). Eles são computados na análise da relação custo-benefício do negócio, de forma que, quanto maiores os cuidados que sejam investidos no assegurarem-se as partes de que a operação será bem sucedida, maiores tendem a ser os custos de transação e, conseqüentemente, menores os benefícios esperados.

Explica-se, pois, a importância de se considerar, na análise de cada operação ou contrato que venha a ser celebrado, os custos de transação que sejam incorridos naquela dada operação negocial. Também se constata que, embora a concepção de custo de transação tenha sede na economia, a expressão vem sendo empregada, cada vez mais, pelos juristas, estando presente em textos jurídicos dedicados à análise de contratos compreendidos como operações econômicas.

Em realidade, a idéia de custo de transação mostra-se ainda mais importante no plano das relações de consumo, dada a assimetria de informação. E também, em presença de contratos empresariais, na maioria, de longa duração e de execução continuada, que se destinam a facilitar a organização da atividade; a manter estável a produção e a oferta de bens e serviços em mercados; à especialização de atividades; e, portanto, ao aumento das eficiências alocativa e produtiva. A sociedade é um contrato desse tipo, de longa duração, em geral, e de execução continuada, em que se organiza o exercício de atividade econômica.

Contratos refletem declarações obrigacionais entre duas ou mais partes que, no exercício de sua autonomia negocial, exercem o poder de dar-se regras. Partindo do pressuposto de que as pessoas são racionais e agem racionalmente, é intuitivo que nessa formulação do auto-regramento, buscarão reduzir custos de transação.

Nos contratos de longa duração e execução continuada ou diferida é difícil prever, *ex ante*, todos e quaisquer eventos que possam resultar em contingências que afetem a distribuição de direitos, deveres, ônus e obrigações iniciais, aqueles que venham a incidir sobre as respectivas prestações, que podem ser afetadas de forma adversa. Desta forma, também é de supor que os custos de transação serão, nesses casos, mais elevados. Ainda que se imagine que as declarações negociais poderão prever todas as hipóteses e que não haverá lacunas, os economistas entendem — e é fácil acompanhar seu raciocínio — que pessoas racionais, optarão por deixar vagos ou imprecisos certos eventos, para reduzir custos de transação. É importantíssimo observar que a opção pela incompletude não aplica à redação do instrumento de contrato mas, isto sim, à própria negociação da operação.

Contrato é para os economistas meio ou instrumento que facilita a circulação de riqueza, uma forma de ajustar a transferência de bens de uma pessoa que está disposta a deles se desfazer para outra que os deseja e que, por isso, oferece àquele alguma coisa que a outra queira. O resultado dessa circulação tende a deixar as duas partes em situação melhor do que estavam anteriormente. Isto porque, quando obtêm o que desejam elas satisfazem suas necessidades, conseqüentemente aumentando seu bem-estar. Esse tipo de troca econômica será eficiente, a alocação dos bens "*Pareto superior*" ou "*Pareto ótima*". Os bens circularão na economia e, enquanto as contínuas mudanças não prejudiquem qualquer dos envolvidos, as operações serão eficientes e desejáveis.

Sob a perspectiva de equilíbrio de mercado é fácil perceber porque se estimulam operações que sejam "*Pareto-ótimas*" ou "*Pareto superiores*": é que, se a alocação dos bens deixa as pessoas em situação melhor do que estavam anteriormente, sem que ninguém fique pior ou perca, o bem-estar da comunidade aumenta. Pode-se considerar serem "Pareto superiores" aquelas operações conhecidas de muitos pela designação *second best*. Se o melhor e ideal é impossível, passa-se à operação imediatamente menos boa.

O instituto jurídico contrato é instrumento que se destina a assegurar a regular e pacífica circulação da riqueza; a evitar a violência na alocação eficiente dos bens na economia; e a promover sua transferência entre pessoas de forma lícita, uma vez que obriga as pessoas por suas declarações ou promessas.[1] Para obter qualquer bem pertencente a outrem as pessoas recorrem ao contrato. Por isto ele aparece na ciência econômica ao lado do direito de propriedade, como instituições sociais desejáveis. Nenhuma sociedade evoluída prescinde de contratos, que aparecem como instituição social antes mesmo de serem incorporados aos ordenamentos jurídicos.

À força vinculante dos contratos somase a garantia de recuperação do bem de que se tenha sido desapossado mediante uso da força física ou da intimidação. Desta forma, é favorecido o respeito ao direito de propriedade.

Analisar contratos sob a óptica da teoria clássica tem como pressuposto a igualdade entre partes contratantes, segundo os ideais da Revolução Francesa: igualdade, liberdade e fraternidade. Entretanto, é simples verificar que a pretendida igualdade entre contratantes nem sempre é real e que, na maioria das operações. Trata-se de pressuposto meramente formal. Na verdade, materialmente as partes estão em posição desigual em virtude da assimetria de informações distribuída entre elas. Este fato desde logo desequilibra as declarações negociais. Vem se afirmando a tendência de afastar a teoria clássica dos contratos, mesmo timidamente, e incorporar essa noção de desigualdade entre partes no que se refere à informação. A idéia de que o contrato faz lei entre partes deve ser aplicada com temperança, com cautela para evitar o prevalecimento de posições de pessoas que detenham mais e/ou melhores informações.

O reconhecimento de que a igualdade formal não se reflete em igualdade material reforça a necessidade de repensar os contratos deixando de lado a concepção de que a informação é completa e igualmente distribuída ou disponível.

Há quem veja na assimetria de informação sérias dificuldades para que as pessoas coordenem espontaneamente as suas atividades econômicas. Isto porque a assimetria de informações ou a existência de informações contraditórias, resulta em que a conduta racional e estratégica de cada um será no sentido de precaver-se, do que resulta o aumento dos custos de transação. Esta é a explicação de Ronald Coase, em *The Nature of the Firm*, de 1937, para justificar a organização de empresas.[2]

Sobre a incorporação da assimetria de informações ao pensamento jurídico, temse exemplo claro na legislação de consumo, e com base nisso se justifica a intervenção normativa.

1. Para os economistas contrato é qualquer relação que crie vínculos entre duas ou mais pessoas.

2. Considerando que há custos (de transação) envolvidos na utilização do mecanismo de preços (mercado), organizar a produção de modo a determinar quais os preços relevantes, e reduzi-los ou eliminá-los, explica o interesse dos agentes econômicos pela organização da empresa.

Partindo da premissa de que os economistas podem contribuir para o aperfeiçoamento da ciência do Direito, pergunta-se por quê não trazer para este campo — ao lado dos custos de transação e da assimetria de informações — a percepção da incompletude contratual? Por quê, na análise de contratos, não investigar as propostas de estudos econômicos, correspondentes a algumas formulações recentes de extrema importância? Será concebível que as duas áreas do conhecimento — direito e economia — não se interpenetrem, mantendo-se em linhas paralelas, presas em compartimentos estanques?

Mesmo que ao jurista não agrade o largo emprego da matemática de que se servem os economistas para modelarem os fenômenos por eles examinados; que à sua forma de pensamento oponham forte resistência; que há valores comportamentais e princípios éticos, fundamentais para os juristas, colocados por vezes, em plano secundário na visão dos economistas — os quais, alega-se, estão preocupados apenas com a eficiência na circulação da riqueza; tudo isto não justifica a separação extremada entre estas duas áreas do conhecimento.

A maioria das críticas dirigidas à análise dos economistas na avaliação das normas jurídicas está fundada na rejeição aos critérios de eficiência por eles adotados, partindo-se da premissa de que as pessoas, ao decidir sobre suas condutas, nunca se utilizam critérios próprios da relação custo-benefício, mesmo intuitivamente.

Mas análise empírica dos comportamentos permite questionar tal premissa, uma vez que é comprovável o fato de que as pessoas agem estrategicamente. Mais ainda, que levam em conta as estratégias que as outras pessoas com as quais se relacionam adotarão; que pesam os efeitos decorrentes de suas ações e adotam uma ou outra conduta segundo lhes pareça não virão a ser punidas. Desta maneira, pode-se pensar a função promocional do direito, como fez Norberto Bobbio, juntamente com modelos econômicos, visando a compreender e valorar comportamentos individuais em face de instituições sociais.

Bastaria pensar que o legislador parte desse conjunto de premiações e punições repetidas e consolidadas e, em processo de abstração crescente, define os elementos básicos que refletem o núcleo do costume, para poder, a partir daí, desenhar a norma positivada. Esta visão explica porque normas mais rentes às instituições sociais sofrem menor rejeição das pessoas, sendo sua aceitação mais fácil.

I — Informação e sua importância na decisão de contratar

No plano da informação, são elementos vitais no desenho de estratégias comportamentais ou negociais o conhecimento que o agente tem a respeito de determinado negócio, de uma situação concreta e/ou, do conhecimento que a outra pessoa tem. Por isso que a assimetria de informações deve ser considerada, uma vez que interfere na avaliação dos custos de transação. A distribuição da informação entre contratantes é ponto central na conclusão de pactos; tem relevância na distribuição de ônus e vantagens entre contratantes. Daí que se torna possível prever o equilíbrio que resultará do contrato (se efetivo ou não), a distribuição dos ganhos e perdas, e como interpretá-lo quando evento imprevisto venha a incidir sobre as prestações.

Sabe-se que, na maioria dos contratos celebrados, as partes detêm informações incompletas, implicando este fato em custos de transação que afetam a eficiência da estrutura contratual. Se a racionalidade individual leva a que, como estratégia de negociação, cada contratante tente receber parcela dos benefícios gerados pelo negócio e que cada uma delas suporte os custos da operação, é necessária então a existência de incentivos para as pessoas que negociam. Quando não houver benefícios a serem partilhados entre os operadores é comum que o negócio não seja concluído porque ambos ficariam em situação pior do que a atual.

Importante investigar como esses incentivos afetam a operação uma vez que, é fato, quem detenha mais ou melhores informações estará em posição vantajosa em face dos demais em qualquer negociação e poderá obter o que se denomina "renda de informação". Isto é, a pessoa que detém a informação privada apropria-se de parcela maior dos benefícios gerados na operação.

Análises econômicas dos comportamentos estratégicos apóiam-se na concepção de que as ações individuais são racionais e avançam no sentido dessa racionalidade revelar-se viezada, isto é, conformada pelas instituições sociais, pelas normas jurídicas e pela informação disponível no momento da formulação da estratégia e da decisão. Instituições sociais são importantes porque representam os valores que o grupo adota, que considera relevantes e merecedores de garantias, em que há regras claras de premiação e punição para condutas conformes ou desviantes. Há quem diga que essas instituições são as regras do jogo de convivência social pelas quais as pessoas se pautam.

A assimetria de informações gera um problema: segundo a visão de que informação produz renda, se os benefícios gerados pela operação não forem suficientes para uma eventual partilha, então o comportamento estratégico dos negociadores tenderá a mascarar informações, resultando ser possível que sejam apresentados dados incorretos e até falsos por qualquer deles.

Combinando as duas situações, assimetria de informações e contratos de longo prazo, aparece com muito evidente a área em que potenciais embates podem ser encetados entre contratantes e o espaço no qual com maior clareza se insere a questão dos contratos incompletos.

Veja-se, por exemplo, as normas no Direito do Consumidor em que é marcante a tendência de buscar reequilibrar as posições das partes impondo regras de *disclosure* a fim de gerar igualdade nas informações entre consumidores e fornecedores. Essa mesma visão está presente na disciplina do mercado de valores mobiliários (ações e debêntures negociados em Bolsa de Valores) e tende a se ampliar para outros setores.

Considerando que informação tem preço (portanto, revela-se como um "bem" no sentido jurídico) e, portanto, tem custo, os economistas tratam de investigar a maneira como otimizar, se isso for possível, a disseminação de informações e quando, para reduzir custos, as partes optam por, deixar certas áreas sem prever, exaustivamente, todos os possíveis eventos que poderiam atingir suas respectivas prestações, nas contratações de longo prazo e de execução diferida ou continuada. Não se trata de lacuna do contrato, mas de omissão deliberada, parte do acordo.

II — A incompletude contratual

Para os economistas, os contratos de execução continuada ou diferida — diversamente daqueles de execução instantânea —, devem ser analisados sob distinta perspectiva. Quanto mais longo for o tempo entre a celebração do contrato e sua execução, desde que o negócio envolva a produção de bens especiais destinados a fins específicos, não padronizados, e, portanto, não facilmente renegociáveis, novos problemas são postulados, em nada similares àqueles tradicionalmente estudados pelo Direito.

Naqueles casos é amplificada a imprevisibilidade da ocorrência de eventos que possam afetar as prestações das partes e/ou a execução do contrato. Até mesmo a confiança que as partes depositam uma na outra pode ser frustrada. O risco de que qualquer das partes adote comportamento oportunista para obter vantagens extraordinárias pode ser equiparado à assimetria de informações.

Sobre a assimetria de informações pode-se pensar em: (i) seleção adversa ou uso de informação oculta; (ii) prática de ações temerárias em que a parte assume riscos fora do controle da outra; e (iii) finalmente, a impossibilidade de terceiros, estranhos à relação — usualmente os Tribunais diante de ações judiciais intentadas por uma das partes —, perceberem que a informação era igualmente detida por estas. Faltando acesso dos julgadores quanto a esse conhecimento, não teriam como avaliar os comportamentos das partes.

De um lado, a concepção de completude contratual decorre da busca de soluções para o problema da assimetria de informações entre contratantes. Enquanto isso, no que se refere à incompletude contratual, parte-se da idéia de que apenas contratos simples, de execução instantânea, são completos. No que concerne a estruturas organizacionais de instituições econômicas, é impossível redigi-los de forma complexiva. A integração vertical ou horizontal de atividades é exemplo dessa preocupação porque, na medida em que se dominam os processos ou a seqüência de atividades, menor será a insegurança em relação ao futuro. Por isso é que a doutrina econômica se dedica a estudar a questão dos remédios que as empresas possam adotar para reduzir custos de transação presos à incompletude dos contratos de longa duração.

No direito a questão se apresenta no plano da interpretação do negócio e no da investigação daquilo que as partes efetivamente queriam no momento da contratação. Quais riscos foram, ou não, partilhados entre elas ou qual delas suporta determinados eventos, fatores estes ligados à racionalidade limitada ou viezada, conhecida como *bounded rationality*. Este aspecto diz respeito à maneira segundo a qual as informações estão distribuídas entre partes, ou qual delas detêm melhores informações. Um comportamento estratégico adotado por qualquer das partes no ocultar informações que tenha da outra se inclui nessa área de investigação.

No plano estratégico, sabe-se que ações menos diligentes ou mesmo imprudentes entram nesse campo porque são imprevisíveis. Problemas interessantes derivados de incompletude contratual, pouco explorados pelos juristas, aparecem como desafio que pode levar a avaliar institutos sob diferente perspectiva os quais, geralmente, são considerados incompatíveis com a disciplina dos contratos.

Melhor pensar que contratos são considerados incompletos quando o agente racional, observado o quadro normativo ou legal, ou a natureza da informação, deixa espaços ou brechas na estrutura negocial. É o caso da organização empresarial, segundo demonstram os estudos de Coase, Williamson, Oliver Hart, entre outros. Oliver Williamson, Professor em Berkeley, entende que a incompletude contratual provoca a necessidade de adaptações seqüenciais e, para inibir oportunismo, é preciso que a negociação e o clausulado contratual prevejam salvaguardas de vários tipos.

Portanto, para os economistas, contratos incompletos são os que não prevêem regras aplicáveis a toda e qualquer mudança do "*estado da natureza*",[3] e considerando que o contrato visa a modelar a troca, a produção e a oferta de bens e serviços nos mercados para satisfazer a necessidades sociais, dessa maneira, quaisquer restrições à renegociação do contrato devem ter base legal.

Contrato é o negócio jurídico destinado a criar, modificar ou extinguir relações jurídicas de conteúdo patrimonial. O ato de criar contém a idéia de regular, de estabelecer regras cujos efeitos — no caso dos contratos de longa duração e execução continuada ou diferida —, serão produzidos enquanto o negócio viger. Quer dizer, a vida do contrato poderá ser afetada, no que se refere aos efeitos dele decorrentes, por inúmeras e várias situações que podem modificá-los. Sabe-se — e essa é a tradição jurídica —, que a aposição de condições a qualquer negócio jurídico possibilita ampliar os limites da autonomia privada, notadamente

3. Os economistas denominam "*estados da natureza*" aos eventos futuros que podem afetar as prestações das partes, que venham a incidir sobre o contrato, em suma.

no que diz respeito a dispor sobre efeitos futuros.

A análise parte do reconhecimento de que, em contratos de longo prazo (os quais, na visão de Coase, serviriam para reduzir custos de transação impostos por inúmeras e seguidas contratações de curto prazo), enfrenta-se a dificuldade de se descrever, com precisão, as prestações a que se obrigam as partes ao longo do prazo de duração do contrato. Dificilmente será possível se prever todas as ações mais convenientes que cada uma delas poderá adotar. Tomando-se contratos de fornecimento de serviços de informática, é fácil exemplificar a dificuldade. Constantes aperfeiçoamentos e inovações tecnológicas imprevisíveis dificultam a descrição precisa e detalhada dos serviços que, em geral, aparecem no clausulado contratual de forma mais ou menos genérica fazendo-se, ao longo do tempo, as especificações necessárias.

O implícito reconhecimento da existência de problemas negociais aparece na literatura econômica quando se discute custos de transação, criados com esse tipo de contratação de longo prazo. Fala-se em custos *ex ante* e outros *ex post*, aqueles relacionados à definição inicial do contrato e das salvaguardas em face de eventos futuros; estes relacionados à renegociação para adequar a relação negocial aos eventos, ao custo de solução de controvérsias e ao custo de garantia do cumprimento das obrigações.

Imagine-se o custo de redigir o instrumento contratual que reflita todas as preocupações das partes, ou seja, a capacidade de descrever todos os "*estados da natureza*" relevantes para a execução do contrato ou que afetem as prestações. É possível prever alguns dos eventos, mas detalhar as ações que deverão ser adotadas seria muito custoso. Se o contrato distribui riscos — benefícios e ônus — entre partes, é claro que eventos futuros não previstos podem afetar a distribuição inicialmente ajustada, fato que não ocorre nos contratos de execução instantânea que, dessa perspectiva, são completos.

O custo de redigir contratos de longo prazo depende das informações que as partes detenham para descrever os eventos e ações. Descrever estados da natureza que demandem exame de inúmeras circunstâncias significa incorrer em custos elevados. Pode-se perceber a relação direta entre a complexidade negocial e as informações relevantes para a operação. A relação custo-benefício nesse caso é o fator preponderante na tomada de decisão. Sempre que os custos de adotar medidas extraordinárias superarem os benefícios esperados, uma das seguintes situações ocorre: (i) contrato não é celebrado; (ii) deixa-se espaço para renegociação; ou (iii) possibilita-se a resilição unilateral.

A idéia de que o contrato faz lei entre partes e não pode ser revisto perde força diante da impossibilidade de prever todas e quaisquer ações e eventos futuros. Se a informação é muito custosa, igualmente deixar-se-á em segundo plano a fixação dos direitos, deveres e obrigações *ex ante*.

Nos contratos típicos, a hipótese de incompletude parece impossível, uma vez que o tipo legal contempla os elementos definidores (necessários, naturais e até os acidentais). Aqueles permitem reconhecer o negócio. Facilitam grupar outros iguais dentro do tipo. Por sua vez, os elementos acidentais, quando as partes não dispõem de forma diversa, incidem sobre o negócio. Na verdade, quando se elege um tipo contratual positivado, o que se faz é adotar o regramento legalmente previsto e, portanto, não se imagina possa ser incompleto, até porque as disposições legais aplicar-se-ão ao negócio típico que produzirá seus efeitos típicos, queiram as partes ou não. Entretanto, mesmo nestes casos é possível pensar em incompletude, como se verá em relação à sociedade.

III — A sociedade como contrato

Permanece ainda não completamente resolvida a questão a respeito da natureza jurídica do negócio sociedade, particularmente a sociedade por ações. Será ela contrato ou instituição? As duas correntes estão atuantes. Para os contratualistas, o estudo de Tullio Ascarelli é emblemático e poria fim à controvérsia. A companhia, como as demais sociedades, é um contrato plurilateral. Admite a participação de mais de duas partes. Desse contrato resultam direitos e obrigações para todos os participantes. Mas o contrato de sociedade é, ainda, um contrato de organização, de cooperação, de comunhão de escopo e que, por ser de estrutura aberta, admite a variabilidade do número de partes.

Em seu trabalho Ascarelli critica as teorias que pretendem ser a sociedade resultante de um ato complexo, de um ato de fundação, uma vez que, para ele, a sociedade seria o exemplo mais importante do contrato plurilateral.

De sua parte, os institucionalistas consideram que esse tipo de sociedade tem características que o aproximam das instituições: (i) a estrutura corporativa, ou seja, a personificação da sociedade; (ii) a organização da administração em modelo heteroorganicista; (iii) a eventual participação de empregados em colegiados sociais; e (iv) mais recentemente, a questão da função social da empresa exercida pela sociedade.

Por isso, há quem afirme que a sociedade anônima pode ser analisada sob os perfis contratual e institucional, segundo se dê maior destaque a um ou outro elemento.

Sob o aspecto contratualista, pode-se afirmar que o contrato de sociedade é de execução continuada e de longa duração. As relações dos membros uns com os outros e destes com os administradores — embora estejam substancialmente disciplinadas na lei ou previstas nos respectivos estatutos sociais — não contemplam todos os estados da natureza, tal como se explicou acima e nem poderiam fazê-lo.

A tipologia contratual normativa resulta da abstração do legislador ao extrair elementos discriminantes de práticas ou costumes, adotando ou recepcionando os que melhor caracterizam aquele negócio, bem como os que consideram relevantes, necessários e suficientes para a identificação do tipo. Conforme já explicado, não corresponde à realidade a idéia de que eleição de um tipo negocial predisposto na lei não deveria dar margem à incompletude contratual. Assim sendo, é possível considerar a possibilidade da aplicação de princípios deduzidos pelos economistas para contratos incompletos ao negócio sociedade.

A sociedade por ações é típico empreendimento empresarial e, na visão de Ronald Coase, decorre da necessidade de reduzir os custos da produção. A incorporação dos fatores de produção na empresa depende da celebração de inúmeros contratos, entre eles os destinados a captar os fundos permanentes, ou seja, o capital. A forma de remuneração para que o titular se disponha a permitir o uso de determinado bem (ou a colaborar, prestando serviços) objetivando a organização da produção, pode ser dividida em duas grandes áreas: a política (direito de voto); e a patrimonial (direito a dividendos ou à participação nos lucros). Mas, segundo Coase, os contratos destinados à organização da atividade têm como limite o poder conferido ao empresário para fazer dos recursos disponíveis o uso mais conveniente. Coase afirma, também, que se os fatores da produção forem compreendidos como direitos, é fácil entender que, na escolha entre diferentes arranjos — ocasião em que as pessoas tomam decisões —, é interessante gerar aperfeiçoamentos ou ganhos para todos, evitando a piora da alocação anterior. Adianta aquele autor que um sistema jurídico em que todos os direitos fossem absolutos ou ilimitados, isto implicaria em não haver direitos a serem adquiridos e que os arranjos sociais deveriam resultar na mais eficiente alocação dos recursos para a sociedade em geral.

O economista explica que contratar repetitivamente para garantir acesso aos recursos não é boa alternativa. Melhor é pensar em contratos de longo prazo que substituam seguidas contratações porque se evita custos inerentes à celebração de seguidos contratos de curto prazo. O efeito total é que deve servir de motor para a decisão dos agentes econômicos. Isto porque, diz Coase, muitas das análises teóricas são frutos da comparação entre o liberalismo e algum mundo ideal, enquanto melhor seria partir de situações reais, concretas. para examinar os efeitos das normas sobre as decisões individuais.

Mais recentemente, estudos partindo de análises que empregam a *teoria dos jogos*, vieram facilitam a demonstração no sentido de que, influenciados por assimetria de informações, as pessoas tendem a não contratar ou a retardar a celebração de contratos, agindo de modo ineficiente. Condições de equilíbrio, cada uma indicando determinada divisão dos ganhos, podem facilitar a contratação desde, que haja espaço para renegociações.

A disseminação da teoria dos jogos deve ser incentivada, para que se possa compreender ou se prever estratégias negociais. Aplicar a teoria dos jogos à análise do direito aparece como campo fértil para se avaliar a concessão de incentivos e a imposição de punições que venham a induzir ou a inibir certas condutas humanas. A informação ganha relevo na modelagem dos comportamentos que, além dela, considera ainda a estrutura institucional em que as pessoas se apóiam na negociação e na formulação do modelo de contratação a ser adotado. A seqüência temporal das ações pode determinar o resultado final do negócio. Mas, sobretudo, porque se parte do princípio de que as normas legais, notadamente as dispositivas, influenciam a estratégia das pessoas.

Incorporando idéias de Coase, relativas a custos de transação, à assimetria de informações e ao desenho dos contratos, pretende se avançar a matéria de organização e do desenho do contrato de sociedade sob a perspectiva dos negócios de longa duração e execução continuada e sua incompletude.

IV — O completamento do contrato de sociedade

Nas sociedades comerciais de mais antiga formação, em que o desenvolvimento de atividades econômicas tinha de suplantar questões de *status* ou de proibições sociais que atingiam nobres e clérigos, objetivando a proteção da circulação do crédito, verifica-se que o completamento do contrato estava preso às regras de responsabilidade ilimitada e solidária dos sócios, todos ou alguns, em geral administradores da sociedade. A constrição imposta ao sócio cujo patrimônio poderia ser afetado por decisões relativas ao exercício da atividade servia para impor conduta cautelosa, ao mesmo tempo em que favorecia consultas permanentes entre os membros da sociedade. Ademais disso, o sistema de administração era o do auto-organicismo, isto é, administradores deveriam ser, necessariamente, membros da sociedade.

Ao auto-organicismo se acrescia o dever de prestar contas, que recaia sobre administradores, de sorte que eventual discordância quanto às decisões tomadas por esses sócios administradores pela maioria dos demais, estranhos à administração, culminava na destituição dos gerentes, a par de serem acionados mecanismos de imputação pessoal, com o que os freios a certas decisões estavam postos e, em boa medida, podiam ser considerados adequados para o completamento do contrato na superveniência de eventos que pudessem afetar obrigações e direitos dos membros, ainda que indiretamente.

Essas regras, porém, não podem ser transpostas de modo simplista às anônimas. De um lado, porque a limitação da responsabilidade dos sócios pelas obrigações sociais constitui elemento tipológico inafastável. De outro, porque a fungibilidade de membros pressupõe que à administração se aplique o heteroorganicismo, isto é, podem ser designadas pessoas estranhas ao quadro societário para exercerem as funções de administradores.

Como a anônima é típica sociedade empresária e, no que se refere às companhias abertas, fazem apelo à poupança privada, o fato de o administrador ter poder de disposição sobre bens pertencentes à sociedade, significa que, de forma indireta, suas decisões afetam o valor das participações dos acionistas. Em razão deste fato, os esquemas de controle da administração devem ser aperfeiçoados. A *agency theory*, ou teoria do agente-principal, desenvolvida inicialmente em relação ao *trust* no sistema da *common law* (direito anglo-norte-americano), visa a completar as relações entre acionistas e administradores, considerando que existe assimetria de informações entre eles, o que afeta as decisões dos administradores quanto à distribuição de riscos. Na consideração dos custos envolvidos nos vários arranjos administrativos, está a limitação, ou não, do âmbito de decisão dos administradores que, por refletirem relação continuada, tendem a ser incompletos. Daí o interesse na teoria agente-principal.

Outra área em que a incompletude do contrato de sociedade pode ser divisada tem a ver com o fato de que a anônima empresária, a par de ser negócio econômico, é organizada para atuar em mercados e estes são dinâmicos, o que dificulta a previsão de decisões administrativas destinadas a manter as atividades da sociedade. Tendo por certo que as operações negociais externas são voltadas para mercados e que estes passam por contínuas e mutáveis contingências, como prever todos os eventos futuros que possam alterar ou que venham a incidir sobre as relações internas da sociedade? Desse quadro eliminam-se os contratos que envolvem produtos padronizados negociados em massa porque, no caso, os custos de transação são reduzidos, marginais na formação do preço do bem e, ainda neste caso, a assimetria de informações entre as partes pode ser minimizada porque a repetição do negócio dá maior segurança aos contratantes.

O que se deve ter presente é o fato de que as relações deixam o plano exclusivo de divisão maioria/minoria, ou de acionistas, ordinários e preferenciais, e se projetam para além destes núcleos porque envolvem credores da sociedade, empregados, consumidores, bem como a comunidade em que está localizada. A maioria destes aspectos é afastada na presente análise, que se dedica apenas às relações internas da sociedade. Outras projeções que podem ser consideradas e que, igualmente ficam fora do presente estudo, são, por exemplo, os efeitos ambientais e as questões de segurança interna e externa que devem ser analisadas sob a óptica da regulação, dos deveres ou da função social da empresa.

No plano da análise de contratos incompletos, a área mais promissora de aplicação das sugestões dos economistas, até o momento, é a das relações internas, isto é, a das relações entre acionistas e, particularmente, acionistas e administradores e estas relações são parte da teoria do agente-principal. O problema fica claramente evidenciado quando se tem em conta o interesse do administrador nos resultados da atividade desenvolvida pela sociedade de que não é membro, ao lado da dificuldade no garantir que seu comportamento seja exatamente o que lhe é solicitado, ou, ainda, de quanto se empenhará para obter os resultados e se esses resultados são os melhores para os acionistas em face das circunstâncias presentes.

Nestes casos, a incompletude contratual é manifesta porque a assimetria de informações permite que condutas oportunistas, típicas das relações de execução continuada, se manifestem nessa relação de direito societário. Formas de governança devem considerar que a incompletude negocial pode resultar em ações menos benéficas para os acionistas porque os padrões legais deixam de prever certos comportamentos.

No plano das relações entre acionistas, pode-se pensar na regra da maioria como instrumento de completamento do contrato estruturalmente incompleto. Quando se interpretam normas legais ou estatutárias relacionadas à validade de qualquer deliberação social, o *quorum* serve para que se tenha representatividade de sócios presentes. Mas, sob outro ângulo de análise, a validade da deliberação tomada de acordo com as normas legais ou estatutárias, além de obrigar a todos, garante a continuidade da sociedade.

Como conciliar a mutabilidade, o dinamismo dos mercados com a continuidade da empresa societária, uma vez que se admita a imprevisibilidade dos mercados? E como dar alguma segurança aos investidores em ações de companhias abertas, quando afastados da administração? Como conciliar os interesses dos acionistas, nada obstante a comunhão de escopo que caracteriza o contrato de sociedade? Ascarelli demonstrou que essa comunhão, assim como o dever de cooperação, não elimina os interesses individuais.

Imagine-se que haja maioria e minoria bem definidas e, portanto, interesses internos opostos ou, no mínimo, não idênticos. Por que fazer prevalecer o interesse da maioria sobre o da minoria? Se a minoria pudesse, numa tal situação, requerer a dissolução da sociedade, haveria uma perda para a comunidade como um todo. Portanto, melhor que se imponha a tutela pela maioria para evitar esse efeito perverso.

Dois perfis são de destacar como opção de política legislativa. O primeiro, de caráter distributivo: a licitude de *quorum* menor para a instalação da assembléia em segunda convocação, com o que, se a maioria não for suficiente para instalar a assembléia na primeira convocação, deverá contar com a colaboração da minoria e, dessa forma, as vantagens ou desvantagens da deliberação tendem a ser repartidas de modo mais harmônico. Ausente a determinação de *quorum* mínimo, a maioria poderia impor à minoria seus interesses sem permitir discussão.

O segundo perfil é o alocativo, o qual permite a manutenção ou a dissolução de sociedades que criam mais desvantagens do que vantagens para todos. O modelo se assemelha às alocações do tipo *Kaldor-Hicks*, compensação entre ganhadores e perdedores.

São mecanismos de governança, termo empregado no sentido de forma de composição de interesses entre diferentes grupos sociais, visando a desenvolver a cooperação entre as partes e a divisão equilibrada dos ganhos e dos ônus no exercício da atividade.

Pode-se pensar em cláusulas visando a dificultar ou obstaculizar o completamento do contrato de sociedade por deliberação da maioria. Essas cláusulas podem ser consideradas como uma tentativa de rompimento da cooperação quando houver divergências entre acionistas em matérias consideradas essenciais. Explica-se: se a sociedade é contrato de execução continuada, é também um negócio de comunhão de escopo, definido pelo objeto social.

É evidente, considerando que o objeto social está determinado no estatuto, sua alteração depende de aprovação da maioria qualificada dos acionistas. Que razões seriam admissíveis para a alteração do objeto social, o que unifica os interesses dos acionistas? Mudanças externas do ambiente em que a sociedade atua, responde-se. Mudanças tecnológicas, competição, globalização, enfim, um conjunto de fatores fora do controle de todos, acionistas e administradores, que influem sobre o resultado da sociedade e que interessam todos. A alteração do objeto social referido no estatuto, por deliberação da maioria, ainda que qualificada, costuma-se fazer acompanhar do direito de retirada.

O negócio não se desliga do mundo fático, e os efeitos produzidos são realidade jurídica dele decorrentes e correspondentes a direitos e obrigações que surgem com sua conclusão. Portanto, é certo que alterar o objeto social não pode ser decisão de minorias deliberantes. Mas manter o objeto social imutável quando a realidade fática sofreu mudanças também não pode ser impedido pela mesma minoria. Portanto, o direito de retirada constitui mecanismo de governança que harmoniza interesses distintos.

De outro lado, como também é fácil apontar, há outras hipóteses em que, ainda que não se altere o objeto social, outras modificações do pacto societário devem ser enfrentadas e, também nessa hipótese, dá-se à maioria dos acionistas com direito de voto, poder para completar o negócio.

Ao argumento de que essa previsão está na lei, o que é real, deve-se responder explicando que, exatamente porque é perceptível, embora não se o tivesse expressado, que o negócio sociedade pode ser afetado por inúmeras mudanças, a solução para completar ou integrar o negócio, preservando-se a atividade, é conferir à maioria, simples ou qualificada, segundo a relevância da matéria, poder para complementar o negócio, tomando decisões que vinculam todos os acionistas, salvo as hipóteses de recesso.

Estudos sobre a denúncia de contratos, um de concessão comercial e outro de franquia, indicam o caminho a ser palmilhado. Na denúncia de contrato de franquia por tempo indeterminado, indagou-se sobre ser ela possível por ato unilateral na ausência de disposição quanto ao termo final do contrato, para concluir-se que seria expressão legítima do exercício da autonomia privada na auto-regulação de interesses de particulares e que, dessa forma, a convenção faria lei entre partes. Essa liberdade aplica-se à determinação do momento em que devem cessar os efeitos do vínculo, porque, na recondução tácita, a dilação do prazo é presumida pelo comportamento das partes, que revela suas vontades.

A unanimidade prevista para certas deliberações em alguns tipos societários tende a diminuir sua contratação. Alterações das normas de direito positivo que, procurando dar maior segurança às minorias acionárias e que mudam as regras de completamento dos contratos, tendem a aumentar custos de transação e, por isso, acabam onerando toda a comunidade o que é resultado perverso não desejado, creio, pelo legislador.

Entendendo que pode ser muito custoso prever e disciplinar todos os possíveis futuros estados da natureza, e nos contratos de sociedade, essa impossibilidade deve ser reconhecida porque não há como incluir interesses pessoais de cada um dos acionistas, atuais ou futuros, sem travar o funcionamento da sociedade, impondo negociações complexas e nem sempre adequadas, a regra da maioria torna o negócio mais seguro para a criação e manutenção ou dissolução da organização. Sem ela os custos de transação seriam imensos causando desvantagens para comunidade e o desenvolvimento econômico.

Deixar de contratar ou organizar sociedades imporia ônus sociais elevados porque muitos bens e serviços não seriam produzidos. A conjugação de esforços e recursos que leva à organização de sociedades tem para as comunidades grande valor por isso é que são estimuladas. Não compreender que a sociedade é um contrato incompleto e que certa flexibilidade é importante, ainda que imponha restrições a alguns sócios/acionistas, prevendo-se a unanimidade na reforma de certas partes do acordo inicial ou a aprovação de decisões administrativas, pode redundar em engessamento da administração e, no final, em perdas sociais para a comunidade, de todo indesejáveis.

Questiona-se se o direito de recesso ampliado não melhor meio para coibir abusos da maioria no completamento de contratos. Se a obrigação de reembolsar o acionista dissidente constitui freio às decisões da maioria, mecanismo de governança que restringe o exercício do poder discricionário que a lei lhes confere para completar o contrato, facultar a cada deliberação a retirada dos contrários ou descontentes, também será fonte de custos de transação, agora externos. Quem negociaria com uma sociedade que, a qualquer momento, pode ser dissolvida a pedido de minorias ou que tenha seu patrimônio sob constantes ameaças de redução?

Diante de mudanças do ambiente externo ou até do interno, é preciso estimular a compensação entre interesses da maioria e minoria para manter as sociedades sempre que haja vantagens geradas com sua existência e, para tanto é fundamental analisar o negócio da óptica dos contratos incompletos.

Aceita a fórmula de incompletude contratual aplicada às sociedades, em que a distribuição de vantagens e riscos, atuais e futuros, nem sempre é perfeita, como integrá-los? Emprestando de Ian Mcneil a definição de contrato relacional como *o conjunto de operações negociais que desenham direitos, deveres e obrigações que se desenrolam ao longo de certo período, e de Goetz e Scott a idéia da impossibilidade de prever, "ex ante", todas as obrigações contratuais* fica evidenciada a fertilidade de pensar as sociedades como contratos relacionais incompletos. Tendo-se presente que o contrato de sociedade é negócio de comunhão de escopos e que, notadamente nas companhias abertas, modelos de governança tendem a ser determinantes na decisão do poupador de nelas investir, a assembléia geral, como *locus* de discussão das questões de interesse geral, provê a estrutura para que se complete o contrato.

A assimetria de informações em matéria societária (que a teoria de agência tenta explicar, ao estudar a relação entre administradores e acionistas ou sócios), vem acrescida da incorporação da aversão/propensão ao risco do reconhecimento de que há variáveis fora do controle de uma das partes e incentivos para que o comportamento de uma se ajuste aos desejos/interesses da outra.

Diz se que as informações são não comprováveis quando se considera que as partes negociadoras estão igualmente informadas sobre o negócio quando contratam mas, terceiros estranhos à relação, por não terem acesso a tais informações não podem avaliá-las. Nas questões internas da sociedade, aquelas entre acionistas, esse vetor (a informação) pode envolver disputas por poder que transtornam a condução dos negócios.

A impossibilidade da previsão de efeitos cuja existência ou intensidade impede sejam desde logo precificados; eventos futuros que podem alterar o equilíbrio inicial do contrato que, também não se consegue especificar com clareza; a criação de novas tecnologias e produtos substitutos que atendam melhor aos desejos ou necessidades de qualquer das partes; a alteração da legislação cujo custo de negociação seria proibitivo para a contratação de sociedades; tudo isto acaba por determinar o completamento do negócio por deliberações majoritárias. Se o custo de transação for, em muitos casos, extremamente elevado, as partes preferirão correr riscos e deixar imprevistos certos eventos ou efeitos que serão, oportunamente, apreciados em assembléias gerais.

No caso acima os *quoruns* de instalação e deliberação devem ser ajustados à magnitude do evento, isto é, às transformações que possam recair sobre as relações internas por força de decisões administrativas ou majoritárias que alterem a razão ou o motivo que levou à adesão ao negócio sociedade. Seriam, neste caso, as assembléias gerais extraordinárias mecanismos de repactação do negócio sociedade, sempre que o ambiente externo impuser a necessidade de revisão da forma de atuação da sociedade no plano externo.

O esquema negocial (cujo objeto tem relação estreita com os sujeitos, por tratar-se de um conjunto de interesses individuais), também se relaciona a coisas e prestações, motivo do tráfico. Para maximizar o resultado conjunto do negócio, as partes adotam o princípio de eqüidade, baseado na honestidade, na boa-fé, na mitigação do dano e na generosidade, em que se aceita a modificação dos efeitos do contrato na hipótese da superveniência de dificuldades.

A incompletude contratual, segundo a noção econômica do termo, pode ser acolhida pelo Direito na medida e nos limites que se reconhece que nem sempre as partes podem dispor de forma precisa sobre os eventos que venham a incidir sobre o objeto do contrato, sobre o objeto das prestações das partes, e em que se estimulem as renegociações entre partes e as assembléias gerais. Estas são, nas companhias, o *locus* para tais renegociações. E, mesmo neste plano, quanto maior for o espaço em que partes podem dispor a respeito dos seus interesses, mais largo é o exercício da autonomia privada e mais flexíveis são os contratos para refletir ajustes livremente desenhados pelos acionistas.

É preciso entender que a transformação das estruturas econômicas conduz à criação de formas contratuais que refletem composição de interesses, às vezes público e privado, outras apenas privado e nestas, a governança e a flexibilidade combinam-se com a organização da relação negocial.

Acostumado a pensar em termos de estabilidade e de repetição de fatos e efeitos, o jurista considera que, no futuro, as coisas permanecerão como estão no presente, no momento em que o negócio é pactuado. Ocorre que a estabilidade e a repetição das situações fáticas nem sempre se concretiza. Se os agentes econômicos comparam o custo de prever, minuciosamente, todos e quaisquer eventos que podem atingir as prestações (direitos, deveres e obrigações) deduzidos em dado negócio, em relação aos possíveis benefícios que possam obter com essa precisão, é freqüente optarem por inserir na negociação aqueles fatos ou eventos que considerem mais prováveis ou mais oneroso, deixando sem previsão outros que, em sua percepção, seriam de ocorrência menos usual, por isso as assembléias gerais completam o contrato. Tal como a denominada cláusula *rebus sic stantibus* poderia ser considerada remédio para recompor o equilíbrio prestacional quando fato imprevisto ou imprevisível, atingir o negócio.

Se a empresa societária é contrato de longa duração e execução continuada, a incompletude negocial será regra, não exceção e, como tal, deve ser encarada pelos operadores do Direito, confirmando-se o que o legislador preconiza a respeito da importância das reuniões de sócios para debater matérias de interesse interno, de avaliação da ação administrativa e, sobretudo, quando se trata de assembléias gerais extraordinárias, como instrumento de recontratação do negócio sempre que se pretender alterar as bases.

II DIRITTO DELLE SOCIETÀ TRA AUTONOMIA DEI PRIVATI E INTERVENTO DEL LEGISLATORE*

DIEGO CORRADO

Una definizione del campo di indagine. La società per azioni: spunti per un'analisi economica. Ragioni storiche dell'attuale equilibrio. Una premessa di metodo e un angolo visuale. Specificazione dei "property rights" e uso di risorse scarse: un approfondimento. Intervento del legislatore e autonomia dei privati. Il testo unico della finanza: il legislatore accoglie il contributo di Coase? Giurisprudenza e diritto positivo: un possibile circuito virtuoso. Cenni comparatistici: il caso inglese. Il difficile equilibrio tra strumenti legislativi, moral suasion e autoregolamentazione. Conclusioni.

Una definizione del campo di indagine

Negli ultimi due decenni sono maturate nel nostro paese le condizioni che hanno reso indifferibile una riforma generale degli istituti del diritto societario; sarebbe superfluo elencarle tutte, ma certo è illuminante osservare la concomitanza del conferimento della delega al governo per la revisione delle norme in materia (contenuta nell'art. 21 della legge 6 febbraio 1996, n. 52[1]) con la privatizzazione di alcuni tra i più importanti gruppi italiani e con il movimento internazionale di ristrutturazione industriale che interessa i settori economici più importanti.

Ad una proprietà pubblica da intendere nel senso di "statale" si va sostituendo anche nel nostro paese una proprietà pubblica in quanto diffusa tra milioni di anonimi risparmiatori; il tema del governo societario

* Questo scritto è apparso per la prima volta su *Filosofia e Questioni Pubbliche*, Roma, Luiss Edizioni, n. 1, 2001.

1. Il 4º comma della norma citata dispone: "In sede di riordinamento normativo delle materie concernenti gli intermediari, i mercati finanziari e mobiliari e gli altri aspetti comunque connessi potrà essere altresì modificata la disciplina relativa alle società emittenti titoli sui mercati regolamentati, con particolare riferimento al collegio sindacale, ai poteri delle minoranze, ai sindacati di voto e ai rapporti di gruppo, secondo criteri che rafforzino la tutela del risparmio e degli azionisti di minoranza". La delega ha avuto esecuzione con l'emanazione, da parte del governo, del decreto legislativo n. 58 del 24 febbraio 1998, "Testo unico delle disposizioni in materia di intermediazione finanziaria, ai sensi degli articoli 8 e 21 della legge 6 febbraio 1996, n. 52". Il testo normativo unifica *ratione materiae* la disciplina degli intermediari e dei mercati (Parti II e III) e quella dei soggetti emittenti titoli rivolti al pubblico degli investitori (Parte III). Quest'ultima in particolare contiene nuove norme in tema di offerte pubbliche di acquisto o di scambio (Titolo II, Capo III), e, con specifico riferimento alle società per azioni con azioni quotate, in tema di assetti proprietari (Titolo III, Capo II, Sezione I), tutela delle minoranze (Sezione II), deleghe di voto (Sezione III), azioni di risparmio (Sezione IV), nuova ripartizione dei compiti tra collegio sindacale e società di revisione (Sezioni V e VI). Peraltro è opportuno sottolineare che la nuova disciplina si applica, nella grande maggioranza dei casi, alle sole società emittenti titoli quotati in mercati ufficiali.

diventa così un argomento di politica generale,[2] esce da ristretti ambiti specialistici per interessare non solo la fondazione di un più corretto insieme di regole del gioco per gli operatori professionali ma anche uno strumento che agevoli la partecipazione dei cittadini alla vita economica nazionale.

Questa breve riflessione, se è sufficiente a fornire le ragioni di uno studio dedicato ad approfondire l'argomento, ancora non basta a definirne i confini. Dobbiamo perciò dedicare alcuni brevi cenni a questo scopo. Non si tratta di un'impresa facile: non solo perché l'ampiezza del concetto, la sua indeterminatezza, sono di per sé sufficienti a far sì che ogni tentativo di sistemazione teorica degli istituti che regolano il governo societario sia fortemente influenzata da fattori che esulano dal nostro specifico ambito disciplinare. Ma anche, e forse soprattutto, perché si tratta di una materia storicamente determinata, il cui contenuto risente fortemente dell'evoluzione economica e politica del sistema di riferimento.

La ricostruzione storica assume quindi in questa sede particolare rilievo, non solo al fine di un migliore inquadramento degli istituti o per un interesse esclusivamente erudito, ma anche e soprattutto per dare conto del perché, nell'analizzare il contesto italiano, si privilegeranno determinati contenuti e determinati approcci, assenti o marginali nel dibattito di altri paesi. Riconoscere le ragioni dell'attuale assetto del governo societario nel nostro paese assume dunque estrema importanza proprio a fini pratici, per individuare gli aspetti su cui l'interprete e il legislatore si dovranno confrontare al fine di delineare strategie di intervento efficaci.

Venendo così al tema del presente lavoro, registriamo come, secondo un'accezione recentemente proposta in dottrina, per *corporate governance* si deve intendere "l'insieme di regole e istituzioni volte a conciliare interessi di imprenditori e di investitori al fine di assicurare che il controllo delle imprese sia allocato con efficienza (...) in modo il più possibile indipendente dalle disponibilità finanziarie degli individui".[3] L'espressione inglese è una definizione di sintesi che racchiude norme di diritto positivo, la cultura organizzativa prevalente in un determinato sistema economico e le pratiche aziendali e professionali relative all'esplicarsi dei rapporti di direzione in ambito societario. Il concetto ad essa sotteso va quindi al di là della nozione di controllo desumibile dalle norme del codice civile o da quella di autorità posta a base della teoria principale-agente studiata dagli economisti. È stato osservato in proposito che lo stesso termine *governance* è di introduzione recente anche nel lessico giuridico

2. Come osserva Visentini, "merita ancora ricordare che la disciplina del mercato e delle società racchiude principi di attuazione dell'ordine democratico innanzitutto nella legittimazione del potere; e poi nella distinzione dei poteri, nel loro bilanciamento, nelle regole di trasparenza e di controllo contabile, nello sviluppo delle azioni civili di responsabilità. (...) La disciplina delle società è disciplina in senso ampio della proprietà, della disponibilità dei beni economici. La libertà, le libertà politiche, sociali, di pensiero, professionali, sono tutte dipendenti strettamente dalle libertà economiche. (...) Sicché non è in gioco solo l'efficienza dell'economia, ma si discute delle stesse libertà individuali, che trovano garanzia nel pluralismo economico" (G. Visentini, "Osservazioni sulla recente disciplina delle società azionarie e del mercato mobiliare. Spunti di riflessione sulla sensibilità democratica nella formulazione delle scelte politiche", *Rivista delle società*, 1998, p. 184).

3. L. A. Bianchi, "Considerazioni introduttive 'al fascicolo' *Corporate Governance*", *Rivista delle Società*, 1996, p. 405. Tale definizione pare essere stata fatta propria anche dal legislatore, se è vero che nella relazione governativa al recente Testo unico della finanza si legge che "scopo delle regole di governo societario è quello di individuare un sistema di *checks and balances* nel quale tutti i soggetti che operano e interagiscono nell'ambito dell'impresa abbiano la possibilità di vedere efficacemente tutelati i propri interessi, assicurando al contempo che il controllo sia allocato con efficienza, ossia agli imprenditori più adatti, e con il maggior grado di separazione tra governo delle imprese e titolarità dei mezzi finanziari in esse investiti. La crescita delle imprese è infatti strettamente collegata alla loro capacità di raccogliere risorse oltre le disponibilità personali di chi inizialmente le controlla" (suppl. ord. n. 52/L alla G. U. del 26 marzo 1998, n. 71).

anglosassone, essendo stato recepito dal linguaggio dell'economia e della scienza politica, a voler rappresentare una nuova prospettiva di analisi della società per azioni.[4] È insomma un termine volutamente atecnico che vuole "cogliere la prospettiva politica della società per azioni nel contesto complessivo dell'ordinamento giuridico".[5] In questo senso, il concetto dà il criterio per ordinare gli interessi coinvolti nella gestione sociale secondo regole che ne esprimono poteri e assetti.

Vi è già in prima battuta un'importante osservazione da fare: la definizione testé proposta individua come critico il rapporto tra i soci, evidenziando rapporti tutti interni al ceto degli azionisti. Giustamente, a parere di chi scrive, poiché, come si illustrerà più avanti, a causa della particolare evoluzione italiana, questo resta il nodo da sciogliere, mentre in altri ordinamenti il conflitto si esprime tra soci e manager.

Più in generale, da quanto esposto in queste prime considerazioni emerge per intero la complessità del tema, accresciuta, se così si può dire, dalla sua natura intrinsecamente multidisciplinare. Se l'ottica del diritto commerciale è senz'altro la più appropriata per condurre l'analisi, in quanto è in quel linguaggio che vanno poi tradotte le norme (perlomeno quelle esplicite) che regolamentano la materia, è indubbio che non si possono trascurare i contributi che giungono da altre discipline.[6]

Qualche ulteriore precisazione si impone. Innanzi tutto avremo come punto di riferimento pressoché esclusivo il modello della società per azioni, o comunque soggetti a questa analoghi e a questa raffrontabili, quando dovremo prendere in considerazione contributi di autori stranieri. Il perché di questa scelta è intuitivo, se solo si pensi alle dimensioni quantitative del fenomeno; ci sono tuttavia altre ragioni, di rilevanza pari se non maggiore ai nostri fini, che militano a favore di tale scelta.

Infatti tra le società di capitali, le sole alle quali il nostro ordinamento riconosce personalità giuridica, quella per azioni è senz'altro la più importante anche perché, per la tecnica di codificazione scelta dal legislatore del 1942, costituisce il modello base da cui, per differenziazioni successive, derivare le altre.

È inoltre quella che più si presta ad essere al centro delle problematiche relative al governo societario, proprio per l'attitudine dei documenti rappresentativi di quote di investimento in essa, le azioni, ad assumere la valenza di puri valori mobiliari; una volta emessi, essi si atteggiano quasi a beni merce,[7] atti a circolare tra il pubblico, l'investimento nei quali spesso prescinde da qualsiasi interesse nell'attività specifica dell'emittente per risolversi in una scelta esclusivamente finanziaria. Ciò da un lato favorisce l'emergere all'interno della compagine sociale di gruppi di azionisti spinti da obiettivi diversi,[8] da ricondurre ad unità previa individuazione di un minimo comune denominatore (che nella dottrina italiana è

4. G. Visentini, *La società per azioni nella prospettiva della corporate governance*, Roma, Giuffrè-Ceradi, 1997, pp. 102 ss.

5. Ivi, p. 105.

6. Limitandosi ai campi del diritto è stato osservato che "ogni problema di riforma del diritto societario non può essere considerato isolatamente, ma deve essere valutato insieme con tutti quelli che lo condizionano direttamente o indirettamente. L'ordinamento societario è solo una tessera di un più vasto mosaico di ordinamenti giuridici, sicché la riforma delle società va insieme con l'ordinamento dei mercati finanziari da un lato, con l'ordinamento bancario dall'altro, con l'ordinamento antitrust, con quello fallimentare e altri ancora" (G. Rossi, *Intervento* al convegno di S. Margherita Ligure del 13-14 giugno 1998, ora in AA.VV., *La riforma delle società quotate*, Milano, Giuffrè, 1998, p. 354).

7. Le azioni sarebbero "beni di secondo grado", secondo l'efficace definizione di Ascarelli, poiché si identificano *per relationem* in riferimento all'organizzazione societaria cui con essi si partecipa (cit. in C. Angelici, "La circolazione della partecipazione azionaria", in G. E. Colombo e G. B. Portale, a cura di, *Trattato delle società per azioni*, Torino, Utet, 1993).

8. P. G. Jaeger, *Gli azionisti: spunti per una discussione*, "Giurisprudenza Commerciale", vol. 1, 1993, p. 23.

stato da tempo individuato nell'interesse sociale);[9] dall'altro obbliga a introdurre nella disciplina profili pubblicistici giustificati dal rilievo costituzionale di beni giuridici quali il pubblico risparmio e la stabilità monetaria, oltre che la libertà di iniziativa economica. Tale ultima osservazione peraltro spiega l'impercorribilità nel nostro ordinamento di orientamenti esclusivamente volti a tutelare l'autonomia dei privati in materia.

Infine quello della società per azioni è il modello legale maggiormente articolato, fatto che, pur consentendogli una straordinaria duttilità, lo rende estremamente sensibile ad eventuali variazioni nella ripartizione dei compiti tra i suoi organi. Questo è il punto più delicato della materia: il bilanciamento di poteri tra i partecipanti non solo influenza la distribuzione del valore creato dall'impresa sociale, ma direttamente il livello di tale valore.[10] In questo senso può dirsi che la riforma della corporate governance non è un gioco a somma zero.[11]

Va precisato che pur cercando di mantenere la trattazione il più possibile generale, inevitabilmente molti degli assunti posti e delle conclusioni raggiunte avranno ad oggetto società le cui azioni siano negoziate in mercati ufficiali, il controllo delle quali sia di conseguenza contendibile. Elemento che, seppure bisognoso di aggiustamenti se riferito alla situazione italiana, costituisce una componente imprescindibile della natura stessa della società per azioni e, comunque, un necessario banco di prova dei risultati raggiunti.[12]

La società per azioni: spunti per un'analisi economica

La società per azioni è uno strumento organizzativo che il diritto pone al servizio dell'autonomia dei privati per la gestione impersonale dell'impresa commerciale.[13] Grazie a tale strumento più investitori mettono in comune le risorse necessarie, delegando ad un organo apposito il potere di

9. Per una efficace sintesi sul tema si veda D. Preite, "Abuso di maggioranza e conflitto di interessi del socio nelle società per azioni", in G. E. Colombo e G. B. Portale, a cura di, *Trattato delle società per azioni*, cit.; si veda invece P. G. Jaeger, *L'interesse sociale*, Milano, Giuffrè, 1963, per una trattazione completa delle contrapposte teorie istituzionalista e contrattualista; quest'ultima, ormai da tempo egemone in dottrina, è stata di recente accolta dalla giurisprudenza (vedi *infra*, nota 20).

10. È stato efficacemente osservato che, per una data dotazione di imprenditorialità, "il benessere di una società dipende in modo decisivo dal modo in cui tali capacità accedono al controllo del sistema produttivo e dalla flessibilità con cui tale controllo si rialloca al modificarsi delle capacità" (F. Barca, *Imprese in cerca di padrone*, Roma-Bari, Laterza, 1994, p. 6).

11. Quello di gioco a somma zero (o più in generale, a somma costante) è un concetto di teoria dei giochi, la branca delle scienze sociali che studia le scelte di soggetti razionali in un contesto strategico, ove cioè le conseguenze di un'azione per un soggetto dipendano non solo dalle sue azioni, ma anche da quelle altrui. Gioco indica qui un generico contesto di scelta strategico: esso è caratterizzato da a) i giocatori, b) le strategie e c) i *payoffs*, ovvero le ricompense (positive o negative) che ciascun giocatore riceve dall'interazione. Un gioco è detto a somma costante quando in ogni situazione è costante la somma dei *payoffs* dei giocatori: in tali circostanze la perfetta correlazione inversa dei *payoffs* rende il conflitto tra i giocatori totale e ineluttabile, e non lascia spazio alcuno per la cooperazione. Cfr. per ulteriori approfondimenti, sia pure accessibili al giurista, "Elementi di teoria dei giochi non cooperativi", in appendice a M. Grillo e E Stiva, *Impresa, concorrenza e organizzazione*, Roma, Nuova Italia Scientifica, 1994. Affermare che la riforma della corporate governance non è un gioco a somma zero significa quindi individuare il fondamento razionale per una cooperazione tra i soggetti in essa coinvolti, indicando al tempo stesso una fruttuosa prospettiva per il legislatore.

12. La contendibilità del controllo, in altri termini, più che costituire un traguardo desiderato, dovrebbe far parte del codice genetico della società per azioni, costituendo il risvolto e la giustificazione della libera circolazione delle partecipazioni. Naturalmente ciò non pregiudica la discussione circa i modi in cui realizzare tale contendibilità.

13. Osservano giustamente Easterbrook e Fischel che le società per azioni altro non sono se non un sottoinsieme delle imprese (F. H. Easterbrook e D. R. Fischel, *L'economia delle società per azioni. Un'analisi strutturale*, Milano, Giuffrè, 1996, p. 16). Ciò spiega perché, quando ci riferiremo all'aspetto operativo della società per azioni, parleremo spesso di impresa *tout-court*.

gestirle discrezionalmente entro i limiti definiti dall'oggetto sociale nell'interesse dell'impresa comune. A fronte del conferimento iniziale stanno il diritto a prelevare gli utili residui della gestione,[14] nonché la possibilità di concorrere all'esercizio del "controllo", la cui prerogativa principale si riduce, in effetti, al diritto di voto in assemblea, organo dalle competenze delimitate per legge e per statuto. Il rischio dell'investimento è limitato per ciascun socio al capitale da esso sottoscritto alla costituzione o pagato per l'acquisto delle azioni.

Quanto detto finora può essere efficacemente sintetizzato con il concetto di personalità giuridica, intorno al quale è possibile ricostruire la pluralità di rapporti che prendono vita con la costituzione della società.[15] Infatti è nei confronti della persona giuridica quale centro di imputazione di tutti i rapporti inerenti la società che i titolari di posizioni giuridiche soggettive ad essa relative[16] fanno valere i loro diritti o hanno obblighi: la configurazione in capo all'ente società della personalità giuridica dunque trasforma una massa di rapporti multilaterali

14. Questa osservazione necessita di una precisazione: il diritto a prelevare gli utili residui può dirsi sussistente se prendiamo in considerazione la vita della società dalla costituzione allo scioglimento. Se consideriamo periodi di tempo più limitati, il diritto non può che avere ad oggetto i dividendi, se e in quanto deliberati dagli organi societari competenti e previo l'accertamento dei presupposti di legge.

15. Sulla ricostruzione della società per azioni come una "connessione di contratti" o un insieme di accordi espliciti ed impliciti, particolarmente diffusa nella dottrina anglosassone (dalla quale tuttavia non mancano prese di distanza), si veda per tutti O. Williamson, "*Corporate Governance*", *Yale Law Journal*, vol. 93, 1984, p. 1.197, che correttamente fa risalire questa impostazione a Coase (sul quale vedi *infra*).

16. Da tempo la dottrina anglosassone riunisce tali soggetti nella categoria degli *stakeholders*, che, secondo la definizione riportata da L. Sacconi, sarebbero quegli individui o quei gruppi i cui interessi e le cui pretese sono "posta in gioco" nella gestione dell'impresa, per cui tale concetto costituirebbe una generalizzazione di quello di *stockholder*, o azionista (L. Sacconi, *Etica degli affari*, Milano, Il Saggiatore, 1991, pp. 150 ss.).

in un minore numero di rapporti bilaterali, così operando una drastica semplificazione che è sia quantitativa che qualitativa.

Sotto il primo aspetto (della semplificazione quantitativa) la razionalizzazione è ovvia; si pensi alla posizione "sostanziale" di un socio. Egli ha conferito una somma, affinché essa sia investita in un'attività complessa e rischiosa, al fine di partecipare alla divisione dei suoi frutti. Egli avrà perciò interesse a che anche gli altri soci versino il capitale da essi sottoscritto, che gli amministratori lo amministrino oculatamente, che i dipendenti svolgano le loro mansioni con diligenza. Tuttavia, a fronte della molteplicità di tali aspettative sostanziali, il socio vanta diritti e obblighi solo nei confronti della società.

Il secondo profilo (quello della semplificazione qualitativa) poi è immediata conseguenza del primo; infatti a parità di posizioni sostanziali da regolamentare, è più semplice farlo quando esse siano riferite in capo a due soli soggetti, piuttosto che disperse tra una pluralità di essi.

Non è tuttavia da pensare che i sottostanti rapporti sostanziali scompaiano per effetto di tale costruzione giuridica; secondo un autore, al contrario, deve escludersi che la personalità giuridica della società per azioni sia elemento idoneo di per sé ad escludere l'imputabilità delle norme ad essa relative anche ai soci, oltre che alla società.[17] Non a caso vi è chi ha ricostruito la struttura societaria come una "rete di con-

17. Cfr. D. Preite, "Abuso di maggioranza e conflitto di interesse del socio nelle S.p.A.", cit., p. 83: " È nota la teoria che qualifica la nozione di personalità giuridica come un'espressione linguistica per indicare sinteticamente una particolare serie di effetti giuridici in capo a persone fisiche e conseguenti ad atti o fatti concernenti queste ultime. La personalità giuridica è quindi un meccanismo per applicare alle persone fisiche un diritto speciale rispetto a quello che sarebbe loro applicabile se esse non entrassero in quei particolari rapporti giuridici intersoggettivi che consentono la costituzione della persona giuridica. (...) La qualificazione della s.p.a. come persona giuridica non esclude di per sé la rilevanza di rapporti intersoggettivi tra i soci".

tratti",[18] proprio a sottolineare che, nonostante la semplificazione formale permessa dallo schermo societario, in realtà tutti gli *stakeholders* restano titolari di reciproche situazioni giuridiche sostanziali. Tali posizioni continuano ad essere il sostrato intorno al quale costruire la funzione, la causa del rapporto di società. Quest'ultima osservazione, per quanto intuitiva possa sembrare, presuppone in realtà la risoluzione di una questione a lungo dibattuta in dottrina ed essenziale per una ricostruzione critica del fenomeno societario, quella della contrapposizione tra visione contrattualista e visione istituzionalista dello stesso,[19] da tempo pacificamente risolta a favore della prima. Funzione ultima di ogni tipo societario sarebbe, dunque, la realizzazione dell'interesse sociale inteso come "interesse comune dei soci".[20] La risoluzione di tale controversia nel senso ora enunciato, oltre a portare con sé evidenti risvolti pratico-esegetici, ha indubbia valenza programmatica in un'ottica di politica del diritto.

Da un lato infatti è chiaro che venuta ad esistenza la società, è la sovrastruttura giuridica che acquista rilevanza esterna, permettendo l'ordinamento solo in rari e tassativi casi, peraltro di prevalente costruzione dottrinale e giurisprudenziale, di oltrepassare la barriera societaria per guardare alle relazioni giuridiche sostanziali tra i soci.[21] D'altra parte non si può negare che sia i tribunali sia il legislatore, nelle rispettive sedi di competenza, non possano prescindere, nell'individuare gli interessi di volta in volta meritevoli di tutela, da una valutazione sostanziale dei fini ultimi alla cui realizzazione l'istituto è rivolto.

Un altro punto su cui dobbiamo soffermare la nostra attenzione è la natura esclusivamente patrimoniale dell'insieme di interessi che trovano svolgimento e componimento nella disciplina societaria: così l'entità del conferimento assurge a misura di tutti i rapporti giuridici cui la qualità personale di socio dà origine, dal diritto agli utili al diritto di partecipazione alla vita sociale. È la "funzione organizzativa" del capitale, per cui profitto e potere sono funzioni dirette del rischio.[22]

La natura patrimoniale di tali interessi permette la loro incorporazione in appositi valori mobiliari, i titoli azionari, che agevolano la raccolta di capitali tra i risparmiatori. La flessibilità di tale strumento permette di realizzare la concentrazione della disponibilità di ingenti capitali di eterogenea provenienza in capo ad un solo centro decisionale. La composizione di interessi che si riferiscono ad una pluralità di soggetti distinti sarà a base di molte delle problematiche che tratteremo. Molte di queste afferiscono alle difficoltà che insorgono nell'aggregare scelte diverse. Nella teoria economica vi è invero chi ha teorizzato l'impossibilità di una scelta sociale efficiente, per tale intendendosi una scelta democratica tra più alternative che realizzi un'allocazione efficiente delle risorse.[23] Tale problema è solo apparentemente risolto dal

18. *Supra*, nota 15.

19. P. G. Jaeger, *L'interesse sociale*, cit.

20. Da ultima anche la Corte di Cassazione, con la sentenza n. 11151/1995 ha fatto propria tale impostazione (in "Giurisprudenza Commerciale", 1996, vol. 2, p. 329, con note di P. G. Jaeger, C. Angelici, A. Gambino e R. Costi). Si noti che la Corte Costituzionale, al contrario, già da tempo era su queste posizioni (vedi per ultima la sentenza 35/92). Peraltro pure il legislatore aveva indicato tale strada, modificando, con l'art. 1 del decreto legislativo 3 marzo 1993, n. 88. la rubrica dell'art. 2.247 del codice civile da "Nozione" a "Contratto di società", con ciò eliminando le remore degli interpreti più dubbiosi.

21. È la teoria creata dalla giurisprudenza statunitense, nota come "*piercing the corporate veil*"; si veda per tutte la sentenza *Bartles vs. H. O. Cooperative*, Corte d'Appello di New York, 1955, ripresa poi dai giuristi continentali (merita perlomeno una citazione W. Bigiavi, *L'imprenditore occulto*, Padova, Cedam, 1954).

22. P. Spada, "Dalla nozione al tipo della società per azioni", *Rivista di diritto civile*, vol. 1, 1985, pp. 109 ss.

23. È il noto "teorema dell'impossibilità" di K. Arrow (lo si legga, tra gli altri, in A. Petretto, *Mercato, organizzazione industriale e intervento pubblico*, Bologna, Il Mulino, 1993, pp. 49-50).

principio maggioritario: esso, controintuitivamente, non ha alcuna giustificazione logica, ma è semplicemente una scelta dettata dall'opportunità, che come tale privilegia alcune istanze a scapito di altre.[24] Tra le ragioni che ne hanno fatto un pilastro dell'architettura societaria va annoverata la sua sintonia con il clima culturale proprio dell'epoca in cui l'istituto ha assunto la configurazione attuale e sul quale ci soffermeremo tra un momento.

Ragioni storiche dell'attuale equilibrio

La nascita della moderna società per azioni giunge al culmine di un'elaborazione durata secoli, dai contorni estremamente sfumati, alla quale hanno contribuito in modo diretto o indiretto un elevato numero di fattori giuridici, economici, sociali. Essa è il frutto del lento fluire delle esperienze umane, quali si sono accumulate nel corso di epoche anche remote, e tra gli storici del diritto esistono sostanziali divergenze nello stabilire con certezza le tappe di questa evoluzione.

In questa sede tuttavia non interessa tracciare una compiuta genealogia dell'istituto, quanto individuare il momento storico in cui esso assume la sua configurazione attuale, per contestualizzarne l'essenza giuridico-economica originaria al di là del mero dato normativo. Ciò che rileva ai fini della nostra analisi è individuare le correnti culturali e le opzioni ideologiche che sono sottese alla sua elaborazione, il perché esse siano state privilegiate rispetto ad altre e che influenza ancora esercitino.

Date queste premesse possiamo affermare che la società per azioni, quale noi la conosciamo oggi, nasce nel corso dell'Ottocento e porta in sé tangibili elementi di tale epoca. È l'epoca del consolidarsi della borghesia come classe dominante, che inizia a plasmare le istituzioni di governo politico ed economico della società.

È il periodo in cui si diffonde progressivamente il diritto di voto, nascono o acquistano maggiore incisività le assemblee parlamentari, si affievoliscono privilegi basati sulla divisione in classi e se ne rafforzano altri basati sul censo.[25] Inizia in questo periodo quella spinta egualitarista che si concretizzerà nelle teorizzazioni della democrazia economica del nostro secolo.

L'affermarsi della società per azioni riflette le esigenze degli assetti sociali esistenti. Essa poggia solidamente su quell'ideologia democratica e ugualitaria tipicamente borghese che informa di sé la cultura politica dell'epoca. Ha quale organo centrale l'assemblea dei soci, che delibera a maggioranza sugli aspetti più rilevanti della gestione societaria, in chiaro parallelo con quei parlamenti dove i rappresentanti della classe borghese o "capitalista" esprimono l'indirizzo politico generale della nazione.[26] La società per azioni come ideologia della borghesia poggia quindi le sue basi sul binomio libertà-proprietà, lo stesso che si ritrova a base delle dottrine liberali che si diffondono in quell'epoca. È naturale per lo Stato farsi garante di questi diritti naturali assicurandone il godimento e lo sviluppo, per assecondare le energie imprenditoriali che si rivelano motore inarrestabile di progresso.

Proprio in tale ottica si assiste nello stesso periodo al passaggio della concezione di personalità giuridica da conces-

24. Sull'equivoco circa la presunta appartenenza alla sfera metagiuridica del principio maggioritario cfr. anche P. G. Jaeger, *Gli azionisti*, cit.

25. Sia consentito al riguardo ricordare l'amaro commento del Principe di Salina, che sintetizza magistralmente lo smarrimento della classe aristocratica di fronte all'ascesa della borghesia sul finire del secolo scorso: "Noi fummo i Gattopardi, i Leoni; quelli che ci sostituiranno saranno gli sciacalletti, le iene". G. Tomasi di Lampedusa, *Il Gattopardo*, Milano, Mondadori, 1969.

26. Per il parallelo tra società per azioni e regime parlamentare e il suo sostanziale radicamento nella cultura ottocentesca, si veda per tutti G. Cottino, voce "società per azioni", in *Novissimo Digesto Italiano*, Torino, Utet, 1970.

sione sovrana a diritto dei cittadini[27] (e abbiamo visto che la personalità giuridica è il nucleo del funzionamento della società per azioni).

Tra tutte queste considerazioni è importante sottolineare il rilievo che il diritto di proprietà assume in tutta la costruzione. Esso è presupposto per l'ammissione nella compagine sociale e al tempo stesso il bene da tutelare e anzi accrescere: giustamente vi è in dottrina chi ha osservato che nella sua concezione originaria la società per azioni è essenzialmente un contratto tra proprietari.[28] Cerchiamo di capire che cosa questo significhi ed entro che limiti sia vero.

È innegabile che ciò che risalta nella costruzione iniziale è la fiducia riposta nel principio democratico, nella sovranità dell'assemblea. Tuttavia non si deve cadere nell'errore di traslare tali concetti nella realtà odierna ed interpretarli alla luce della nostra sensibilità. Essi vanno al contrario inquadrati nel contesto di fine Ottocento, alla luce dell'ideologia dell'epoca. Il censo è la chiave d'accesso alle istituzioni della politica, presupposto del godimento dei diritti civici, quasi base di una presunzione legale di "capacità" politica, per mutuare il linguaggio del diritto privato. Questa dottrina costituisce il trionfo dell'ideologia borghese. La società per azioni, specchio di questa innegabile realtà, è lo strumento principe dell'ascesa di una, classe, della sua capacità di mobilizzare e mettere a frutto risorse che essa trae dal suo interno.

Nella fase iniziale fanno capo alla stessa persona la funzione di capitalista e quella di imprenditore, e la ragione è ovvia: il detentore del capitale è spesso colui che lo ha accumulato grazie alla sua capacità imprenditoriale. Il diritto sancisce e certifica tale stato di fatto, a sua volta permettendone la perpetuazione.

Già alcuni decenni dopo tale assetto mostra la sua inadeguatezza a garantire un efficace dispiegarsi delle dinamiche societarie. Spesso coloro che subentrano ai fondatori delle grandi imprese mancano delle doti necessario a gestirle e contemporaneamente si afferma la figura del manager professionale. Nel 1933 Berle e Means[29] nella loro pionieristica opera indicano nella separazione tra proprietà e controllo la tematica da approfondire per evitare abusi a danno degli azionisti-capitalisti. Nel 1937 Coase[30] getta le basi per un'indagine sull'impresa che evidenzia il ruolo dell'informazione come risorsa strategica nella lotta per il controllo, e in ultima analisi per lo sfruttamento della ricchezza societaria.

Il legislatore statunitense da parte sua ha già fatto proprie queste teorie con il *Securities Act* del 1933 e il *Securities Exchange Act* del 1934. La crisi economica del 1929 da un lato, ma anche l'avvenuto sopravvento dei mercati finanziari nel valutare e determinare le performance societarie sono oltreoceano un dato di fatto che richiede una puntuale regolamentazione. Nello stesso periodo in Italia viene varato il nuovo codice civile che unifica i due sistemi, fino ad allora autonomi, del diritto ci-

27. P. Spada, *Dalla nozione al tipo*, cit., riprende la periodizzazione classica della stona della società per azioni divenuta ormai di uso comune che, con terminologia tedesca, individua le fasi note come *Octroisystem* (sistema del privilegio), *Koncessionsystem* (sistema della concessione governativa) e *Normativbestimmungsystem* (sistema delle condizioni normative di costituzione).

28. D. Preite, "Investitori istituzionali e riforma del diritto delle società per azioni", *Rivista delle società*, 1993, pp. 492 ss., ove peraltro rimprovera al legislatore del 1942 questa impostazione troppo statica, di aver creato cioè una disciplina "cui risulta estranea una visione dell'impresa sociale come strumento per una efficiente raccolta di capitale ed una sua ottimale allocazione in investimenti produttivi". Cfr. anche N. Irti, *Codice civile e società politica*, Roma-Bari, Laterza, 1995, per cui il limite del codice del 1942 non sta tanto nell'ideologia fascista (vedi *infra*, nota 32), quanto nel fatto che esso "ignora i moderni problemi dell'economia di mercato", p. 44.

29. A. Berle e G. Means, *Società per azioni e proprietà privata*, Torino, Giuffrè, 1966.

30. R. Coase, "La natura dell'impresa", in M. Grillo, a cura di, *Impresa, mercato e diritto*, Bologna, Il Mulino, 1995.

vile e del diritto commerciale.[31] È sintomatico il diverso orientamento che muove due operazioni di politica del diritto pur così ravvicinate nel tempo: mentre oltreoceano si gettano le basi per un efficiente funzionamento dei mercati finanziari, in Italia ci si attarda (e ci si limita) a rimuovere le vestigia di una concezione del diritto premoderna.

D'altra parte, l'ideologia corporativa che rappresenta la dottrina economica del fascismo maturo (che pure non influenzerà più di tanto gli istituti fondamentali del diritto societario[32]), pone delle remore ad un'organizzazione del diritto e dell'economia che assecondi senza mezzi termini gli "spiriti animali" del capitalismo.

Nel dopoguerra quindi, se le esigenze di defascistizzazione del diritto non sono pressanti, altre opzioni politiche tuttavia pesano sulle scelte in materia, compiute prima in sede costituente e poi dal legislatore ordinario: il peso delle forze politiche che si rifanno a ideologie opposte a quella dell'economia di mercato, se non è tale da imporre soluzioni estreme, riesce comunque a condizionare il dibattito in corso e, cosa più importante, introduce un pericoloso equivoco che determinerà una situazione di stallo che si protrarrà per decenni. Se cioè "l'intervento pubblico significhi semplicemente intervento del legislatore per fornire al capitalismo adeguati strumenti e garanzie di evoluzione, ovvero se il ruolo del pubblico debba assumere la forma del dirigismo, della nazionalizzazione, di un controllo comunque sul merito della gestione dell'impresa, che pure l'equivoco articolo 41 della Costituzione legittima".[33]

31. C. Pasteris, voce "diritto commerciale", in G. Cottino, *Novissimo Digesto Italiano*, cit.

32. Cfr. P. Marchetti, per il quale "le norme che il codice del 1942 dedica alle società per azioni non presentano evidenti e diffuse impronte del regime. Non si pone quindi (nel dopoguerra) un'immediata esigenza di defascistizzazione della disciplina della società per azioni" ("Diritto societario e disciplina della concorrenza", in F. Barca, a cura di, *Storia del capitalismo italiano*, Roma, Donzelli, 1997, p. 467).

33. Ivi, p. 468.

È comprensibile quindi che da parte degli ambienti imprenditoriali vengano sottili resistenze a scelte legislative che pure sono coessenziali allo sviluppo di moderni mercati finanziari, che a loro volta svolgono una funzione insostituibile in una moderna economia di mercato (nella stessa ottica, detto per inciso, è da inquadrare il ritardo con cui il nostro paese si dota di una disciplina generale di tutela della concorrenza, varata solo nel 1990).

La cosiddetta mini-riforma delle società del 1974 è quindi il frutto di tale scenario, e non sorprende che così sia stata etichettata. Passa il "programma minimo", l'intervento del legislatore è parziale e non organico. Tuttavia è un primo, importante punto di riferimento per una riflessione sull'argomento, perché contiene in sé tutti gli elementi che saranno poi sviluppati in successivi interventi legislativi nonché dalla dottrina (anche se talvolta criticamente).

Non è questa la sede per ripercorrere le vicende legate alla nascita e all'evoluzione della Consob. Si ricorderà solo che essa contribuisce a realizzare il principio stabilito dall'art. 47, 1º comma della Costituzione e che la ratio che la ispira è la tutela delle forme di investimento impersonali, che cioè "non comportino in diritto e non favoriscano in fatto né una partecipazione alla gestione né margini di controllo validi per chi si faccia investitore", per cui si accetti di investire in un'attività gestita da un terzo.[34]

L'istituzione della Consob segna la tappa ad oggi più importante dell'evoluzione della disciplina, che da allora ha conosciuto un sempre più penetrante controllo "pubblico" dei soggetti che operano sul mercato mobiliare. La pervasività di tale modalità di controllo, che si è estesa col passare degli anni, ha indotto alcuni autori a parlare di passaggio dal diritto societario

34. G. Minervini, "La Consob e la sollecitazione del pubblico risparmio", *Rivista di diritto civile*, vol. 1, 1989, pp. 297 ss.

al diritto del mercato mobiliare;[35] inoltre da questo settore il modello delle "autorità indipendenti" si è imposto in altre aree.[36]

Ciò che è interessante notare in questa breve panoramica è come al culmine dell'evoluzione ora descritta riacquisti centralità il controllo dell'autorità sulle grandi società per azioni, ieri dettato dall'ideologia eticizzante che legava la responsabilità limitata alla discrezionalità dell'autorità (tutela dei creditori), oggi dettato dall'ideologia liberista che tuttavia riconosce i fallimenti del mercato e cerca di porvi rimedio (tutela dell'investitore).

Una premessa di metodo e un angolo visuale

La scelta per l'ottica "contrattualista"[37] delle fondazioni del diritto societario sopra enunciata porta con sé importanti conseguenze che sono al tempo stesso di metodo e di contenuto. Esse necessitano di qualche ulteriore chiarimento.

Sia dal punto di vista metodologico (degli "strumenti" con cui condurre l'analisi) che da quello dei contenuti, ricondurre l'essenza del fenomeno societario nella sfera della scelta individuale significa porre al centro dell'analisi il singolo azionista o addirittura il singolo investitore in quanto potenziale azionista.

Ne consegue che le singole norme, così come l'intero ordinamento, vanno scomposte in rapporti elementari, che abbiano quale termine di riferimento l'individuo; il fatto che alcune recenti ricerche in tema di gruppi "piramidali" non abbiano potuto ricondurre il controllo a individui determinati paradossalmente conferma l'importanza di tale ottica di analisi.[38]

Sotto un altro aspetto questo inquadramento si rivela fruttuoso, poiché permette di introdurre nel discorso i contributi più innovativi elaborati in tema di teoria dell'impresa, quelli che, sostituendo l'inadeguato e meccanicistico approccio tradizionale della teoria economica neoclassica,[39] hanno posto m primo piano il concetto di costo di transazione.

35. Per tutti si veda A. Mignoli, "La società per azioni oggi. Problemi e conflitti", in *Rivista delle Società*, vol. 1, 1990, pp. 1 ss.

36. Sulla "primogenitura" concettuale, oltreché temporale, della Consob rispetto ad altre *authorities* analoghe, cfr. E. Patroni Griffi, "Tipi di autorità indipendenti", in S. Cassese e C. Franchini, a cura di, *I garanti delle regole*, Bologna, II Mulino, 1996.

37. Più precisamente quello proposto è un modello di "contrattualismo reale", basato com'è sulle preferenze degli agenti come effettivamente manifestate dagli stessi. Come giustamente mi ha fatto notare Sebastiano Maffettone esiste, accanto a questo, un diverso paradigma ricostruttivo applicabile al caso in esame, noto come "contrattualismo ideale", più attento alle esigenze di giustificazione morale di un ordine istituzionale in quanto capace di andare oltre le preferenze "effettuali" degli individui. Questo secondo paradigma si basa su un consenso razionale o ipotetico, manifestato dai consociati, dietro un "velo d'ignoranza" per usare la celebre espressione di Rawls circa le reali posizioni individuali in seno alla società. Si tratta, com'è intuibile, di un orizzonte più ricco circa le fonti di legittimazione dell'ordine sociale, che non si ferma alle preferenze individuali, ma si spinge fino alle loro motivazioni etiche profonde. Il lato critico di tale modello consiste nel pericolo di sfociare in autoritarismo: "un mondo normativo, partorito dalla testa del teorico, rischia di diventare la fonte di violazioni della libertà individuale". La risposta a questo rischio consiste nel saper porre con efficacia la questione del pluralismo, visto come "risposta fondazionale al pericolo di autoritarismo" (S. Maffettone, *Liberalismo realistico o critico?*, "Critica liberale", maggio 1995, da cui sono tratte le espressioni virgolettate). Far confluire la dottrina filosofica del contrattualismo ideale nell'elaborazione giuridica di sistemi normativi pluralistici costituisce allora necessario banco di prova per ogni tentativo di istituzionalizzazione di un'etica aperta. Per quanto attiene più strettamente il nostro tema, accogliere una visione di contrattualismo ideale significa affermare che esiste un presupposto metagiuridico in cui il rispetto dei diritti degli *stakeholders* sussiste per ragioni etiche. Paradossalmente esisterebbe anche contro gli interessati stessi. Ciò d'altra parte implica qualche problema con la teoria economica del diritto, cui si è fatto largo ricorso, poiché quest'ultima non prevede un piano critico-ideale.

38. F. Barca et al., *Assetti proprietari e mercato delle imprese. Proprietà, modelli di controllo e riallocazione nelle imprese industriali italiane*, Bologna, II Mulino, 1994.

39. Secondo la teoria neoclassica (che ha trovato sistemazione analitica nel modello di equilibrio

Nell'intuizione di ciascuno di noi le imprese sono tra i principali protagonisti del mercato. In quest'ottica tali entità si pongono su piani diversi: l'impresa è protagonista della vita economica, il mercato è l'ambiente dove essa interagisce con gli altri soggetti. Si deve al lavoro pionieristico di Coase[40] se tale paradigma è stato incrinato, permettendo di inquadrare impresa e mercato come i due estremi di un continuum, proprio grazie all'intuizione accennata, che in ultima analisi permette di spiegare perché in una data economia tutte le operazioni economiche non siano svolte all'interno di un'unica grande impresa, o perché al contrario ciascun lavoratore non faccia impresa a sé, affidando le interazioni con gli altri agenti economici esclusivamente al mercato. In sintesi, il concetto di costo di transazione, introdotto da Coase per spiegare i "limiti dell'impresa" (per spiegare cioè il perché di una data configurazione degli assetti proprietari), facendo luce su tali aspetti, consente di portare in superficie il fattore critico cui ogni ordinamento deve rispondere, quello del ruolo dell'autorità del comando.

Il funzionamento del mercato ha un costo; creando un'organizzazione e permettendo a una certa autorità (un "imprenditore") di allocare le risorse, vengono risparmiati i costi del mercato.[41]

La teoria dei diritti proprietari propone perciò un'interpretazione del ruolo che l'allocazione del controllo può svolgere, nell'incentivare il contributo al processo produttivo del proprietario e nel disincentivare gli altri produttori:[42] l'allocazione della proprietà è efficiente quando i benefici del primo effetto superano le conseguenze negative del secondo.

Lungi dal banalizzare il problema, queste ultime parole riassumono interamente il tema della corporate governance.

Specificazione dei "property rights" e uso di risorse scarse: un approfondimento

La teoria dei diritti di proprietà cui si è accennato nel paragrafo precedente si è sviluppata a partire dal secondo dopoguerra avendo come obiettivo il ripensamento della teoria marginalista. Questo filone della letteratura economica pone l'accento sull'esistenza di costi e benefici annessi ai beni e servizi alla cui produzione e scambio è rivolta l'attenzione degli studiosi; ne consegue che gli insiemi di diritti di proprietà[43] sulle risorse detenute entrano direttamente nelle funzioni di utilità degli agenti economici e influenzano quindi il loro comportamento e, attraverso questo, l'allocazione

economico generale di Arrow-Debreu) tutti i mercati — dei prodotti, del capitale, del lavoro — sono in costante situazione di perfetto equilibrio. Eventuali *shock* esogeni (mutamenti del quadro politico, eventi naturali, guerre) non alterano tali equilibri, in quanto vengono istantaneamente assorbiti attraverso un sistema dei prezzi infinitamente flessibile, in grado di incorporare ogni variazione del sistema, in un contesto di perfetta informazione degli individui e assenza dei costi di transazione.

40. Che in realtà riscopre Marx, il quale distingueva i modi di organizzazione della produzione a seconda che fossero regolati attraverso l'autorità del comando o l'autorità della concorrenza (l'osservazione è di F. Barca, *Imprese*, cit., p. 31).

41. R. Coase, "La natura dell'impresa", cit., p. 80.

42. Più correttamente la contrapposizione deve leggersi, nel nostro caso, tra azionisti "controllanti" e non; veggasi in proposito il paragrafo *Cenni comparatistici* di questo stesso articolo per una chiarificazione del punto.

43. Per evitare ogni equivoco lessicale può essere utile riportare una definizione dei diritti di proprietà, data da un economista: "Nelle discussioni di ogni giorno parliamo di proprietà anziché di diritti di proprietà, ma quest'abbreviazione ci induce in errore poiché ci fa pensare alla proprietà come a una cosa invece che a dei diritti. (...) Quando possediamo un'auto, in realtà possediamo un insieme, definito dalla legge, di diritti ad utilizzarla in certi modi piuttosto che in altri. Ad esempio, non si può usare l'auto come un'arma o posteggiarla di fronte a una pompa antincendio. Fra i diritti più importanti posseduti vi è quello di impedire ad altri l'uso del veicolo, se non con il nostro permesso e alle nostre condizioni ed il diritto di disfarsi dei diritti di proprietà sul veicolo vendendolo a qualcun altro" (G. Brosio, *Economia e finanza pubblica*, Roma, Nuova Italia Scientifica, 1994, pp. 246-247).

delle risorse, la composizione della produzione, la distribuzione del reddito.

C'è in generale in questo approccio una maggiore attenzione all'ambiente istituzionale nel quale avvengono i fatti economici, ed una maggiore consapevolezza della logica del mercato, nel fatto che essa possa essere applicata fruttuosamente ad una gamma molto vasta di relazioni economiche, tradizionalmente sottratte alle forze della concorrenza solo a causa della incompleta specificazione dei diritti esistenti.[44]

È intuitivo a questo punto affermare che una più completa specificazione dei diritti di proprietà individuali diminuisce l'incertezza e tende a promuovere una maggiore efficienza nell'uso delle risorse.[45] Essi peraltro sono strumenti imprescindibili dell'azione sociale. Sono essi infatti che modellano le interazioni nei gruppi, nel senso che rendono possibile per gli agenti economici la formazione di aspettative sul reciproco comportamento.[46]

In particolare, un sistema di diritti di proprietà specifica la natura dei diritti posseduti dagli individui relativamente alla disponibilità delle risorse, all'appropriazione del reddito da esse generato e alla trasferibilità delle stesse ad altri individui. Dato ciò, un insieme di diritti determina attraverso il sistema dei prezzi, effettivi o virtuali, il modo in cui vengono ripartiti benefici e costi di una decisione di utilizzo di risorse fra colui che prende questa decisione e gli altri mèmbri della collettività. Alterando il sistema dei diritti si modifica il sistema di benefici e costi di tutti coloro che prendono le decisioni di utilizzo delle risorse e si modificano dunque le scelte di allocazione delle risorse.

Una trattazione complessiva degli effetti sulla teoria economica ortodossa dell'inclusione dei *property rights* tuttavia ci porterebbe lontano dagli scopi del presente scritto. Ci limiteremo qui ad accennare ad alcuni fatti che si prestano alle riflessioni che svolgeremo in seguito, relativi in particolare all'insorgere di nuovi insiemi di diritti di proprietà o meglio all'emergere della necessità che in determinate circostanze si giunga a più complete specificazioni di essi.

Se infatti la principale funzione allocativa dei *property rights* è legata all'internalizzazione delle esternalità,[47] allora la loro insorgenza deve essere legata all'emergere di nuovi tipi di esternalità, positive o negative che siano. Queste derivano diret-

44. E. Furubotn e S. Pejovich, "Property Rights and Economic Theory: A Survey of Recent Literature", *Journal of Economic Literature*, 1972, p. 1.157.

45. "In sostanza la scienza economica consiste nello studio dei diritti di proprietà su delle risorse scarse. (...) L'allocazione di una risorsa scarsa in una società consiste nell'assegnazione dei diritti sull'utilizzo di quella risorsa. (...) Il problema della scienza economica, ovvero di come i prezzi dovrebbero essere determinati, è il problema di come i diritti di proprietà debbano essere definiti e scambiati, e a quali condizioni", afferma A. Alchian, in E. Furubotn e S. Pejovich, cit., p. 1.139.

46. "Il titolare di determinati diritti di proprietà 'possiede' il consenso da parte degli altri consociati a comportarsi in modi determinati. Così, un proprietario si aspetta che la comunità prevenga che terzi interferiscano con i suoi piani di azione, a patto che detti piani non siano proibiti nella specificazione dei suoi diritti" (H. Demsetz, "Towards a Theory of Property Rights", *American Economic Review. Papers and Proceedings*, 1967, p. 347).

47. Per la definizione del concetto veggasi R. Coase, in M. Grillo, a cura di, *Impresa, mercato e diritto*, cit., p. 65: "Un'esternalità viene spesso definita come l'effetto che ha la decisione di una persona su qualcuno che non prende parte a quella decisione. Così, se A compra qualcosa da B, la decisione di A influenza B, ma questo effetto non viene considerato una esternalità. Tuttavia se la transazione di A con B influenza C, D ed E, questi effetti sono chiamati 'esternalità'". L'esternalità può essere negativa (si pensi ad un impianto produttivo che emette fumi nocivi) o positiva (è il caso di un parco che accresce il valore delle proprietà circostanti). L'efficienza allocativa nasce dal fatto che se i soggetti che ne sono responsabili non ne sopportano i costi (non ne ricavano i benefici) ne produrranno una quantità subottimale (rispettivamente per eccesso o per difetto). "Internalizzare" l'esternalità significa allora indurre i soggetti responsabili a considerare i costi (godere i benefici) delle esternalità da essi prodotte. Ciò può avvenire in vari modi, sia attraverso il mercato che tramite l'intervento pubblico (ad esempio con tasse o sussidi).

tamente da variazioni nei fattori primi del mutamento economico, quali i gusti dei consumatori e le tecnologie disponibili.[48]

Ecco dunque che la necessità di maggiori possibilità di internalizzazione (leggi di una più accurata definizione dei diritti di proprietà) è direttamente correlata, o meglio dipende da variazioni nelle grandezze economiche, variazioni che sono originate dallo sviluppo di nuove tecnologie e dall'apertura di nuovi mercati, variazioni per le quali le precedenti definizioni dei diritti non sono attrezzate. È un dato che nella storia economica dell'occidente simili aggiustamenti siano stati la risultante di un processo graduale, che come tale difficilmente è stato percepito in maniera conscia dai contemporanei, né tantomeno è stato in qualche modo volontariamente agevolato da interventi dell'autorità. Si pensi al processo di sottrazione delle terre comuni al loro uso tradizionale per destinarle all'agricoltura intensiva, protrattosi per diversi secoli nell'Europa moderna, reso necessario appunto dai progressi della tecnica agraria. Tale processo spontaneo tuttavia può essere insufficiente nel caso di discontinuità repentine come quelle rese possibili dalle scoperte scientifiche, e dai mutamenti tecnologici conseguenti, dell'ultimo secolo.

Quest'ultima osservazione ci consente di formulare una suggestiva ipotesi in merito all'intima natura del problema della corporate governance. L'evoluzione degli istituti societari, ricostruita per sommi capi nelle pagine precedenti, evidenzia quanto cammino sia stato compiuto dalle "anonime" del secolo scorso alle *public companies* protagoniste dei mercati finanziari internazionali.[49]

Non altrettanto può dirsi della legislazione in materia; prima che di tutela di questa o quella parte del rapporto societario, il tema della *corporate governance* è forse un problema di incompleta specificazione dei diritti di proprietà, di imperfetta definizione del fascio di diritti connaturato ad ogni partecipazione azionaria.

Non è quindi un problema di tutela di questo o di quel gruppo di azionisti: l'interesse della minoranza non è qualitativamente diverso e necessariamente contrapposto a quello della maggioranza.[50] Più semplicemente, un'incompleta specificazione dei diritti di proprietà conduce ad equilibri subottimali; la validità delle norme in materia, dopo aver delimitato l'ambito di preminente interesse pubblico destinato ad essere oggetto di disciplina imperativa, dovrà essere testata su questo terreno.

Intervento del legislatore e autonomia dei privati

Fondare la propria analisi, come è stato fatto sinora, sugli aspetti elementari dei rapporti tra privati, privilegiandone quindi l'autonomia, non significa disconoscere che essa può incontrare limiti che devono dar luogo a interventi imperativi del legislatore.[51]

Significa tuttavia compiere una radicale inversione di prospettiva quando si

48. "Innovazioni tecnologiche si riflettono in mutamenti nelle funzioni di produzione, nei valori di mercato e nelle preferenze. Nuove tecniche, nuovi processi di produzione e nuovi prodotti — tutto ciò provoca effetti benefici e dannosi, ai quali la società non è abituata. L'emergere di nuovi diritti di proprietà ha luogo in risposta ai desideri di soggetti che interagiscono tra loro per adeguarsi a nuove combinazioni di costi-benefici"; e ancora "I diritti di proprietà si sviluppano per internalizzare le esternalità quando i benefici derivanti dall'internalizzazione diventano più grandi del suo costo" (H. Demsetz, *Towards a Theory of Property Rights*, cit., p. 350).

49. Se si accetta la logica sin qui delineata, tale evoluzione ha portato all'emersione di forme organizzative cui corrispondono altrettante "innovazioni tecnologiche" nella configurazione del controllo societario.

50. P. Marchetti, "Osservazioni sui profili societari della bozza di TU dei mercati finanziari", *Rivista delle Società*, 1998, p. 141.

51. Anche un acceso sostenitore della tesi contrattualista afferma: "Io credo che la prospettiva contrattualista fornisca un'illuminante cornice di analisi, ma credo altresì che la legge debba avere un ruolo sostanzialmente imperativo" (L. A. Bebchuck, "The Debate on Contractual Freedom in Corporate Law", *Columbia Law Review*, vol. 89, 1989, p. 1.395).

consideri il contesto italiano. Come si è autorevolmente osservato in merito al dibattito di *corporate governance* in atto nel nostro paese, ed in particolare in relazione alle misure adottate dal legislatore (il riferimento è al decreto legislativo 58/1998, cosiddetto decreto Draghi, allora in fase di elaborazione):

"Uno degli aspetti più caratteristici (in senso *negativo*) dell'ordinamento societario italiano, come interpretato e definito dalla giurisprudenza anche recente, è quello della sua *rigidità*, conseguente all'identificazione in molte disposizioni di legge di norme sottratte all'autonomia privata, e generalmente ritenute dai giudici imperative e inderogabili.

"Tale prospettiva, di ispirazione ideologica istituzionalista, ha costituito l'unico apodittico fondamento di numerose decisioni, riguardanti problemi assolutamente non omogenei. Ne è derivato un fenomeno di appiattimento delle soluzioni, in nome di concetti dogmatici di presunta portata universale. (...)

"Tutto ciò mentre negli Stati Uniti si sviluppavano dottrine, in applicazione del metodo del *Law and Economics*, che qualificano i rapporti relativi alla costituzione e all'attività delle Corporations come relazioni contrattuali.

"La discussione sulla *Corporate Governance* si colloca nell'ambito di questa, ben più articolata, analisi. Tendenzialmente essa capovolge il rapporto tra norme imperative e dispositive nel quadro delle strutture societarie, nel senso che le prime costituiscono l'eccezione e le seconde la regola."[52]

Ne è da pensare che privilegiare gli aspetti contrattuali porti inevitabilmente ad esiti segnati: se da un lato infatti è noto che la stessa teoria economica non assegna a priori a questo o a quel modello di *governance* un primato in termini di efficienza, è chiaro che un intervento legislativo che mostri di compiere scelte di campo contraddirebbe tale assunto.[53]

Al contrario una scelta matura deve, tenendo conto dei vincoli sopra delineati, creare un insieme di regole del gioco che consentano l'emersione del modello di *corporate governance* che alla prova dei fatti si dimostri in grado di produrre maggior ricchezza.

Gli strumenti emersi nel corso della nostra trattazione possono in ultima analisi ricondursi alle tre categorie dell'autorità della legge, della fiducia, dei contratti.

Nel contesto italiano, come abbiamo visto, un diritto di prevalente creazione giurisprudenziale, sommandosi a innegabili circostanze di fatto, ha compresso le forze dell'autonomia contrattuale entro angusti limiti; a tale situazione hanno in parte supplito meccanismi basati su relazioni di fiducia.

Il dibattito in corso ha giustamente individuato il punto critico della disciplina in un riequilibrio dei ruoli tra le tre modalità di governo sopra citate che vada nella direzione di una maggiore valorizzazione del ruolo dei singoli partecipanti alla vita societaria, attraverso la creazione di una cornice normativa che favorisca un maggiore

52. P. G. Jaeger e P. Marchetti, *Corporate Governance: relazione al comitato scientifico di Confindustria del 22 luglio 1997*, "Giurisprudenza Commerciale", vol. 1, 1997, pp. 629-630, corsivi degli autori.

53. Non è superfluo notare che una situazione di insufficiente definizione dei diritti di proprietà presenta evidenti analogie con quello che i padri della filosofia politica moderna definiscono "stato di natura", in cui vige la legge del più forte; la peculiare configurazione della regola di *membership* nelle società basata su una almeno teorica stretta proporzionalità tra conferimenti e diritti (e conseguenti poteri) lascia indeterminata la questione distributiva, per cui l'azionista "forte", con il suo comportamento opportunistico, ben potrebbe ridurre le dimensioni del prodotto societario, di cui comunque gli spetterebbe la quota più rilevante. I riferimenti d'obbligo sono T. Hobbes, *Leviatano*, Firenze, Vallardi, 1976, e J. J. Rousseau, *Contratto sociale*. Per un'ampia trattazione su una possibile giustificazione morale dell'ordine sociale che si sviluppa a partire da uno "stato di natura" cfr. inoltre T. Magri, *Contratto e convenzione. Razionalità, obbligo e imparzialità in Hobbes e Hume*, Milano, Feltrinelli, 1994.

esplicarsi dell'autonomia dei privati, in particolare attraverso la libera negoziazione dei diritti garantiti e tutelati dall'ordinamento.[54]

L'analisi sin qui compiuta non è quindi unilaterale, non comporta cioè uno spostamento di poteri e diritti (e, in ultima analisi, di risorse) unidirezionale, ben potendo pervenire all'individuazione di aspetti relativamente ai quali è il cosiddetto azionista forte ad ottenere i maggiori vantaggi relativi da una diversa configurazione degli assetti interni alla società. In una complessiva ridefinizione dei diritti, la parte onerata è indeterminata. Gli osservatori più accorti hanno da tempo rilevato come il problema riguardi la tutela della funzionalità del tipo legale della società per azioni, piuttosto che rientrare nel tema, tradizionale al diritto civile, della tutela della parte debole del rapporto.[55]

È importante sottolineare questo aspetto anche con riguardo ad un equivoco che è bene eliminare in partenza: l'intervento del legislatore in questo caso non si traduce (o meglio non dovrebbe tradursi) in un irrigidimento della disciplina, ma è al contrario coessenziale ad una sua maggiore e crescente flessibilità. In questo senso si deve precisare meglio quanto affermato da quegli autori per i quali, in tema di *corporate governance*, le regole, adottate o adottande, hanno "lo scopo fondamentale comune a tutte le norme giuridiche: che è, naturalmente, quello di dirimere o prevenire conflitti di interesse".[56]

In realtà, la tesi che andiamo sviluppando assegna al legislatore un ulteriore compito, ancora più neutrale, ancor più a monte, se così si può dire: l'istituzione di un sistema di diritti ha il primario compito di rendere le parti coinvolte edotte dei rispettivi interessi, facendone emergere l'aspetto conflittuale. Una disciplina che non predisponga ruoli differenziati (che non distingua, nel nostro caso, tra gestori e controllori), perpetuando così l'illusione di una uguaglianza che è necessariamente smentita dagli assetti che di fatto si determinano non assolve interamente il suo compito, che deve preliminarmente essere quello di "segnalazione" ai singoli delle differenti posizioni di partenza.[57]

Solo così i costi e i benefici connessi al perseguimento degli interessi di ciascuno possono venire alla luce, permettendo ai diversi soggetti di orientarsi consapevolmente tra sfera individuale e sfera collettiva.

Del resto, è forse questa la maggiore manchevolezza della disciplina societaria del 1942: aver creduto fino in fondo nell'omogeneità degli interessi rappresentati nell'assemblea, e nel meccanismo maggioritario come strumento ottimale di sintesi.[58]

54. In proposito è opportuno osservare che un sistema di relazioni basato su un generalizzato ricorso alla fiducia (*trust*) al fine di integrare relazioni contrattuali incomplete, soffre per definizione di limiti che possono impedire transazioni socialmente desiderabili. Per sua stessa natura, infatti, la fiducia non è negoziabile; se essa per certi aspetti gode di un alto grado di flessibilità "statica", che consente di gestire situazioni non interamente specificabili ex ante, e perciò estremamente fluide, d'altro canto si basa sulla condivisione di valori e norme sociali, da cui sono esclusi soggetti esterni alla comunità comunque definita.

55. Sosteneva oltre trent'anni fa Pellizzi che "la stessa "tutela" delle minoranze non è tanto, o soltanto, un intervento tutorio a difesa di soggetti ritenuti più deboli, quanto piuttosto una cautela suggerita da generali esigenze economiche". Cfr. G. L. Pellizzi, "Sui poteri indisponibili della maggioranza assembleare", *Rivista di diritto civile*, 1967, p. 126.

56. Cfr. P. G. Jaeger e P. Marchetti, *Corporate Governance*, cit., p. 625.

57. Resta così esplicitato un ulteriore, importante ruolo per il diritto positivo, quello di arricchire il set informativo degli agenti; questa funzione non è completamente assolta dal diritto vigente, il quale anzi ingenera l'illusione anche nei soci marginali di poter influire sulla gestione attraverso la partecipazione a maggioranze assembleari "figlie del caso". Qui di fronte alla previsione del principio maggioritario che certamente assolve alla sua funzione di strumento di risoluzione dei conflitti, manca la ricognizione (contenuta invece nel Testo unico relativamente alle sole società quotate) di un ruolo differenziato per maggioranza e minoranza, che, detto per inciso, non sono mai citate nel codice civile.

58. È già stato osservato in proposito che la contrapposizione tra maggioranza e minoranza emerge e si rivela in fatto in parallelo con lo sviluppo

Aver riconosciuto che nella realtà così non è costituisce per le recenti norme in materia risultato più importante di quanto a prima vista possa sembrare. In tale ottica è residuale l'intervento della legge in funzione "risolutiva" dei conflitti, è assolutamente primario quello di definizione della struttura istituzionale all'interno della quale siano gli individui stessi a trovare la composizione ottimale dei reciproci conflitti di interesse.

Il testo unico della finanza: il legislatore accoglie il contributo di Coase?

Giunti quasi alla conclusione del nostro discorso, è opportuno verificare se gli spunti suggeriti nelle pagine precedenti siano stati in qualche misura recepiti dall'ordinamento, sia sul piano legislativo sia su quello della pratica. Come infatti si è accennato in apertura, un sistema di *corporate governance* è composto non solo da norme di diritto positivo, ma pure dalle consuetudini interpretative e applicative che prevalgono nei tribunali e nei comportamenti degli operatori.

Sotto questo punto di vista, gli ultimi anni hanno visto un fiorente dibattito, che ha accompagnato l'approvazione della legge delega, la sua esecuzione e infine l'emanazione dei decreti attuativi ad opera delle diverse *authorities* chiamate a integrare il dettato normativo. Non è questa la sede per compiere una dettagliata analisi della copiosa produzione normativa, giurisprudenziale e dottrinale degli ultimi anni. Ci limiteremo quindi ad individuare i principi guida cui essa si è ispirata, nonché a verificare il suo grado di congruenza con le indicazioni teoriche sin qui emerse.

A questo fine, dobbiamo in primo luogo registrare come il decreto Draghi segni l'ingresso, nel tradizionale agone della *corporate governance*, di una molteplicità di soggetti che fino ad oggi non trovavano adeguata considerazione nella disciplina societaria: il fatto stesso che, sia nella legge delega sia nel Testo unico, si faccia ampio riferimento alla categoria della minoranza azionaria, per attribuirgli specifiche facoltà e poteri, segna di per sé un importante riconoscimento legislativo della complessità delle vicende interne alla compagine azionaria, ed al tempo stesso l'abbandono dell'utopia ugualitarista cui era ispirato il codice del 1942. A tal fine, l'articolato di legge disciplina tutta una serie di "corpi intermedi", in cui si raggruppano i soci per poter incidere con maggiore efficacia sulla gestione; se solo l'associazione tra azionisti di cui all'art. 141 del Testo unico riveste il carattere di novità assoluta, ugualmente importanti risultano da un lato tutte le norme che riservano speciali facoltà a coloro che, da soli o in accordo con altri, raggiungano determinate quote di possesso azionario, dall'altro gli artt. 122-124, che disciplinando i patti parasociali, paiono aver finalmente posto fine all'annoso dibattito dottrinale sulla loro validità. Se non mancano i potenziali inconvenienti legati alla "proliferazione" dei soggetti rilevanti nella dialettica societaria,[59] ulteriormente aggravati dal penetrante e crescente ruolo disegnato per le *authorities*,[60] dobbiamo considerare positivamente la scelta fatta dal legislatore di

dell'istituto societario (cfr. P. G. Jaeger, *Gli azionisti*, cit.). Vi è tuttavia un'ulteriore considerazione da fare, circa il fatto che, emersa e consolidatasi una maggioranza, l'ordinamento non si curava (perlomeno fino all'approvazione del recente Testo unico) delle sorti della minoranza; tale circostanza è certamente da ascriversi all'estensione al piano sostanziale della dogmatica dell'assemblea come collegio perfetto, necessaria a fini procedurali. Essa tuttavia mostra i suoi limiti in casi come il nostro, dove i componenti del collegio sono portatori di interessi propri.

59. Il riferimento è ovviamente ad accresciuti problemi di scarsa trasparenza delle relazioni, nonché al conseguente pericolo di "cattura" dei soggetti deboli ad opera di quelli più dotati di risorse.

60. È stato rilevato che il Testo unico prevede almeno 71 provvedimenti distribuiti tra ministeri di Grazia e giustizia, del Tesoro e delle Finanze, Consob e Banca d'Italia. Al di là della ragionevolezza di un sistema delle fonti tanto articolato, v'è da chiedersi quali garanzie di *accountability* delle diverse autorità esso fornisca o, il che è lo stesso, chi controlla il controllore.

una disciplina che si fa carico dell'inclusione del maggior numero di soggetti possibile, prevedendo un accesso differenziato agli strumenti di *voice*, lasciando che siano poi i singoli ad autoselezionarsi in base alle proprie preferenze.

La seconda tendenza che dobbiamo registrare va nel senso di un arretramento del legislatore, non tanto nel senso quantitativo, di una diminuita produzione normativa,[61] quanto piuttosto in quello qualitativo, di una sua mutata filosofia ispiratrice, che introduce ampi spazi di autonomia individuale, attraverso numerose disposizioni che rinviano agli statuti "per l'introduzione volontaria di regole di maggior protezione per le minoranze, (...) in termini di 'minor percentuale' o di 'quota più elevata' secondo che l'una o l'altra rafforzino i diritti dei minoritari".[62]

Al di là della rilevanza delle singole disposizioni (alcune delle quali, invero, notevoli) è importante sottolineare che lo spessore qualitativo della riforma dovrà essere valutato alla luce dell'effettiva applicazione della stessa (in relazione alla quale, peraltro, si deve registrare una per certi versi comprensibile cautela da parte degli operatori, rilevata ad esempio da indagini empiriche di Assonime, che hanno rilevato una ridotta "utilizzazione" dei maggiori spazi di autonomia da parte delle società quotate). Su questa linea, sarà importante un'interpretazione delle ipotesi di autonomia espressamente previste dal Testo unico che ne esalti la funzione programmatica, indicativa di una prospettiva, al fine di favorirne un'applicazione su "orizzonti meno consueti e soprattutto di più ampio respiro".[63]

Si può in definitiva riconoscere come l'intero impianto del Testo unico sia fondato sul riconoscimento del fatto che, al crescere della complessità, un ordinamento normativo decentrato appare più efficiente, e quindi preferibile, rispetto ad uno che si basi su una strenua difesa del principio di autorità, sia esso inteso in senso gerarchico, come prevalere dei processi decisionali "verticali", sia esso inteso come preferenza per

61. Affermazione che anzi apparirebbe paradossale, alla luce di quanto esposto alla nota precedente.

62. P. Montalenti, *Corporate governance: la tutela delle minoranze nella riforma delle società quotate*, "Giurisprudenza commerciale", 1998, p. 329/I, il quale effettua poi una ricognizione analitica delle ipotesi di autonomia statutaria previste dal Testo unico: "Così è in tema di convocazione dell'assemblea (art. 125, 1º comma), di assemblea straordinaria (art. 126, 3º e 4º comma), di denuncia al collegio sindacale e al Tribunale (art. 128, 3º comma), di azione di responsabilità della minoranza (art. 129, 1º comma) di deleghe di voto (art. 137, 3º comma), di poteri dell'assemblea e del rappresentante comune degli azionisti di risparmio (art. 147, 4º comma), di privilegio delle azioni di risparmio (art. 145, 2º comma)", ivi, p. 346, dove stranamente si omette un'importante disposizione, quella inerente il numero di sindaci espressione della minoranza (art. 148, 2º comma).

63. Cfr. V. Buonocore, secondo il quale "la lacuna della legge al nostro esame in tema di organo di governo si colma e la vera riforma della *corporate governance* si prepara superando gli stereotipi delle clausole statutarie proprio nella materia dell'organizzazione interna della società e quindi operando effettivamente sul governo dell'impresa, e in particolare sui seguenti punti: a) ripartizione delle funzioni di governo societario; (...) b) modelli (sperimentali) di composizione del consiglio di amministrazione; (...) c) sfruttamento della possibilità regolamentare per il funzionamento degli organi sociali" (V. Buonocore "La riforma delle società quotate: cenni introduttivi", in AA.VV., *La riforma delle società quotate*, Milano, Giuffrè, 1998, pp. 72-73. Le osservazioni dell'autore riecheggiano quelle espresse all'inizio del dibattito sulla riforma da P. Marchetti, il quale giustamente lanciava un "monito a non trascurare, con l'alibi della riforma, le potenzialità, non scarse, dell'oggi", avvertiva come "la disciplina societaria consentisse di agire in prevenzione", illustrava come già le norme del codice civile consentissero di pervenire ad una composizione dell'organo amministrativo, alla ripartizione delle funzioni di gestione e sorveglianza, al disegno di un sistema di controlli interi più adeguati ad un efficace sistema di *corporate governance*. Concludeva con un interrogativo valido ancor oggi (anzi, a maggior ragione oggi, qualora i poteri concessi dal Testo unico non vengano estesamente esercitati), relativo al "perché, pur essendovi gli spazi, non sia stata sfruttata la possibilità per una più adeguata *corporate governance* che il sistema offre" (P. Marchetti, "*Corporate governance* e disciplina societaria vigente", *Rivista delle società*, 1996, pp. 418 ss.).

un modello di tutela degli interessi coinvolti prevalentemente eterodeterminato, con l'intervento di un soggetto esterno (tipicamente un tribunale) chiamato a giudicare della composizione dei conflitti tra le parti nel senso più congruente con principi anch'essi fissi e inderogabili. Corollario di tale presa d'atto, e quindi il passo successivo a cui è chiamato l'interprete nell'applicazione della riforma, consiste nell'individuazione dei riferimenti normativi che diano sostanza a tale mutato orientamento. In proposito è forse prematuro indicare soluzioni, dato il ritardo della dottrina nell'analizzare potenzialità e limiti di sistemi normativi "misti", in cui le disposizioni di legge assumano funzione prevalentemente sussidiaria, accanto a strumenti di autoregolamentazione; pare più opportuno limitarsi a indicazioni metodologiche di massima. In tale ottica, è possibile individuare per ciascuno strumento un ambito di competenza distinto, destinato ad integrarsi con gli altri. Attribuita alla legge la funzione di presidio degli aspetti di ordine pubblico e interesse generale innegabilmente connessi alla materia, nonché di specificazione, nel senso sopra precisato, delle posizioni di partenza dei privati, possono ipotizzarsi, per quanto concerne gli spazi di autonomia concessi a questi ultimi, due livelli di intervento. Da un lato infatti può pensarsi a veri e propri contratti, impegni giuridici liberamente sottoscritti dai partecipanti alla società a vario titolo per regolare i reciproci rapporti negli spazi lasciati liberi dall'arretramento delle norme imperative. Tali disposizioni pattizie possono trovare posto sia negli statuti sia in regolamenti societari sia in accordi parasociali.[64] D'altro canto, dove impegni strettamente giuridici possono rivelarsi di difficile *enforcement*, possono soccorrere codici etici che riducano le aree di indefinitezza e d'altronde servano da guida all'interprete nell'applicazione ex post dei vincoli giuridici che li richiamano. Se pensiamo ai casi di responsabilità degli amministratori, di abusi della maggioranza o della minoranza, tutti costruiti su non meglio precisabili, dal punto di vista del diritto, doveri di buona fede e correttezza, appare evidente come un siffatto sistema di rinvii si ponga a tutela di tutte le parti coinvolte, in termini di maggiore specificazione delle fattispecie sanzionabili, senza che questo si risolva in un'eccessiva sclerosi del sistema.[65]

In quest'ottica va inquadrata l'iniziativa della società di gestione del mercato azionario, Borsa Italiana S.p.A., che, facendosi interprete dello spirito della rifor-

64. È la soluzione proposta da Jaeger, il quale, commentando il codice di autoregolamentazione recentemente varato dalla società di gestione del mercato azionario, Borsa Italiana S.p.A., pur non nascondendo accenti critici, sostiene che "si debba porre il problema di una possibile realizzabilità in termini giuridici dei precetti del codice, senza lasciarli in balia della correttezza degli operatori o delle onde imprevedibili del mercato". La sua proposta è appunto quella "di inserire alcune regole negli statuti delle società, facendole approvare dall'assemblea straordinaria. Si realizzano in tal modo gli obiettivi, da un lato, di introdurre discipline che tengano conto delle 'specificità' delle società; dall'altro, di poterle far modificare o sopprimere, ove non si dimostrino utili, ad opera della stessa assemblea. Assicurando nel contempo alle regole in questione un carattere giuridico coercibile" (P. C. Jaeger, "Governo societario, meglio le regole negli statuti", *Corriere della Sera*, 12 ottobre 1999).

65. In dottrina si è talvolta criticato il ricorso eccessivo a principi metagiuridici, poiché essi introdurrebbero un elemento che mina la certezza del diritto. Ha osservato Guido Rossi che "la norma di chiusura interna all'ordinamento che rinvia all'etica è (...) mutevole, altamente opinabile e ampiamente soggetta alle valutazioni individuali del giudice. E il precedente giurisprudenziale non è mai un riferimento sicuro e soprattutto è sempre discutibile quando ha giudicato gli affari" (G. Rossi, "Etica degli affari", *Rivista delle Società*, 1992, p. 548). La replica a queste obiezioni può venire da una mutata prospettiva, in cui il rinvio di legge sia a norme etiche procedurali, e non già (solo) a regole sostanziali; il rinvio ad una situazione di scelta "dietro un velo d'ignoranza" porterebbe il giudice a sancire l'ordinamento di interessi più coerente con la concezione di contrattualismo ideale cui si è già fatto riferimento (*supra*, nota 37). Si tratta evidentemente di una proposta *de iure condendo*, eppure percorribile, non costituendo che una specificazione del criterio di "equità" cui il giudice è autorizzato a fare ricorso in presenza di determinate circostanze.

ma, ha promosso l'elaborazione di un *Codice di autodisciplina delle società quotate*,[66] incentivandone l'adozione da parte delle società che fanno appello al pubblico risparmio. Per la prima volta si affacciano nel nostro ordinamento (essendo invece da tempo diffusi altrove) strumenti di *corporate governance* non vincolanti giuridicamente,[67] elaborati dagli stessi operatori chiamati a sottoporvisi, la cui efficacia è legata alla funzione allocativa e insieme sanzionatoria del mercato e al grado di condivisione nelle società quotate di valori e principi quali trasparenza e responsabilità, e quindi alla reputazione degli operatori stessi.[68]

Giurisprudenza e diritto positivo: un possibile circuito virtuoso

Un corollario a quanto esposto in questo paragrafo riguarda una riconsiderazione generale del ruolo del potere giudiziario in ambito societario. Come è stato giustamente osservato questo riveste un ruolo sostanzialmente bivalente.[69] La sua duttilità gli consente, in astratto, da un lato di proporsi come presidio degli interessi generali, in una prospettiva strettamente istituzionalista; d'altra parte, l'attivismo giudiziale può essere letto in chiave negoziale, come com-

66. Tale documento (ora pubblicato con una presentazione di *Sir* Adrian Cadbury e insieme al "Rapporto sulla *corporate governance*", in *Notizie di Politela*, n. 56, 1999, pp. 99 ss.) è stato infine integrato definitivamente nei regolamenti della Borsa Italiana S.p.A. con delibera del consiglio di amministrazione della società del 29 febbraio scorso. Viene così stabilito a carico delle società quotate l'obbligo di dare comunicazione agli azionisti e al mercato, al più tardi entro le assemblee di approvazione del bilancio del 2001, del sistema di governo adottato e della sua rispondenza alle raccomandazioni del codice. L'area sulla quale il *Codice* è maggiormente ricco di indicazioni è quella riferita al funzionamento del consiglio di amministrazione. Il *Codice* recepisce la prassi internazionale in materia, che privilegia le organizzazioni che si dotano di una struttura di controllo articolata e trasparente, così rendendo evidenti i nessi causali tra comportamenti e responsabilità, in una parola accrescendo l'*accountability* dei soggetti investiti di compiti di controllo. A questo scopo viene suggerita la creazione di comitati interni (in particolare per quanto riguarda le nomine e la remunerazione dei manager nonché per la supervisione della funzione di controllo interna), cui affidare compiti specifici, sui quali rispondano al plenum del consiglio e all'assemblea dei soci. Grande risalto viene inoltre dato alla presenza di amministratori indipendenti (già introdotti con grande risalto nei paesi anglosassoni) ovvero non legati agli azionisti di maggioranza da vincoli economici o di altro tipo, che grazie alla loro competenza ed autorevolezza possano assumere la funzione di garanti degli interessi delle minoranze e del mercato. Il rischio, ovviamente, è che in mancanza di una adeguata e condivisa cultura della *corporate governance* il loro ruolo resti meramente "decorativo". Per contro la valorizzazione del loro ruolo consente di anticipare notevolmente il momento del controllo sulla gestione, che viene portato all'interno dell'organo decisorio. Per alcuni preliminari commenti sull'impatto del *Codice* sul sistema di *corporate governance* delle società quotate sia consentito rinviare a D. Corrado, "Società quotate e autoregolazione: commenti al Codice di Autodisciplina", *Notizie di Politeia*, n. 57, 2000, p. 119, dove si trovano anche interventi di L. Spaventa, *L'autoregolazione come espressione di self-interest illuminato e i problemi di governance delle società quotate*, p. 123; M. Draghi, *Regolazione pubblica, autodisciplina e reputazione nelle società quotate*, p. 127; M. Tronchetti Provera, *Codici di autoregolazione, società quotate e mercato*, p. 135.

67. Tali strumenti si affiancano e rafforzano quel sistema normativo che, fondato sui contributi dell'etica degli affari, prevede l'adozione spontanea di documenti quali codici etici di impresa e il bilancio sociale. Tale filone di studi è stato oggetto di approfondimento anche nel nostro paese sin dalla fine degli anni Ottanta. Per una rassegna in tema, finalizzata ad una applicazione settoriale di tale approccio si veda in particolare E. D'Orazio e S. Maffettone, a cura di, "Codice etico nei servizi pubblici", *Notizie di Politeia*, n. 51, 1998.

68. Se da un lato sembrano comprensibili le perplessità mostrate da alcuni illustri giuristi italiani circa l'efficacia di strumenti di autoregolamentazione in assenza di sanzioni giuridiche (cfr. per tutti P. G. Jaeger, *Governo societario*, cit.), è significativo dall'altro lato registrare la convinta adesione dell'Investment Company Institute, associazione statunitense dei gestori di fondi, che ha pubblicamente espresso il proprio sostegno all'iniziativa di Borsa Italiana, manifestando la propensione delle proprie associate a investire nelle imprese che si attengano ai principi del codice.

69. Cfr. G. B. Bisogni, "Autonomia ed eteronomia nella disciplina dei rapporti associativi della publicly held corporation", in *Rivista delle Società*, 1997, p. 649.

pletamento ex post del contenuto di contratti resi forzatamente incompleti dal gioco delle asimmetrie informative e dei costi di transazione.[70] Quale delle due prospettive in concreto prevalga dipenderà da una molteplicità di fattori, almeno uno dei quali, l'elaborazione di nuovi principi giurisprudenziali, appare al di là della portata del legislatore. Questo, unitamente al fatto che la definizione dei diritti di proprietà in ambito societario si presenta come un'operazione estremamente difficoltosa, lascia intendere come il disegno di un sistema di *corporate governance* sia questione fortemente legata ai tempi e ai modi dell'evoluzione culturale, anziché un problema di mere scelte tecniche. Queste potranno al più indicare una linea di orientamento, ed è quindi importante che il Testo unico, come visto sopra, si muova in questa direzione.

Il diritto societario vigente conosce infatti numerosi casi in cui divieti inderogabili vengono costruiti con largo ricorso a non meglio precisati principi generali o motivi di ordine pubblico economico.[71] Se in taluni casi essi possono essere giustificati dalla rilevanza degli interessi coinvolti, che non sempre ineriscono le parti alle transazioni di volta in volta portate all'attenzione dell'autorità giudiziaria, sovente si tratta di principi superati dalla realtà dei tempi; essi trovavano fondamento nella presunta debolezza dei soggetti coinvolti, il cui consenso non poteva quindi dirsi liberamente dato.

La straordinaria crescita del mercato finanziario verificatasi negli ultimi decenni impone di considerare la tutela degli investitori da una mutata prospettiva; il legislatore si è mosso in questa direzione, i tribunali sono tenuti ad adeguarvisi. Con che tempi e in che modi non è dato allo stato sapere.

Cenni comparatistici: il caso inglese. Il difficile equilibrio tra strumenti legislativi, moral suasion e autoregolamentazione

La ricostruzione delle origini e delle determinanti del sistema di *corporate governance* prevalente nel nostro paese, esposta sinora, individua quale elemento critico il rapporto tra soci, società e patrimonio sociale, e quindi, in ultima analisi, si interroga su quale sia il fondamento dei poteri legittimamente esercitabili all'interno della compagine sociale. È interessante in

70. Solo il secondo caso, come è ovvio, si colloca in una prospettiva di tutela dei diritti di proprietà in questo scritto a più riprese propugnata; il primo, al contrario, può risolversi in una notevole indeterminatezza nella valutazione economica dei diritti effettivamente pertinenti agli azionisti, con gravi ripercussioni per l'efficienza economica.

71. A. Gambino, con un'analisi che presenta evidenti punti di contatto con la tesi sin qui sostenuta, ascrive tale circostanza al fatto che "l'assenza di un mercato dei capitali a servizio dell'attività imprenditoriale comportava che la tutela dei terzi non fosse rivolta ad assicurare a questi una piena informazione sulle condizioni economico-finanziarie dell'impresa societaria. (...) La correttezza ed efficienza della gestione imprenditoriale venivano stimolate in via primaria attraverso un'organizzazione delle competenze ripartite rigidamente tra assemblea dei soci, organo gestorio e organo di controllo, con un eccezionale, ma pervasivo, controllo del Tribunale in caso di gravi irregolarità amministrative. Tale impianto della disciplina della società per azioni aveva, come coerenti corollari, nell'interesse, da un lato, dei soci di minoranza e, dall'altro, a un'efficiente gestione dell'impresa, l'inderogabilità del procedimento assembleare, (...) la nullità delle convenzioni di voto che svuotassero il ruolo dell'assemblea o che incidessero sull'autonomo e originario potere gestorio degli amministratori, l'interpretazione restrittiva della norma (art. 2.368), che pur parrebbe consentire meccanismi di nomina degli amministratori non rigidamente ancorati al principio maggioritario e cioè all'esigenza di unità della gestione" (A. Gambino, "Verso la riforma della società per azioni non quotata", *Rivista delle società*, 1999, p. 1.582). Venuto meno il presupposto di tale orientamento (l'assenza di un mercato finanziario efficiente, in cui la circolazione dell'informazione consente una più efficace autotutela), dovrebbero scomparire anche gli effetti indotti: ma si tratta di un processo di maturazione che ha i caratteri dell'evoluzione culturale, se è vero che anche l'espressa regolamentazione dei patti parasociali contenuta negli artt. 122-124 del Testo unico ha indotto alcuni autori a chiedersi se tale riconoscimento non rivesta i caratteri di *lex specialis*, come tale non suscettibile di applicazione generalizzata (così R. Costi, "I patti parasociali", in AA.VV., *La riforma delle società quotate*, Milano, Giuffrè, 1998, pp. 130-134).

proposito notare come, nonostante uno sviluppo secolare, la sistemazione teorica dell'istituto della società per azioni non possa ancora dirsi definitivamente compiuta. Vi è sostanzialmente indeterminatezza circa la qualificazione giuridica del rapporto, che, è stato affermato, non solo non corrisponde allo schema tecnico della proprietà, ma sembra atteggiarsi diversamente per le differenti tipologie di azionisti.[72] È una definizione in negativo, che accresce l'incertezza in cui si dibatte il pratico, e giustamente il legislatore e gli studiosi sono impegnati a gettare luce su questi aspetti.

Qualora tuttavia rivolgiamo la nostra attenzione alle soluzioni adottate in ordinamenti diversi dal nostro, notiamo immediatamente come l'intero dibattito di *corporate governance* sembri svolgersi su un piano differente. Esaminiamo ad esempio il caso della Gran Bretagna: in questo paese si è svolto un intenso dibattito[73] sulle determinanti di un sistema di governo societario efficiente, che si è articolato intorno a tre documenti. Il Cadbury Report del 1992 ha affrontato i temi della composizione e del funzionamento del consiglio di amministrazione;[74] nel 1995 è stata istituita la Commissione Hampel (o Cadbury Mark II), per apportare al primo rapporto quelle modifiche che la pratica e il dibattito avessero indicato come opportune, che ha concluso i suoi lavori nel gennaio 1998. Nel frattempo, nel 1995, la Commissione Greenbury prendeva in esame il tema della remunerazione dei componenti del consiglio di amministrazione.

Il corpus di norme che si è così venuto a creare è munito di un'efficacia particolare, che gli deriva non già dall'essere vincolante in sé, bensì dall'essere stato fatto proprio dall'autorità di gestione del mercato azionario, che pertanto prescrive la sua osservanza sotto pena di esclusione dalle contrattazioni. Abbiamo dunque non solo obiettivi, ma pure strumenti diversi rispetto a quanto è dato riscontrare nel nostro paese.

Infatti, l'unica norma del nostro ordinamento che disciplini in qualche modo il funzionamento dell'organo amministrativo continua ad essere l'art. 2.381 del codice civile. Norme della specie brillano per la loro totale assenza pure nel recente Testo unico, come è stato sottolineato da autorevoli commentatori,[75] né la recente introduzione del ricordato *Codice di autodisciplina* pare sufficiente a colmare le lacune dell'ordinamento in questa materia. Le ragioni di tale situazione sono certamente numerose; se tuttavia consideriamo che gli stessi estensori della legge riconoscono come questa sia la strada da imboccare,[76] dob-

72. C. Angelici, "Le minoranze nel decreto 58/1998: tutela e poteri", *Rivista del Diritto Commerciale e del Diritto Generale delle Obbligazioni*, 1998, pp. 207-227, ivi a p. 214.

73. C. Angelici, "Le minoranze nel decreto 58/1998: tutela e poteri", *Rivista del Diritto Commerciale e del Diritto Generale delle Obbligazioni*, 1998, pp. 207-227, ivi a p. 214.

74. Le regole disciplinano il funzionamento del board, definiscono poteri e doveri dei consiglieri executive e non-executive, stabiliscono standard per il sistema di reporting e controllo interno all'impresa, allo scopo di accrescere trasparenza e *accountability* nell'operato del board che, lo ricordiamo, ha in Gran Bretagna sia funzioni di direzione che di controllo (M. Colombera, "Le regole di corporate governance nel Regno Unito: il Cadbury Committe e il Greenbury Committe", *Rivista delle società*, 1992, p. 538). Di grande interesse è la distinzione tra amministratori executive e non-executive, che comincia a farsi strada anche nel nostro paese, sulla base dell'idea che persone esperte ed autorevoli cooptate nel consiglio di amministrazione, non legate agli azionisti di maggioranza da vincoli economici o di altro tipo, possano assumere la funzione di garante degli interessi delle minoranze e del mercato. Il rischio, ovviamente, è che in mancanza di una adeguata e condivisa cultura della *corporate governance*, il loro ruolo resti meramente "decorativo".

75. "Si è detto molto spesso (...) che la legge Draghi era la via italiana alla corporate governance. Io raramente ho visto una legge di riforma delle società per azioni che si sia così poco occupata di corporate governance. (...) I principi di corporate governance avrebbero potuto ricevere qualche aiuto da modifiche legislative concernenti il consiglio di amministrazione e i gruppi di società e non il solito collegio sindacale" (G. Rossi, *Intervento* al convegno di S. Margherita Ligure del 13-14 giugno 1998, cit.).

76. M. Draghi, intervento al convegno sulla "Corporate governance", svoltosi a Milano presso

biamo interrogarci sulla ratio di tale (temporanea) omissione. La prima considerazione da fare è quasi banale: data la scarsa diffusione in Italia del modello della *public company*, gli organi amministrativi sono di fatto costituiti da fiduciari degli azionisti di maggioranza, quando addirittura non c'è identità tra gli uni e gli altri. Avrebbe avuto poco senso quindi un intervento per così dire a valle, su composizione e funzionamento dei consigli di amministrazione, senza intervenire sulle sue determinanti, cioè sui rapporti interni alla compagine azionaria. Più interessante invece verificare le differenze nelle modalità di intervento: un'azione legislativa in materia avrebbe certamente determinato un inopportuno irrigidimento normativo. D'altro canto, lasciare importanti iniziative esclusivamente all'autoregolamentazione dei soggetti coinvolti presenta notevoli inconvenienti.[77] Il problema di politica del diritto diventa allora trovare il giusto equilibrio tra strumenti legislativi, *moral suasion*[78] e autonomia dei privati.

Conclusioni

Nelle pagine che precedono si è cercato di evidenziare come l'assetto, normativo e sostanziale, del sistema delle società per azioni, soffra di un'impostazione dettata in modo ancora determinante da ragioni storiche oggi superate. Il superamento di tali limiti, già avviato da alcuni decenni, non potrà tuttavia dirsi completato finché non si abbandonerà una concezione della società per azioni statica, che privilegia la funzione di strumento di gestione comune dell'impresa sociale, per abbracciarne una dinamica, che individua lo scopo prevalente dell'istituto nella canalizzazione delle risorse di una pluralità di soggetti verso un centro decisionale unitario. A tale fine è necessario predisporre una cornice normativa che abbia quale sua ratio ultima la composizione del conflitto di interessi tra il gruppo degli "imprenditori" e quello degli "investitori" all'interno della compagine sociale. Strumento privilegiato di tale processo di riforma dovrà essere un'analitica scomposizione del rapporto di società che porti in luce le scelte individuali ad esso

l'Università Cattolica del Sacro Cuore di Milano il 17 marzo 1998, non pubblicato.

77. Il punto è stato colto nella sua complessità in un passo del lavoro collettaneo dell'Associazione Prette che è opportuno citare per esteso: "Nessuno, né singole imprese, né lo Stato (...) sa oggi con esattezza quale sia l'insieme di diritti e doveri che l'esperienza rivelerà come il più adatto a conseguire l'obiettivo della società 'aperta ma stabile' che ci si è proposti. E tuttavia l'emersione delle regole innovative migliori in modo spontaneo attraverso la sperimentazione dei soggetti interessati non solo richiede una sensibilità verso il 'nuovo' e il 'più impegnativo' che fino ad ora non si è avuta, ma è anche scoraggiata dalla presenza di tre distinti costi. Innanzitutto, nell'adottare autonomamente nuovi assetti di governo societario gli imprenditori possono giungere a soluzioni errate, ossia peggiori di quelle di partenza. (...) Inoltre, se anche l'assetto adottato fosse invece 'superiore' a regime, gli imprenditori che effettuano la sperimentazione corrono il rischio che la nuova 'soluzione' sia inferiore nel corso della transizione; in particolare, il nuovo assetto potrebbe essere conveniente solo qualora venga adottato da un'elevata massa critica di imprese, necessaria ad assicurare una gestione competente delle nuove regole da parte di tutti i soggetti coinvolti. Infine, se pure si prescinde dai due rischi precedenti e si assume un assetto capace di affermarsi rapidamente, resta il problema che la sua introduzione è assai più costosa per gli imprenditori che effettuano la sperimentazione che per gli imitatori che seguono". Associazione Disiano Preite, *Rapporto sulla società aperta. 100 tesi per la riforma del diritto societario in Italia*, Bologna, Il Mulino, 1997, pp. 53-54. Cfr. inoltre P. Marchetti, citato alla nota 63, sulla resipiscenza da parte delle società ad adottare soluzioni di governance innovative.

78. Questa pare la strada imboccata in materia dalla Consob con la comunicazione n. DAC/RM/97001574 del 20 febbraio 1997, concernente "Raccomandazioni in materia di controlli societari", rivolte a consigli di amministrazione, collegi sindacali e società di revisione delle società quotate, in relazione alla quale tuttavia è prematura ogni vantazione di impatto. Significativo il fatto che al fine di creare una cornice che favorisca il *self-enforcement* del provvedimento, la Commissione raccomandi alle società che riterranno di non uniformarsi a quanto suggerito di dichiararlo esplicitamente nelle relazioni al bilancio, fornendone i motivi ed eventualmente informando su quanto predisposto in alternativa. Cfr. "Le società", 1997, pp. 596 ss.

sottese, permettendo in seguito di ridurre le aree di indeterminatezza connesse all'interazione tra i soggetti coinvolti. In particolare, tale intervento dovrà partire da una rinnovata concezione del ruolo del diritto, che facendo propria l'impostazione per la prima volta avanzata in letteratura da Coase, comporti un passo indietro del legislatore, non più chiamato a prescrivere comportamenti ottimali, ma a disegnare il contesto istituzionale nel quale possano svolgersi le negoziazioni dei privati. In tale ambito sono chiamati a svolgere un ruolo decisivo strumenti di autoregolamentazione che completino il dettato legislativo, creando un sistema normativo integrato più attento alle ragioni dell'efficienza economica che non a quelle del dogmatismo giuridico.

Doutrina

A REPERCUSSÃO, NO REGIME DA PATENTE "PIPELINE", DA DECLARAÇÃO DE NULIDADE DO PRIVILÉGIO ORIGINÁRIO

CLÈMERSON MERLIN CLÈVE

e

MELINA BRECKENFELD RECK

I — Introdução. II — Breve memória da experiência brasileira a propósito das patentes de produtos farmacêuticos. III — A discussão no Congresso a propósito da patente "pipeline". IV — Lei 9.729/1996: requisitos de patenteabilidade e procedimento para a concessão de patente. V — Espécies de patentes. VI — A proteção "pipeline". VII — Dependência, direito de prioridade e art. 4º "bis" da Convenção da União de Paris (CUP). VIII — Alcance da dependência. IX — Conclusões. Bibliografia.

I — Introdução

A Lei de Propriedade Industrial, promulgada em 15 de maio de 1996, sob o n. 9.279, contemplou, entre as disposições transitórias, para as matérias não passíveis de proteção no contexto da legislação anterior, um mecanismo de proteção ao invento que a doutrina convencionou chamar de *pipeline*.[1] Trata-se, em verdade, de cláusula permitindo, em caráter excepcional, a revalidação, em território nacional, observadas certas condições, de patente concedida ou depositada em outro país.

Indagar-se-á, no presente estudo, se a extinção da patente estrangeira, designadamente por conta da declaração da sua nulidade, repercute na esfera de proteção alcançada em virtude da aplicação da lei brasileira. Isto é, será desconstituída a patente *pipeline* concedida no Brasil, na hipótese de a patente que lhe deu origem ter sido declarada nula?

II — Breve memória da experiência brasileira a propósito das patentes de produtos farmacêuticos

O Brasil foi pioneiro no que diz respeito à propriedade intelectual, tendo subscrito, com outros poucos países, a Convenção da União de Paris,[2] em 1883. De lá para

1. "Idealizou-se, e não faz muito, uma figura característica de proteção, intitulando-a de *pipeline*, e que, muito bem poderia ser traduzida, em vez do constante dos dicionários, como o 'encanamento, oleoduto, linha de abastecimento', por 'linha de conduta, por caminho certo', ou, com muito mais acerto, por Linha ou Canal de Informações" (José Carlos Tinoco Soares, *Lei de Patentes, Marcas e Direitos Conexos*, p. 343).

2. A Convenção de Paris tem o nome oficial de "Convenção da União de Paris para a Proteção da Propriedade Industrial". Ela já foi revista sete vezes: em 1891, em Madri; em 1900, em Bruxelas; em 1911,

cá, conquanto pouco tenha feito, "para introduzir a cultura, estabelecer políticas públicas coerentes e difundir os princípios da propriedade intelectual na sociedade brasileira",[3] o Estado brasileiro vem dispensando, do ponto de vista normativo, uma inequívoca atenção à matéria.[4]

Nos últimos anos, todavia, o País viu-se compelido a rever sua legislação em virtude das pressões sofridas, no contexto das relações comerciais com as grandes potências, entre as quais se destacam os Estados Unidos. A exclusão, pela legislação brasileira, da patenteabilidade de determinadas áreas permitiu a emergência do contencioso que marcaria as relações comerciais entre o Brasil e outros povos nos anos oitenta. É verdade que a legislação brasileira era perfeitamente compatível com a Convenção da União de Paris, que deixava a cargo dos Países-membros a decisão a propósito do que era ou não patenteável. Entretanto, a pressão das grandes potências e, em particular, do governo americano, era no sentido de exigir-se dos membros da comunidade internacional uma legislação mínima para a propriedade industrial, que contemplasse a proteção de outros produtos, especialmente dos farmacêuticos.

As autoridades americanas, com esteio na Seção 301 da Lei de Comércio, aplicaram, unilateralmente, com absoluta violação às regras que presidem as relações internacionais, sanções a certos tipos de produtos brasileiros. O governo brasileiro protestou, "solicitando ao Acordo Geral de Tarifas e Comércio (GATT) a abertura de um comitê de arbitragem para julgar o litígio. O Governo alegava que o não-reconhecimento de patentes para produtos farmacêuticos, químicos e alimentícios era uma opção que o tratado da Convenção da União de Paris autorizava (...)".[5]

Mais tarde, em 1990, o novo governo brasileiro comprometeu-se a elaborar legislação para conferir proteção aos produtos farmacêuticos.[6] Demonstrou, o Presidente Collor, disposição de implantar no país uma legislação de proteção como reivindicavam os países desenvolvidos. Segundo o ex-Ministro Rubens Ricupero, as políticas adotadas pelo governo Collor tinham objetivo próprio: "o de criar um clima favorável aos investimentos externos — que independe

em Washington; em 1925, em Haia; em 1934, em Londres; em 1958, em Lisboa; em 1967, em Estocolmo (em vigor no Brasil desde 1992). Teve novo processo de revisão iniciado em 1980, em Genebra. Adverte Denis Borges Barbosa (*Propriedade Intelectual. A Aplicação do Acordo TRIPs*, p. 37): "Por força do Decreto 635, de 21.8.1992, vigeria no Brasil a Convenção de Paris, na revisão de Estocolmo, de 1967 (...). Em outubro de 1994, novo decreto ratificou o anterior, pondo em vigor a totalidade do texto de Estocolmo". Mesmo antes da Convenção de Paris, o Brasil preocupou-se com a questão, é o caso da Lei 3.129/1882.

3. Marco Aurélio Gumieri Valério, "A propriedade intelectual como fator precipitante do desenvolvimento industrial e o Acordo TRIPs", in <http://www1.jus.com.br/doutrina/texto.asp/id=2611>.

4. A título de exemplo, conferir: Decreto-lei 7.903, de 27.8.1945 (referente a crimes em matéria de propriedade industrial); Decreto-lei 254, de 28.2.1967 (classificação referente à propriedade industrial); Decreto-lei 1.005, de 21.10.1969 (Código de Propriedade Industrial); Lei 5.772, de 21.12.1971 (Código de Propriedade Industrial); Decreto 75.572, de 8.4.1975 (promulgação da Convenção de Paris para a Proteção da Propriedade Industrial); Decreto 76.472, de 17.10.1975 (promulgação do Acordo sobre a Classificação Internacional de Patente); Decreto 81.742, de 31.5.1978 (promulgação do Tratado de Cooperação em Matéria de Patentes — PCT); Decreto 635, de 21.8.1992 (promulgação da Ata final que incorporou os resultados da Rodada do Uruguai de negociações comerciais multilaterais do Acordo Geral de Tarifas e Comércio); e Lei 9.279, de 14.5.1996 (nova Lei de Propriedade Industrial).

5. Gabriel Di Blasi, Mario Soerensen Garcia e Paulo Parente M. Mendes, *A Propriedade Industrial: os Sistemas de Marcas, Patentes e Desenhos Industriais Analisados a partir da Lei 9.279, de 14 de maio de 1996*, p. 9.

6. Tendo denunciado ao GATT as medidas econômicas retaliativas adotadas unilateralmente pelos EUA, mais tarde, por conta da mudança de governo e, em conseqüência de sua nova política externa, o Brasil não apenas concorda em conferir proteção patentária aos produtos farmacêuticos, encomendando um anteprojeto de lei à OMPI, como, em troca da suspensão das sanções, retira a solicitação antes formulada ao GATT para instalar um comitê de arbitragem.

de concessões que possam ser feitas pelos países ricos".[7]

Os mesmos propósitos foram acolhidos pelo Presidente Fernando Henrique Cardoso. Não obstante, a proteção dos produtos farmacêuticos, químicos e alimentícios só ocorreu com a entrada em vigor da Lei 9.279, de 14 de maio de 1996, elaborada já em conformidade com os termos do TRIPs (Acordo sobre Aspectos dos Direitos de Propriedade Intelectual Relacionados ao Comércio ou, em inglês, *Trade-Related Aspects on Intellectual Property Rights, Including the Counterfeiting of Goods*),[8] assinado pelo Brasil e mais 123 países em 15 de abril de 1994 e promulgado, entre nós, através do Decreto 1.355, em 30 de dezembro do mesmo ano.

A partir da promulgação da nova lei, tornou-se, portanto, admissível a proteção dos inventos farmacêuticos (assim como dos químicos e alimentícios), desde que satisfeitas as condições de patenteabilidade exigidas pelo art. 8º (*novidade, atividade inventiva* e *aplicação industrial*). A amplitude de patenteabilidade prevista na Lei 9.279/1996 é compatível com o disposto no art. 27 do Acordo TRIPs, segundo o qual se impõe o reconhecimento da proteção de patentes sem discriminação quanto ao seu setor tecnológico.

III — A discussão no Congresso a propósito da patente "pipeline"

O Acordo TRIPs concluiu o processo de generalização do sistema de patentes. Antes dele, até os anos oitenta, os países desenvolvidos de economia de mercado muitas vezes restringiam "a concessão de privilégios nos setores tecnológicos que consideravam de maior interesse econômico ou social, levando em conta principalmente os interesses de sua própria indústria nacional".[9] Não é de estranhar, portanto, a posição brasileira adotada a partir do governo Vargas e mantida no Código de Propriedade Industrial de 1971, que vigorou até 1996.

Admitida pelas autoridades brasileiras, a concessão de privilégio no setor farmacêutico, intenso debate manifestou-se no Congresso Nacional, por ocasião da votação do projeto da nova lei, envolvendo a proteção retroativa dos inventos industriais não privilegiáveis à luz do antigo regime legal. Está-se aqui a referir àquilo que a doutrina convencionou chamar de *pipeline*. O Brasil não estava obrigado por disposição de direito internacional a conferir proteção retroativa a inventos não privilegiáveis à luz da legislação anterior, até porque o Acordo TRIPs silencia quanto ao assunto. Com efeito, segundo ensina Carlos Correa, "El acuerdo adoptó una posición negativa a dicho reconocimiento, rechazando soluciones tipo 'pipeline'".[10] O Acordo prevê, nos arts. 70.8 e 70.9, a concessão de direitos exclusivos de comercialização, por determinado tempo, o que não se confunde com a proteção *pipeline*. Mesmo assim, o debate no Congresso Nacional foi intenso, concluindo-se com a adoção do mecanismo extraordinário de revalidação patentária.

7. *Jornal do Brasil*, 23.12.1990.

8. O Brasil recepcionou o Acordo Internacional da Rodada de Negociações Multilaterais de Comércio convocada pelo GATT (Acordo Geral de Tarifas e Comércio) iniciadas no Uruguai em 1986 e concluídas de 1993. A denominada Rodada do Uruguai criou a Organização Mundial do Comércio (OMC) e inclui o Acordo TRIPs. O interesse comercial das grandes potências, em especial dos EUA, explica a exclusão da Organização Mundial de Propriedade Intelectual (OMPI) como foro competente para propor um padrão genérico de princípios sobre a propriedade intelectual.

9. Denis Borges Barbosa, ob. cit., p. 9. Lembra o autor que "A Alemanha, então República Federal, começou a reconhecer patentes para produtos farmacêuticos em 1967; o Japão, após chegar a ser o segundo maior fabricante de produtos farmacêuticos do mundo, passou a conceder privilégios em 1976; em 1977, a Suíça e, no ano seguinte, a Suécia seguiu o exemplo; e, ainda, em 1978, a Itália, por meio de uma decisão da Corte Constitucional, seguiu a tendência". A Espanha, nos termos da lei votada em 1986, apenas em 1992 passou a admitir o privilégio sobre produtos farmacêuticos.

10. Carlos Correa, *El Acuerdo TRIPs*.

No Congresso, aqueles "que defendiam sua inclusão observavam que, desta forma, o País tranqüilizaria empresas estrangeiras — especialmente os laboratórios farmacêuticos — que estariam temerosas de investir no Brasil, alegando fragilidade de proteção à propriedade intelectual. Os contrários ao *pipeline* justificavam seu posicionamento pelo receio de que os laboratórios nacionais tivessem de pagar *royalties* sobre produtos lançados há sete ou oito anos".[11]

Gabriel Di Blasi, Mario S. Garcia e Paulo Parente M. Mendes retratam de maneira irretocável a evolução da disputa:

"A pressão exercida pelos laboratórios estrangeiros explicava-se pelo fato de o Brasil, em 1995, ser o oitavo mercado farmacêutico do mundo, com um faturamento naquele ano de, aproximadamente, US$ 6 bilhões. Estimativas já indicavam que até o fim do século o País seria o quinto mercado em nível mundial.

"Os laboratórios estrangeiros pediam, além do patenteamento de produtos farmacêuticos, a proibição de cópia por parte dos brasileiros. As indústrias nacionais admitiam o estabelecido pelo TRIPs, que previa proteção de patentes para produtos farmacêuticos, químicos e alimentícios, mas reivindicavam a vantagem proporcionada pela Organização Mundial do Comércio (OMC); um prazo de transição de até cinco anos para que a lei entrasse em vigor, com o objetivo de, neste período, realizar investimentos em pesquisa, fortalecendo-se para a nova conjuntura.

"Pode-se dizer que cada um dos grupos de parlamentares supracitados aliou-se, de alguma forma, a uma dessas duas tendências. O *pipeline* e a proteção patentária aos microorganismos apresentavam-se como os principais pontos de divergência entre ambos, sendo que o grupo CAE, os Ministérios da Ciência e Tecnologia e das Relações Exteriores defendiam a sua inclusão no Projeto de Lei; enquanto o grupo da CCJ, o Ministério da Indústria, do Comércio e do Turismo eram contra. Do lado da CAE, os laboratórios internacionais; do lado da CCJ, a indústria farmacêutica nacional, o Pensamento Nacional das Bases Empresariais (PNBE) e a Sociedade Brasileira para o Progresso da Ciência (SBPC).

"No fim de setembro, foi aprovado relatório do grupo de senadores ligados à CAE, incluindo o *pipeline*, sem cobrança retroativa de *royalties* e com a inclusão de dispositivos de defesa da empresa brasileira. Além disso, mantinha-se o prazo de transição de um ano para o patenteamento de produtos farmacêuticos, químicos e alimentícios. O único ponto, colocado pelo grupo da CCJ, considerado na votação foi referente ao patenteamento de microorganismos, que deveria ter maior especificação de conceito e detalhamento das condições de privilegiabilidade da matéria. Isso restringia a possibilidade de patente para microorganismos, medida apoiada pela comunidade científica e pela Igreja. Então, o Projeto de Lei deveria ser votado no plenário do Senado, quando os parlamentares escolheriam entre o parecer da CAE ou o da CCJ. O grupo que perdesse poderia propor a inserção de emendas. A votação só aconteceria no ano seguinte.

"Em fevereiro de 1996, o Governo conseguiu colocar em regime de urgência, no Senado, o exame do Projeto de Lei de Patentes, garantindo a votação para dias depois. Com isso, os parlamentares governistas apressaram-se em obter o apoio dos demais ao parecer da CAE. Nas vésperas da votação, estimava-se que mais de a metade dos senadores apoiaria o parecer favorável aos interesses do Executivo. A seção de votação foi marcada para o dia 29 de fevereiro e às 21h30min. O Projeto de Lei foi aprovado no Senado, tendo sido escolhido o parecer do grupo da CAE.

"As emendas apresentadas pelo grupo da CCJ — sobre *pipeline*, microorganismos, produção local e prazo de transição — não foram consideradas. No dia 5

11. Gabriel Di Blasi *et alli*, ob. cit., p. 12.

de março, em turno suplementar, confirmou-se a aprovação e a emenda que dizia respeito à reestruturação do INPI — a ser realizada após a publicação da nova legislação — foi aceita pelo plenário. O INPI requeria modificações, pois com a previsão de patente para processos e produtos químicos, farmacêuticos e alimentícios, esperava-se uma imensa quantidade de pedidos.

"Segundo o texto apresentado pelo Senado, após a publicação da nova lei, as empresas estrangeiras, no prazo de um ano, poderiam requerer o pedido de patente (*pipeline*) junto ao Instituto. O INPI, por sua vez, deveria conferir se os produtos, teoricamente em fase de desenvolvimento, não eram industrializados e vendidos no Brasil ou em qualquer outro mercado. Se alguma empresa brasileira tivesse investido ou comercializado o produto em questão, a proteção ao *pipeline* não seria concedida.

"O texto votado foi enviado à Câmara dos Deputados, que poderia aceitar o proposto pelo Senado ou optar pelo seu próprio Projeto, que foi apresentado e modificado pelos senadores. O Projeto aprovado pelo Senado era diferente daquele anteriormente apresentado pela Câmara, especialmente nos aspectos relativos a *pipeline*, microorganismos e importação paralela. No entanto, a Câmara concordou com as alterações propostas pelo Senado e em 17 de abril de 1996 aprovou a nova legislação referente à propriedade intelectual no Brasil. No dia 14 de maio, a Lei 9.279 foi sancionada pela Presidência da República, sendo publicada no dia 15 no *Diário Oficial da União*, entrando em vigor na mesma data do ano seguinte. Excepcionalmente, os arts. 230, 231, 232 e 239 (referentes ao *pipeline*) entraram em vigor na data da publicação da referida lei. Este seria o desfecho de um processo que durou quase uma década."[12]

A opção política adotada pelo Brasil à época implicou (i) a aprovação da nova lei de propriedade industrial, coerente com os postulados do Acordo TRIPs, (ii) a aceitação do privilégio *pipeline* e, finalmente, (iii) a renúncia, por conta da promulgação da lei em 1996, do prazo definido no Acordo TRIPs beneficiando os países em desenvolvimento, para aplicar no âmbito interno os novos parâmetros normativos da propriedade industrial.[13]

Realizada sucinta abordagem sobre as vicissitudes que permearam a previsão legislativa da patente *pipeline*, cumpre iniciar a análise propriamente dita da questão nuclear que justifica o presente estudo. Para tanto, é salutar, desde logo, evidenciar as distinções que se verificam no regime da patente *pipeline* em relação às demais espécies de patentes.

Pois bem, a proteção patentária excepcional foi admitida para os casos em que:

a) o objeto de proteção seja "relativo às (...) e as substâncias, matérias, misturas ou produtos alimentícios, químico-farmacêuticos e medicamentos de qualquer espécie, (...)";

b) o pedido seja "depositado por pessoa que tenha proteção garantida em tratado ou convenção em vigor no Brasil";

c) que "o objeto do pedido não tenha sido colocado em qualquer mercado";

d) que "não tenham sido realizados, por terceiros, no País, sérios e efetivos preparativos para a exploração de seu objeto".

Demais disso, para a sua concessão, devem ser preenchidas as seguintes condições:

a) não incidência dos arts. 10 e 18 da LPI;

b) a concessão da patente no país onde foi depositado o primeiro pedido; e

c) a patente no Brasil ser "tal como concedida no país de origem".

Como se vê, a proteção patentária *pipeline* tem caráter completamente extra-

12. Idem, ob. cit., pp. 12-13.

13. Na verdade o Brasil antecipou em três anos a adoção do Acordo TRIPs.

vagante, fugindo completamente do processamento das patentes comuns ou "normais".

Dentre as várias diferenças marcantes, na concessão dessas patentes não se realiza o exame dos requisitos de patenteabilidade, aceitando-se o exame feito no país de origem, razão pela qual a lei expressamente não só afirma que é "assegurada a data do primeiro depósito no exterior", mas também exige que a patente *pipeline* seja idêntica (tal e qual) a patente concedida no país de origem.[14]

IV — Lei 9.729/1996: requisitos de patenteabilidade e procedimento para a concessão de patente

A Lei 9.729/1996 condiciona a concessão de uma patente à comprovação dos requisitos discriminados em seu art. 8º:

> Art. 8º. É patenteável a invenção que atenda aos requisitos de novidade, atividade inventiva e aplicação industrial.

Esses requisitos de patenteabilidade também estão previstos em tratados internacionais dos quais o Brasil é signatário.[15] Aliás, vislumbra-se, como antes afirmado, perfeita harmonia entre o art. 8º, acima transcrito, e o art. 27, item 1, do TRIPs.

A definição mais detalhada desses requisitos é levada a efeito nos arts. 11 a 15, da Lei 9.279/1996:

> Art. 11. A invenção e o modelo de utilidade são considerados novos quando não compreendidos no estado da técnica.
>
> § 1º. O estado da técnica é constituído por tudo aquilo tornado acessível ao público antes da data de depósito do pedido de patente, por descrição escrita ou oral, por uso ou qualquer outro meio, no Brasil ou no exterior, ressalvado o disposto nos arts. 12, 16 e 17.
>
> § 2º. Para fins de aferição da novidade, o conteúdo completo de pedido depositado no Brasil, e ainda não publicado, será considerado estado da técnica a partir da data de depósito, ou da prioridade reivindicada, desde que venha a ser publicado, mesmo que subseqüentemente.
>
> § 3º. O disposto no parágrafo anterior será aplicado ao pedido internacional de patente depositado segundo tratado ou convenção em vigor no Brasil, desde que haja processamento nacional.
>
> (...).
>
> Art. 13. A invenção é dotada de atividade inventiva sempre que, para um técnico no assunto, não decorra de maneira evidente ou óbvia do estado da técnica.
>
> (...).
>
> Art. 15. A invenção e o modelo de utilidade são considerados suscetíveis de aplicação industrial quando possam ser utilizados ou produzidos em qualquer tipo de indústria.

Dentre os requisitos da patenteabilidade, a novidade é requisito primordial, quer porque "o sistema patentário baseia-se na troca entre o inventor e a sociedade: o inventor revela sua criação e a sociedade reconhece seu direito à exclusividade temporária sobre ela", quer porque "o requisito de atividade inventiva depende, necessariamente, da preexistência da novidade. Em não havendo novidade, não há sequer como se questionar a existência de atividade inventiva".[16]

14. A expressão "patente concedida no país de origem" tem sido entendida pelo INPI à luz da prática internacional de patentes, isto é, como referindo-se não apenas aos pedidos examinados no país de origem como também àqueles processados em entidades regionais que sejam aceitas pelo país de origem, como, p. ex., o Escritório Europeu de Patentes, usualmente referido como EPO (*European Patente Office*).

15. "No Brasil, como no resto do mundo, entende-se que toda vez que um inventor demonstrar que foram cumpridos os requisitos exigidos pela legislação — denominados 'requisitos de patenteabilidade' — o Estado tem o dever de conceder uma carta-patente. Não existe, portanto, o poder arbitrário da Administração Pública para conceder ou negar uma patente" (Dannemann, Siemsen, Bigler e Ipanema Moreira, *Comentários à Lei da Propriedade Industrial e Correlatos*, p. 41).

16. Idem, p. 47. Em outro excerto, sustentam: "Quanto aos demais requisitos no exame de pedidos de patente, devem ser claramente separados os con-

Em regra, "há novidade sempre que a invenção ou modelo não é antecipado de forma integral por um único documento do estado da técnica".[17]

De fato, "o conceito de novidade está diretamente ligado ao conhecimento das anterioridades que se relacionam com a invenção ou o modelo de utilidade, e que estão publicadas à época do depósito do pedido de patente. Contudo, cremos ser completa a definição externada pelo Tratado da Cooperação em Matéria de Patentes (PCT), quando diz que uma invenção é considerada nova se, à data do correspondente depósito do pedido de patente, não se encontrar compreendida pelo *estado da técnica*". Este, por sua vez, "deve ser admitido como tudo o que foi tornado acessível ao público, em todos os recantos do mundo — antes da data do depósito do pedido de patente —, por divulgação escrita ou oral (inclusive desenhos, ilustrações, palestras, exposições, utilizações etc.) que seja capaz de auxiliar a decidir se a invenção ou o modelo de utilidade é novo ou não".[18]

É possível distinguir dois entendimentos em relação a esse requisito: o da *novidade absoluta*, perfilhado pelo art. 11, acima transcrito, segundo o qual "a difusão de informações a respeito da invenção ou do modelo de utilidade, em qualquer parte do mundo, torna inválido o seu pedido de patente";[19] e o da *novidade relativa* que o define em relação aos "limites territoriais de um determinado país ou região continental, podendo existir em outros países ou regiões".[20]

Ex vi do disposto no § 1º do art. 11 da Lei 9.729/1996, "exceptuando-se (...) as situações previstas no art. 12 e dentro do prazo ali estipulado, qualquer tipo de divulgação sobre o invento ou modelo, antes do depósito de correspondente pedido junto ao INPI, resulta na perda do requisito de novidade. Inclusive, como bem interpretado no livro *Tratado da Propriedade Industrial* de João da Gama Cerqueira, não há necessidade de o invento ter sido efetivamente divulgado para o público, basta que o invento tenha se tornado 'acessível' ao público, por qualquer meio, para que resulte destruído o requisito legal de novidade".[21]

No § 2º, do art. 11, vislumbra-se um aperfeiçoamento em relação ao diploma anterior, uma vez que se passa a admitir "como pertencente ao estado da técnica também o conteúdo de pedidos ainda não publicados à data do depósito do pedido em exame".[22] O § 3º, por sua vez, estende a aplicação do disposto no parágrafo anterior aos pedidos internacionais.

O requisito da atividade inventiva está presente "quando uma criação, para um técnico do assunto, não é decorrência óbvia

ceitos de novidade e atividade inventiva. Uma vez que a existência de novidade é pré-condição para que haja atividade inventiva, a novidade deve ser avaliada em primeiro lugar. Para que exista novidade, basta que o invento não seja descrito e/ou ilustrado em um único documento do estado da técnica. Caso se necessite citar dois ou mais documentos para antecipá-lo, então, em geral, considera-se que existe novidade, devendo ser analisado, a seguir, o requisito de atividade inventiva, ou seja, deve ser avaliado se um técnico no assunto, de posse daqueles documentos, poderia chegar à solução proposta pela invenção em análise apenas usando o *savoir faire*. Se isto for possível, ou seja, se o aproveitamento dos ensinamentos contidos nos documentos for óbvio para a finalidade desejada, então não há, a princípio, atividade inventiva.

"Não há dúvida de que, entre os três requisitos de patenteabilidade, novidade, aplicabilidade industrial e atividade inventiva, este último é o mais subjetivo. (...)

"Em síntese, deve ser verificado se da invenção resulta alguma vantagem que não era possível obter com os recursos disponíveis no estado da técnica. Quanto mais indícios houver, tanto mais fácil será a comprovação da existência da atividade inventiva" (Dannemann, Siemsen, Bigler e Ipanema Moreira, ob. cit., p. 54).

17. Idem, p. 47.

18. Gabriel Di Blasi, Mario Soerensen Garcia e Paulo Parente M. A. Mendes, ob. cit., p. 124.

19. Idem, p. 124.

20. Idem, p. 124.

21. Dannemann, Siemsen, Bigler e Ipanema Moreira, ob. cit., p. 48.

22. Idem, p. 49.

do estado da técnica", isto é, quando há "um exercício intelectual da capacidade de criação humana".[23]

O escopo desse requisito é "limitar a privilegiabilidade sob a natureza de patente de invenção àquelas criações que (...) não decorram, para um técnico no assunto, de maneira evidente ou óbvia do estado da técnica. Em outras palavras, a invenção deve representar algo mais do que o resultado da simples aplicação de conhecimentos técnicos usuais".[24]

A par da novidade e atividade inventiva, a lei exige, para que uma criação seja patenteável, o requisito da utilização industrial, é dizer "pode ser produzida ou usada em escala industrial", podendo seu objeto "ser produzido para o consumo da sociedade e (...) aplicado em pelo menos um setor do sistema produtivo".[25]

Não se olvide, outrossim, que, além de atender aos requisitos indispensáveis de novidade, atividade inventiva e utilização industrial, uma invenção para ser patenteada não pode estar inserida nas restrições estabelecidas pela lei de patentes, isto é, nas hipóteses não patenteáveis, previstas nos arts. 10 e 18 da Lei 9.279/1996.

Após tecer essas breves considerações sobre os requisitos de patenteabilidade, cumpre tratar do procedimento de concessão das patentes.

Nos termos dos arts. 19, 20 e 21 da Lei 9.279/1996, o pedido de patente em idioma português deverá conter requerimento, relatório descritivo, reivindicação, desenhos, resumo e comprovante do pagamento da retribuição relativa ao depósito.

Realizado o depósito, o pedido é submetido a exame formal preliminar. Cumpre nesse momento verificar se todos os documentos exigidos foram entregues e se o pedido foi elaborado segundo as normas definidas pelo INPI.

Na hipótese de depósito de pedido de patente com reivindicação de prioridade, prevista no art. 16 da LPI, isto é, pedido feito em país estrangeiro que mantém acordo com o Brasil, requerendo proteção para invenção em nosso país, é necessário para a sua comprovação: documento hábil da origem (relatório descritivo e, se for o caso, reivindicações de desenho), acompanhado da tradução simples da certidão de depósito ou documento equivalente. Essa tradução pode ser substituída por uma declaração do depositante, desde que o seu conteúdo esteja fielmente contido no requerimento do depósito do pedido. A comprovação da prioridade ou das demais prioridades deverá ocorrer até 180 dias após o depósito.

No que concerne aos pedidos depositados em virtude do Tratado de Cooperação em Matéria de Patentes (PCT), à medida que a comprovação de prioridade já foi efetuada na fase internacional, não se faz necessária a apresentação do documento hábil na fase nacional.

Ex vi do disposto no art. 21, caso no exame preliminar não sejam atendidas todas as condições estabelecidas pelo INPI, embora haja, no pedido, dados sobre objeto (que permita a sua perfeita identificação), depositante ou inventor, é possível entregá-lo, desde que no prazo de 30 (trinta) dias sejam cumpridas todas as exigências, sob pena de devolução ou arquivamento da documentação.

De outra parte, se o pedido, à vista do exame formal preliminar, estiver de acordo, o seu depósito será considerado como efetuado na data de seu recebimento pelo Instituto.

Segundo o art. 30, depositado o pedido, este se manterá em sigilo durante 18 meses — ou menos, caso seja antecipada a sua publicação pelo requerente — contados da data de depósito de prioridade mais antiga, quando houver. Transcorrido esse

23. Gabriel Di Blasi *et alli*, ob. cit., p. 129.
24. Dannemann, Siemsen, Bigler e Ipanema Moreira, ob. cit., p. 53.
25. Gabriel Di Blasi *et alli*, p. 131.

prazo, o pedido será publicado e, por conseguinte, disponibilizado ao público no INPI através de uma cópia do relatório descritivo, do quadro reivindicatório, do resumo e dos desenhos.

O art. 31 permite que terceiros interessados participem da instrução,[26] do exame do pedido de patente, através da apresentação de documentos e informações que subsidiarão a análise da técnica do referido pedido.

Conforme os arts. 32 e 33, o depositante pode efetuar — até o requerimento do exame — modificações no pedido de patente, a fim de melhor esclarecer ou definir o pleito, desde que essas alterações estejam limitadas ao que foi inicialmente requerido. O pedido deverá ter seu exame requerido, por iniciativa do depositante ou qualquer outro interessado, no prazo de 36 meses contados da data do depósito; caso contrário, o pedido será arquivado.

Uma vez requerido o exame, o técnico do INPI poderá, à luz do art. 34, solicitar, no prazo de 60 dias, uma série de documentos, entre eles: objeções, buscas de anterioridades e documentos necessários à regularização do processo e exame do pedido. Em seguida, o examinador realizará o exame técnico, o qual incluirá a elaboração de um relatório de busca e do parecer relativo à patenteabilidade (arts. 34 e 35). A conclusão do exame dá-se com o parecer conclusivo do técnico quanto à patenteabilidade ou não do pedido.

O art. 38, por fim, estabelece que a concessão da patente se perfaz após o deferimento do pedido e comprovação do pagamento da retribuição correspondente, que deverá ser apresentada no prazo de 60 dias a contar do deferimento, reputando-se concedida na data de publicação do respectivo ato.

26. Compreende-se por *instrução* a apresentação de qualquer documento sobre técnica anterior que o interessado julgue ser relevante para subsidiar o exame.

A propósito da vigência, o art. 40 disciplina que a patente de invenção vigorará pelo prazo de 20 anos, ao passo que a de modelo de utilidade, pelo prazo de 15 anos, ambos a contar da data de depósito.

É importante distinguir o pedido nacional do pedido internacional, mormente em razão das inovações trazidas pelo Tratado de Cooperação em Matéria de Patentes (PCT) e, evidentemente, para realizar um cotejo com a disciplina conferida ao *pipeline*.

Desde logo, saliente-se que se entende por "nacional um pedido relativo a patente de invenção, de modelo de utilidade ou a certificado de adição, regularmente depositado no ofício nacional de patentes".[27]

Na hipótese de o pedido nacional ser depositado com reivindicação ao direito de prioridade, estabelecida pela Convenção de Paris, deverá, conforme já ressaltado, acompanhar o requerimento a documentação comprobatória do depósito feito no exterior para o pedido original.

Antes do advento do Tratado de Cooperação em Matéria de Patentes (PCT), o inventor, para obter a concessão da patente em vários países, deveria proceder ao depósito regular, *em cada um desses países*, do pedido de privilégio da sua invenção, reivindicando o direito de prioridade que lhe assegurava a Convenção de Paris, fato esse que ensejava múltiplos inconvenientes.

Com o escopo de sanar tais inconvenientes, "no ano de 1966 foram iniciados estudos propondo a efetivação de medidas capazes de restringir os graus de dificuldade dos pedidos de privilégio, depositados em vários países, reivindicando o mesmo assunto. Surgia, assim, a idéia do *pedido internacional* para a patente de um invento, alvo principal a ser atingido pelo tratado PCT".[28]

Conforme previsto no PCT, o procedimento internacional inicia-se quando o

27. Gabriel Di Blasi *et alli*, ob. cit., p. 59.
28. Idem, p. 73.

pedido é primeiramente depositado numa nação contratante, havendo, logo em seguida, uma pesquisa de busca de anterioridades, executada por uma repartição internacional, visando a avaliar o grau de novidade do invento e a constatar o estado da técnica existente antes da data da prioridade do pedido, *sem alusões ou comentários relativos à patenteabilidade*.

Através da avaliação do resultado da busca internacional, o requerente pode rever a formulação do pedido, saneando-o nos pontos conflitantes com o estado da técnica, ou até mesmo retirá-lo, se o resultado da busca anular a novidade do invento. Podendo, ainda, se assim lhe aprouver, solicitar, em caráter opcional, um exame preliminar internacional da matéria que pretende privilegiar com a patente a ser também realizado por uma repartição internacional, cujo resultado só é levado ao conhecimento do requerente para orientá-lo no prosseguimento, ou não, do pedido de patente. Encerrando-se, com isso, a tramitação internacional do pedido, ou seja, a atuação sob égide do PCT.

Após o trâmite internacional, incumbe ao requerente ingressar na fase nacional do pedido em cada país onde almeja patentear o seu invento, devendo fornecer a cada um deles a documentação respectiva na língua indicada pela legislação nacional, pagando as taxas nacionais (ou regionais). Neste momento, o pedido passa a ser submetido ao tratamento nacional, ficando condicionado aos critérios estabelecidos pela legislação específica.

Diante disso, "durante o exame nacional do pedido, os países não são obrigados a aceitar o resultado da busca internacional, podendo negligenciá-la ou efetuar uma busca própria. Do resultado do exame, a patente é ou não concedida em cada um dos países designados pelo requerente, do mesmo modo como se não existisse o PCT".[29]

Como se vê, "o procedimento baseado no PCT promove a unificação, em nível internacional, dos diferentes estágios nacionais compreendidos entre o depósito do pedido da patente e a fase de exame do mesmo",[30] não unificando, portanto, a análise dos requisitos de patenteabilidade na seara internacional.

V — Espécies de patentes

O art. 1º, item 4, da Convenção de Paris (CUP), dispõe que "entre as patentes de invenção compreendem-se as diversas espécies de patentes industriais admitidas nas legislações dos países da União, tais como patentes de importação, patentes de aperfeiçoamento, patentes e certificados de adição".

Benjamin do Carmo Braga Jr., neste aspecto, acentua:

"Na técnica das patentes de invenção é, ainda, usada a seguinte nomenclatura, para designar, não a natureza ou objeto da invenção, mas a espécie do título, a saber:

"1. *Patente de adição*, que é a mesma patente de melhoramentos ou aperfeiçoamentos de invenção já patenteada. São expressões sinônimas.

"2. *Patente principal*, que designa a patente originária, com a qual se relaciona a patente de adição ou de melhoramento. Uma supõe a outra.

"3. *Patente coletiva*, quando concedida conjuntamente a várias pessoas co-inventoras.

"4. *Patente original*, a que é concedida em um país e depois confirmada em outro. Supõe uma patente de confirmação.

"5. *Patente de confirmação*, ou de importação, que é concedida em confirmação do privilégio concedido em outro país. Supõe a patente original, que é a confirmada.

"6. *Patente unionista*, é cada uma das patentes concedidas nos diversos países que

29. Idem, p. 78.

30. Idem, p. 78.

fazem parte da União para a proteção da propriedade industrial, sobre o objeto da mesma invenção, quando requerida a patente dentro do prazo de prioridade a que se referem os artigos 4º da Convenção de Paris.

"7. *Patente de introdução de indústria nova*, como é concedida em alguns países à pessoa que introduzir indústria nova, ainda não explorada no país.

"8. *Patente de ressurreição*, que é concedida para a invenção que havia caído no esquecimento pelo não uso durante largo período de tempo.

"9. *Patente de redução*, concedida a requerimento do titular da invenção, quando este pede a correção da patente."[31]

Segundo Guillermo Cabanellas, "es posible clasificar a las patentes desde varios puntos de vista jurídicamente relevantes, entendida tal relevancia en el sentido de que el encuadramiento en una u otra categoría utilizada implica consecuencias jurídicas significativas".[32]

Com efeito, as diferentes espécies de patentes podem envolver distintos regime jurídicos.

Os arts. 76 e 77, da Lei 9.279/1996, cuidam do certificado de adição de invenção, denominado, também, de patente de adição ou aperfeiçoamento. Tal previsão legal permite ao depositante do pedido ou titular da patente requerer um aditamento, cujo escopo é proteger aperfeiçoamento ou desenvolvimento introduzido no objeto da invenção.

Nessa espécie de patente, "o conceito inventivo deverá ser o mesmo para o aperfeiçoamento — que, por sua vez, tem de ser novo — em relação ao objeto da invenção do pedido ou patente principal. Caso contrário, o mesmo será indeferido. O requisito da atividade inventiva não é obrigatório para que o aperfeiçoamento seja protegido pelo certificado. E o depósito deste certificado implicará pagamento de retribuição específica, que deve ser inferior à retribuição do pedido de patente principal".[33]

Em regra, o trâmite processual do certificado de adição é semelhante ao do pedido de patente de invenção. Todavia, se ocorrer a publicação do pedido principal, haverá imediata publicação do pedido de certificado de adição e a concessão do referido certificado estará condicionada à concessão da patente principal, podendo esta ocorrer de forma simultânea. Sendo esse certificado "definido em lei como acessório da patente, tem a mesma data final de vigência desta" e "todos os efeitos legais referentes ao certificado serão os mesmos da patente principal".[34] Logo, a nulidade do privilégio principal atingirá a patente de adição.

Em caso de indeferimento do certificado, o requerente poderá transformá-lo em um pedido convencional de patente de invenção ou de modelo de utilidade — diverso do pedido de patente principal —, mas, para que isso possa ocorrer, exigir-se-á o requisito de atividade inventiva.

Guillermo Cabanellas, ao tratar dos certificados de adição, defende o abandono dessa espécie de privilégio:

"Debido a las insuficiencias del concepto de 'mejora' o 'perfeccionamiento', (...), la tendencia contemporánea en la materia ha consistido en el reemplazo de tal concepto por el de dependencia. Una patente es dependiente de otra — la patente principal — cuando cubre a una invención que no puede ser explotada sin infringir a la patente principal. (...)

"El concepto de patente dependiente es adoptado por el acuerdo TRIP, en reemplazo del de patentes de adición o perfeccionamiento. Al regular el régimen de licen-

31. Benjamin do Carmo Braga Jr., *Pequeno Tratado Prático das Patentes de Invenção no Brasil*, p. 15.

32. Guillermo Cabanellas, *Derecho de las Patentes de Invención*, t. I, p. 635.

33. Gabriel Di Blasi *et alli*, ob. cit., p. 155.

34. Idem, pp. 155-156.

cias obligatorias, en su artículo 31, inciso 1), el acuerdo TRIP, sin hacer referencia a las patentes dependientes, lo hace a las licencias para permitir la explotación de una patente ('segunda patente') que no pueda ser explotada sin infringir otra patente ('primera patente'). Aunque el acuerdo TRIP utiliza la terminología 'primera patente' y 'segunda patente', da doctrina prefiere hablar de patentes principales o dominantes, por un lado, y patentes dependientes, por otro, pues esta terminología es mucho más expresiva de la relación existente entre las patentes en cuestión. (...)

"Bajo los efectos del acuerdo TRIP y de las propias insuficiencias del concepto de patente o certificado de adición o perfeccionamiento, éste viene siendo gradualmente abandonado por las legislaciones modernas. Así, Gómez Segade, en el contexto de la Ley de Patentes española, tras observar que los certificados de adición forman parte de la tradición española en materia de patentes, señala que las invenciones amparadas por los certificados de adición no precisan poseer actividad inventiva frente al objeto de la patente principal, agregando que esta diferencia debe desaparecer frente a las exigencias del Convenio de Estrasburgo del 27 de noviembre de 1963."[35]

No que respeita à relação entre a patente de adição e a patente principal, conforme assevera Cabanellas,[36] o art. 61[37] da atual Lei argentina, estabelece que a declaração de nulidade da patente principal não afetará a validade da de adição tão-somente se for solicitada, dentro dos noventa dias seguintes à notificação da declaração de nulidade, a conversão daquela em uma patente independente. Razão pela qual há, caso a patente de adição não se converta em um privilégio independente, uma relação de dependência entre tais patentes.

Benjamin do Carmo Braga Jr., ao explanar acerca das patentes *de confirmação* ou de *importação*, salienta que:

"A Lei 3.129, de 14 de outubro de 1882, permitia, em seu art. 2º, que os inventores privilegiados em outras nações obtivessem a confirmação dos seus direitos no Brasil, contanto que preenchessem as formalidades e condições dessa lei e observassem as mais disposições em vigor aplicáveis ao caso.

"A confirmação daria os mesmos direitos que a patente concedida pelo Império.

"No mesmo sentido, dispunha o art. 4º, do Regulamento 8.820, de 1882.

"O actual Decr. 16.264 de 1923 não reproduziu esses dispositivos.

"A nosso ver, não pode ser objeto de patente, no Brasil, a invenção já patenteada no estrangeiro, por faltar-lhe, em tais condições, o característico da novidade, a que se refere o art. 33, § 1º, do Decr. 16.264 de 1923, a não ser que, o que raramente poderá acontecer, a patente seja concedida no estrangeiro, antes de decorridos doze meses contados da data do depósito do pedido nesse país, podendo o interessado valer-se, ainda a tempo, da prioridade de que trata o art. 38 do citado decreto.

"Há, porém, países, como a Argentina e o Uruguay, que concedem patente para invenções já privilegiadas no estrangeiro. Na Argentina, essas patentes serão concedidas pelo tempo que faltar para a terminação da patente estrangeira e, em todo caso, pelo prazo de 10 anos no máximo. No Uruguay, a patente para a invenção privilegiada no estrangeiro, depende de prova de que a patente ainda está no seu primeiro ano de exploração."[38]

De fato, a Lei 3.129, de 14.10.1882, previa em seu art. 2º:

35. Guillermo Cabanellas, ob. cit., t. I, pp. 642-643.

36. Idem, p. 403.

37. "Art. 61. La declaración de nulidad de una patente no determinará por si sola la anulación de las adiciones a ellas, siempre que se solicite la conversión de éstas en patentes independientes dentro de los noventa (90) días siguientes a la notificación de la declaración de nulidad."

38. Braga Jr., ob. cit., pp. 134-135.

Art. 2º. Os inventores privilegiados em outras nações poderão obter a confirmação de seus direitos no Império, contanto que preencham as formalidades e condições desta Lei e observem as demais disposições em vigor aplicáveis ao caso.

A confirmação dará os mesmos direitos que a patente concedida no Império.

§ 1º. A prioridade do direito de propriedade do inventor que, tendo requerido patente em nação estrangeira, fizer igual pedido ao Governo Imperial dentro de sete meses, não será invalidada por fatos, que ocorram durante esse período, como sejam outro igual período, a publicação da invenção e o seu uso ou emprego.

§ 2º. Ao inventor que, antes de obter patente, pretenda experimentar em público as suas invenções, ou queira exibi-las em exposição oficial ou reconhecida oficialmente, se expedirá um título, garantindo-lhe provisoriamente a propriedade pelo prazo e com as formalidades exigidas.

§ 3º. Durante o primeiro ano do privilégio só o próprio inventor ou seus legítimos sucessores poderão obter o privilégio do melhoramento na própria invenção. Será contudo permitido a terceiros apresentarem os seus pedidos no dito prazo para firmar direitos.

O inventor do melhoramento não poderá usar da indústria melhorada, enquanto durar o privilégio da invenção principal, sem autorização do seu autor; nem este empregar o melhoramento, sem acordo com aquele.

§ 4º. Se dois ou mais indivíduos requererem ao mesmo tempo privilégio para idêntica invenção, o Governo, salvo a hipótese do § 1º deste artigo, mandará que liquidem previamente a prioridade, mediante acordo ou em juízo competente.

Demais disso, a Lei 3.129/1882, em seu art. 5º, ao prever as causas de nulidade e caducidade, estabelecia:

Art. 5º. A patente ficará sem efeito por nulidade ou caducidade:

(...).

§ 2º. Caducará a patente nos seguintes casos:

(...).

§ 6º. *cessando por qualquer causa a patente ou título estrangeiro sobre invenção, também privilegiada no Império.*

(...).

Do disposto nesse art. 5º extrai-se que a extinção da patente no estrangeiro acarretava a extinção da patente no Brasil, havendo, portanto, dependência desta em relação àquela.

A Lei argentina 111, de 1864, por sua vez, previa a outorga de patentes de *reválida*, que estariam "basadas en la revalidación de una patente extranjera; su término de duración estaba sujeto a un régimen especial, pues si la patente originaria caducaba en el país de origen antes que la patente de reválida en la Argentina — conforme a las reglas comunes de la Ley 111 —, la patente de reválida caducaba junto con la patente originaria".[39]

Com efeito, as patentes de *reválida* implicavam condicionar a existência das patentes nacionais à vida das patentes estrangeiras paralelas.[40]

Guillermo Cabanellas menciona a aceitação pela jurisprudência argentina da possibilidade de outorga de patentes de *reválida*, no contexto da vigência da Lei 111,[41] e a existência de um sistema similar nos países da *Commonwealth*:

39. Cabanellas, ob. cit., t. I, p. 667.

40. Ressalta, todavia, Cabanellas que "La tolerancia a este tipo de condicionamientos aparece como aún más limitada en el contexto del acuerdo TRIP (entre otros motivos, en razón de la duración mínima de 20 años que para las patentes establece el art. 33). Asimismo, desde el punto de vista práctico, o sea el de las funciones del Derecho de patentes, las patentes de reválida impiden la homogeneización de los sistemas nacionales de patentes — pues en ellos pasan a convivir patentes de muy distintas índoles, condicionadas a su existencia en el exterior — y la conformación de un sistema internacional de patentes medianamente razonable, por cumplir al menos las exigencias del Convenio de París y del acuerdo TRIP" (idem, pp. 667-668).

41. Tal Lei argentina foi revogada pela Lei 24.481/1995 que não prevê o mecanismo de revalidação, tampouco o *pipeline*.

En diversos fallos la Cámara Nacional en lo Civil y Comercial Federal ha considerado viable la posibilidad de otorgar patentes de reválida respecto de solicitudes presentadas con anterioridad a la derogación de la Ley 111, bajo el régimen de esa Ley (Focke & Co., GmbH & Co. c. INPI, Sala II, 23.5.2000; Mag Instrument Inc. c. INPI, íd., 22.12.1998; Glaxo Group Ltd. c. INPI, Sala I, 6.10.1998).

(...).

Un sistema algo similar, pero con características que lo distinguían del que se describe en el texto, es el de las llamadas "patentes de registro" (*registration patents*). Este sistema, utilizado por los países del *Commonwealth*, consistía en obtener, sobre la base de una patente otorgada en otro país, una "patente de registro", que expiraba conjuntamente con la patente original. La patente de registro debía solicitarse dentro de los tres años del otorgamiento de la patente que le servia de base (cfr. S. Ladas, *Patents, Trademarks and Related Rights*, t. 1, p. 374).[42]

Destarte, seja nas patentes de *importação*, *revalidação* ou *confirmação* (Lei 3.129/1882), seja nas patentes de *adição* ou *aperfeiçoamento*, há uma forte relação de dependência com a patente original, inclusive, por exemplo, no que respeita ao prazo de vigência, de modo que a extinção desta acarretará a extinção daquelas.[43]

VI — A proteção "pipeline"

Desde logo, ressalte-se que "o *pipeline* tem estreita ligação com as primitivas formas de proteção já citadas, como sendo as patentes de importação, de confirmação, de revalidação ou equivalentes".[44]

A Lei 9.279/1996, assim dispõe nos arts. 229 e 230, incluídos no Título VIII, que trata das Disposições Transitórias e Finais:

Art. 229. Aos pedidos em andamento serão aplicadas as disposições desta Lei, exceto quanto à patenteabilidade das substâncias, matérias ou produtos obtidos por meios ou processos químicos e as substâncias, matérias, misturas ou produtos alimentícios, químico-farmacêuticos e medicamentos de qualquer espécie, bem como os respectivos processos de obtenção ou modificação, *que só serão privilegiáveis nas condições estabelecidas nos arts. 230 e 231.*

Art. 230. Poderá ser depositado pedido de patente relativo às substâncias, matérias ou produtos obtidos por meios ou processos químicos e as substâncias, matérias, misturas ou produtos alimentícios, químico-farmacêuticos e medicamentos de qualquer espécie, bem como os respectivos processos de obtenção ou modificação, por quem tenha proteção garantida em tratado ou convenção em vigor no Brasil, ficando assegurada a data do primeiro depósito no exterior, desde que seu objeto não tenha sido colocado em qualquer mercado, por iniciativa direta do titular ou por terceiro com seu consentimento, nem tenham sido realizados, por terceiros, no País, sérios e efetivos preparativos para a exploração do objeto do pedido ou da patente.

§ 1º. O depósito deverá ser feito dentro do prazo de 1 (um) ano contado da publicação desta Lei, e deverá indicar a data do primeiro depósito no exterior.

§ 2º. O pedido de patente depositado com base neste artigo será automaticamente publicado, sendo facultado a qualquer interessado manifestar-se, no prazo de 90 (noventa) dias, quanto ao atendimento do disposto no *caput* deste artigo.

42. Idem, p. 668.

43. Neste aspecto, Benjamin Braga Jr., no contexto da Lei 3.129/1882, sustenta que "cessando a patente estrangeira, cessa também a patente brasileira que a confirmou, pelo princípio de que, sendo esta um accessorio daquella, o accessorio segue o principal" (Benjamin Braga Jr., *Patentes de Invenção — Breve Anotações à Lei 3.129, de 14 de outubro de 1882, e ao Regulamento 8.820, de 30 de dezembro do mesmo ano*, p. 26).

44. José Carlos Tinoco Soares, ob. cit., p. 343.

§ 3º. Respeitados os arts. 10 e 18 desta Lei, e uma vez atendidas as condições estabelecidas neste artigo e comprovada a concessão da patente no país onde foi depositado o primeiro pedido, será concedida a patente no Brasil, tal como concedida no país de origem.

§ 4º. Fica assegurado à patente concedida com base neste artigo o prazo remanescente de proteção no país onde foi depositado o primeiro pedido, contado da data do depósito no Brasil e limitado ao prazo previsto no art. 40, não se aplicando o disposto no seu parágrafo único.

§ 5º. O depositante que tiver pedido de patente em andamento, relativo às substâncias, matérias ou produtos obtidos por meios e processos químicos e as substâncias, matérias, misturas ou produtos alimentícios, químico-farmacêuticos e medicamentos de qualquer espécie, bem como os respectivos processos de obtenção ou modificação, poderá apresentar novo pedido, no prazo e condições estabelecidos neste artigo, juntando prova de desistência do pedido em andamento.

§ 6º. Aplicam-se as disposições desta Lei, no que couber, ao pedido depositado e à patente concedida com base neste artigo.

O art. 229 da Lei 9.279/1996 foi alterado pela Lei 10.196, de 14 de fevereiro de 2001, resultante de diversas medidas provisórias que se sucederam a partir de dezembro de 1999. É a redação originária, todavia, temporalmente aplicável à presente análise.

O art. 230, ao cuidar das patentes que ficaram popularmente conhecidas como patentes *pipeline*, conferiu aos titulares de patentes e pedidos de patentes estrangeiros relativos a invenções cuja patenteabilidade era proibida pela legislação brasileira anterior o direito de ainda obter proteção no Brasil mesmo que tais matérias já tivessem sido divulgadas e, portanto, não mais atendessem ao requisito da novidade. Portanto, o *pipeline* representa, na realidade, *uma exceção ao conceito básico de patenteabilidade, funcionando como uma espécie de "revalidação"*[45] *de patentes requeridas no exterior.*[46]

A patente estrangeira a ser considerada como base para a concessão da patente brasileira *pipeline*, para todos os efeitos legais relativos ao art. 230, será aquela concedida no país onde o primeiro pedido correspondente foi depositado.[47]

O § 3º do art. 230 disciplina que, para a concessão das patentes requeridas de acordo com art. 230, não será realizado exame técnico no que diz respeito aos requisitos de novidade, atividade inventiva e aplicação industrial.

Deveras, "a patente brasileira será concedida *se e quando* uma patente correspondente for concedida no país onde o primeiro pedido foi depositado e terá o mesmo escopo de proteção, com exceção das matérias que incidirem nas proibições previstas nos arts. 10 e 18 da LPI".[48]

Logo, se uma patente *pipeline* foi requerida com base em um pedido de patente originalmente depositado, por exemplo, em um país europeu, a patente a ser considerada para efeitos de concessão futura no Brasil deverá corresponder à *concedida e válida* naquele mesmo país da Europa.

Não bastasse isso, o prazo de vigência do privilégio concedido conforme o art. 230 "é contado de forma diferente daquele considerado para patentes 'convencionais'. O prazo de uma patente 'pipeline' toma por base o prazo remanescente de proteção da patente-base estrangeira, desde que este prazo não ultrapasse 20 anos a partir da data

45. "O termo *pipeline* — cuja tradução para o português seria *tubulação* — refere-se, no sentido figurado, aos produtos em fase de desenvolvimento e, portanto, ainda na tubulação que liga a bancada de pesquisa ao comércio. Ou seja, tais produtos e processos não chegaram ao mercado consumidor e, por isso, ainda poderão ser protegidos. O *pipeline* também pode ser chamado de *patente de revalidação*" (Gabriel Di Blasi *et alli*, ob. cit., p. 159).

46. Dannemann, Siemsen, Bigler e Ipanema Moreira, ob. cit., p. 483.

47. Idem, p. 484.

48. Idem, p. 484.

do depósito no Brasil, pois este é o prazo previsto no art. 40 desta lei. Observa-se que para os chamados 'pipelines' não existe o prazo mínimo de proteção de 10 anos contados a partir da concessão da patente".[49]

A leitura atenta da lei sugere envolver, o *pipeline*, um reconhecimento retroativo de patentes relativas às matérias não privilegiáveis, nos termos da lei anterior à Lei 9.279/1996, a titulares domiciliados em países que tenham proteção garantida em Tratado ou Convenção em vigor no Brasil. Segundo Aurélio Wander Bastos, o *pipeline* "assegura a data do primeiro depósito no exterior, podendo, inclusive, afetar os produtos que estão em fase de desenvolvimento em outros países. De qualquer forma, é um mecanismo excepcional, destinado a proteger situações transitórias de adaptação de leis nacionais a regimes de titulares de patentes depositadas em outros países, e sem amparo legal nos acordos e tratados multilaterais que regulam a matéria. No caso brasileiro, este instituto teve a sua existência cogitada nas discussões que precederam a aprovação do novo CPI (Lei 9.279/1996). O Congresso Nacional, com o objetivo originário de proteger não apenas a indústria, mas as patentes de fármacos em geral (mais especificamente as concedidas ou em desenvolvimento nos EUA), contemplou com a proteção local automática (no que tange aos requisitos de admissibilidade do pedido) os pedidos ou patentes que, durante o período de vigência da Lei 5.772/1971 (CPI), não foram depositados. Este novo dispositivo contempla, também, conforme consta do novo Código, produtos alimentícios e químicos. Na prática, é uma reação protecionista contra a reprodução não autorizada de fármacos que teria proliferado durante o período que sucedeu a 1971, quando se proibia, no Brasil, a concessão de patentes de fármacos e alimentos".[50]

As Disposições Transitórias e Finais da Lei 9.279/1996 beneficiam, igualmente, embora de modo distinto,[51] com o *pipeline* o nacional ou a pessoa domiciliada no País. A questão em análise, entretanto, envolve o privilégio requerido por pessoa não residente que esteja ao abrigo de tratado ou convenção internacional. Neste caso, a proteção se dirige, como já afirmado, àqueles que não chegaram, nos termos do regime anterior da propriedade industrial, a depositar pedidos de patentes em determinadas áreas consideradas, então, imprivilegiáveis. Reside, aqui, a dimensão pessoal da proteção.

Constituem, então, objeto do privilégio as matérias não patenteáveis à luz da legislação de 1971, especialmente os produtos farmacêuticos, químicos e alimentícios. Nos termos da nova lei de regência da matéria, para esses pedidos seriam tomadas para a apuração da novidade as datas do primeiro depósito no exterior. São insuscetíveis de proteção, porém, os inventos já colocados em qualquer mercado, por iniciativa do titular ou por terceiro com seu consentimento. A proteção será igualmente negada na circunstância de terceiros terem realizado ou estarem a realizar efetivos preparativos para a exploração do objeto do pedido ou da patente. Nestes termos, o legislador erigiu "em critério de

49. Idem, p. 485.

50. Aurélio Wander Bastos, *Dicionário Brasileiro de Propriedade Industrial e Assuntos Conexos*, p. 216.

51. Nos termos do art. 231, "Poderá ser depositado pedido de patente relativo às matérias de que trata o artigo anterior, por nacional ou pessoa domiciliada no País, ficando assegurada a data de divulgação do evento, desde que seu objeto não tenha sido colocado em qualquer mercado, por iniciativa direta do titular ou por terceiro com seu consentimento, nem tenham sido realizados, por terceiros, no País, sérios e efetivos preparativos para a exploração do objeto do pedido". O prazo para a solicitação é, também, de um ano contado da publicação da lei. Entretanto, "o pedido de patente depositado com base neste artigo será processado nos termos desta lei" (§ 2º), procedimento distinto do aplicável ao *pipeline* estrangeiro. Demais disso, especificidade deste *pipeline*, (§ 3º) "Fica assegurado à patente concedida com base neste artigo o prazo remanescente de proteção de 20 (vinte) anos contado da data da divulgação do invento, a partir do depósito no Brasil".

novidade a colocação no mercado, e estabeleceu uma exceção de pré-uso em favor de qualquer pessoa que já tivesse confiado no domínio público como fundamento da fabricação do objeto".[52]

Tratando-se de regra transitória e excepcional, a lei estabeleceu um prazo exíguo (um ano contado da data da publicação) para a solicitação do privilégio, prazo este que se encerrou em 15 de maio de 1997. Neste caso, o pedido de patente depositado seria automaticamente publicado, sendo facultado a qualquer interessado manifestar-se, em até noventa dias, quanto à satisfação dos pressupostos para a concessão. Verificando, o INPI, que o pedido envolve um invento; verificando, mais, que não incide nenhuma das proibições do art. 18, haverá de outorgar a patente *tal como concedida no país de origem*. A proteção vigora, conforme já acentuado, pelo tempo remanescente de proteção no país onde foi depositado o primeiro pedido, contado a partir do depósito no Brasil. O prazo, em qualquer circunstância, encontra-se limitado ao máximo de vinte anos (próprio da patente nacional regular).

O regime do *pipeline*, porque transitório e excepcional, confere proteção patentária singular, eis que mantida, expressamente, pela lei a imunidade do usuário anterior. Assim, nos termos do art. 232 da Lei de Propriedade Industrial, a produção ou utilização, nos termos da legislação anterior, de substâncias, matérias ou produtos obtidos por meios ou processos químicos e as substâncias, matérias, misturas ou produtos alimentícios, químico-farmacêuticos e medicamentos de qualquer espécie, bem como os respectivos processos de obtenção ou modificação, mesmo que protegidos por patente de produto ou processo em outro país, de conformidade com tratado ou convenção em vigor no Brasil, poderão continuar, nas mesmas condições anteriores à aprovação da lei. Razão pela qual não será admitida qualquer cobrança retroativa ou futura, de qualquer valor, a qualquer título, relativa a produtos produzidos ou processos utilizados no Brasil em conformidade com a previsão do art. 232. A imunidade alcança também aqueles que, no período anterior à vigência da nova lei, tenham realizado investimentos significativos para a exploração de produto ou de processo referidos no mesmo art. 232.

Cotejando o regime do *pipeline* com o regime geral da Lei 9.279/1996 para concessão de patentes — mesmo o concernente aos pedidos com reivindicação de prioridade —, é irrefutável envolverem regimes diversos, (i) quer porque, no *pipeline*, não há um exame técnico relativo aos requisitos da patenteabilidade, (ii) quer porque os prazos de vigência não são iguais, (iii) quer porque, no *pipeline*, não há um *iter* instrutório nos moldes dos arts. 31 e 32 da Lei 9.729/1996, (iv) quer porque há, no *pipeline*, uma relação estreita de dependência com a patente original concedida no estrangeiro.

Frise-se, outrossim, que o regime do *pipeline* tampouco é semelhante ao processamento do pedido internacional, uma vez que, dentre outras razões, neste sempre há uma tramitação nacional contemplando um exame técnico dos requisitos de patenteabilidade.

De outra parte, vislumbra-se forte semelhança em relação ao processamento conferido às patentes de *confirmação*, *revalidação* ou *importação*, tanto que a doutrina enquadra a patente *pipeline* como espécie desse gênero.

Como se vê, há inúmeras circunstâncias jurídicas que apontam para a dependência do *pipeline* em relação à patente original.

Nesta esteira, é salutar transcrever dispositivos da regulamentação que o INPI conferiu ao procedimento de depósito previsto nos arts. 230 e 231 da Lei 9.729/1996, os quais evidenciam a mencionada dependência:

52. Denis Borges Barbosa, "*Pipeline*": *uma Inconstitucionalidade Patente*, 2002, p. 4.

Ato Normativo 126/1996 do INPI

Assunto: Regulamenta o procedimento de depósito previsto nos arts. 230 e 231 da Lei 9.279/1996

(...).

11. Tão logo concedida a patente correspondente ao primeiro depósito no exterior, deverá ser ela apresentada ao INPI, acompanhada de tradução simples dos dados identificadores e do quadro reivindicatório e declaração de veracidade, bem como, se for o caso, de documento que comprove o período de vigência.

12. Fica dispensado o requerimento de pedido de exame do depósito no país.

(...).

14.2 Verificando o INPI a concessão de patente no exterior, fará exigência, se for o caso, para a complementação das eventuais anteriores anuidades pagas a menor.

(...).

16. Tendo o INPI ciência da denegação, em caráter definitivo, do pedido que seja o primeiro depósito no exterior, *será o pedido no País arquivado*.[53]

Consentâneo é o entendimento exarado por Simone Scholze:

"Tendo em vista que o INPI não faria exame de mérito quanto ao pedido abrangido pelo *pipeline* já concedido no país de origem, *deveriam ser considerados os termos da concessão e o prazo de validade da patente na origem*. Assim, exaure-se a patente *pipeline* no Brasil na mesma data em que esta se extinguir no país de origem do pedido. (...)

"Além disso, para os pedidos de *pipeline* relativos a produtos ainda não patenteados, mas meramente depositados no país de origem, será necessário aguardar a decisão do órgão de patentes desse país, sob pena de conceder-se proteção no Brasil a pedido posteriormente indeferido na origem."[54]

Resta evidenciado que o *pipeline* enquadra-se no território conceitual das patentes de *revalidação*, *importação* ou *confirmação*, tendo sido adotado, pelo Estado brasileiro, apenas transitoriamente, para cumprir integralmente a Constituição da República, notadamente o art. 5º, XXIX:

> Art. 5º. (...).
>
> XXIX — a lei assegurará aos autores de inventos industriais privilégio temporário para sua utilização, bem como proteção às criações industriais, à propriedade das marcas, aos nomes de empresas e outros signos distintivos, tendo em vista o interesse social e o desenvolvimento tecnológico e econômico do País.

No que concerne à satisfação do inciso XXIX do art. 5º da Constituição Federal, saliente-se que a vedação à patenteabilidade, presente na Lei 5.772/1971, não se apresentava compatível com o disposto no inciso transcrito, uma vez que a harmonização entre o direito ali consagrado e outros direitos e valores fundamentais (por exemplo, o direito fundamental à saúde) não se resolve através do mecanismo de proibição *tout court* da patente, mas, sim, mediante um regime bem articulado de restrições a esse direito, envolvendo, entre outros mecanismos, *v.g.*, as licenças de compulsórias.

Nesse sentido, é salutar a transcrição de decisão da Corte Constitucional italiana, país em que a proteção patentária, em nível normativo constitucional, não assume a mesma dimensão forte encontrável na Lei Fundamental brasileira:

> *Giudizio di legittimità constituzionale in via incidentale. Brevetti per invenzioni industriali. Divieto di brevetto. Illegittimità costituzionale.*
>
> Il divieto di brevettare i medicamenti ed i processi diretti a produrli non solo è

53. Consta no § 3º, do art. 230, da Lei 9.729/1996, a necessidade de *comprovação da concessão da patente no país onde foi depositado o primeiro pedido*.

54. Simone Scholze, "Políticas de patentes em face da pesquisa em saúde humana: desafios e perspectivas no Brasil", em *Políticas de Patentes em Saúde Humana*, p. 49.

fondato su motivi specifici ormai non corrispondenti alla realtà, ma neppure può dirsi congruo rispetto all'interesse generale alla tutela della salute, di cui all'art. 32 Cost. Esso costituisce, dunque, un'ingiustificata deroga alla "par condicio" degli inventori industriali, com riguardo sai al diritto personale al riconoscimento della paternità dell'invenzione che alle situazioni economiche di vantaggio cui dà luogo l'esclusiva; per altro verso, penalizza gli imprenditori del settore farmaceutico rispetto a quelli di altri settori, ed ostacola, altresì, la promozione della ricerca scientifica e tecnica, che è un dovere della Repubblica. Pertanto, è costituzionalmente illegittimo — per contrasto con gli artt. 3, 41 e 9 Cost. (assorbite le censure riferite agli artt. 42 e 43 Cost.) — il comma primo dell'art. 14, r.d. 29 giugno 1939 n. 1127 (Testo delle disposizioni legislative in materia di brevetti per invenzione industriali) (Sentenza 20/1978, Presidente Rossi, Relatore Elia, Udieza Pubblica del 9.11.1977, Decisione del 9.3.1978, deposito del 20.3.1978, publicazione in *G.U.*).

Com efeito, a mera proibição de patenteabilidade de produtos farmacêuticos e químicos, adotada pela Lei de 1971, importava o sacrifício total do direito do inventor, da indústria, bem como da promoção da pesquisa científica e técnica, não realizando um adequado balanceamento dos bens e afrontando, assim, o disposto no art. 5º, XXIX, daí sua incompatibilidade com a Constituição de 1988.

O art. 5º, XXIX, acima transcrito, ao mencionar que a "*lei assegurará aos autores de inventos industriais privilégio temporário (...) tendo em vista o interesse social e o desenvolvimento tecnológico e econômico do País*", confere ao legislador a possibilidade de comprimir tais direitos, através de normas restritivas, a fim de assegurar os objetivos previstos na parte final do inciso, bem como para solucionar conflitos com outros direitos e valores fundamentais.

Como bem ressalta José Carlos Viera de Andrade,[55] as normas restritivas de direito fundamental são aquelas que atingem ou afetam conteúdo de direito fundamental, isto é, no dizer de Canotilho,[56] limitam ou comprimem posições que, *prima facie*, estão incluídas no âmbito de proteção dos direitos fundamentais.

Neste aspecto, mencione-se, por oportuno, que o regime constitucional dos direitos fundamentais, estabelece certos requisitos para as leis restritivas, dentre eles (i) que as restrições devem limitar-se ao necessário para salvaguardar outros direitos ou interesses constitucionalmente protegidos, acolhendo-se a máxima da proporcionalidade[57] ou princípio da proibição do excesso, compreendido no sentido de que qualquer limitação feita, por lei ou com base na lei, no âmbito dos direitos fundamentais deve ser adequada (apropriada), necessária (exigível) e proporcional (com justa medida);[58] (ii) que as leis restritivas não podem diminuir a extensão e o alcance do núcleo essencial dos direitos fundamentais; vale dizer, não é possível o aniquilamento, o esvaziamento através de uma restrição total (vedação/proibição), mesmo porque todo direito possui um coração[59] que não pode ser violado.

Como se vê, ainda quando autorizado a editar normas restritivas, o legislador está vinculado à salvaguarda do núcleo essencial dos direitos restringidos.[60] Razão pela qual se evidencia como não compatível com a Constituição de 1988 a proibição de patenteabilidade levada a efeito pela Lei de 1971.

De outra parte, a Lei 9.279/1996, ao não manter a proibição da legislação ante-

55. José Carlos Vieira de Andrade, *Os Direitos Fundamentais na Constituição Portuguesa de 1976*, p. 229.

56. J. J. Gomes Canotilho, *Direito Constitucional*, 5ª ed., p. 647.

57. Robert Alexy, *Teoría de los Derechos Fundamentales*, pp. 11 e ss.

58. Canotilho, ob. cit., p. 628.

59. Vieira de Andrade, ob. cit., p. 233.

60. Canotilho, ob. cit., p. 630.

rior, atendeu ao disposto no art. 5º, XXIX, da Constituição. Quanto ao *pipeline*, haveria de ser compreendido como mecanismo excepcional e temporário utilizado para compensar os inventores que, no contexto da legislação anterior, estavam proibidos, não obstante os termos da Constituição, de privilegiar seus inventos. Daí a razão de assumir um regime jurídico especial, temporário quanto ao prazo para o pedido e dependente quanto à sua natureza e tempo de vigência. Tratar-se-ia, portanto, de uma patente de *revalidação*, *confirmação* ou *importação*, extraordinária e transitoriamente admitida. É patente *abnormal* que não se confunde com a patente normal ou convencional.

VII — Dependência, direito de prioridade e art. 4º"bis" da Convenção da União de Paris (CUP)

Conforme asseverado no item anterior, no regime do *pipeline* não há exame pelo INPI dos requisitos de patenteabilidade. O privilégio é concedido *tal como* no país de origem e no prazo de vigência por este conferido, de modo a existir, insofismavelmente, dependência em relação à patente originária.

A lei brasileira reconhece tal dependência (i) *quer explicitamente* (quando há no exterior mero pedido), (ii) *quer implicitamente*, haja vista o próprio e singular regime legal do *pipeline*. Aliás, tão-somente essa interpretação é coerente com a idéia de excepcionalidade da medida. Apenas ela, por outro lado, atende aos interesses do país, uma vez que a idéia de independência implicaria inconstitucionalidade, eis que se estaria convertendo um mecanismo excepcional em ordinário,[61] colidindo, pois, com a exigência de *novidade* que é ínsita ao regime das patentes de invenção. Está-se a afirmar, portanto, que o *pipeline* só não é inconstitucional porque é excepcional, temporário e dependente, significando meio de compensar os criadores de invenção impedidos de obter privilégio às suas invenções no contexto da LPI de 1971, que, neste particular, apresentava-se como incompatível ao art. 5º, XXIX, da CF. Ora, é a dependência que permite, em caráter excepcional, ultrapassar, para a patente, o óbice da novidade.

Restando inequívoca a existência de dependência, cumpre verificar (i) sua *legitimidade*, tendo em conta o disposto na Convenção de Paris, bem como (ii) o seu *grau*, ou *alcance*.

Antes de tratar do princípio da independência, previsto no art. 4º*bis*,[62] convém tecer algumas considerações a respeito da Convenção da União de Paris (1883).

O objetivo da União, segundo Gama Cerqueira, seria "a proteção da propriedade industrial regida por uma convenção que consagrasse os princípios essenciais de proteção e assegurasse, de modo uniforme, sem prejuízo da legislação interna de cada país, um mínimo de garantias em favor das pessoas beneficiadas".[63]

O art. 2º, da Convenção, preveria "o princípio fundamental em que repousa o sistema da União: a assimilação aos nacionais dos cidadãos pertencentes a cada um dos países contratantes, no que concerne à proteção da propriedade industrial. (...) Dessa disposição decorrem duas ordens de direitos: os relativos ao tratamento nacional, resultantes do princípio da assimilação, e os relativos ao *tratamento unionista*, resultantes da própria Convenção".[64] Ademais, "outro princípio que domina toda a

61. Aplicar-se-ia o regime ordinário a um privilégio excepcional no qual não se perquire, nem se examina a presença dos requisitos da patenteabilidade, notadamente o requisito da novidade.

62. A expressão *bis* foi inserida porque esse dispositivo não estava previsto na redação original da CUP de 1883, tendo sido acrescido na Revisão de Bruxelas de 1900.

63. João da Gama Cerqueira, *Tratado da Propriedade Industrial*, v. II, t. II, Parte III, p. 409.

64. Idem, pp. 420-421.

economia da Convenção e constitui a base do *tratamento unionista* é o do *direito de prioridade*, instituído no art. 4º".[65]

No que respeita ao direito de prioridade — um dos principais esteios da CUP —, Gama Cerqueira sustenta que sua origem estaria relacionada à necessidade de resolver alguns óbices que se impunham aos inventores quando buscavam patentear suas invenções em vários países:

"Sabendo-se que a novidade da invenção constitui condição essencial para a concessão dos privilégios em todos os países, compreende-se a impossibilidade em que se encontravam os inventores para patentearem as suas invenções em outros países, pois a obtenção do privilégio no seu país, a divulgação do invento, às vezes o simples depósito do pedido de patente, poderia prejudicar a novidade, conforme a lei dos países em que o inventor pretendesse obter o mesmo privilégio.

"Para obviar essas dificuldades, cogitou-se no Congresso reunido em Paris, em 1878, de criar-se o depósito simultâneo dos pedidos de patentes (...). Esta solução, porém, foi considerada impraticável pelos inconvenientes que oferecia, sugerindo-se, então, a concessão de um prazo, contado da data do primeiro depósito, dentro do qual o inventor poderia requerer o privilégio nos outros países, sem que a novidade da invenção fosse prejudicada por fatos ulteriores. Essa idéia originou o chamado *direito de prioridade*, que a Convenção da União (1883) consagrou em seu art. 4º."[66]

Consistiria, assim, o direito de prioridade em uma "derrogação do princípio legal relativo à novidade da invenção, exigida pelas leis como uma das condições de privilegiabilidade", cujo efeito seria "impedir que a divulgação do invento, após o primeiro pedido de patente, prejudicasse a sua novidade, de acordo com a lei interna de cada país". É dizer, "a Convenção estabelece um prazo de imunidade, dentro do qual a novidade da invenção não é prejudicada pelos fatos previstos na legislação do país onde a proteção é reclamada".[67]

Não se olvide que "a prioridade assegurada pela Convenção não implica a concessão da patente, que pode ser denegada, de acordo com a lei interna do país em que é reivindicada", mesmo porque "as patentes concedidas em virtude do direito de prioridade ficam sujeitas à lei nacional, em tudo o que não depender do tratamento unionista, inclusive quanto à sua duração e às causas de nulidades nela previstas".[68]

Gabriel Di Blasi, Mario Soerensen e Paulo Parente, ao tratarem do princípio da independência, realizam pertinente e concisa explanação:

"O fato de a patente de uma invenção ter sido negada, cancelada ou tornada extinta em seu país de origem não implica que, em outro país, receba o mesmo tratamento. Adotando este pensamento, a Revisão de Bruxelas resolveu inserir na Convenção o princípio da independência das patentes.

"Em seu texto original, a Convenção não cogitava desse particular. Como conseqüência, as leis nacionais de patentes entendiam que a duração e a validade de uma patente concedida a estrangeiros dependiam destas mesmas condições no país de origem. Procedendo desta forma, as leis comprometiam frontalmente o princípio básico da Convenção de Paris — o trato nacional —, dispensando aos titulares estrangeiros um tratamento diferente.

"O atual texto da Convenção de Paris explicita, em seu art. 4º*bis*:

"'As patentes solicitadas nos diversos estados membros da União, por nacionais de países da União, serão independentes das obtidas para o mesmo invento em outros países, sejam ou não membros dela.

65. Idem, p. 421.
66. Idem, p. 423.

67. Idem, pp. 424-425.
68. Idem, p. 430. A propósito, mencione-se que este excerto corrobora ainda mais a diferença entre o *pipeline* e as patentes concedidas por reivindicação de prioridade.

"'As disposições anteriores devem tomar-se em sentido amplo, em particular no *sentido de que as patentes solicitadas durante o período de prioridade são independentes*, tanto no que se refere a sua nulidade e revogação, como relativamente a sua *duração normal.*

"'As disposições se aplicarão a todas as patentes existentes, no momento em que entrem em vigor.

"'Igualmente, no caso de adesão de novos países, se aplicarão às patentes existentes em qualquer dos dois lados no momento da adesão.

"'As patentes obtidas com o benefício da prioridade, nos diferentes países da União, *terão uma duração igual à que haveriam tido se tivessem sido solicitadas ou outorgadas sem o benefício da prioridade.*'

"Em resumo, as patentes sobre um invento conseguidas num país são independentes das patentes sobre o mesmo invento obtidas em outros países, não podendo estas interferir no tratamento nacional daquelas."[69]

Ladas,[70] estreitando as relações entre o direito de prioridade e o princípio da independência (art. 4º*bis*) em relação às nulidades, assevera que o direito de prioridade não é um direito independente resultante do depósito do primeiro pedido, mas um meio legal de defesa contra as causas de nulidade que poderiam ser invocadas contra a patente, de acordo com a lei nacional, bem como contra as pessoas que houvessem pedido a mesma patente no prazo de prioridade.

Na mesma direção caminha o entendimento de Gama Cerqueira:

"A Convenção da União, no art. 4º*bis*, consagra o princípio da independência das patentes, nestes termos: (...)

"De acordo com esta disposição, a patente obtida em virtude do direito de prioridade não será prejudicada tanto no caso de não ser concedido o privilégio no país de origem, como no caso de sua extinção pelo decurso do prazo respectivo, ou por motivo de nulidade ou caducidade."[71]

A propósito da relação entre o princípio da independência e a Convenção de Paris como um todo, assevera Guillermo Cabanellas: "el principio de independencia de las patentes *es una lógica consecuencia de la estructura de concesión de esos derechos de propiedad industrial bajo el Convenio de París.* Como cada país establece su propia legislación en materia de patentes, con requisitos propios en materia de novedad, nivel inventivo, materias excluidas del marco de patentabilidad, procedimiento de concesión de patentes, etc., resultaría contradictorio utilizar el status de una invención bajo cierto sistema nacional. El principio de independencia tiende así a evitar la extensión internacional automática de las causales de nulidad, caducidad o extensión de las patentes, según se desprende del párrafo 2 del artículo 4 bis del Convenio de París. Ese principio no impide, sin embargo, que ciertos países utilicen determinados aspectos de las patentes otorgadas en el extranjero para otorgar a su vez sus propias patentes. Así, por ejemplo, el Convenio de París no impediría que una búsqueda de anterioridades efectuada en un país extranjero para la concesión de una patente en ese país sea empleada como antecedente para determinar la novedad de la invención; sería, sin embargo, inadmisible que el sólo hecho de que la patente otorgada por ese país extranjero fuera invalidada o no concedida afectara la validez de la patente otorgada por el país donde se ha ampliado la búsqueda de anterioridades extranjeras".[72]

Pois bem, admitindo-se que o princípio da independência não é senão um consectário lógico do regime de concessão de patentes previsto na CUP — no qual (i) há

69. Ob. cit., pp. 40-41.
70. *Apud* Gama Cerqueira, ob. cit., p. 430.
71. Gama Cerqueira, ob. cit., pp. 432-433.
72. Cabanellas, ob. cit., t. I, p. 210.

uma busca de anterioridades não só no país estrangeiro onde foi formulado o pedido original, embora (ii) o exame dos requisitos de patenteabilidade seja levado a cabo por cada país —, esse princípio não pode incidir sobre o *pipeline*, uma vez que o regime deste não segue o previsto na CUP. E, bem pelo contrário, é assaz diferente, como já evidenciado, da tramitação para concessão estabelecida pela CUP.

No que atine à aplicação do princípio de independência às patentes de *revalidação, confirmação* ou *importação*, ressalta Guillermo Cabanellas, citando entendimento de Ladas: "Otra cuestión que se plantea bajo el principio de independencia recogido por la Convención de París es la de su aplicabilidad a las patentes de reválida o confirmación. Estas patentes implican básicamente extender a un nuevo país los efectos de una patente concedida previamente en otro país, y ello a través de la concesión de una patente llamada de reválida o confirmación. *Es común en estos casos que las patentes de reválida se extingan simultáneamente con la patente original. Ladas entiende que tal vinculación es válida*".[73]

Ora, se na patente de revalidação, dentre outros fatos, (i) não se realiza exame dos requisitos de patenteabilidade aceitando-se, para tanto, o exame feito no país estrangeiro e (ii) o mesmo prazo de vigência, não resta outra alternativa senão aceitar tal dependência em relação às causas de nulidade. Vale dizer, não há como sujeitar tais patentes a uma dependência em relação a determinados fatos, sem extrair daí as suas conseqüências.

Destarte, (i) seja porque o art. 4º*bis* não estava presente na redação original da CUP (1883), tendo sido implantado pela Revisão de Bruxelas (1900), em razão de inconvenientes verificados no exercício do direito de prioridade, (ii) seja porque, em termos de técnica legislativa, a localização topográfica indica que tal princípio está ligado ao direito de prioridade, (iii) seja porque o *pipeline* é uma espécie de patente de revalidação, vislumbra-se que o princípio da independência (art. 4º*bis*) encontra-se adstrito ao regime de concessão de patentes previsto na CUP, é dizer, àqueles pedidos com reivindicação de prioridade.[74]

É defensável a tese, portanto, segundo a qual o princípio da independência não se aplica à patente *pipeline*, não sendo, pois, um óbice à dependência deste privilégio em relação à patente originária.

Aceitando-se, entretanto, que o princípio de independência não está afeto apenas ao direito de prioridade, convém não olvidar que a razão de ser deste princípio responde, dentre "otras consideraciones, a que cada país tiene su propio Derecho de patentes, con requisitos diferentes en materia de patentabilidad".[75]

Guillermo Cabanellas salienta que "el sentido del principio de independencia es que cada miembro juzgará la validez de las patentes que otorgue conforme sus reglas generalmente aplicables a tales patentes, sin alterar sus efectos en función de las reglas o estado jurídico que correspondan a la misma invención patentada en otros países de la Unión o fuera de ésta. (...) El país A deberá aplicar sus propias reglas generales para determinar si la patente en cuestión es nula o caduca o si se ha extinguido su plazo de vigencia".[76]

Deveras, "expresso no art. 4º*bis* da Convenção da União de Paris, o princípio

73. Ob. cit., t. I, p. 211. Não é esta, porém, a opinião de Cabanellas.

74. Maristela Basso assevera, por sua vez, que o art. 29.2 do TRIPs relativiza o princípio da independência: "O art. 29.2 do TRIPs estabelece que 'os Membros podem exigir que o requerente de uma patente forneça informações relativas a seus pedidos correspondentes de patentes e às concessões no exterior', disposição que poderá limitar os efeitos do 'princípio de independência das patentes', previsto na Convenção de Paris. (...) Ao introduzir o disposto no art. 29.2, o TRIPs incorpora uma reivindicação antiga de revisão da Convenção de Paris, nesta matéria" (Maristela Basso, *O Direito Internacional da Propriedade Intelectual*, p. 235).

75. Cabanellas, ob. cit., t. I, p. 187.

76. Idem, pp. 208-209.

da independência estabelece que cada Estado determina os pressupostos e os efeitos da proteção por este concedida, e, por conseqüência, determina que os direitos paralelos existentes nos diversos Estados são independentes entre si, existindo uma proteção diferente a cada país que a concedeu".[77]

Quando a proteção de um direito de propriedade industrial é exclusivamente regida pela legislação do país em virtude da qual este direito foi conferido e, em contrapartida, o efeito da proteção concedida pela lei interna limita-se ao território[78] em relação ao qual esta lei é aplicável, nada impede que a legislação interna, tal como fez a Lei 9.729/1996, torne a patente extraordinariamente concedida no Brasil dependente, condicionada em relação à patente estrangeira.

Não bastasse isso, ressalte-se, conforme entendimento de Friedrich-Karl Beier,[79] que não decorre do princípio da independência que para aplicar o direito nacional só se deva considerar a situação de fato existente no interior do país, com exclusão dos fatos ocorridos e dos fatos praticados no estrangeiro. Isso porque, segundo Beier, esta conclusão, ao revés, opõe-se ao princípio da independência dos direitos (art. 4ºbis da CUP), uma vez que tal princípio refere-se não aos fatos a ter em conta pelas legislações nacionais, mas sim às relações dessas legislações entre si, destinando-se a impedir a aplicação cumulativa de normas de diferentes ordens jurídicas. Logo, apenas as disposições do direito estrangeiro e a existência de direitos paralelos no exterior não têm, em princípio, qualquer influência sobre a proteção a conceder ao abrigo da lei nacional; são direitos autônomos e independentes na sua criação e nos seus efeitos.

Como se vê, a legislação nacional em matéria de patente pode conferir conseqüências jurídicas a fatos ocorridos e/ou praticados no estrangeiro, sem que se cogite qualquer violação ao princípio da independência, razão pela qual, por exemplo, a situação fática de declaração de nulidade no exterior pode ser tida, pela legislação brasileira, como hipótese de nulidade da patente *pipeline* ou, se for o caso, hipótese de arquivamento do pedido formulado com base no art. 230, da Lei 9.729/1996.

A título de argumentação, admitida a tese da incompatibilidade da lei brasileira[80] com o art. 4º*bis* da Convenção de Paris, desde logo, ressalte-se que tal conflito não seria resolvido no âmbito doméstico, uma vez que a Convenção de Paris (CUP) é um tratado-contrato e não um tratado-lei, de sorte que a CUP está a obrigar apenas o Estado brasileiro, sob pena de responsabilização na esfera internacional, não podendo, todavia, ser invocado para o fim de tutelar eventual direito no âmbito interno. Cumpre, portanto, ao magistrado aplicar a lei nacional, a qual, conforme exaustivamente evidenciado, admitiu o regime de dependência da patente *pipeline* em relação à patente estrangeira.

Segundo Maristela Basso,[81] os *tratados-leis* ou *tratados-normativos* são regras de direito objetivamente válidas, nas quais os Estados figuram como legisladores, isto

77. Cláudia Marins Adiers, "A propriedade intelectual e a proteção da biodiversidade e dos conhecimentos tradicionais", *RDM* 124/120.

78. "A proteção jurídica da propriedade intelectual encontra-se governada pelo princípio da territorialidade, cujo reconhecimento e vigência derivam tanto dos tratados internacionais quanto das normas de direito internacional privado internas de cada Estado. (...) O princípio da territorialidade determina que tal proteção se limite ao território do Estado que a reconhece, seguindo-se de um lado, que a proteção jurídica se regula única e exclusivamente pela lei nacional, salvo estipulação em contrário nos tratados internacionais, que determine de forma autônoma o objeto, os requisitos materiais e formais, o conteúdo, exceções e limites, assim como as causas e formas de extinção de sua proteção jurídica" (Adiers, ob. cit., pp. 129-130).

79. *Apud* Adiers, ob. cit., p. 130.

80. Afirme-se, ainda outra vez, que a lei brasileira, quer explicitamente, quer implicitamente, admite a dependência do *pipeline* em relação à patente originária pelo menos quanto ao (i) tempo de vigência e (ii) aos requisitos de patenteabilidade.

81. Basso, ob. cit., p. 111.

é, são fontes do direito das gentes que formulam regras de direito positivo que devem ser observadas pelos Estados signatários, ao passo que os *tratados-contratos* visam a regulamentar uma determinada questão e implicam o interesse que cada uma das partes tem no que a outra pode oferecer.

Denis Barbosa, por seu turno, preconiza que, a fim de identificar um tratado como *tratado-lei* ou como *tratado-contrato*, cumpre "partir do reconhecimento dos destinatários das normas: é o Estado, ou são os indivíduos. Ou, mais precisamente: esta norma cria *direitos subjetivos* em favor dos indivíduos, ou apenas obrigações de Direito Internacional Público, entre Estados? Dirigindo-se a norma aos Estados, em particular determinando-lhes a obrigação, ou vedação, de legislar em determinado sentido, a não satisfação do preceito importa em violação da norma convencional, mas não cria direitos ou obrigações para as pessoas, em relação às quais a norma interna deveria — obrigação no plano internacional — ser instituída, ou tornada inaplicável. Se tal inadimplemento perante a norma internacional se verifica, a sanção é de Direito Internacional Público, tal como prevista no ato internacional pertinente, e não aproveita, em princípio, os beneficiários virtuais da norma interna".[82]

No entanto, ainda que a CUP seja considerada um *tratado-lei*, a incompatibilidade entre o art. 4º*bis* e a Lei 9.729/1996 seria solucionada, conforme jurisprudência pacífica do E. Supremo Tribunal Federal, pelo critério temporal *lex posterior derogat priori*, uma vez que os tratados são incorporados como legislação ordinária.[83] Como a Lei 9.729/1996 é posterior à promulgação da CUP (Decreto 75.572/1975), aquela, na esfera interna, deverá prevalecer. É dizer, prevaleceria, no caso em apreço, a dependência do *pipeline* em relação à patente estrangeira.

Por fim, ainda que a CUP seja aplicável ao caso em tela e ainda que o princípio da independência também alcance *prima facie* o *pipeline*, cumpre admitir que o mencionado princípio não incide de igual modo sobre as *patentes normais* e sobre as tipo *pipeline*, mesmo porque a natureza do *pipeline* é de tal ordem a impossibilitar a incidência automática do princípio da independência.

Ora, não se pode, por conta da aplicação de um princípio, afastar aquilo que diz respeito à própria natureza do instituto, que tem como corolário a dependência. O princípio tempera, mas jamais terá o condão de transformar a natureza do instituto sobre o qual pretende incidir.

Deveras, afastar a dependência importa transformar uma patente *abnormal* em *normal*, o que é inviável haja vista a exigência para esta do pressuposto da novidade e do exame técnico dos requisitos de patenteabilidade não necessários para o reconhecimento daquela. Neste caso, a independência poderia ser aceita até o ponto em que não significasse a vulneração da natureza do instituto *pipeline*.

VIII — Alcance da dependência

Superada cabal e irrefutavelmente a tese da independência, pelo menos da independência absoluta, convém, então, indagar acerca do grau de dependência aceitável. Para tanto, reitere-se que, no *pipeline*,

82. Denis Borges Barbosa, *Propriedade Intelectual — A aplicação do Acordo TRIPs*, p. 36.

83. Cf. STF, 2ª T., HC 73044-2-SP, Rel. Maurício Corrêa, *DJ*-I 20.9.1996, p. 34.534; STF, 2ª T., RE 172720; STJ, REsp 74.376. Neste aspecto, Nadia Araújo, após analisar exaustivamente os julgados do STF, conclui que "a jurisprudência brasileira entende que uma lei interna superveniente poderá afetar um tratado em vigor, pois, uma vez incorporado, o tratado integra-se no patamar de lei ordinária no ordenamento jurídico" (Nadia Araújo, *Direito Internacional Privado*, p. 149). Jacob Dolinger, também, acentua: "A posição do STF através dos tempos é de coerência e resume-se em dar o mesmo tratamento à lei e ao tratado, sempre prevalecendo o diploma posterior" (Jacob Dolinger, *Direito Internacional Privado*, 6ª ed., p. 106).

não há a realização de exame técnico relativo aos requisitos de patenteabilidade (novidade, atividade inventiva e aplicação industrial).

A fim de identificar o alcance razoável da dependência, insta tecer algumas considerações acerca da nulidade e caducidade das patentes.

Desde logo, ressalte-se que as hipóteses de nulidade contempladas na lei não residem em lista fechada. Aliás, bem observa Guillermo Cabanellas que: "El régimen de patentes es excesivamente complejo como para que puedan tener éxito las enumeraciones supuestamente taxativas de las causales de nulidad de las patentes".[84]

Face à existência de um elenco legal meramente exemplificativo (*numerus apertus*) das causas de nulidade, não é sequer cogitável a assertiva de que a nulidade da patente estrangeira não acarretaria a nulidade do *pipeline* em razão deste fato não constituir previsão legal expressa.

No art. 78 da Lei 9.279/1996, se prevê como hipóteses extintivas das patentes:

1) expiração do prazo de vigência, que em se tratando de patente de invenção é de 20 anos, e de modelo de utilidade é de 15 anos, ambas a contar do depósito — sendo que o mínimo de vigência para patente de invenção é de 10 anos, e para patente de modelo de utilidade é de 7, contados da concessão da patente. Expirado este prazo de vigência, desaparece a proteção outorgada ao objeto. Conseqüentemente, este último cai em domínio público e o titular da patente extinta perde os direitos por ela conferidos;

2) renúncia da patente pelo próprio titular, ressalvando o direito de terceiros, como, por exemplo, eventuais licenciados;

3) caducidade, resultante de um instrumento previsto pela lei, cuja ocorrência só será possível após decorridos 2 anos da primeira licença compulsória, prazo para prevenir ou cessar o abuso ou desuso da patente — razões para a extinção por caducidade. Esta regra tem por base a Revisão de Estocolmo da Convenção de Paris, que tornou a caducidade instrumento dependente da primeira licença compulsória. Cabe observar que, como a declaração de caducidade produz efeitos diferentes dos da declaração de nulidade, os direitos do titular da patente extinta por caducidade poderão ser revistos judicialmente. No caso de nulidade, não há revisão. Os arts. 80 a 83 referem-se à caducidade.

4) A falta de pagamento de anuidade e

5) A inobservância do art. 217, que disciplina: "A pessoa domiciliada no exterior deverá ter permanentemente procurador devidamente qualificado no país com poderes para representá-la administrativamente, inclusive para receber citações".[85]

Guillermo Cabanellas destaca que "sólo deben considerarse como causas de nulidad los vicios que afectan el cumplimiento de las condiciones sustantivas para el otorgamiento de patentes, aunque esos vicios pueden suscitarse por motivos procesales".[86] Em outro trecho, diferencia a *nulidade* da *caducidade* e das *licenças obrigatórias*: "las nulidades de patentes se originan en vicios anteriores al otorgamiento de la patente. Una vez concedida ésta, los vicios que afecten su existencia — por ejemplo, su utilización en violación de la Ley de Defensa de la Competencia — están sujetas a un régimen distinto, basado en la concesión de licencias obligatorias y en la posible caducidad de la patente".[87]

Gabriel Di Blasi, Mario Soerensen e Paulo Parente asseveram:

"Segundo a conceituação jurídica, nulidade significa um ato ineficaz por ter sido executado descumprindo a norma legal. Esta transgressão dá-se, por exemplo, em conseqüência da ausência de requisitos indispensáveis à validade do referido ato. Por

84. Cabanellas, ob. cit., t. II, p. 536.

85. Di Blasi, ob. cit., p. 156.

86. Cabanellas, ob. cit., t. II, pp. 537-538.

87. Idem, p. 539.

isso, o ato nulo já nasce lesado, com vício incorrigível por ausência ou danos concretos em sua constituição ou no procedimento de sua formação. A nulidade, portanto, deve ser reconhecida e decretada pela Administração ou pelo Judiciário, sendo que a Administração tem o poder de invalidar seus próprios atos quanto ao mérito e à ilegalidade, ao passo que o Judiciário só invalida atos ilegais. (...)

"São quatro as condições para que se declare a nulidade de uma patente: quando não tiver sido atendido qualquer dos requisitos legais; quando não for observado o disposto nos arts. 24 e 25, em relação ao relatório e às reivindicações, respectivamente; quando o objeto da patente estender-se além do conteúdo inicialmente requerido no depósito; e quando em seu processamento tiver sido omitida qualquer das formalidades essenciais à concessão (art. 50)."[88]

É de se concordar com Guillermo Cabanellas quando sustenta haver estreita relação entre os regimes de nulidade e o sistema de outorga de patentes adotado: "Los regímenes de nulidad de patentes tienen distintas funciones según sea el sistema de otorgamiento de patentes adoptado en el país en el que tales regímenes tengan aplicación. *En un sistema sin examen previo, la posibilidad de lograr la nulidad de una patente constituye la forma principal de hacer efectivos los límites que el Derecho de patentes establece en materia de patentamiento*. En los sistemas en que las patentes se conceden previo examen por una autoridad administrativa — como es el argentino — el régimen de nulidades permite establecer un control jurisdiccional sobre el acto de otorgamiento de la patente, con posterioridad al mismo. Este control es de fundamental importancia pues, generalmente, los perjudicados por una patente ilícitamente concedida no advertirán la extensión de los perjuicios infundados que así sufren hasta una vez puestos de manifiesto los efectos de esa patente".[89]

Consentâneo é o entendimento do espanhol Fernández-Novoa: "*en el denominado sistema de mero registro, el juicio de nulidad de la patente es el único foro en que van a ventilarse las cuestiones siguientes: si en la invención patentada concurren los requisitos de patentabilidad legalmente fijados*; si al solicitar la concesión de la patente se describió la invención de forma suficientemente clara y completa para que pueda ejecutarla un experto en la materia; y si el objeto de la patente excede del contenido de la solicitud de patente".[90]

Ora, o sistema de mero registro assemelha-se, e muito, conforme ressaltado no item relativo às espécies de patentes, ao regime do *pipeline*, pois naquele também não se realiza o exame relativo aos requisitos de patenteabilidade. Então, é possível dizer que o juízo concernente à vinculação da patente *pipeline* com a nulidade declarada no país de origem constitui o único momento no qual será perquirida a existência dos requisitos de patenteabilidade, *conditio sine qua non* para a concessão do privilégio.[91]

88. Di Blasi *et alli*, ob. cit., pp. 148-149.

89. Idem, p. 523.

90. *Apud* Cabanellas, ob. cit., t. II, p. 524.

91. Neste sentido, Cabanellas preconiza que "cualquiera que sea el sistema de que se trate, existe un interés público en que sea posible entablar acciones de nulidad de patente. En ausencia de tales acciones, los costos sociales imputables a las patentes se manifestarán aun en caso en que no tienen justificación, por no haberse reunido oportunamente las condiciones que la ley exige para el otorgamiento de derechos exclusivos sobre una invención. Es por ello que, bajo los principales regímenes de patentes existentes en el Derecho Comparado, se considera generalmente ilícito, en la actualidad, imponer *a priori* restricciones sobre las atribuciones que las personas con interés legítimo pueden tener en materia de interposición de acciones de nulidad de patentes. Se tiene en cuenta, inclusive, que la apariencia de una patente válida — por no haber sido anulada — puede tener un efecto disuasivo sobre la explotación lícita de la invención, y que por ella resulta importante preservar las acciones de nulidad de los primariamente legitimados para entablarlas, particularmente los licenciatarios. (...) Bajo el Derecho argentino, las

Conforme anteriormente ressaltado, o alcance da dependência da patente *pipeline* em relação à patente estrangeira deve ser definido à luz da inexigência do exame dos requisitos da patenteabilidade para a concessão do *pipeline*, uma vez que, por opção expressa e voluntária do legislador brasileiro (arts. 229 e ss. da Lei 9.279/1996), o exame realizado no país de origem seria aproveitado no Brasil, tanto que o *pipeline* haveria de ser concedido *tal como no país de origem*. Razão pela qual é assaz importante, na definição do alcance da dependência, o que sucede no país de origem no que respeita aos requisitos de patenteabilidade necessários à concessão do privilégio.

Ora, se o legislador brasileiro optou por aceitar o exame dos requisitos de patenteabilidade feito no país de origem, de modo a determinar que a publicação da concessão da patente *pipeline* ocorrerá sem tal exame pelo INPI, não resta outra alternativa senão a vinculação com relação à validade da patente estrangeira. Logo, se no país de origem houver a anulação da patente em virtude da ausência dos requisitos de patenteabilidade, a patente *pipeline* também padecerá de nulidade.

Deveras, concedida a patente, no país de origem, com vício relativo a tais requisitos, a sua desconstituição por nulidade no estrangeiro, inequivocamente, reflete na esfera interna em relação à concessão do *pipeline*, ensejando a nulidade, com efeitos retroativos,[92] desta. Frise-se, por oportuno, que não se trata de submissão do país à jurisdição estrangeira. Ao revés, trata-se de decisão soberana brasileira a propósito de fatos ocorridos no exterior que, à luz da legislação brasileira, trazem conseqüências internas.

Por outro lado, a extinção da patente, no país de origem, em virtude de causas que envolvem questões outras posteriores à concessão, isto é, que não envolvem os requisitos de patenteabilidade, mas sim questões como caducidade, falta de pagamento de taxas,[93] não repercutirá no Brasil. Quanto a estas matérias, envolvendo questões posteriores à concessão, sem nenhuma ligação com o exame das condições de patenteabilidade, o princípio da independência, proclamado na CUP, produzirá os efeitos esperados.

IX — Conclusões

1. De acordo com os arts. 34 e 35, da Lei 9.729/1996, nos pedidos de concessão de patente, realiza-se um exame técnico, o qual inclui a elaboração de um relatório de busca e de um parecer no qual se opina acerca: (i) da patenteabilidade do pedido; (ii) da adaptação do pedido à natureza reivindicada; (iii) da reformulação do pedido ou divisão; (iv) de exigências técnicas (arts. 34 e 35);

2. No que atine ao pedido internacional, previsto no PCT, mencione-se que, durante o exame nacional, os países não são obrigados a aceitar o resultado da busca internacional, podendo negligenciá-la ou efetuar uma busca própria. Ademais, o exame relativo aos requisitos de patenteabilidade não é realizado em sede internacional, cabendo a cada país realizá-lo;

acciones de nulidad de patentes cumplen una función primordial en la determinación de la validez de las patentes, tanto por las restricciones que pesan sobre la intervención de terceros en el procedimiento de otorgamiento de las patentes, como debido a las limitaciones fácticas que pesan sobre las autoridades de aplicación para establecer con total certeza la presencia de las condiciones de patentabilidad exigidas por la ley" (ob. cit., t. II, pp. 524-526).

92. "Como las causales de nulidad son necesariamente previas al otorgamiento de la patente, y como estamos generalmente ante actos nulos — y no meramente anulables —, la retroacción de la nulidad a la fecha en que la misma ha tenido origen es necesariamente previa o contemporánea al otorgamiento de la patente, y ésta habrá nacido entonces ya viciada de nulidad" (Cabanellas, ob. cit., t. II, pp. 539-540).

93. "En cambio, entendemos que la omisión del pago de tasas no causa la nulidad de la patente, pues no impide que el trámite de patentamiento cumpla sus funciones, sin perjuicio de la responsabilidad de quien ha incumplido con ese pago" (Cabanellas, ob. cit., t. II, p. 553).

3. Conforme o disposto no art. 5º da Lei 3.129/1882, a extinção da patente no estrangeiro acarretava a extinção da patente de importação/confirmação no Brasil, havendo, portanto, dependência desta em relação àquela;

4. As patentes de *reválida*, previstas na Lei argentina 111/1864, tinham a sua existência condicionada à vida das patentes estrangeiras paralelas;

5. Nas patentes de *importação*, *revalidação* ou *confirmação* (Lei 3.129/1882) há uma forte relação de dependência com a patente original;

6. A patente *pipeline* tem estreita ligação com primitivas espécies de proteção, tais como as patentes de importação, de confirmação, de revalidação ou equivalentes;

7. O *pipeline* representa uma exceção ao conceito básico de patenteabilidade e funcionou como uma espécie excepcional de *revalidação* de patentes requeridas no estrangeiro. De acordo com o disposto no § 3º, do art. 230, da Lei 9.729/1996, na sua concessão, não será realizado exame técnico no que diz respeito aos requisitos de novidade, atividade inventiva e aplicação industrial;

8. O prazo de vigência do privilégio *pipeline* é contado de forma diferente daquele considerado para patentes *convencionais*, uma vez que se toma por base o prazo remanescente de proteção da patente estrangeira, desde que este prazo não ultrapasse 20 anos a partir da data do depósito (prazo previsto no art. 40), não havendo aplicação, todavia, do prazo mínimo de proteção de 10 anos contados a partir da concessão da patente;

9. Cotejando o *pipeline* com o regime geral da Lei 9.279/1996 para concessão de patentes — mesmo o concernente aos pedidos com reivindicação de prioridade —, constata-se envolverem regimes diversos, (i) quer porque, no *pipeline*, não há um exame técnico relativo aos requisitos da patenteabilidade, (ii) quer porque os prazos de vigência não são iguais, (iii) quer porque, no *pipeline*, não há um *iter* instrutório nos moldes dos arts. 31 e 32, da Lei 9.729/1996, (iv) quer porque há, no *pipeline*, uma relação estreita de dependência com a patente original concedida no estrangeiro;

10. O regime do *pipeline* tampouco é semelhante ao processamento do pedido internacional, uma vez que, dentre outras razões, neste sempre há tramitação nacional abrangendo um exame técnico dos requisitos de patenteabilidade. De outra parte, vislumbra-se forte semelhança em relação ao processamento conferido às patentes de *importação*, *revalidação* ou *confirmação*, sendo até enquadrada a patente *pipeline* nesse território conceitual;

11. No regime do *pipeline*, há inúmeras circunstâncias e conseqüências jurídicas que denotam inequivocamente a existência de dependência do *pipeline* em relação à patente estrangeira;

12. A vedação à patenteabilidade de medicamentos, presente na Lei 5.772/1971, não se apresentava compatível com o disposto no inc. XXIX, do art. 5º, da CF, uma vez que a harmonização entre o direito fundamental consagrado no inc. XXIX e outros direitos e valores fundamentais não se resolve através do mecanismo de proibição *tout court* da patente, mas sim mediante um regime bem articulado de restrições a esse direito, envolvendo, por exemplo, hipóteses de licenças compulsórias e de caducidade;

13. Com efeito, a mera proibição de patenteabilidade de produtos farmacêuticos e químicos, adotada pela Lei de 1971, importava o sacrifício do direito do inventor, da indústria, bem como da promoção da pesquisa científica e técnica, não realizando um adequado balanceamento dos bens constitucionais, afrontando, assim, o disposto no art. 5º, XXIX;

14. No regime do *pipeline*, não há exame pelo INPI dos requisitos de patenteabilidade, o privilégio é concedido *tal como* no país de origem e no prazo de vigência por este conferido, razão pela qual existe dependência do *pipeline* em relação à patente originária, sendo cogitável afronta ao art. 4ºbis da CUP;

15. O princípio da independência (art. 4º*bis*) não é senão um consectário lógico do regime de concessão de patentes previsto na CUP — no qual (i) há uma busca de anterioridades não só no país estrangeiro no qual foi formulado o pedido original, mas sim em todos os países; (ii) o exame dos requisitos de patenteabilidade é levado a cabo por cada país —, razão pela qual esse princípio não se aplica ao *pipeline*, uma vez que o regime deste não segue o previsto na CUP e, bem pelo contrário, é assaz diferente da tramitação para concessão de patentes estabelecida pela CUP;

16. Se, na patente de revalidação, dentre outros fatos, (i) não se realiza exame dos requisitos de patenteabilidade aceitando-se, para tanto, o exame feito no país estrangeiro, (ii) o prazo de vigência é o mesmo do país estrangeiro, não resta outra alternativa senão manter tal dependência em relação às causas de nulidade;

17. Quer porque o art. 4º*bis* não estava presente na redação original da CUP (1883), tendo sido implantado, pela Revisão de Bruxelas (1900), em razão de inconvenientes verificados no exercício do direito de prioridade, quer porque, em termos de técnica legislativa, a localização topográfica denota que tal princípio envolve apenas o direito de prioridade, quer porque o *pipeline* é uma espécie de patente de revalidação, vislumbra-se que o princípio da independência (art. 4º*bis*) encontra-se adstrito ao regime de concessão de patentes previsto na CUP, qual seja, o concernente aos pedidos com reivindicação de prioridade. O princípio da independência, portanto, não se aplica à patente *pipeline*, não sendo, por isso mesmo, um óbice à dependência desta patente em relação a patente original estrangeira;

18. Considerando que a proteção de um direito de propriedade industrial é exclusivamente regida pela legislação do país em virtude da qual este direito foi conferido e, em contrapartida, o efeito da proteção concedida pela lei interna limita-se ao território (princípio da territorialidade) em relação ao qual esta lei é aplicável, nada impede que a legislação interna, tal como fez a Lei 9.729/1996, torne, explícita ou implicitamente, a validade de uma patente concedida no Brasil condicionada à patente estrangeira;

19. A legislação nacional em matéria de patente pode conferir conseqüências jurídicas a fatos ocorridos e/ou praticados no estrangeiro, sem que se cogite qualquer violação ao princípio da independência, de tal sorte a situação fática de declaração de nulidade no exterior pode ser tida, pela legislação brasileira, implicitamente como hipótese de nulidade da patente *pipeline*;

20. Ainda que persistisse a tese da incompatibilidade em relação ao art. 4º*bis* da Convenção de Paris, tal conflito não seria resolvido no âmbito doméstico, uma vez que a Convenção de Paris (CUP) (um *tratado-contrato* e não um *tratado-lei*) está a obrigar apenas o Estado brasileiro, sob pena de responsabilização na esfera internacional, não podendo, todavia, ser invocado diretamente pelo nacional a fim de tutelar eventual direito no âmbito interno;

21. Admitindo-se a CUP como um tratado-lei, a incompatibilidade entre o art. 4º*bis* e a Lei 9.729/1996 seria solucionada, conforme jurisprudência pacífica do E. STF, pelo critério temporal *lex posterior derogat priori*. Sendo posterior à promulgação da CUP (Decreto 75.572/1975), a Lei 9.729/1996, na esfera interna, deverá prevalecer, permanecendo, portanto, a dependência do *pipeline* em relação à patente estrangeira;

22. Ad argumentandum, se a CUP fosse aplicável ao caso em tela e se o princípio da independência também alcançasse o *pipeline*, cumpriria admitir que o mencionado princípio não incidiria de igual modo sobre as *patentes normais* e sobre as tipo *pipeline*, mesmo porque a natureza do *pipe-*

line impossibilita a incidência automática e absoluta do princípio da independência. Entender o contrário, isto é, afastar a dependência, importaria em transformar uma patente *abnormal* em *normal*, o que é inviável haja vista, por exemplo, a exigência para esta do requisito da novidade e do exame técnico dos requisitos de patenteabilidade não exigido para aquela;

23. No regime do *pipeline*, por não se realizar o exame relativo aos requisitos de patenteabilidade, pode-se dizer que a indagação concernente à vinculação da patente *pipeline* em relação à nulidade declarada no país de origem constitui o momento único no qual será colocada à prova a existência dos requisitos de patenteabilidade;

24. Tendo o legislador brasileiro optado, no *pipeline*, por aceitar o exame dos requisitos de patenteabilidade feito no país de origem, de modo a determinar que a publicação da sua concessão ocorrerá sem tal exame pelo INPI, emerge, inexoravelmente, a estrita vinculação com a patente estrangeira no que respeita à presença de tais requisitos. Logo, se no país de origem houver a anulação da patente em virtude da ausência dos requisitos de patenteabilidade, a patente *pipeline* também padecerá de nulidade.

Bibliografia

ADIERS, Cláudia Marins. "A propriedade intelectual e a proteção da biodiversidade e dos conhecimentos tradicionais", *RDM* 124.

ALEXY, Robert. *Teoría de los Derechos Fundamentales*, Madri, Centro de Estudios Constitucionales, 1993.

ARAÚJO, Nadia. *Direito Internacional Privado*, Rio de Janeiro, Renovar, 2003.

BARBOSA, Denis Borges. *Propriedade Intelectual. A Aplicação do Acordo TRIPs*, Rio de Janeiro, Lumen Juris, 2003.

BASSO, Maristela. *O Direito Internacional da Propriedade Intelectual*, Porto Alegre, Livraria do Advogado, 2000.

BASTOS, Aurélio Wander. *Dicionário Brasileiro de Propriedade Industrial e Assuntos Conexos*, Rio de Janeiro, Lumen Juris, 1997.

BRAGA JR., Benjamin do Carmo. *Pequeno Tratado Prático das Patentes de Invenção no Brasil*, Rio de Janeiro, Escritório Carmo Braga & Carmo Braga, 1941.

______. *Patentes de Invenção — Breve Anotações à Lei 3.129, de 14 de outubro de 1882, e ao Regulamento 8.820, de 30 de dezembro do mesmo ano*, Rio de Janeiro, A Judicial Editora.

CABANELLAS, Guillermo. *Derecho de las Patentes de Invención*, ts. I e II, Buenos Aires, Editorial Heliasta, 2001.

CANOTILHO, J. J. Gomes. *Direito Constitucional*, 5ª ed., Coimbra, Almedina, 1992.

CERQUEIRA, João da Gama. *Tratado da Propriedade Industrial*, v. II, t. II, Parte III, Rio de Janeiro, Forense, 1956.

CORREA, Carlos. *El Acuerdo TRIPs*, Buenos Aires, Ciudad Argentina, 1996.

DANNEMANN, SIEMSEN, BIGLER e IPANEMA MOREIRA. *Comentários à Lei da Propriedade Industrial e Correlatos*, Rio de Janeiro, Renovar, 2001.

DI BLASI, Gabriel; GARCIA, Mario Soerensen e MENDES, Paulo Parente M. *A Propriedade Industrial: os Sistemas de Marcas, Patentes e Desenhos Industriais Analisados a partir da Lei 9.279, de 14 de maio de 1996*, Rio de Janeiro, Forense, 2002.

DOLINGER, Jacob. *Direito Internacional Privado*, 6ª ed., Rio de Janeiro, Renovar, 2002.

SCHOLZE, Simone. "Políticas de patentes em face da pesquisa em saúde humana: desafios e perspectivas no Brasil", in *Políticas de Patentes em Saúde Humana*, São Paulo, Atlas, 2001.

SOARES, José Carlos Tinoco. *Lei de Patentes, Marcas e Direitos Conexos*, São Paulo, Ed. RT, 1997.

VALÉRIO, Marco Aurélio Gumieri. "A propriedade intelectual como fator precipitante do desenvolvimento industrial e o Acordo TRIPs", in <http://www1.jus.com.br/doutrina/texto.asp/id=2611>.

VIEIRA DE ANDRADE, José Carlos. *Os Direitos Fundamentais na Constituição Portuguesa de 1976*, Coimbra, Almedina, 1987.

Atualidades

A ANÁLISE DO MERCADO RELEVANTE E O PRINCÍPIO DA ISONOMIA NA MATÉRIA ANTITRUSTE

José Carlos da Silva Nogueira

Os objetivos da análise antitruste. Do mercado relevante e do poder de mercado. A análise antitruste e a indústria farmacêutica. Das baixas barreiras à entrada no mercado de distribuição de produtos medicamentosos. Dos princípios constitucionais da igualdade e da razoabilidade na matéria antitruste. Conclusão.

Esse trabalho tem por intuito relembrar alguns institutos do direito antitruste, apresentar perspectivas dessa matéria em relação ao segmento do mercado farmacêutico, bem como traçar alguns paralelos dos princípios que norteiam a matéria com elementos fundamentais do direito constitucional.

Assim, tentaremos na medida do possível, dentro dos limites a que se propõe o material apresentado, tecer considerações sobre a análise antitruste e os mecanismos utilizados para a proteção da concorrência. A partir da verificação dos mecanismos utilizados para a análise antitruste poderemos aplicar essas ferramentas ao segmento específico da indústria farmacêutica.

É importante notar que apesar de navegarmos por alguns dos mais importantes elementos capazes de identificar e avaliar se uma determinada conduta, ou se uma determinada negociação entre agentes econômicos (análise estrutural e análise comportamental), tais como *mercado relevante*, *poder de mercado* e *barreiras à entrada* (acentuamos que esses elementos são essenciais, mas não suficientes para que uma análise antitruste seja bem sucedida), o nosso campo de interesse concentra-se no *mercado relevante*. E isso porque a análise desse elemento é de importância imensurável para a identificação não somente dos agentes econômicos que devem ser investigados, mas de toda a conjuntura econômica que envolve a suspeita de atos contrários à concorrência eventualmente levantada. Isso implica dizer que o raio de análise da matéria será restrito e certamente não esgotará o assunto, sendo certo que outras considerações, e certamente melhores comentários devem existir, ou poderão surgir sobre o ponto exercitado.

De qualquer forma, esperamos que a nossa contribuição possa aclarar certas dúvidas a respeito do segmento identificado, contribuindo para o estudo da matéria e alertando para a importância da utilização correta dos mecanismos que devem ser utilizados para a identificação de práticas nocivas à concorrência. Como se sabe, o escopo da matéria antitruste é garantir um mercado competitivo, com uma saudável interação entre os agentes econômicos envolvidos na cadeia produtiva (compradores e vendedores) a fim de que o mercado possa oferecer preços competitivos e com produtos de alta qualidade aos consumidores. Ou seja, o direito antitruste tem como idéia central o entendimento segundo o qual a sociedade será sempre beneficiada quando houver um mercado competitivo capaz de maximizar a sua satisfação. E a correta identificação do mercado relevante em conduta investigada pelos órgãos de defesa da concorrência é fundamental para que o seu objetivo seja alcançado.

Os objetivos da análise antitruste

1. O instituto da defesa da concorrência no Brasil está amparado, especialmente, pela Lei 8.884, do ano de 1994. A lei em comento transformou o Conselho Administrativo de Defesa Econômica — CADE — em autarquia, dispondo, ainda, basicamente, sobre a prevenção e a repressão às infrações contra a ordem econômica.[1]

2. A lei acima indicada tem como fim precípuo combater e punir todo ato capaz de inibir, limitar ou eliminar a concorrência. Assim, todos os atos capazes de restringir a concorrência são atacados pela comentada lei, pois significam a possibilidade do desequilíbrio do mercado, gerando uma deformação no sistema jurídico econômico assegurado pela Constituição de 1988.

3. Com efeito, a Constituição da República, lançada nos idos de 1988, assevera, em seu art. 170, baseado no princípio da livre iniciativa que "a ordem econômica, fundada na valorização do trabalho humano e na livre iniciativa, tem por fim assegurar a todos existência digna, conforme os ditames da justiça social, observados os seguintes princípios: (...) livre concorrência". E a livre concorrência, por sua vez, está assegurada constitucionalmente quando o art. 173, § 4º, estatui que "a lei reprimirá o abuso do poder econômico que vise à dominação dos mercados, à eliminação da concorrência e o aumento arbitrário de lucros".[2] De qualquer forma, não estende-

1. José Inácio Gonzaga Franceschini, em artigo publicado na *Revista de Direito Econômico — Conselho Administrativo de Defesa Econômica* 23, assim define o Direito da Concorrência: "É sabido que o Direito da Concorrência, ramo do Direito Penal Econômico que disciplina as relações de mercado entre os agentes econômicos e os consumidores, tutelando-lhes, sob sanção, o pleno exercício do direito à livre concorrência como instrumento da livre iniciativa, em prol da coletividade, é a simbiose do Direito com a Economia".

2. O Professor Pedro Paulo Cristófaro, em artigo publicado na *Revista de Direito da Associação dos Procuradores do Novo Estado do Rio de Janeiro*, v. VI, sob o título, "O princípio da livre iniciativa como um dos fundamentos da República. Conseqüências", pp. 25 e 26, faz as seguintes considerações: "O regime da economia de mercado é, sem dúvida, compatível com a intervenção do Estado em matéria econômica. A regra constitucional da livre iniciativa apenas limita o campo e o alcance da competência e da atividade do Estado na economia. O sistema constitucional brasileiro consagra a economia de mercado, limitada a intervenção do Estado a tutelar o sistema de mercado e especialmente a proteger a livre concorrência contra a tendência açambarcadora da concentração capitalista. A Constituição de 1988 admitiu o papel do Estado como agente regulador da atividade econômica. Mas, desenganadamente, consagrou a economia de mercado. Assim entendido, ao menos quanto às suas características básicas, o sistema econômico que a Constituição brasileira adota, cumpre dar conseqüência ao princípio constitucional. Se a Constituição nos coloca sob o regime da livre iniciativa, o sistema jurídico há de afeiçoar-se a esse princípio. Se o sistema econômico é, por força da regra constitucional, o da livre empresa, as normas legais de hierarquia inferior hão de permitir o funcionamento dele, procurar aperfeiçoá-lo, corrigir-lhe as distorções, reprimir os abusos (não os usos) de sorte que a atividade econômica se desenvolva de forma razoavelmente eficiente, em benefício da sociedade como um todo. *Ora, não é muito difícil verificar que o regime da livre empresa, o sistema capitalista, se baseia em alguns institutos jurídicos sem os quais ele é impensável. O sistema capitalista terá a possibilidade de funcionar razoavelmente na medida em que esses institutos jurídicos sejam regulados de forma também razoável e sejam preservados na sua essência. Se esses institutos fundamentais forem regulados e aplicados de forma contrária ao sistema que neles se assenta, as chances de que o sistema funcione de maneira mi-*

remos aqui a nossa análise a respeito da idéia da Constituição Econômica por não se afigurar o nosso campo de interesse no presente trabalho. Basta tão-somente que tenhamos a consciência do reconhecimento por garantia constitucional do princípio da livre iniciativa e da livre concorrência, que, por sua vez, tem compromisso inarredável com a dignidade humana, com a justiça social. E, nesse contexto, a livre iniciativa, se considerada como mecanismo para o desenvolvimento de uma sociedade em busca de justiça social, não pode prescindir de controle sobre o sistema da concorrência, sob pena de se permitir a concentração de mercados, que, em um primeiro momento, pode revelar-se danoso aos fins que objetivam os princípios acima apresentados.

4. O que se percebe é que o Estado pode e deve sempre influir na política econômica quando o mercado, ainda que baseado no princípio da livre iniciativa, de alguma forma não atender os interesses sociais e atingir de maneira nociva o bem-estar dos indivíduos. Como lançado no parágrafo anterior, o combate ao abuso do poder econômico é um dos motes da Carta Magna no que tange ao comportamento do Estado em relação à economia e deve ser sempre considerado como mecanismo de controle de mercado para garantir uma livre iniciativa capaz de atender aos interesses também já comentados.[3]

5. Diante disso, entendemos pertinente apresentar os pilares formadores da estrutura de defesa da concorrência, normatizados na Lei 8.884, do ano de 1994, e que norteiam as medidas adotadas pelos órgãos de proteção à ordem da concorrência. Com essa breve introdução sobre a matéria pretendemos organizar essa apresentação de forma a compreender as razões que nos levam a defender a tese foco de nosso trabalho.

6. Assim, consideramos fundamental, inicialmente, promover uma abordagem sobre os objetivos que circundam a política de defesa econômica, e as diretrizes possíveis adotadas pelos órgãos governamentais para o alcance dos alvos do controle antitruste. Dessa forma, poderemos mais adiante apresentar os pilares fundamentais da legislação antitruste pátria, sem fugir do campo de interesse do presente trabalho.

7. A política antitruste surge a partir da premissa segundo a qual agentes econômicos poderão contribuir de maneira significativa para o bem-estar social, alcançando uma desejada função social, se forem especialmente competitivos. Nesse sentido, diz-se que os consumidores tendem a encontrar a satisfação esperada, maximizando as suas expectativas por meio da alocação

nimamente eficaz serão reduzidas ou quase nulas" (o grifo é nosso e a sua importância será identificada no curso do trabalho).

3. Marcus Juruena Villela Souto, "Ordem econômica na Constituição", *Revista de Direito da Associação dos Procuradores do Novo Estado do Rio de Janeiro*, v. V, p. 158. Nesse artigo, o Professor Marcus Juruena esclarece que: "Toda estrutura do Estado, os três poderes em termos de repartição espacial do poder, a União, o Estado e o Município, e em termos de repartição funcional do poder, Legislativo, Executivo e Judiciário, essa estrutura estatal se molda para que os objetivos do Estado, ou seja, da busca da sociedade livre, justa, solidária, da erradicação da pobreza, da busca do pleno emprego e do desenvolvimento econômico, sejam alcançados através dos instrumentos previstos lá no art. 170 da CF. E no art. 170 e seguintes se reafirma que esse Estado é caracterizado pela liberdade de iniciativa, princípio do qual decorrem dois subprincípios: 1º) O princípio da abstenção, que vai na linha do Estado Liberal, ou seja, a regra é que o Estado não deve se intrometer na atividade econômica, ressalvadas as hipóteses autorizadas na Constituição; portanto, o Estado está legitimado — papel clássico da Constituição — a intervir no domínio econômico; todavia ele está limitado aos termos da própria Constituição; 2º) O princípio da subsidiariedade, por força do qual, o Estado só intervém diretamente no domínio econômico nas hipóteses autorizadas na Constituição, que são as de 'relevante interesse coletivo' ou 'imperativo de segurança nacional'. Somente nessas duas situações é que o Estado está autorizado a explorar a atividade econômica; fora disso, o Estado pode intervir no domínio econômico, conforme autorizado no art. 174 da CF. Essa intervenção se dá através do planejamento, fomento econômico e da fiscalização e repressão ao abuso do poder econômico".

de seus recursos entre vários fornecedores de bens e serviços. É verdade que historicamente, ao menos no período contemporâneo, a prática antitruste surge por meio do *Sherman Act*, datado de 1890, e "deve ser entendido como o mais significativo diploma legal que corporificou a reação contra a concentração de poder em mãos de alguns agentes econômicos, procurando discipliná-la".[4]

8. Em termos de legislação antitruste o que não se pode perder de vista é o ponto central da matéria, ou seja, o estudo da competição no mercado. Não se pode negar que sendo o estudo da competição de mercado o centro nevrálgico da matéria, as condições históricas e sociológicas que envolvem o termo devem ser consideradas. Como conseqüência, a cada momento os estudiosos da matéria acabam por se confrontar com mudanças de rumo no entendimento econômico sobre o conceito de competitividade, ou de ideal de competitividade, e tendem a um comportamento pendular variando entre os elementos históricos formadores da legislação antitruste e a sua atual concepção econômica e jurídica.

9. À guisa de exemplo podemos demonstrar a importância que a teoria econômica passou a apresentar no processo de política antitruste, e, conseqüentemente, nas decisões dos tribunais internacionais, a partir dos trabalhos apresentados por representantes das escolas de Chicago e de Harvard. A Escola de Harvard, de cunho liberal,[5] compreendia a necessidade de combater as grandes concentrações de poder de mercado, sendo certo que alertavam para possíveis danos ao bem-estar social caso poucos agentes econômicos estivessem lançados no mercado específico. A ilustre autora Paula Forgioni, em sua obra anteriormente citada, à p. 156, lança mão do ensinamento de Phillip Areeda e D. Turner que, com seus comentários transcritos por Sullivan e Hovenkamp, atestam que: "Populist values are served, to a very considerable extent, by the antitrust policies that promote economic efficiency and progressiveness. The competitive market is one in which power is not unduly concentrated in the hands of one or a few firms. They are sufficiently numerous to offer real alternatives to their suppliers and customers, whose fate is thus determined by impersonal market forces rather than by the arbitrary fiat of another. And the several firms that share that market will necessarily have less individual economic or political significance than would be had a single firm, or by substantially fewer firms, controlling that market. Accordingly, the goals of dispersed power and wider business opportunities are served by an antitrust policy which eliminates monopoly not attributable to economies of scale or superior skill, and which prevent those mergers, agreements, or practices which obstruct efficient competition. Populist goals and efficiency goals are consistent over a wide range".

10. A Escola de Chicago, por sua vez, apresentou um novo entendimento para a questão do ideal competitivo apresentando críticas muito bem expostas na obra da ilustre Dra. Lúcia Helena Salgado, intitulada *A Economia Política da Ação Antitruste*. Na citada obra, à p. 38, a ilustre Dra. nos ensina que: "A discussão econômica em torno da política antitruste sempre foi alimentada pela reflexão de antigos integrantes, a começar por Donald Turner, titular da Divisão Antitruste durante os primeiros anos 60 e autor, junto com Areeda, de alguns dos textos antitruste de maior influência durante anos. Williamson, também um ex-integrante dos quadros do governo, foi o primeiro a pôr em dúvida os benefícios da aplicação dos conceitos de organização industrial à política antitruste. Mas a grande reviravolta na interpretação econômica

4. Paula A. Forgioni, *Os Fundamentos do Antitruste*, p. 65.

5. É importante notar que o termo liberal empregado nessas condições não deve ser confundido com mercado liberal. O termo, nesse caso, deve ser compreendido dentro de uma conjuntura política na qual a preocupação com o bem-estar social prevalece sobre os possíveis ganhos de agentes econômicos.

dos problemas antitruste deu-se com a articulação da crítica de Chicago à aplicação da idéia de poder de mercado às restrições verticais".

11. Como escopo do ensinamento da Escola de Chicago encontra-se, em síntese, a análise econômica das questões envolvendo a política antitruste. A Escola de Chicago chegou ao entendimento de que a análise antitruste deve levar em consideração a eficiência alocativa, ou seja, a possibilidade de existir ganhos para os consumidores a partir de práticas que, em um primeiro momento, possam parecer contrárias aos interesses de política atenta a competitividade para garantir o bem-estar social[6] e garantir que a prevalência de certos agentes econômicos sobre outros seja resultado de sua superioridade em eficiência alocativa.

12. É bem verdade que a divergência entre as principais escolas sobre a matéria prevalecem nos dias atuais e os mecanismos a serem aplicados pelos organismos de proteção ao sistema de defesa da concorrência dependerão sempre da linha político-econômica adotada pelo governo central. Em que pesem as divergências de natureza econômica sobre qual teoria deve prevalecer na política antitruste, a fim de que o bem-estar social, possível e desejado, seja alcançado, fato é que a legislação de defesa da concorrência tem como princípio basilar a percepção de que a sociedade será sempre beneficiada caso prevaleça no mercado certo grau de competitividade capaz de garantir produtos de melhor qualidade a preços acessíveis à média dos consumidores.

13. É importante salientar que independente da teoria econômica em vigor para a aplicação de uma política antitruste, certos elementos são imprescindíveis para a análise de atos potencialmente prejudiciais à concorrência. Além disso, os pilares fundamentais do controle antitruste não se modificam seja qual for a teoria econômica adotada pelos órgãos de proteção ao sistema de defesa da concorrência. No Brasil, seguindo tendência mundial, os mecanismos de controle se assentam na esfera preventiva e na esfera repressiva, sendo o primeiro pilar, previsto no art. 54 da Lei Antitruste, o de natureza preventiva, previsto para o controle de negócios como aquisições, fusões e incorporações, além de qualquer outro ato sob qualquer forma manifestado que possa limitar ou de qualquer forma prejudicar a livre concorrência, ou resultar na dominação de mercados relevantes de bens e serviços, sendo que em havendo esses acontecimentos negociais, envolvendo controle de mais de 20% do mercado relevante, ou de empresas cujo faturamento bruto anual tenha apontado valor igual ou superior a quatrocentos milhões de Reais, os órgãos que compõem o sistema de proteção à concorrência devem ser comunicados sob pena desfazimento do negócio, além de aplicação de penalidade pecuniária. O que se pretende com a forma de controle apresentada é impedir o surgimento de estruturas de mercado que aumentem a probabilidade de abuso de poder econômico por parte das empresas integrantes do mercado analisado.[7]

6. A regra da razão pode ser definida como a regra que vislumbra a possibilidade de se permitir adoção de atos que, em princípio, deveriam ser considerados nocivos à saúde do mercado, mas que, a partir de eficiências econômicas apresentadas, acabam por se justificar. É importante notar que a regra da razão já estava presente nos elementos antitruste, conforme apresenta a jurisprudência norte-americana. Apesar de o *Sherman Act* não apresentar qualquer dispositivo capaz de justificar a aceitação de conduta colusiva a partir de uma justificativa de eficiência econômica, com o passar do tempo e a constatação de que a aplicação literal da lei não se coadunava com a realidade, a Corte Americana passou a considerar a possibilidade de aplicação da regra da razão, tendo como caso clássico *Standard Oil v. United States*.

7. Essa forma de controle da concorrência é bastante importante e a política de defesa da concorrência deve lançar esforços especialmente nesse contexto. Os estudos da matéria apontam para o fato de que mercados concentrados em que os agentes econômicos encontram-se em posição confortável, na medida em que não enfrentam concorrência poten-

14. Quanto ao segundo pilar, esse está estampado nos arts. 20 e 21 da Lei 8.884, do ano de 1994, encontrando amparo nesses dispositivos legais que reprimem os atos tendentes a, basicamente, limitar a concorrência, dominar mercado relevante, aumentar arbitrariamente os lucros ou, ainda, exercer de forma abusiva posição dominante no mercado. A prática antitruste tem demonstrado, entretanto, que as operações e as práticas que possam acarretar prejuízo ao mercado devem ser analisadas criteriosamente, pois ganhos significativos de eficiência econômica devem prevalecer para que se possa obter uma aplicação eficiente da legislação. A bem da verdade, esse entendimento decorre da aplicação da regra da razão segundo a qual uma operação empresarial somente deverá ser considerada ilegal se for realizada de maneira não razoável, sendo certo que esse entendimento foi construído a partir de decisões lançadas pelas Cortes norte-americanas, especialmente no caso *Standard Oil Company New Jersey v. United States* e sedimentado no caso *United States of América v. American Tobacco Company*.

15. Frise-se que o art. 20 estabelece quais são as conseqüências que podem advir das práticas apontadas no art. 21, ou seja, a partir das práticas condenáveis à luz desse artigo os agentes econômicos podem conseguir como resultado os pontos apresentados no art. 20. Quanto ao art. 21, é fundamental comentar que o mesmo tem apenas caráter exemplificativo, não se esgotando em si mesmo, sendo possível, em uma análise antitruste, a identificação de outras práticas capazes de permitir a um agente econômico encontrar os resultados previstos no art. 20. E as práticas anticoncorrenciais podem ser de natureza vertical (ao longo da cadeia produtiva) e de natureza horizontal (dentro do mesmo mercado) por parte de empresas que detenham poder de mercado.

Do mercado relevante e do poder de mercado

16. Dos pontos reveladores do caminho a ser trilhado para a análise de uma conduta supostamente considerada ilegal na matéria antitruste, uma, em especial, é extremamente cara ao argumento pretendido nesse trabalho: a análise do mercado relevante, em especial o mercado relevante material. A definição do *mercado relevante*, para depois apontar o mercado específico envolvido, é fundamental para a prática do controle antitruste, seja na esfera repressiva, seja na esfera preventiva, sendo certo que, conceituar corretamente a expressão "mercado relevante" é primar pelo reconhecimento da inescapável lição ensinada pelos tribunais e estudiosos da matéria em questão.

17. Os melhores nomes na doutrina sobre a matéria reconhecem que o mercado relevante é elemento fundamental para a análise de condutas anticompetitivas de agentes econômicos. Sem sombra de dúvida, pode-se afirmar que o mercado relevante é ponto nevrálgico para o exame de práticas anticompetitivas, uma vez que somente por força dessa análise é que se poderá determinar a existência de *poder de mercado*.[8]

18. E para consolidar a análise apresentada, convém citar, mais uma vez, a ilustre doutrinadora Paula A. Forgioni, em sua obra *Os Fundamentos do Antitruste* (São Paulo, Ed. RT, 1998), à p. 200, em que afirma: "O mercado relevante é aquele em que se travam as relações de concorrência ou

cial significativa e que não estejam engajados em concorrência via inovações, são mais inclinados à adoção de práticas anticompetitivas e à formação de cartel. Além disso, ao atacar possíveis processos de concentração, estar-se-á agindo de forma preventiva, revelando um processo menos custoso para o Estado, ao contrário daqueles associados a constantes monitoramentos dos mercados para análise de condutas concertadas.

8. A questão de *poder de mercado* será comentada mais adiante.

atua o agente econômico cujo comportamento está sendo analisado".

19. Contudo, um estudioso um pouco menos cuidadoso poderia não se ater à integralidade do referido texto, o que, de certo, é muito importante para se verificar a fundamental necessidade de se apresentar o real e inequívoco mercado relevante, a fim de se promover uma análise criteriosa de uma conduta considerada ilegal por aspecto anticompetitivo. Senão vejamos: "O mercado relevante *é aquele em que se travam as relações de concorrência ou atua o agente econômico cujo comportamento está sendo analisado*. Sem sua delimitação, é impossível determinar a incidência de qualquer das hipóteses contidas nos incisos do art. 20 da Lei 8.884. A partir do momento em que o texto normativo faz menção à restrição da 'concorrência', para a caracterização do ilícito devemos determinar *de qual concorrência* estamos tratando (com o escopo de verificar se a prática analisada teve por objeto ou por efeito restringi-la). O mesmo podemos dizer em relação ao domínio de mercado e ao abuso de posição dominante: *são práticas que somente existem em concreto, ou seja, se referidas a um determinado mercado: ao mercado relevante*" (o grifo é do original).

20. A conceituação oferecida pela i. autora, quando trazida em sua totalidade, acaba por discrepar integralmente do raciocínio sobre definição do mercado relevante material quando da leitura parcial do texto. Com efeito, a lição acima transcrita, quando integral, remeterá o estudioso do direito antitruste à definição do mercado relevante material completamente diferente da pretendida quando de uma leitura parcial e sem compromisso. E isso, em um momento de análise antitruste, pode fazer toda a diferença entre uma condenação e o reconhecimento da impossibilidade de uma conduta concertada.

21. Assim, ainda que se pense em uma definição de *mercado relevante* de forma genérica e abstrata não se pode perder de vista que a identificação precisa do mercado analisado é ponto crucial para um reconhecimento criterioso capaz de concluir de maneira correta pela existência ou inexistência de condutas anticompetitivas, e apontar os seus patrocinadores. E a identificação precisa do mercado relevante *material* e *geográfico* passa pelo reconhecimento da possibilidade de substituição do produto, ou serviço, que se está analisando, como já nos ensinou Paula Forgioni.

22. E análise do mercado relevante material, com a necessidade de se verificar o grau de substituição do produto, ou serviço, é também apontado por Fábio Ulhoa Coelho, em sua obra *Direito Antitruste Brasileiro — Comentários à Lei 8.884/1994*, como imprescindível para que seja possível analisar condutas relativas à matéria concorrencial. Ao se ter leitura completa do texto comentado pode–se notar que a substituição do produto, ou serviço, é o cerne da questão para a identificação do mercado relevante. Diz o autor:

"A delimitação material do mercado é feita a partir da perspectiva do consumidor. *O mercado relevante abrange todos os produtos ou serviços pelos quais o consumidor poderia trocar, razoavelmente, o produto ou serviço acerca de cuja produção ou distribuição se pesquisa a ocorrência de infração contra a ordem econômica. Se a mercadoria ou o serviço pode ser perfeitamente substituído, de acordo com a avaliação do consumidor médio, por outros de igual qualidade, oferecidos na mesma localidade ou região, então o mercado relevante compreenderá também todos os outros produtos ou serviços potencialmente substitutos.*

"A definição geográfica e material do mercado relevante, portanto, apenas pode ser feita mediante análise casuística" (o grifo é nosso).

23. É de se notar da leitura da lição acima transcrita de forma completa que a substituição dos produtos revela-se condição precípua para a identificação correta de determinado mercado relevante. E não temos diferente posicionamento na doutrina internacional, conforme o ensinamento de Sullivan & Harrison, em *Understanding Antitrust and Its Economic Implications* (3ª ed., Mattthew Bender), à p. 30, quando afirma que: "A defendant's market share is its sales divided by the productive capacity of all the firms producing the same item and items that consumers regard as reasonable substitutes. This is labeled the 'relevant market'. The relevant market has both a product and a geographic component. *Thus, the product market is composed of products that are reasonably substitutable from the point of view of buyers*. The geographic market is composed of all the suppliers of the relevant product who can, as a practical matter, offer their product to the same buyers" (o grifo é nosso).

24. Portanto, a análise do mercado relevante, especialmente o material, realizada de forma cuidadosa, é essencial para que se verifique se o agente econômico sob suspeita teria ou não motivação econômica para tentar implementar as condutas que lhes estão sendo atribuídas. É imprescindível que os órgãos que compõem o sistema de proteção à ordem econômica adotem os critérios de análise considerados como válidos e apropriados para a matéria, sob pena de, por erro de origem, excluir de punição, ou em via inversa, punir agentes econômicos não envolvidos com condutas anticompetitivas.

A análise antitruste e a indústria farmacêutica

25. Na análise antitruste é preciso que seja identificada desde o primeiro momento uma razoabilidade econômica para os agentes econômicos investigados adotarem uma conduta concertada. Há de ser questionado, inicialmente, se as empresas supostamente prejudicadas pela atitude inadmissível dos entes investigados representariam concorrência aos seus produtos. E, na esteira das provas apresentadas, deverá ser demonstrado, por completo, a margem de *market share*, e se essa revela *poder de mercado* nos mercados em que participa, e se apresenta uma estabilidade que induza a pensar que a mesma seja praticante de condutas concertadas, com preços relativos rígidos, com capacidade absoluta de substituição de seus produtos com os demais agentes investigados. É verdade que em se tratando do mercado farmacêutico, objeto de análise no presente trabalho, coincidência entre mercados ocorrerá, e que é possível um agente econômico participar de mercados relevantes de outros agentes econômicos, sem, contudo, se eliminar, apesar desse raciocínio, o fato de que não sejam concorrentes importantes no segmento investigado.

26. Portanto, a identificação e a análise do mercado relevante nos termos propostos pela doutrina, nacional e internacional, e da jurisprudência do CADE, obedecendo a uma lógica econômica e jurídica, deve ser aplicado no caso de investigação de condutas concertadas na área de medicamentos para que se possa identificar com exatidão, se existentes, os participantes de um mercado interessados, por sua vez, em barrar a entrada de produtos diferenciados no cenário farmacêutico.

27. É evidente, entretanto, que para se perceber os interesses econômicos de cada um dos agentes econômicos envolvidos no setor farmacêutico, e até que ponto os mesmos poderiam estar envolvidos em ato ilegal, será sempre necessária uma verificação perfeita dos mercados relevantes envolvidos. De fato, o conceito de *mercado relevante* está diretamente ligado à identificação do *poder de mercado*. Isto porque o mercado relevante precisa ser delimitado, um lócus (produto/região) em que o *poder de mercado* possa ser exercido (hipoteticamente). E nesse aspecto socorre o raciocínio da já clássica definição estabelecida nos *Horizontal Merger Guidelines do US/FTC/DoJ*, 1992, adotada em todos os países aplicadores de Lei Antitruste que diz: "(...) um produto ou um grupo de produtos e uma área geográfica na qual ele é produzido ou vendido tal que uma hipotética firma maximizadora de lucros, não sujeita a regulação de preços, que seja o único produtor ou vendedor, presente ou futuro, daqueles produtos naquela área, poderia provavelmente impor pelo menos um pequeno mas significativo e não transitório aumento no preço, supondo que as condições de venda de todos os outros produtos se mantêm constantes. Um mercado relevante é um grupo de produtos e uma área geográfica que não excedem o necessário para satisfazer tal teste".

28. Não existe a menor dúvida de que a delimitação do mercado relevante material deve-se pautar pelas características específicas da conduta analisada. Porém, esse entendimento não pode significar o abandono da forma de análise básica do mercado relevante que encontre a lógica econômica para a conduta investigada. Como se sabe, o mercado relevante deve ser definido de tal forma que o suposto exercício de *poder de mercado*, que no caso se busca reprimir, seja, antes de tudo, logicamente possível. E o poder de mercado será exercido por aquele agente econômico que não encontra em seu segmento de atuação competição suficiente para inibir a sua capacidade de fixar preços de forma significativa e continuadamente acima do nível competitivo.[9]

29. É bem verdade que a definição do *poder de mercado*, após a identificação do mercado relevante, é fundamental para a análise antitruste e para apontar os agentes econômicos envolvidos em práticas colusivas. No entanto, é importante salientar que em contraposição ao princípio da regra da razão se estabelece a regra *per se* segundo a qual, diante de determinadas condutas anticompetitivas, não será necessário a avaliação do *poder de mercado*, tendo em vista que tais condutas não apontam nenhuma possibilidade de benefício econômico, sob nenhuma circunstância. Nessas condições a conduta será condenada de forma incontestável sendo necessário tão-somente que se encontre de forma clara e inquestionável os patrocinadores da conduta repugnante.[10]

30. Verificado o mercado relevante nos termos ensinados pela doutrina e pela jurisprudência então caberia analisar o *poder de mercado* dos agentes econômicos envolvidos. Estabelecer o mercado relevante, no caso de produtos medicamentosos, como sendo toda a indústria farmacêutica, e, portanto, em total descompasso com a melhor lição, espelharia um resultado desconectado com a realidade.

31. A indústria farmacêutica não pode ser analisada de forma una. Isso porque simplesmente detém, dentro de seu universo, vários micromercados que não interagem. Na verdade, na indústria farmacêutica a própria classe terapêutica é insuficiente para delimitar o mercado relevante, pois não é menos verdade que existem produtos dentro da mesma classe terapêutica que não podem ser substitutos entre si, pertencendo, assim, a diferentes mercados relevantes.

32. Não é por menos que o Conselho Administrativo de Defesa Econômica tem se posicionado no sentido de apontar os diversos mercados dentro da indústria farmacêutica. E esse entendimento está demonstrado em inúmeras de suas decisões das quais citamos as seguintes:

Do Voto do Conselheiro-Relator, Renault de Freitas Castro:

9. É importante notar que o *poder de mercado* não se expressa somente nos preços. Atendo-se às condutas anticompetitivas previstas no art. 21 da Lei 8.884/1994, o estudioso mais atento perceberá que em sua maioria as condutas condenadas não estão atreladas aos preços praticados. Essa definição é lançada devido a sua simplicidade e a capacidade de se reconhecer que quem pode elevar os preços além de um quadro competitivo, e de forma continuada, possui *poder de mercado* e pode exercê-lo por meio das formas mais variadas.

10. Nesse caso, mais uma vez a análise do mercado relevante e, em especial, o do segmento farmacêutico, é fundamental para que as empresas patrocinadoras de atos contrários à concorrência e sujeitas a regra *per se*, tal como o cartel, sejam exemplarmente condenadas.

VII — Do Mercado Farmacêutico no Brasil

(...)

2. Para a definição de mercado relevante de produto, deve-se buscar determinar, *na atividade de fabricação e comercialização de medicamentos, aqueles produtos concorrentes ou substitutos de cada uma das Empresas, ou, noutros termos, os produtos cujas características e finalidades se sobrepõem*, diferentemente do que consideram a *Federal Trade Commission* — FTC e a Comissão das Comunidades Européias — CCE, quando da análise da operação por essas Agências.

No caso da FTC, o mercado relevante foi definido como o de "*pesquisa e desenvolvimento dos agonistas 5HT iD não-injetáveis*" estes definidos como "a classe específica de remédios que se sabe atuam sobre os receptores no corpo humano, que são responsáveis pelas enxaquecas" (fl. ...). Isto por que, em suma, identificou-se naquela classe uma sobreposição de pesquisa e desenvolvimento entre a Glaxo e a Wellcome. A operação foi aprovada com restrições que incluíram a venda, por uma das empresas, de ativos relacionados à aludida área de P&D, com o objetivo de manter a competição no mercado definido.

Já na CCE, o mercado relevante foi definido como incluindo, especificamente, as categorias de medicamentos antieméticos, antibióticos sistêmicos e de tratamento contra enxaqueca, consideradas comuns às empresas envolvidas, tendo a operação sido aprovada sem restrições (fl. ...).

3. *A indústria farmacêutica é um bom exemplo para se demonstrar a importância da aplicação precisa do conceito de mercado relevante para uma adequada avaliação de fenômenos como o da concentração: a existência de medicamentos especificamente desenvolvidos para determinadas doenças, e o conseqüente grau de substituição extremamente baixo entre esses produtos, sugere a existência de muitos mercados a serem considerados individualmente. É que penicilinas não substituem hormônios que, por sua vez, não substituem antiulcerosos e assim sucessivamente.*

Referência: Voto no Ato de Concentração 36/95, de 23.4.1997, Reqtes.: Glaxo do Brasil S/A e Laboratórios Wellcome-Zeneca Ltda., *DOU* I 20.5.1997, p. 10.341.

Do Voto do Conselheiro-Relator, Marcelo Calliari:

Relatório

(...).

III — Mercado Relevante

O mercado farmacêutico conta com uma gama enorme de produtos, os quais possuem características e indicações bastante distintas entre si.

A segmentação baseia-se na Classificação Terapêutica Anatômica (ATC), aceita pela Organização Mundial de Saúde e de acordo com a qual os produtos são classificados segundo a composição química e as propriedades terapêuticas de cada um. Foi utilizada a classe terapêutica de 3º nível. Cada conjunto de produtos obtido constitui, assim, um mercado relevante distinto.

Referência: Voto no Ato de Concentração 08012.001554/99-65, de 7.7.1999, Reqtes.: Produtos Roche Químicos e Farmacêuticos S/A e ICN Farmacêuticos Ltda., *DOU* 27.8.1999.

Do Voto do Conselheiro do CADE, Mércio Felsky:

A Lei 8.884/1994, que estabelece o controle preventivo das estruturas no mercado e o controle repressivo das condutas anticoncorrenciais, envolve na sua aplicação o conceito de mercado relevante e o de posição dominante.

Para ser definido o mercado relevante de uma operação ou mercado relevante considerado na análise de uma conduta acusada de ser anticoncorrencial, deve-se observar a substitutibilidade do produto, principalmente no que se refere à substitutibilidade da demanda.

Tendo em vista a correta caracterização da existência de posição dominante que o § 2º da Lei 8.884/1994 identifica "quando uma empresa ou grupo de empresas controla parcela substancial de mercado relevante" é vital a definição do mercado relevante envolvido, sob pena de, na hipótese de o mercado relevante ser alargado demais, escamotear-se a real posição dominante do agente presente no cotidiano da atividade econômica.

Referência: Voto na Averiguação Preliminar 08012.001288/99-43, de 8.9.1999, Reprte.: Conselho Regional de Farmácia do Distrito Federal e Reprtada.: Rhodia Farma Ltda., *DOU* 1 8.10.1999, Seção 1" (grifos nossos).

33. Vale acrescentar que a hipótese de definição de mercado relevante distante do lançado pela melhor doutrina, especialmente se referente ao mercado farmacêutico, revela-se bastante temerária, pois, conforme alertado pelo ilustre Conselheiro Mércio Felsky no voto acima transcrito, a definição de um mercado relevante por demais alargado pode ocultar empresas que realmente detêm *poder de mercado*, capazes, portanto, de adotar, isolada ou conjuntamente, condutas anticoncorrenciais.

34. Diante do que se apresenta por meio da doutrina e da jurisprudência, a análise do mercado relevante material deve obedecer a critérios profundos, densos, sendo absolutamente necessário afastar-se qualquer tipo de critério superficial, bem como os de natureza política, para que não se perca de vista os reais objetivos da análise antitruste.

Das baixas barreiras à entrada no mercado de distribuição de produtos medicamentosos

35. Dentro dos elementos de análise antitruste encontramos a necessidade de verificar o nível de barreiras à entrada. E isso porque, após a identificaçao do mercado relevante, pode-se dizer que a utilização de medidas que apontem o nível de concentração de mercado e verifiquem o nível de barreias à entrada são os principais meios para se auferir a extensão do *poder de mercado*.[11]

36. Quanto às barreiras à entrada no mercado farmacêutico, um estudo econômico pode apontar como sendo os distribuidores de medicamentos como o principal canal de efetiva participação nesse segmento.[12] Nesse sentido pode-se notar que o mercado de distribuição de medicamentos não apresenta barreiras à entrada significativas, podendo-se dizer que seria economicamente irracional buscar impedir, por meio de conduta concertada, que distribuidores trabalhassem com determinados laboratórios.

37. Demonstra-se, por meio de estudos econômicos na área farmacêutica, que existem vários elementos que podem ser apontados para indicar a facilidade da entrada nesse mercado relevante de novos distribuidores de medicamentos. Cabe destacar, entre os diversos indicativos das facilidades da entrada no mercado de distribuição de medicamentos, os seguintes elementos:

(i) a mão-de-obra e o *know how* necessários para criar e operar uma empresa de distribuição de medicamentos está disponível no mercado;

(ii) não são exigidos ativos fixos especializados e/ou de alto valor unitário para realizar a distribuição de medicamentos;

11. As barreiras à entrada tornam-se condição decisiva para a análise do *poder de mercado* na medida em que, p. ex., caso não se exija para uma indústria a aplicação de valores irrecuperáveis (*sunk costs*), não será possível fixar preços acima do nível competitivo e de forma persistente porque haverá a tendência de surgir potenciais entrantes, o que redundaria em uma competitividade capaz de fazer retornar os preços ao seu nível competitivo.

12. Deve-se lembrar que a classe médica também pode ser considerada, a partir da propaganda realizada pelos grandes laboratórios, como uma barreira à entrada, se somente prescreverem uma determinada marca ou substancia química. Ocorre, porém, que essa não deve ser considerada uma barreira significativa na medida em que a demanda por produtos farmacêuticos exige a substituição para a continuidade do tratamento a partir da existência dos medicamentos genéricos.

(iii) um novo distribuidor pode iniciar suas atividade com um escopo regional, o que reduz ainda mais os investimentos necessários e permite a implementação de uma estratégia gradual de crescimento, a partir da expansão para novas regiões; e

(iv) empresas distribuidoras que já atuam em outras áreas — como produtos de limpeza e higiene, produtos de alimentação natural etc. — poderiam passar a distribuir medicamento com facilidade e rapidez.

38. E ainda é possível afirmar que inexiste impedimento de natureza econômica para a atuação de distribuidores que apenas ofereçam certos tipos de produtos medicamentosos. Como se sabe, a indústria farmacêutica trabalha com três tipos de medicamentos, a saber: medicamentos de referência, medicamentos similares e medicamentos genéricos. Assim sendo, certos distribuidores podem optar sobre qual segmento preferem atuar.

39. Nesse ponto, pode-se apontar, por exemplo, diversos fatores para justificar a opção de determinado distribuidor somente trabalhar com medicamentos similares e genéricos, a saber:

(i) baixa magnitude das economias de escala na distribuição;

(ii) oportunidades de usufruir economias de escopo ao comercializar outros produtos além de medicamentos; e

(iii) possibilidade de uma atuação competitiva no mercado de distribuição mesmo com uma linha de produtos mais limitada (similares e genéricos).

40. Merece ser considerada, ainda, a tendência do mercado mundial, que é a opção pelo medicamento genérico, sendo certo que no Brasil este mercado está em crescimento acentuado. Vale destacar que o medicamento genérico surgiu em janeiro de 1999, por força da Lei 9.787, e hoje, decorridos pouco mais de quatro anos da implementação da conhecida política de genéricos, esse segmento já responde por 6,63% do mercado nacional de medicamentos (unidades).[13]

Dos princípios constitucionais da igualdade e da razoabilidade na matéria antitruste

41. A promulgação da Constituição de 1988 trouxe para o País, a reboque da tendência existente nos países de formação jurídica romano-germânica, um constitucionalismo moderno, uma reaproximação a princípios fundamentais para a dignidade humana.

42. Os valores consagrados por toda a humanidade, e especialmente por certas sociedades, acabam por materializar-se em princípios que findam por serem lançados na Constituição, seja de forma explícita, seja de forma implícita. Dentre os mais antigos princípios que findaram por serem lançados no âmbito constitucional encontram-se os princípios da liberdade e da igualdade.

43. Assim, vale dizer que os princípios constitucionais são agregados pelo ordenamento jurídico que traz para si valores maiores existentes em nossa sociedade. Nesse sentido, de acordo com a lição de Gomes Canotilho e Vital Moreira na obra *Constituição da República Portuguesa Anotada* (v. 1, 2ª ed., às pp. 41 e 42, obra citada por José Afonso da Silva em *Curso de Direito Constitucional Positivo*, 8ª ed., à p. 85), "os princípios, que começam por ser a base de normas jurídicas, podem estar positivamente incorporados, transformando-se em normas-princípios e constituindo preceitos básicos da organização constitucional".

44. Ademais, os princípios constitucionais se transformam em mecanismo capaz de possibilitar a uniformidade e a harmonia do sistema jurídico em que estão inseridos. A partir disso, pode-se entender os princípios constitucionais como elementos capazes de garantir a minimização de

13. Fonte IMS, janeiro 2003.

tensões normativas existentes no mesmo sistema jurídico.

45. Nesses termos, pode-se dizer que a Constituição tende a ser um arcabouço jurídico que congrega princípios e regras, suscetíveis a influência de valores suprapositivos, baseados no ideal da justiça e no desempenho dos direitos fundamentais como segurança dos cidadãos.

46. E o princípio da igualdade encontra-se inserido no Capítulo Dos Direitos e Garantias Fundamentais, mais precisamente no art. 5º, *caput*, no qual se preceitua o seguinte: "Art. 5º. Todos são iguais perante a lei, sem distinção de qualquer natureza, garantindo-se aos brasileiros e aos estrangeiros residente no País a inviolabilidade do direito à vida, à liberdade, à igualdade, à segurança e à propriedade, nos termos seguintes (...)".

47. Em que pese a literalidade da Lei Maior no sentido de que a igualdade deve permear as relações sociais, é de senso-comum, amparado pela melhor doutrina, que o tratamento igualitário passa pela necessidade de tratar desigualmente os desiguais. É bem verdade, entretanto, que não se pode pretender não equiparar as pessoas de forma aleatória e sem qualquer indício de razoabilidade.[14]

48. O princípio da razoabilidade surgiu a partir de práticas nos tribunais norte-americanos que evoluíram do sistema do devido processo legal, garantido a questão processual, especialmente na esfera criminal, para o devido processo substantivo.[15] Nesse processo, os juízes passaram acreditar na possibilidade e na necessidade de se fazer uma avaliação das condições das partes envolvidas na demanda e, portanto, de suas responsabilidades. De fato, a relação umbilical existente entre o princípio da igualdade e o princípio da razoabilidade está estampada na literatura internacional e na jurisprudência norte-americana, como nos apresenta Marcos Antonio Maselli de Pinheiro Gouvêa, Promotor de Justiça do Estado do Rio de Janeiro, em detalhado trabalho publicado na *Revista de Direito da Associação dos Procuradores do Novo Estado do Rio de Janeiro*, sob o título "O princípio da razoabilidade na jurisprudência contemporânea das Cortes norte-americanas", à p. 116, quando comenta que "diversos acórdãos, por exemplo, tratam da *equal protection clause*, cláusula de isonomia extraída das 5ª e da 14ª Emendas, cotejando-a com a discricionariedade da Administração".[16]

49. Assim, em uma análise antitruste[17] é preciso que se reconheça a distância econômica e comercial em relação aos agentes econômicos investigados e a relação de suas políticas econômicas com as acusações que

14. O princípio da isonomia tem uma estreita relação com o princípio da razoabilidade, conforme será demonstrado mais adiante.

15. Norman Redlich, John Attanasio e K. Joel Goldstein, em *Understanding Constitutional Law*, p. 190 esclarecem que: "Substantive due process is the concept that there are certain rights so fundamental to our traditions of justice that, no matter what procedural guarantees government affords, government cannot abridge those rights. The basis of substantive due process has generally been the 'liberty' clause of Fourteenth Amendment (i.e., government would be violating a person's liberty despite the procedural guarantees afforded). Substantive due process requires a broad reading of the word 'liberty' in the Due Process Clauses of the Fifth and Fourteenth Amendment. This is the same substantive due process analysis that the Court uses today in such areas as privacy, birth control, and childbearing".

16. *Equal protection clause* deve ser entendida como cláusula capaz de garantir que nenhuma pessoa será discriminada, ou não será protegida pela lei, da mesma forma que outras pessoas em circunstâncias semelhantes.

17. Isso porque a análise antitruste é o mecanismo utilizado pelas autoridades comprometidas com o mercado competitivo para a defesa da concorrência. Nesses termos, a análise antitruste é o mecanismo utilizado para a aplicação da lei da concorrência, pois é por meio dessa análise que se desvenda os elementos que comprometem o bem-estar social (bem estar social aqui compreendido como aquele oferecido por meio de um mercado competitivo que almeja preços menores e produtos de melhor qualidade). E a possibilidade da aplicação dos princípios da isonomia e da razoabilidade estará comentada nos itens ulteriores.

lhe são imputadas. O princípio da igualdade deve ser aplicado no sentido de se reconhecer que uma empresa não está necessariamente em paridade com as demais existentes em seu segmento, não somente em relação ao seu poder financeiro, mas também no que diz respeito as suas relações comerciais, sendo exigível dos órgãos de proteção à concorrência o reconhecimento da necessidade de um tratamento desigual para os desiguais.

50. De fato, a partir do aspecto econômico demonstrado na análise antitruste revelar-se-á o perfil dos agentes econômicos que são considerados os patrocinadores do suposto ato colusivo. Demonstrado pelo agente econômico a ausência de motivação para perpetuar um ato tendente à eliminação da concorrência, o mesmo não deverá ser considerado causador de danos ao processo competitivo.

51. Qualquer condenação na matéria antitruste, na esfera administrativa, que contrarie, conforme as razões acima apresentadas, o princípio constitucional da igualdade, que em face de sua natureza axiológica e da sua força normativa maior deve permear as decisões e os atos das pessoas que compõem uma sociedade, bem como os atos de seus representantes, deve ser revisto e rechaçado pelo Poder Judiciário.

52. O Professor Luís Roberto Barroso, na obra intitulada *Temas de Direito Constitucional*, no artigo "Razoabilidade e isonomia no Direito brasileiro", à p. 159, ao tratar do princípio da razoabilidade-proporcionalidade no Direito brasileiro, assim dispôs:

"Reproduzindo o conhecimento habitual, costuma-se afirmar que a isonomia traduz-se em igualdade na lei ordem dirigida ao legislador e perante a lei ordem dirigida ao aplicador da lei. Em seguida, é de praxe invocar-se a máxima aristotélica de que o princípio consiste em 'tratar igualmente os iguais e desigualmente os desiguais, na medida em que eles se desigualam'. A beleza filosófica de tal asserto não contribui, todavia, para desvendar o cerne da questão: saber quem são os iguais e os desiguais e definir em que circunstâncias é constitucionalmente legítimo o tratamento desigual.

"No direito positivo brasileiro, o princípio genérico da igualdade vem capitulado como direito individual 'todos são iguais perante a lei, sem distinção de qualquer natureza' (CF, art. 5º, *caput*) e como objetivo fundamental da República 'promover o bem de todos, sem preconceitos de origem, raça, sexo, cor, idade e quaisquer outras formas de discriminação' (CF, art. 3º, IV). Nada obstante o tom peremptório dos dois preceptivos, de longa data se reconhece, inegavelmente, que legislar consiste em discriminar situações e classificar pessoas à luz dos mais diversificados critérios.

"Aliás, a própria Lei Maior desequipara as pessoas com base em múltiplos fatores, que incluem sexo, renda, situação funcional, nacionalidade, entre outros. Assim, ao contrário do que se poderia supor à vista da literalidade da matriz constitucional da isonomia, o princípio, em muitas de suas incidências, não apenas não veda o estabelecimento de desigualdades jurídicas, como, ao contrário, impõe o tratamento desigual."

53. Assim, ainda que se pense a imprescindibilidade da aplicação do princípio da isonomia, mister se faz conjugá-lo com o princípio da razoabilidade, restando, então, incontestável a necessidade de, privilegiando a igualdade entre agentes econômicos investigados, oportunizar-lhes um tratamento desigual, na medida em que podem ocupar posições jurídico-econômicas demasiadamente diferentes dentro do segmento de mercado em que atuam.[18]

18. A análise do mercado relevante distanciada da que aponta a melhor doutrina e jurisprudência, além da literatura internacional, pode ocasionar de certos agentes econômicos serem avaliados de maneira uniforme sem terem as mesmas condições econômicas e operacionais. O resultado de uma análise equivocada seria exatamente a afronta aos princípios da igualdade e da razoabilidade na medida em que não se encontraria, no âmbito da análise anti-

54. O conhecimento jurídico nos leva a afirmar que o *princípio da razoabilidade* foi desenvolvido para estabelecer limites no poder discricionário, seja no âmbito legislativo, seja no âmbito administrativo. E também não é menos certo afirmar, como lançado pelo ilustre autor acima mencionado, que o princípio da igualdade *traduz-se em igualdade na lei ordem dirigida ao legislador e perante a lei ordem dirigida ao aplicador da lei*. Portanto, ao aplicar uma determinada norma, a autoridade competente deve estar atenta aos princípios da igualdade, em conformidade com uma certa razoabilidade quando necessária a aplicação do preceito de tratar os desiguais de forma desigual.[19]

55. Nesse sentido, também contribui José Afonso da Silva, na obra já comentada, na p. 197, ao afirmar que: "(...) Entre nós, essa distinção é desnecessária, porque a doutrina como a jurisprudência já firmaram, há muito, a orientação de que a igualdade perante a lei tem sentido que, no estrangeiro, se dá à expressão igualdade na lei, ou seja: o princípio tem como destinatários tanto o legislador como os aplicadores da lei. (...)". Portanto, a aplicação da norma de proteção à concorrência pelos órgãos competentes deve obedecer não somente aos critérios lançados pela regra específica, mas também deve atentar para os princípios constitucionais que devem nortear tanto o processo legislativo quanto a aplicação da legislação indicada.

Conclusão

A importância do controle da concorrência pelos órgãos governamentais é fundamental para a saúde do mercado, e, conseqüentemente, para a sociedade. Esse controle, com espeque na Constituição da República de 1988, deve contribuir para o alcance dos objetivos à que se propõe a análise antitruste, sem perder a sua função e deixando-se cair na tentação de oferecer decisões de teor político afastando-se do critério técnico.

De fato, a história do Brasil no que diz respeito ao mercado demonstra os inúmeros equívocos cometidos por variados governos, de todas as matizes, no que tange ao controle da concorrência. A lei que criou o Conselho Administrativo de Defesa Econômica, que data do ano de 1962, era bastante excipiente na medida em que não previa o controle estrutural do mercado e cingia-se a mera função de controlador de preços.

Como se sabe, a análise econômica do mercado é bem mais complexa do que a simples avaliação de preços. O atual conhecimento das questões econômicas e o desenvolvimento do conhecimento de política industrial certamente permitem aos órgãos de defesa da concorrência um controle significativo do comportamento dos agentes econômicos nos seus respectivos mercados relevantes. Certamente, independentemente das correntes políticas que dominem o Brasil, os governantes não podem perder de vista que a defesa da concorrência deve ocorrer de acordo com os pressupostos estampados na Constituição de 1988,

truste, suficiente justificativa econômica para determinar a participação de uma certa empresa em uma conduta abusiva, ou a participação de uma certa empresa em uma conduta concertada, uma vez que a mesma possa ter interesses completamente diversos (em termos mercadológicos) das demais que compõem o grupo infrator.

19. O Professor Luis Roberto Barroso, na obra citada no presente trabalho, aduz, p. 160, sobre artigo de sua lavra, escrito nos idos de 1985, sobre essa questão da seguinte forma: "Parece-me, contudo, que a compatibilização entre a regra isonômica (na vertente do tratamento desigual) e outros interesses prestigiados constitucionalmente exige que se recorra à idéia de proporcionalidade. Somente assim se poderá obter um equilíbrio entre diferentes valores a serem preservados. (...) Vê-se, assim, que é possível discriminar em prol dos desfavorecidos economicamente, em detrimento dos mais abonados. Mas o tratamento desigual há de encontrar limites de razoabilidade para que seja legítimo. Este limite poderá vir expresso ou implícito no texto constitucional, e a conciliação que se faz necessária exige a utilização de um conceito flexível, fluido, como o de proporcionalidade".

bem como com os princípios estampados na Lei Antitruste de 1994.

Retornar ao período em que o Conselho Administrativo de Defesa Econômica era utilizado somente para controlar preço, ou mesmo para servir de palanque a políticas imediatas, seria um retrocesso com perdas inestimáveis para o avanço de nossa sociedade. O Conselho de Administrativo, bem como os órgãos que o socorre na condução da proteção ao mercado competitivo, especialmente a Secretaria de Direito Econômico, devem ser prestigiados com material humano e financeiro para que possam exercer condignamente as suas funções e contribuir para o desenvolvimento das práticas mercadológicas e para a segurança dos investimentos realizados pelos agentes econômicos. A estabilidade desses órgãos e a sua atenção voltada para o controle estrutural e comportamental, analisando e impedindo ganhos de poder econômico decorrentes de concentração de mercado, e analisando e punindo condutas concertadas (como cartel), impedirá que fiquem sujeitos a pressão política para realizar condenações que não estejam amparadas em análise técnica rigorosa e afastadas dos princípios constitucionais consagrados na Carta de 1988.

Atualidades

AINDA SOBRE A NECESSIDADE DE HOMOLOGAÇÃO DAS SENTENÇAS ARBITRAIS ESTRANGEIRAS PELO STF E A CONVENÇÃO DE NOVA IORQUE DE 1958

MARCO AURÉLIO GUMIERI VALÉRIO

Introdução. 1. Vínculo com a Lei 9.307/1996. 2. Debate sobre a necessidade de homologação de sentença arbitral estrangeira pelo STF. 3. Art. III da Convenção de Nova Iorque de 1958. Bibliografia. Anexo: Decreto 4.311, de 23 de julho de 2002, que promulgou a Convenção de Nova Iorque sobre Reconhecimento e Execução de Sentenças Arbitrais Estrangeiras.

Introdução

No dia 23 de julho de 2002, o então Presidente da República, Fernando Henrique Cardoso assinou, juntamente com o Ministro das Relações Exteriores, Celso Lafer, o Decreto 4.311, publicado no *DOU* do dia seguinte, promulgando a Convenção de Nova Iorque sobre o Reconhecimento e a Execução de Sentenças Arbitrais Estrangeiras de 10 de junho de 1958, em vigor desde o dia 7 de junho de 1959.

Seu texto foi aprovado pelo plenário do Senado Federal, em reunião realizada no dia 24 de abril de 2002, através do Decreto Legislativo 52, publicado no *DOU* do dia 26 do mesmo mês.

A Convenção de Nova Iorque é considerada o mais amplo acordo referente à prática da arbitragem internacional, aplicando-se ao reconhecimento e à execução de sentenças arbitrais estrangeiras proferidas no território de um Estado, que não o que se tencione, o reconhecimento, e a execução de tais sentenças, oriundas de divergências entre pessoas, sejam elas físicas ou jurídicas. Entende-se, por sentenças arbitrais, não só as proferidas por árbitros nomeados para cada caso, mas também aquelas emitidas por órgãos arbitrais permanentes aos quais as partes se submetam.

O tratado já foi acolhido por mais de 120 países de todas as partes do globo, incluindo, quase todos os países da América Latina, inclusive Argentina, Paraguai e Uruguai, integrantes, juntamente com o Brasil, do Mercado Comum do Sul — Mercosul.[1]

O depósito da carta de adesão junto ao Secretário-Geral das Nações Unidas foi realizado, pelo governo brasileiro, no dia 7 de junho de 2002, entrando em vigor, noventa dias depois.

Embora seu espírito já tivesse sido incorporado pela Lei 9.307/1996, de 23 de setembro de 1996, sua recepção ao ordenamento jurídico pátrio não passou desapercebida, pois, além de sua importância histórica no desenvolvimento do instituto da

1. José Carlos de Magalhães, "Arbitragem Internacional", Conferência proferida em 27.8, na *XIII Semana Jurídica da UNESP — Direito Internacional no Século XXI: Perspectivas e Desafios*, de 26 a 30.8.2002.

arbitragem em âmbito internacional, sua recepção trouxe novamente, à tona, uma importante querela doutrinária. Sua ratificação levantou, além das densas camadas de poeira acumulada nesses 44 anos de gaveta, uma discussão que, certamente, dará margem a inúmeras discordâncias, críticas, e mal-entendidos, relativa à necessidade, ou não, de se proceder à homologação da sentença arbitral estrangeira junto ao Supremo Tribunal Federal — STF.

Dedica-se esse artigo à analise da recém-ratificada Convenção de Nova Iorque, começando pelo seu vínculo com a Lei Brasileira de Arbitragem de 1996, passando pela querela doutrinária entre privatistas e publicistas acerca da necessidade, ou não, de homologação de sentenças arbitrais estrangeiras pelo STF e, terminando, com uma detida interpretação do art. III da Convenção, apontado como causador do novo debate.

1. Vínculo com a Lei 9.307/1996

Com o advento da Lei 9.307/1996, foram disciplinados os procedimentos que dão validade às sentenças arbitrais estrangeiras em território nacional e, grande parte do que foi ali estipulado, é inspirado na Convenção de Nova Iorque sobre o Reconhecimento e a Execução de Sentenças Arbitrais Estrangeiras, de 10 de junho de 1958.

Na letra da Lei de Arbitragem, o reconhecimento das sentenças arbitrais estrangeiras, está sujeito a um processo de homologação pelo STF, da mesma forma que as sentenças estrangeiras em geral, e segue o ritual estipulado nos arts. 282 do CPC e 217 do RISTF. A execução é feita por carta de sentença, extraída dos autos de homologação, sendo que, seu procedimento, segue as mesmas normas aplicáveis às sentenças nacionais, tanto judiciais quanto arbitrais.

A Lei de Arbitragem, em consonância com a Convenção, dispõe quanto à instrução do pedido homologatório de reconhecimento da sentença estrangeira, determinando que a petição inicial deve ser acompanhada pelo original da sentença arbitral, assim como da convenção de arbitragem, ou uma cópia devidamente certificada, autenticada pelo consulado brasileiro e acompanhada de tradução oficial.

Ambos os documentos prevêem que a sentença arbitral estrangeira não será reconhecida quando o objeto do litígio não for suscetível de resolução por meio da arbitragem, ou quando a sentença arbitral estrangeira ofender a ordem pública nacional.

Feita essa devida ressalva no que tange ao vínculo existente entre a Lei de Arbitragem e a Convenção de Nova Iorque de 1958, passa-se, agora, à análise da questão doutrinária levantada na introdução deste artigo.

2. Debate sobre a necessidade de homologação da sentença arbitral estrangeira pelo STF

Preliminarmente, cabe não olvidar que esta não é a primeira vez que se discute a competência do STF para homologação de sentenças arbitrais estrangeiras. Ao estabelecer no art. 35, parágrafo único, que uma sentença arbitral estrangeira, para ser reconhecida e executada no Brasil, deverá ser homologada pelo STF, a Lei de Arbitragem já havia dado novo fôlego a esse debate.

Essa querela está intimamente ligada à discussão em torno da natureza jurídica da arbitragem, já que, ao se questionar a necessidade ou não de uma maior interferência estatal no procedimento arbitral, está se discutindo, indiretamente, qual de seus aspectos se privilegiará: o público ou o privado.

Os privatistas, contrários ao procedimento do *exequatur* alegam que, a regra inserida na alínea *h* do art. 102 da CF/1988, não autoriza a homologação de sentença arbitral estrangeira pelo STF, referindo-se, apenas, a *sentença estrangeira*, entendendo-se, como tal, a emanada de órgão judicial proferida por autoridade pública, assim, ao ampliar a competência do STF, a

Lei de Arbitragem estaria incorrendo em flagrante ilegalidade.[2]

Além disso, o fato de decorrer da vontade das partes e ser destinada a dirimir contendas sobre direito patrimonial disponível, não havendo intervenção de autoridade pública estrangeira, tornaria a sentença arbitral um título executivo extrajudicial, e não judicial como consta no art. 31 da Lei Marco Maciel, o que justificaria sua execução similar à de um título extrajudicial internacional, nos termos do art. 585, VII, do CPC.[3]

Ademais, a homologação de sentença judicial estrangeira se justificaria em virtude de se tratar de ato emanado de autoridade pública que se pretende seja executado e cumprido em outro território, enquanto que, a sentença arbitral estrangeira é ato privado, proferido por pessoa ou pessoas despidas de qualquer autoridade pública pelo que não se justifica esta apreciação.

Em derradeiro, ao lado desses argumentos, aponta-se a morosidade do STF nos processos de homologação de sentença arbitral estrangeira, tendo em vista a quantidade de casos a serem julgados.

Já os publicistas, favoráveis ao procedimento do *exequatur*, apontam para a constitucionalidade do art. 35, da Lei de Arbitragem, defendendo a tese de que essa norma infraconstitucional não confere, ao STF, competência para homologar sentença arbitral estrangeira, o que, de fato, seria uma infração à hierarquia das leis. Na verdade, o que ela faz é igualar, em importância e tratamento, a sentença arbitral estrangeira com a sentença judicial estrangeira, assim, a competência do STF para homologá-la estaria implicitamente incluída na regra do art. 102, alínea *h*, da CF.

Argumentam ainda que, apesar da investidura no cargo de árbitro ter caráter privado, a função e o exercício são de interesse estatal e, portanto, de caráter público, assim, o árbitro, ao ser indicado pelas partes, não atua apenas em nome delas, mas, também, em nome do Estado, fundamento, portanto, para equiparar árbitros a juízes togados, e sentença arbitral à sentença judicial, decorrendo, daí, o caráter de título executivo judicial. Tendo em vista que, para a sentença judicial estrangeira ter eficácia de título executivo judicial é necessária a sua homologação pelo STF, o mesmo deve ocorrer com a sentença arbitral estrangeira.[4]

Por fim, quanto à questão da demora nos julgamentos do STF, justificam-na pela necessidade de um procedimento que atenda, em seus trâmites, aos princípios informadores do processo.

Existe, ainda, um posicionamento conciliatório que, apesar de reconhecer a ne-

2. "A Lei de Arbitragem atribui ao STF a competência para homologar laudos arbitrais estrangeiros. Ocorre que tal competência não se afigura entre as enumeradas no art. 102 da CF. Segundo esse dispositivo, o STF é competente para a homologação de sentenças estrangeiras. Ao atribuir mais uma hipótese de competência, incorre a Lei de Arbitragem em flagrante inconstitucionalidade" (Alexandre Freitas Câmara, *Arbitragem — Lei 9.307/1996*, pp. 123-124).

3. "É certo que a norma citada trata da eficácia executiva de títulos extrajudiciais estrangeiros, mas isso não desabona nossa proposta. Ora se os títulos extrajudiciais estrangeiros são eficazes no Brasil, independentemente de homologação, *a fortiori*, assim deve ser considerado um título judicial cuja formação se dá em razão da opção, pelas partes, por solucionar seu conflito através da arbitragem" (idem, ibidem, p. 125).

4. "No plano internacional, a sentença ou laudo arbitral não possui a mesma eficácia das decisões nacionais, circunstância que decorre da noção de soberania estatal, que, a seu turno, traça os limites da jurisdição estatal. Logo, a decisão proferida por autoridade estrangeira não adquire eficácia extraterritorial automática, sujeitando-se, na forma das convenções internacionais sobre a matéria ou da legislação do Estado em que se lhe pretenda validar, algum mecanismo de incorporação na ordem interna. Entre nós, esse processo de incorporação toma o nome de homologação de sentença estrangeira, e, no direito comparado, de um modo geral, é tratado como meio de reconhecimento e execução de decisões proferidas por tribunais estrangeiros" (Lauro da Gama Souza Jr., "Reconhecimento e execução de sentenças arbitrais estrangeiras", in *Arbitragem — Lei Brasileira e Praxe Internacional*, p. 311).

cessidade de homologação da sentença arbitral estrangeira, sendo a favor de se retirá-la do rol de competências do STF de modo a desafogá-lo, sendo atribuída ou ao juiz competente para a execução da sentença arbitral estrangeira ou ao juiz originário da causa.[5]

3. Art. III da Convenção de Nova Iorque de 1958

Dessa vez, a questão tem origem no art. III da Convenção de Nova Iorque onde, visando impossibilitar a adoção de restrição que pudesse impedir a livre execução de sentenças arbitrais, estabeleceu-se que: "Cada Estado Contratante reconhecerá as sentenças arbitrais como vinculativas e as executará de acordo com as regras procedimentais do território onde a sentença seja invocada, segundo as condições previstas nos artigos seguintes. Ao reconhecimento ou execução das sentenças arbitrais a que se apliquem esta Convenção não serão impostas substancialmente condições mais onerosas ou custas ou encargos maiores que os impostos quando do reconhecimento ou execução das sentenças arbitrais nacionais".

Pelo que se depreende de uma leitura superficial que ressalte, principalmente, a segunda parte deste excerto, a exigência de homologação de sentença arbitral estrangeira, pelo STF, seria incompatível com o estipulado na Convenção, por se tratar de uma exigência extra, ferindo a isonomia garantida frente à sentença arbitral nacional.

Todavia, numa análise mais detida, interligando a primeira com a segunda parte do artigo, percebe-se que a solução acima não é a mais acertada.

Ao estipular que os Estados Contratantes reconhecerão as sentenças arbitrais como vinculativas e as executará de acordo com as regras procedimentais do território onde seja invocada, está-se destacando a liberdade destes para regulamentar, em suas leis domésticas, o *procedimento* a ser adotado de reconhecimento ou execução de sentenças arbitrais, conseqüentemente, a legislação interna atribuirá essa tarefa a quem bem entenda e, no caso brasileiro, essa competência é do STF.[6]

Na verdade, a segunda parte do art. III refere-se às *condições* pelas quais estão definitivamente vinculados o reconhecimento e a execução de sentenças arbitrais estrangeiras.[7]

Qualquer interpretação *contrariu sensu* levaria ao entendimento de que a Convenção tem capacidade para interferir em matéria de organização interna de cada país, limitando a soberania dos Estados-Partes, o que é inadmissível.

Segundo Nunes Pinto: "Ao utilizar a expressão *condições mais onerosas*, a Convenção se refere especificamente às condições para reconhecimento ou execução, nada tendo a ver, portanto, com os denominados procedimentos para reconhecimento e execução".[8]

Lembra ainda o autor que, na categoria de condições mais onerosas, estaria a exigência da dupla homologação da sentença arbitral estrangeira, que vigorou no Brasil até a edição da Lei 9.307/1996.

Considerando a atuação do Brasil no cenário internacional, a ratificação da Convenção de Nova Iorque de 10 de junho de 1958, apesar de tardia, é de extrema relevância para o desenvolvimento do instituto da arbitragem no país. Quanto a tudo o que foi levantado a partir da publicação do Decreto 4.311, de 23 de julho de 2002, o legislador deve preocupar-se, apenas, com a densa nuvem de poeira.

5. Natália Cristina Chaves, "Arbitragem comercial internacional: comentários acerca do procedimento de *exequatur* no Brasil e no exterior", *Praetorium*, acesso em jan. 2003.

6. José Emílio Nunes Pinto, "A arbitragem no Brasil e a Convenção de Nova Iorque de 1958", *Jus Navigandi*, a. 7, n. 61, jan. 2003.

7. Idem, ibidem.

8. Idem, ibidem.

Bibliografia

CÂMARA, Alexandre Freitas. *Arbitragem — Lei 9.307/1996*. Rio de Janeiro, Lumen Juris, 1997.

CARLOS MAXIMILIANO. *Hermenêutica e Aplicação do Direito*. Rio de Janeiro, Forense, 1988.

CASELLA, PAULO Borba. *Arbitragem: Lei Brasileira e Praxe Internacional*. São Paulo, LTr, 1999.

CHAVES, Natália Cristina. "Arbitragem comercial internacional: comentários acerca do procedimento de *exequatur* no Brasil e no exterior", *Praetorium*, Belo Horizonte, acesso em jan. 2003.

DOLINGER, Jacob. *Direito Internacional Privado*. Rio de Janeiro, Freitas Bastos, 2001.

FIORATI, Jete Jane. "A Convenção interamericana sobre eficácia extraterritorial das sentenças e laudos arbitrais estrangeiros", *Revista de Informação Legislativa* 130/19-33, Brasília, 1996.

GRECO FILHO, Vicente. *Homologação de Sentença Estrangeira*. São Paulo, Saraiva, 1988.

GUERREIRO, José Alexandre Tavares. *Fundamentos da Arbitragem do Comércio Internacional*. São Paulo, Ed. RT, 1995.

HENTZ, Luiz Antonio Soares. *Direito de Empresa no Código Civil de 2002*. São Paulo, Juarez de Oliveira, 2002.

LEÃES, Luiz Gastão Paes de Barros. "Arbitragem comercial internacional", *Enciclopédia Jurídica Saraiva*, v. 7, São Paulo, pp. 359-374, 1978.

______. "Lei modelo de arbitragem comercial internacional", *Revista de Direito Mercantil, Industrial, Econômico e Financeiro*, v. 24, n. 60, pp. 66-82, São Paulo, out.-dez. 1985.

MAGALHÃES, José Carlos de e BAPTISTA, Luiz Olavo. *Arbitragem Comercial*. Rio de Janeiro, Freitas Bastos, 1986.

MAGALHÃES, José Carlos de. "Arbitragem internacional privada", *Revista Forense* 279/100-112, Rio de Janeiro, 1989.

______. "Reconhecimento e execução de laudos arbitrais estrangeiros", *RT* 740/116-127, São Paulo, 1997.

______. "Arbitragem Internacional", Conferência proferida em 27.8.2002, na *XIII Semana Jurídica da UNESP — Direito Internacional no Século XXI: Perspectivas e Desafios*, realizada de 26 a 30.8.2002.

MARTINS, Pedro Antônio Batista. *Aspectos Jurídicos da Arbitragem Comercial no Brasil*. Rio de Janeiro, Lumen Juris, 1990.

NERY JR., Nelson e NERY, Rosa Maria Andrade. *Código de Processo Civil Comentado*. São Paulo, Ed. RT, 2000.

______. *Novo Código Civil e Legislação Extravagante Anotados*. São Paulo, Ed. RT, 2002.

PAES DE BARROS, Luiz Gastão. *Ensaio sobre as Arbitragens Comerciais*. São Paulo, 1966.

PARRAS, Jorge Barrientos. "Fundamentos da arbitragem no Direito brasileiro e estrangeiro", *Revista de Informação Legislativa* 107/215-244, Brasília, 1993.

PEREIRA, Luiz César Ramos. "A arbitragem comercial nos contratos internacionais", *RT* 572/26-31, São Paulo, 1983.

PINTO, José Emilio Nunes. "A arbitragem no Brasil e a Convenção de Nova Iorque de 1958. Questões relevantes", *Jus Navigandi*. Teresina, a. 7, n. 61, jan. 2003.

PUCCI, Adriana Noemi. "A arbitragem nos países do Mercosul", *RT* 738/41-55, São Paulo, 1997.

______. *Arbitragem Comercial Internacional*. São Paulo, LTr, 1998.

SANTLEBEN, Jurgen. "Arbitragem comercial no Direito internacional privado brasileiro", *Revista da Faculdade de Direito da Universidade de Coimbra*, n. especial, pp. 720-731, Coimbra, 1986.

SANTOS, Ricardo Soares Sterni dos. *Mercosul e a Arbitragem Internacional*. Belo Horizonte, Del Rey, 1998.

SOARES, Guido Fernando Silva. "Arbitragem internacional. Introdução histórica", *Enciclopédia do Direito* 7/374, São Paulo, 1978.

______. *Dos Órgãos das Soluções Extrajudiciais de Litígios*. São Paulo, Ed. RT, 1985.

______. "Arbitragens comerciais internacionais no Brasil — Vicissitudes", *RT* 641/29-57, São Paulo, mar. 1989.

STRENGER, Irineu. *Contratos Internacionais do Comércio*. São Paulo, Ed. RT, 1987.

______. *Arbitragem Comercial Internacional*. São Paulo, LTr, 1996.

TAVARES, José Alexandre. *Fundamentos da Arbitragem do Comércio Internacional*. São Paulo, Saraiva, 1993.

VALÉRIO, Marco Aurélio Gumieri. "Ainda sobre a constitucionalidade da Lei de Arbitragem", *Revista de Estudos Jurídicos da Unesp* 10/263-273, jan.-dez. 2001.

VILLELA, José Guilherme. "Reconhecimento de decisões arbitrais estrangeiras", *Revista de Informação Legislativa* 75/53, Brasília, jun.-set. 1982.

ANEXO

Presidência da República

Casa Civil

Subchefia para Assuntos Jurídicos

DECRETO 4.311, DE 23.7.2002

Promulga a Convenção sobre o Reconhecimento e a Execução de Sentenças Arbitrais Estrangeiras.

CONVENÇÃO SOBRE O RECONHECIMENTO E A EXECUÇÃO DE SENTENÇAS ARBITRAIS ESTRANGEIRAS

Feita em Nova Iorque, em 10 de junho de 1958.*

O Presidente da República, no uso da atribuição que lhe confere o art. 84, inc. VIII, da Constituição,

Considerando que o Congresso Nacional aprovou o texto da Convenção sobre o Reconhecimento e a Execução de Sentenças Arbitrais Estrangeiras, por meio do Decreto Legislativo 52, de 25 de abril de 2002;

Considerando que a Convenção entrou em vigor internacional em 7 de junho de 1959, nos termos de seu artigo 12;

Decreta:

Art. 1º. A Convenção sobre o Reconhecimento e a Execução de Sentenças Arbitrais Estrangeiras, apensa por cópia ao presente Decreto, será executada e cumprida tão inteiramente como nela se contém.

Art. 2º. São sujeitos à aprovação do Congresso Nacional quaisquer atos que possam resultar em revisão da referida Convenção, assim como quaisquer ajustes complementares que, nos termos do art. 49, inc. I, da Constituição, acarretem encargos ou compromissos gravosos ao patrimônio nacional.

Art. 3º. Este Decreto entra em vigor na data de sua publicação.

Brasília, 23 de julho de 2002; 181º da Independência e 114º da República.

Fernando Henrique Cardoso

Celso Lafer

Artigo I

A presente Convenção aplicar-se-á ao reconhecimento e à execução de sentenças arbitrais estrangeiras proferidas no território de um Estado que não o Estado em que se tencione o reconhecimento e a execução de tais sentenças, oriundas de divergências entre pessoas, sejam elas físicas ou jurídicas. A Convenção aplicar-se-á igualmente a sentenças arbitrais não consideradas como sentenças domésticas no Estado onde se tencione o seu reconhecimento e a sua execução.

Entender-se-á por "sentenças arbitrais" não só às sentenças proferidas por árbitros nomeados para cada caso, mas também aquelas emitidas por órgãos arbitrais permanentes aos quais as partes se submetam.

Quando da assinatura, ratificação ou adesão à presente Convenção, ou da notificação de extensão nos termos do Artigo X, qualquer Estado poderá, com base em reciprocidade, declarar que aplicará a Convenção ao reconhecimento e à execução de sentenças proferidas unicamente no território de outro Estado signatário. Poderá igualmente declarar que aplicará a Convenção somente a divergências oriundas de relacionamentos jurídicos, sejam eles contratuais ou não, que sejam considerados como co-

* Publicado no *DOU*, de 24.7.2002.

merciais nos termos da lei nacional do Estado que fizer tal declaração.

Artigo II

Cada Estado signatário deverá reconhecer o acordo escrito pelo qual as partes se comprometem a submeter à arbitragem todas as divergências que tenham surgido ou que possam vir a surgir entre si no que diz respeito a um relacionamento jurídico definido, seja ele contratual ou não, com relação a uma matéria passível de solução mediante arbitragem.

Entender-se-á por "acordo escrito" uma cláusula arbitral inserida em contrato ou acordo de arbitragem, firmado pelas partes ou contido em troca de cartas ou telegramas.

O tribunal de um Estado signatário, quando de posse de ação sobre matéria com relação à qual as partes tenham estabelecido acordo nos termos do presente artigo, a pedido de uma delas, encaminhará as partes à arbitragem, a menos que constate que tal acordo é nulo e sem efeitos, inoperante ou inexeqüível.

Artigo III

Cada Estado signatário reconhecerá as sentenças como obrigatórias e as executará em conformidade com as regras de procedimento do território no qual a sentença é invocada, de acordo com as condições estabelecidas nos artigos que se seguem. Para fins de reconhecimento ou de execução das sentenças arbitrais às quais a presente Convenção se aplica, não serão impostas condições substancialmente mais onerosas ou taxas ou cobranças mais altas do que as impostas para o reconhecimento ou a execução de sentenças arbitrais domésticas.

Artigo IV

A fim de obter o reconhecimento e a execução mencionados no artigo precedente, a parte que solicitar o reconhecimento e a execução fornecerá, quando da solicitação:

a) a sentença original devidamente autenticada ou uma cópia da mesma devidamente certificada;

b) o acordo original a que se refere o Artigo II ou uma cópia do mesmo devidamente autenticada.

Caso tal sentença ou tal acordo não for feito em um idioma oficial do país no qual a sentença é invocada, a parte que solicitar o reconhecimento e a execução da sentença produzirá uma tradução desses documentos para tal idioma. A tradução será certificada por um tradutor oficial ou juramentado ou por um agente diplomático ou consular.

Artigo V

O reconhecimento e a execução de uma sentença poderão ser indeferidos, a pedido da parte contra a qual ela é invocada, unicamente se esta parte fornecer, à autoridade competente onde se tenciona o reconhecimento e a execução, prova de que:

a) as partes do acordo a que se refere o Artigo II estavam, em conformidade com a lei a elas aplicável, de algum modo incapacitadas, ou que tal acordo não é válido nos termos da lei à qual as partes o submeteram, ou, na ausência de indicação sobre a matéria, nos termos da lei do país onde a sentença foi proferida; ou

b) a parte contra a qual a sentença é invocada não recebeu notificação apropriada acerca da designação do árbitro ou do processo de arbitragem, ou lhe foi impossível, por outras razões, apresentar seus argumentos; ou

c) a sentença se refere a uma divergência que não está prevista ou que não se enquadra nos termos da cláusula de submissão à arbitragem, ou contém decisões acerca de matérias que transcendem o alcance da cláusula de submissão, contanto que, se as decisões sobre as matérias suscetíveis de arbitragem puderem ser separadas daquelas não suscetíveis, a parte da sentença que contém decisões sobre matérias suscetíveis de arbitragem possa ser reconhecida e executada; ou

d) a composição da autoridade arbitral ou o procedimento arbitral não se deu em conformidade com o acordado pelas partes, ou, na ausência de tal acordo, não se deu em conformidade com a lei do país em que a arbitragem ocorreu; ou

e) a sentença ainda não se tornou obrigatória para as partes ou foi anulada ou suspensa por autoridade competente do país em que, ou conforme a lei do qual, a sentença tenha sido proferida.

O reconhecimento e a execução de uma sentença arbitral também poderão ser recusados caso a autoridade competente do país em que se tenciona o reconhecimento e a execução constatar que:

a) segundo a lei daquele país, o objeto da divergência não é passível de solução mediante arbitragem; ou

b) o reconhecimento ou a execução da sentença seria contrário à ordem pública daquele país.

Artigo VI

Caso a anulação ou a suspensão da sentença tenha sido solicitada à autoridade competente mencionada no Artigo V, 1.(e), a autoridade perante a qual a sentença está sendo invocada poderá, se assim julgar cabível, adiar a decisão quanto a execução da sentença e poderá, igualmente, a pedido da parte que reivindica a execução da sentença, ordenar que a outra parte forneça garantias apropriadas.

Artigo VII

As disposições da presente Convenção não afetarão a validade de acordos multilaterais ou bilaterais relativos ao reconhecimento e à execução de sentenças arbitrais celebrados pelos Estados signatários nem privarão qualquer parte interessada de qualquer direito que ela possa ter de valer-se de uma sentença arbitral da maneira e na medida permitidas pela lei ou pelos tratados do país em que a sentença é invocada.

O Protocolo de Genebra sobre Cláusulas de Arbitragem de 1923 e a Convenção de Genebra sobre a Execução de Sentenças Arbitrais Estrangeiras de 1927 deixarão de ter efeito entre os Estados signatários quando, e na medida em que, eles se tornem obrigados pela presente Convenção.

Artigo VIII

A presente Convenção estará aberta, até 31 de dezembro de 1958, à assinatura de qualquer Membro das Nações Unidas e também de qualquer outro Estado que seja ou que doravante se torne membro de qualquer órgão especializado das Nações Unidas, ou que seja ou que doravante se torne parte do Estatuto da Corte Internacional de Justiça, ou qualquer outro Estado convidado pela Assembléia-Geral das Nações Unidas.

A presente Convenção deverá ser ratificada e o instrumento de ratificação será depositado junto ao Secretário-Geral das Nações Unidas.

Artigo IX

A presente Convenção estará aberta para adesão a todos os Estados mencionados no Artigo VIII.

A adesão será efetuada mediante o depósito de instrumento de adesão junto ao Secretário-Geral das Nações Unidas.

Artigo X

Qualquer Estado poderá, quando da assinatura, ratificação ou adesão, declarar que a presente Convenção se estenderá a todos ou a qualquer dos territórios por cujas relações internacionais ele é responsável. Tal declaração passará a ter efeito quando a Convenção entrar em vigor para tal Estado.

A qualquer tempo a partir dessa data, qualquer extensão será feita mediante notificação dirigida ao Secretário-Geral das Nações Unidas e terá efeito a partir do nonagésimo dia a contar do recebimento pelo Secretário-Geral das Nações Unidas de tal notificação, ou a partir da data de entrada em vigor da Convenção para tal Estado, considerada sempre a última data.

Com respeito àqueles territórios aos quais a presente Convenção não for estendida quando da assinatura, ratificação ou adesão, cada Estado interessado examinará a possibilidade de tomar as medidas necessárias a fim de estender a aplicação da presente Convenção a tais territórios, respeitando-se a necessidade, quando assim exigido por razões constitucionais, do consentimento dos Governos de tais territórios.

Artigo XI

No caso de um Estado federativo ou não-unitário, aplicar-se-ão as seguintes disposições:

a) com relação aos artigos da presente Convenção que se enquadrem na jurisdição legislativa da autoridade federal, as obrigações do Governo federal serão as mesmas que aquelas dos Estados signatários que não são Estados federativos;

b) com relação àqueles artigos da presente Convenção que se enquadrem na jurisdição legislativa dos estados e das províncias constituintes que, em virtude do sistema constitucional da confederação, não são obrigados a adotar medidas legislativas, o Governo federal, o mais cedo possível, levará tais artigos, com recomendação favorável, ao conhecimento das autoridades competentes dos estados e das províncias constituintes;

c) um Estado federativo parte da presente Convenção fornecerá, atendendo a pedido de qualquer outro Estado signatário que lhe tenha sido transmitido por meio do Secretário-Geral das Nações Unidas, uma declaração da lei e da prática na confederação e em suas unidades constituintes com relação a qualquer disposição em particular da presente Convenção, indicando até que ponto se tornou efetiva aquela disposição mediante ação legislativa ou outra.

Artigo XII

A presente Convenção entrará em vigor no nonagésimo dia após a data de depósito do terceiro instrumento de ratificação ou adesão.

Para cada Estado que ratificar ou aderir à presente Convenção após o depósito do terceiro instrumento de ratificação ou adesão, a presente Convenção entrará em vigor no nonagésimo dia após o depósito por tal Estado de seu instrumento de ratificação ou adesão.

Artigo XIII

Qualquer Estado signatário poderá denunciar a presente Convenção mediante notificação por escrito dirigida ao Secretário-Geral das Nações Unidas. A denúncia terá efeito um ano após a data de recebimento da notificação pelo Secretário-Geral.

Qualquer Estado que tenha feito uma declaração ou notificação nos termos do Artigo X poderá, a qualquer tempo a partir dessa data, mediante notificação ao Secretário-Geral das Nações Unidas, declarar que a presente Convenção deixará de aplicar-se ao território em questão um ano após a data de recebimento da notificação pelo Secretário-Geral.

A presente Convenção continuará sendo aplicável a sentenças arbitrais com relação às quais tenham sido instituídos processos de reconhecimento ou de execução antes de a denúncia surtir efeito.

Artigo XIV

Um Estado signatário não poderá valer-se da presente Convenção contra outros Estados signatários, salvo na medida em que ele mesmo esteja obrigado a aplicar a Convenção.

Artigo XV

O Secretário-Geral das Nações Unidas notificará os Estados previstos no Artigo VIII acerca de:

a) assinaturas e ratificações em conformidade com o Artigo VIII;

b) adesões em conformidade com o Artigo IX;

c) declarações e notificações nos termos dos Artigos I, X e XI;

d) data em que a presente Convenção entrar em vigor em conformidade com o Artigo XII;

e) denúncias e notificações em conformidade com o Artigo XIII.

Artigo XVI

A presente Convenção, da qual os textos em chinês, inglês, francês, russo e espanhol são igualmente autênticos, será depositada nos arquivos das Nações Unidas.

O Secretário-Geral das Nações Unidas transmitirá uma cópia autenticada da presente Convenção aos Estados contemplados no Artigo VIII.

A ARBITRAGEM NA REFORMA DA LEI DAS S/A

LUÍS LORIA FLAKS

1. Apresentação. 2. Limites subjetivos da arbitragem prevista nos estatutos sociais: 2.1 O acionista é fundador da companhia; 2.2 O acionista aprovou em assembléia geral a alteração do estatuto social que inseriu a cláusula arbitral ou passou a deter ações de determinada companhia após a referida alteração estatutária; 2.3 O acionista dissentiu da deliberação assemblear que inseriu a cláusula arbitral no estatuto da companhia, absteve-se de votar na referida deliberação ou não compareceu à respectiva assembléia geral; 2.4 O acionista era detentor apenas de ações preferenciais sem direito a voto ou com voto restrito, quando da aprovação da alteração estatutária que inseriu a cláusula compromissória arbitral; 2.5 Demais aspectos do alcance subjetivo. 3. Limites objetivos da arbitragem prevista nos estatutos sociais. 4. Abuso de poder de controle e "due process of law". 5. Conclusão. Referências bibliográficas.

1. Apresentação

A Lei 10.303, de 31 de outubro de 2001, alterou diversos artigos da Lei 6.404/1976 (Lei das S/A), dentre eles o seu art. 109, acrescentando-lhe o § 3º, que prevê expressamente a possibilidade de o estatuto social de determinada companhia estipular a arbitragem[1] como sendo a forma de solucionar os eventuais conflitos entre ela e seus acionistas ou entre os respectivos acionistas controladores e acionistas minoritários.[2]

Essa alteração da lei societária, deve-se dizer, está em consonância com a moderna tendência pátria, e mesmo mundial, de utilização da arbitragem como forma alternativa de solução de conflitos relativos a direitos patrimoniais disponíveis — principalmente quando estão envolvidas questões empresariais — que venham a surgir de uma relação contratual.

Isto porque, lamentavelmente, é notória a morosidade da justiça brasileira e a pouca familiaridade da magistratura, salvo raras exceções, com questões societárias, especialmente as de maior complexidade.

A possibilidade de se estabelecer uma cláusula arbitral no estatuto social das companhias é, justamente, uma tentativa de superar os entraves do processo judicial típico, já que, em comparação com este último, as decisões no processo arbitral, como está comprovado pela prática, são mais céleres e tecnicamente mais adequadas.

1. Os dispositivos gerais, no ordenamento jurídico brasileiro, sobre o instituto da arbitragem, encontram-se na Lei 9.307, de 23.7.1996 (Lei de Arbitragem).

2. Assim dispõe o § 3º do art. 109 da Lei das S/A, acrescentado pela Lei 10.303/2001: Art. 109, § 3º: "O estatuto da sociedade pode estabelecer que as divergências entre os acionistas e a companhia, ou entre os acionistas controladores e os acionistas minoritários, poderão ser solucionados mediante arbitragem, nos termos em que especificar".

A confidencialidade é outra característica que incentiva ainda mais a utilização do instituto, tendo em vista que, tratando-se de questões empresariais, o sigilo, muitas vezes, é mais importante para as partes envolvidas do que a própria solução favorável da controvérsia.[3]

Merece aplausos, portanto, a decisão do legislador de prever expressamente a possibilidade de as companhias disporem em seus estatutos sobre a arbitragem como forma de resolução de conflitos sociais. Todavia, o texto legal sobre a matéria é um tanto ou quanto lacônico e, por conseguinte, causa de diversas dúvidas jurídicas, especialmente quanto aos seus limites subjetivos e objetivos. Cabe, portanto, ao intérprete a tarefa de estabelecer o verdadeiro alcance da referida norma.

2. *Limites subjetivos da arbitragem prevista nos estatutos sociais*

Primeiramente, deve-se observar que o § 3º do art. 109 da Lei das S/A, acrescido pela Lei 10.303/2001, é uma disposição legal aplicável tanto às companhias abertas quanto às companhias fechadas. Isto porque o art. 109, em seu *caput*, assim como em seus parágrafos, não distingue a quem a norma se direciona.

Quando a Lei das S/A quis diferençar o tipo ou categoria de companhia a quem a norma se dirige, ela o fez expressamente, como ocorre em diversos de seus dispositivos. Essa distinção pode ser percebida, por exemplo, no § 1º do seu art. 15, que trata das espécies de ações possíveis de serem emitidas pelas companhias (prevê a possibilidade de emissão de mais de uma classe de ações ordinárias apenas pelas companhias fechadas); no seu art. 36 (permite ao estatuto das companhias fechadas impor limitações à circulação das ações nominativas); ou mesmo no seu art. 124, § 1º (diferencia o prazo e modo de convocação das assembléias gerais, dependendo do fato de as companhias serem abertas ou fechadas).

Questão muito mais complexa, relacionada ao alcance subjetivo da nova norma, é saber quais acionistas da companhia estariam vinculados a uma cláusula arbitral inserta em seu estatuto social.

Para melhor exame do tema, é preciso distinguir se o acionista: (a) é fundador da companhia; (b) aprovou em assembléia geral a alteração do estatuto social que inseriu a cláusula arbitral ou passou a deter ações da companhia após a referida alteração estatutária; (c) dissentiu da deliberação assemblear que inseriu a cláusula arbitral no estatuto da companhia, absteve-se de votar na referida deliberação ou não compareceu à respectiva assembléia geral; ou (d) era detentor apenas de ações preferenciais sem direito a voto ou com voto restrito, quando da aprovação da alteração estatutária que inseriu a cláusula arbitral.

2.1 O acionista é fundador da companhia

A Lei das S/A considera formalidade necessária à constituição de uma companhia, seja por subscrição pública ou particular, a aprovação do estatuto social por todos os seus fundadores (cf. arts. 88 e 95 da Lei 6.404/1976).

Dessa forma, todos os fundadores estarão necessariamente vinculados a cada uma das disposições do estatuto social, inclusive a eventual cláusula compromissória arbitral, se existente, sendo despicienda qualquer formalidade adicional para que a mesma tenha plena validade e eficácia para esses acionistas.

3. Recorde-se que em nosso processo judicial a publicidade é a regra (cf. arts. 5º, LX e 93, IX, da Constituição Federal e art. 155 do Código de Processo Civil), ao contrário do que pode ocorrer na arbitragem, em que compete às partes estabelecer o procedimento e acordar livremente o sigilo na resolução dos seus conflitos, se assim o desejarem (cf. art. 21 da Lei de Arbitragem). Em se tratando de companhias abertas, todavia, vale apenas lembrar que o sigilo poderá não ser absoluto, tendo em vista a obrigatoriedade de se divulgar determinadas informações ao mercado, conforme regras estipuladas pela Comissão de Valores Mobiliários — CVM.

Nesse sentido, inclusive, o entendimento de Modesto Carvalhosa,[4] apesar de extremamente rigoroso quanto à observância de certas formalidades para que a cláusula compromissória arbitral vincule os acionistas de determinada companhia, notadamente, as formalidades previstas no art. 4º, § 2º, da Lei de Arbitragem.[5]

Ocorre que, mesmo entendendo aplicáveis às sociedades anônimas as mencionadas formalidades para se vincular determinado acionista à cláusula compromissória estatutária, não se poderia exigir tais formalidades dos fundadores da companhia.

Isto porque o art. 4º, § 2º, da Lei de Arbitragem não é aplicável quando o pretenso aderente toma a iniciativa de inserir a cláusula compromissória, como ocorre quando essa cláusula é prevista desde a constituição da companhia, momento em que todos os fundadores — até mesmo os acionistas detentores de ações preferenciais sem direito a voto —, pode-se presumir, discutiram pormenorizadamente todas as cláusulas do estatuto social, inclusive a eventual cláusula compromissória arbitral.

2.2 *O acionista aprovou em assembléia geral a alteração do estatuto social que inseriu a cláusula arbitral ou passou a deter ações de determinada companhia após a referida alteração estatutária*

Todos os acionistas que, posteriormente à constituição da companhia, tenham aprovado a introdução da cláusula compromissória em seu estatuto social, estarão a ela vinculados, sem a necessidade do cumprimento de qualquer outra exigência formal.

Da mesma forma, todas as pessoas, sejam elas naturais ou jurídicas, que passarem a fazer parte do quadro acionário de determinada companhia, que já contenha em seu estatuto social cláusula compromissória arbitral, estarão vinculados à arbitragem. Essa vinculação é imediata desde a data da subscrição de capital ou aquisição de ações.

No entanto, alguns autores[6] entendem ser necessária, nos casos acima mencionados, a formalização desse consentimento mediante manifestação expressa de vontade, por escrito e em documento anexo ou em negrito, com a assinatura ou visto especialmente para essa cláusula, na forma do art. 4º, § 2º, da Lei de Arbitragem, opinião da qual permitimo-nos discordar inteiramente.

Impende, primeiramente, destacar que o referido dispositivo legal refere-se tão-somente aos contratos de adesão; para aplicá-lo aos estatutos sociais seria necessário considerá-los como pertencentes a essa classe de contratos, o que não nos parece sustentável.

O contrato de adesão é definido, no ordenamento jurídico brasileiro, pela Lei 8.078/1990 (Código de Defesa do Consumidor), em seu art. 54.[7] Visou o legislador, com essa definição, proteger o consumidor, ou seja, proteger a parte presumidamente mais fraca, em termos econômicos, da relação jurídica.

Ressalte-se que os contratos de adesão, conforme previsto na Lei 8.078/1990,

4. Cf. Modesto Carvalhosa, "Cláusula compromissória estatutária e juízo arbitral (§ 3º do art. 109)", p. 330.

5. Lei de Arbitragem, art. 4º, § 2º: "Nos contratos de adesão, a cláusula compromissória só terá eficácia se o aderente tomar a iniciativa de instituir a arbitragem ou concordar, expressamente, com a sua instituição, desde que por escrito em documento anexo ou em negrito, com a assinatura ou visto especialmente para essa cláusula".

6. Cf. Luiz Leonardo Cantidiano, *Reforma da Lei das S/A*, p. 119; e Modesto Carvalhosa, "Cláusula compromissória estatutária e juízo arbitral (§ 3º do art. 109)", p. 326.

7. "Art. 54. Contrato de adesão é aquele cujas cláusulas tenham sido aprovadas pela autoridade competente ou estabelecidas unilateralmente pelo fornecedor de produtos ou serviços, sem que o consumidor possa discutir ou modificar substancialmente seu conteúdo."

devem observar regras especiais como, por exemplo, a proibição de utilizar termos que não sejam claros ou caracteres ilegíveis e a obrigatoriedade de que as cláusulas que impliquem em limitação de direitos do consumidor sejam adequadamente destacadas.

Com o mesmo objetivo — o de proteger a parte supostamente mais fraca da relação — disciplinou o legislador, na Lei de Arbitragem, que a eficácia da cláusula compromissória, em contratos de adesão, estaria sujeita à iniciativa do aderente em inserir a referida cláusula ou à concordância expressa do mesmo, na forma ali estabelecida.

Ocorre que os estatutos sociais não podem ser confundidos jamais com *contratos de adesão*, como assevera Pedro A. Batista Martins: "É nas relações de consumo que se aperfeiçoam os contratos de adesão. Contratos estes que divergem conceitual e instrumentalmente dos contratos de sociedade".[8]

Não se nega que, apesar de os contratos de adesão serem mais freqüentes quando existe uma relação de consumo, estes não se restringem exclusivamente a essas relações,[9] até porque, atualmente, tais contratos também são mencionados no Código Civil brasileiro.[10]

De qualquer modo, o contrato de adesão se caracteriza, em regra, pela bilateralidade da relação jurídica, ou seja, pela existência de interesses distintos das partes contratantes, diferentemente do que acontece em uma sociedade.

Ocorre que os interesses dos acionistas de uma companhia, independentemente de seu objeto social, convergem necessariamente para um mesmo fim: a obtenção de lucro pela sociedade.[11] Essa convergência de interesses é uma das principais características dos chamados *contratos plurilaterais* — como são os estatutos sociais — os quais, de modo algum, poderiam ser considerados como contratos de adesão.

Isto não significa necessariamente que todas as deliberações sociais devam ser tomadas por unanimidade, pois, na prática, efetivamente existem divergências entre os acionistas sobre o melhor modo de se alcançar o fim comum da companhia. As divergências internas, contudo, não retiram o caráter convergente do interesse social que é um só, e sempre exteriorizado — salvo quando o estatuto, acordo ou a lei dispõem diversamente — pela vontade da maioria (metade mais um dos votos efetiva e validamente manifestados pelos acionistas presentes à assembléia geral).[12]

Tullio Ascarelli foi o primeiro, no Brasil, a caracterizar os atos constitutivos de uma sociedade como sendo contratos plurilaterais,[13] corrente a qual aderem José Luiz Bulhões Pedreira,[14] Rubens Requião[15] e Fábio Konder Comparato.[16]

Para outra corrente da doutrina, o estatuto social nem contrato seria, por ser institucional e não contratual a relação existente em uma companhia. Filiam-se a essa corrente Arnoldo Wald[17] e Fábio Ulhoa Coelho.[18]

Os estatutos sociais, dessa forma, não podem ser considerados contratos de adesão, seja por não se tratar de uma relação de consumo, seja pela inexistência de bilate-

8. Pedro A. Batista Martins, "A arbitragem nas sociedades de responsabilidade limitada", p. 129.

9. Por todos, Humberto Theodoro Júnior, "A arbitragem como meio de solução de controvérsias", p. 14.

10. Cf. arts. 423 e 424 da Lei 10.406, de 10.1.2002.

11. O objetivo de obtenção de lucro é inclusive previsto na Lei das S/A, no *caput* de seu art. 2º.

12. Cf. art. 129 da Lei das S/A.

13. Cf. Tullio Ascarelli, *Problemas das Sociedades Anônimas e Direito Comparado*, pp. 271, 272.

14. Cf. José Luiz Bulhões Pedreira, "Natureza jurídica da companhia", p. 110.

15. Cf. Rubens Requião, *Curso de Direito Comercial*, p. 346.

16. Cf. Fábio Konder Comparato, *Ensaios e Pareceres de Direito Empresarial*, p. 137.

17. Arnold Wald, "Sociedade anônima. Interpretação do art. 16 da Lei 6.404/1976 — Descabimento de assembléia especial de acionistas ordinários de determinada classe", p. 10.

18. Fábio Ulhoa Coelho, *Curso de Direito Comercial*, v. II, p. 26.

ralidade, ou, ainda, para alguns, pelo caráter institucional da companhia.

De toda sorte, mesmo que os estatutos sociais pudessem ser considerados contratos de adesão, a regra do § 2º do art. 4º da Lei de Arbitragem não se aplicaria às sociedades ou a seus respectivos sócios. Isto porque a lei societária — que é posterior e especial em relação à Lei de Arbitragem — não determinou qualquer requisito formal para a vinculação da companhia e dos acionistas à cláusula arbitral, salvo a previsão estatutária.

Em abono do que foi dito, pode-se presumir que, ao se tornarem acionistas de determinada companhia — estejam as ações admitidas ou não à negociação no mercado de valores mobiliários —, os investidores leram previamente o respectivo estatuto social e concordaram com todos os seus termos. Isto porque os estatutos sociais das companhias são públicos, podendo ser acessados sem grandes dificuldades através da Comissão de Valores Mobiliários — CVM (em se tratando de companhias abertas) ou através das Juntas Comerciais localizadas nos Estados em que as companhias estejam sediadas (em se tratando de companhias abertas ou fechadas). No caso de algum investidor não concordar com certa cláusula de determinado estatuto social — inclusive a cláusula compromissória arbitral — pode simplesmente não adquirir a participação societária, escolhendo outra companhia cujo estatuto social seja mais do seu agrado.[19]

Essas são as razões pelas quais os acionistas que aprovam em assembléia geral a alteração estatutária que insere a cláusula compromissória, assim como os acionistas que vierem a fazer parte do quadro social de companhias que contenham, em seu estatuto social, a mencionada cláusula, independentemente da classe de ações subscritas ou adquiridas, estarão necessariamente vinculados à arbitragem, assim como a todas as demais disposições dele constantes,[20] sendo inaplicável às companhias o art. 4º, § 2º da Lei 9.307/1996, conforme antes demonstrado.

2.3 O acionista dissentiu da deliberação assemblear que inseriu a cláusula arbitral no estatuto da companhia, absteve-se de votar na referida deliberação ou não compareceu à respectiva assembléia geral

Para alguns autores, ainda que se possa inserir a cláusula arbitral no estatuto de determinada companhia, os acionistas dissidentes, omissos ou ausentes quando da deliberação não estariam vinculados àquela cláusula, por não terem concordado expressamente com a mesma. Nessa linha de raciocínio, estariam tais acionistas vinculados a todos os demais termos do estatuto social, salvo à cláusula compromissória.

Em defesa dessa posição argumenta Luiz Leonardo Cantidiano:

"(...) cabe indagar se as pessoas que já eram acionistas da companhia antes da realização da assembléia geral, e que se opuseram à referida alteração estatutária, estarão obrigadas a submeter-se ao procedimento arbitral.

"A resposta a tal indagação me parece ser negativa; o acionista que vota contra não optou pela submissão de suas eventuais divergências à arbitragem, até mesmo porque inexistia previsão estatutária regulando a matéria.

"Considerando que ninguém pode ser obrigado a submeter-se, contra a sua vontade, ao processo arbitral, e tendo presente que o antigo acionista da companhia manifestou sua expressa divergência à re-

19. Segundo o *Informativo CVM*, de 2.3.2003, existem hoje 395 companhias listadas na BOVESPA (Bolsa de Valores de São Paulo) e 107 companhias listadas na SOMA (Sociedade Operadora do Mercado de Ativos S/A).

20. Ressalvado o disposto no parágrafo único do art. 36 da Lei das S/A, pelas razões a seguir melhor explicitadas.

forma estatutária, entendo que a decisão adotada pela maioria não o obriga a aceitar a arbitragem, se requerida por terceiro (outro acionista ou a própria companhia).

"(...)

"*Os acionistas que não comparecerem à assembléia que deliberar sobre a apontada modificação estatutária, assim como os acionistas que se abstiverem de votar, devem firmar termo de adesão, como é requerido pela Lei 9.307/1996, sem o quê entendo não estarem eles obrigados a submeter-se à arbitragem, quando instituída por terceiro.*

"Penso que não pode haver renúncia tácita ao direito, que é assegurado pelo art. 5º, inciso XXXV da Constituição Federal, de submeter-se à apreciação do Poder Judiciário lesão ou ameaça de direito. A arbitragem só pode ser instituída se houver uma manifestação formal e voluntária da pessoa (física ou jurídica) convencionando submeter-se à decisão arbitral" [21] (grifamos).

No mesmo sentido, orientou-se Modesto Carvalhosa: "Não há implícita renúncia a direito essencial do acionista. *Não pode, assim, a sociedade ou a maioria dos acionistas impor a cláusula compromissória estatutária a quem não a tenha constituído ou aderido expressamente, por documento formal*"[22] (grifamos).

Em que pese a opinião dos eminentes autores, não se afigura a interpretação mais adequada, tendo em vista os aspectos legais e constitucionais a seguir expostos.

A vontade de uma companhia, em regra, é expressa através do voto de acionistas representando a maioria do capital social presente em determinada assembléia geral.

É certo que o poder da maioria não é absoluto, devendo ser respeitados os direitos essenciais dos acionistas (também chamados de direitos individuais), expressos no art. 109 da Lei das S/A. Esta, como se sabe, é a pedra-de-toque para se entender o funcionamento de qualquer sociedade anônima.

Acrescente-se que os direitos essenciais dos acionistas não são os únicos contrapesos, previstos na lei societária, capazes de frear o poderio da maioria. Podem ser citados, ainda, como meios de se subtrair ou diminuir esse poder, dentre outros, o *quorum* qualificado legalmente previsto para certas deliberações, o direito de recesso e as assembléias especiais.

Convém lembrar, entretanto, que esses contrapesos ao poder da maioria são exceções e não a regra, devendo ser observados apenas quando previstos em lei. Isto porque os acionistas minoritários devem ser protegidos, não há dúvida, mas com certo temperamento, para evitar uma possível ditadura da minoria.

Dessa forma, tendo em vista que, no caso específico de alteração estatutária para inserção de cláusula arbitral, não impôs o legislador qualquer espécie de condição ou impedimento à aprovação assemblear, essa alteração não autorizará o direito de recesso de qualquer acionista[23] ou mesmo necessitará de aprovação ou ratificação em assembléia especial por parte dos acionistas detentores de ações preferenciais (conforme adiante, melhor examinado). A matéria, portanto, poderá ser aprovada por acionistas representando a maioria do capital social votante presentes na assembléia,[24] salvo se *quorum* qualificado estiver previsto no respectivo estatuto social.[25]

21. Luiz Leonardo Cantidiano, *Reforma da Lei das S/A*, pp. 119, 120.

22. Modesto Carvalhosa, "Cláusula compromissória estatutária e juízo arbitral (§ 3º do art. 109)", p. 325.

23. Lembre-se que as hipóteses de recesso são taxativas, não podendo ser ampliadas salvo por força de lei (cf. Francisco Antunes Maciel Müssnich, "Reflexões sobre o direito de recesso na Lei das Sociedades por Ações", p. 298).

24. Neste sentido também se posiciona Pedro A. Batista Martins, "A arbitragem nas sociedades...", p. 136.

25. Observe-se, ainda, que a Lei das S/A, em seu art. 135, determina que a assembléia geral extra-

É o que ensinam os autores italianos U. Navarrini e G. Faggella: "*A sociedade pode, quando quiser, modificar, com uma deliberação da Assembléia, as condições da sua existência, alterando o seu estatuto*, assim como pode estabelecer a sua dissolução; quando a lei não dá, como veremos que acontece em alguns casos, aos sócios dissidentes, o meio para subtrair-se à vontade coletiva no que se refere à modificação do contrato, separando-se da sociedade, a modificação do estatuto vale para todos, tornando possível e eficaz uma deliberação que, achando obstáculo nas disposições do próprio estatuto, não valeria antes dela. *Um direito individual e absoluto à inalterabilidade do estatuto não existe, pois, segundo a nossa lei*"[26] (grifamos).

Não há o que se estranhar. Em verdade, a lei societária prevê, com relação a matérias muito mais impactantes do que a estipulação da cláusula arbitral, que também cabe à maioria a decisão, como é o caso do resgate de ações. Nesta hipótese, deve-se dizer, previu-se na recente reforma da Lei das S/A (a já mencionada Lei 10.303/2001[27]) a necessidade de aprovação da operação por assembléia especial de acionistas detentores das ações atingidas, para que seja eficaz o resgate (salvo disposição em contrário do estatuto social). No entanto, antes dessa reforma — segundo entendimento de grande parte da doutrina — não havia nem mesmo essa necessidade, podendo a referida deliberação ser tomada pela vontade da maioria dos titulares de ações ordinárias;[28] ou seja, podia-se proceder ao resgate de determinada classe de ações da companhia pela simples vontade da maioria, obviamente, havendo interesse social.

É de todo pertinente, ainda, reiterar que a alteração estatutária que insere a cláusula arbitral, além de poder ser tomada pela maioria, vinculará todos os acionistas da companhia, indistintamente.

Ocorre que o legislador não caracterizou a cláusula arbitral como um pacto parassocial — mas sim um pacto imposto à companhia e a todos os seus acionistas —, nem criou quaisquer formalidades adicionais para que essa cláusula arbitral vincule a todos. Chega-se a esse entendimento mediante interpretação sistemática da Lei das S/A.[29]

Em todas as vezes que a lei quis criar requisitos adicionais para que determinadas obrigações vinculem a todos os acionistas ou a companhia, ela o fez de forma expressa. Estes requisitos adicionais podem ser encontrados na Lei das S/A, por exemplo, no parágrafo único do seu art. 36[30] e em seu art. 118,[31] que tratam, respectivamente, da limitação à circulação de ações nas companhias fechadas e dos acordos de acionistas.

ordinária que tiver por objeto a reforma estatutária somente será instalada, em primeira convocação, obtendo-se *quorum* de 2/3 (dois terços), no mínimo, do capital com direito a voto, mas poderá ser instalada em segunda convocação com qualquer número.

26. U. Navarrini e G. Faggella, *Das Sociedades e Associações Comerciais*, v. II, 1950, pp. 300, 301.

27. A Lei 10.303/2001 acresceu o § 6º ao art. 44 da Lei das S/A que assim dispõe: art. 44, § 6º. "Salvo disposição em contrário do estatuto social, o resgate de ações de uma ou mais classes só será efetuado se, em assembléia especial convocada para deliberar essa matéria específica, for aprovado por acionistas que representem, no mínimo, a metade da(s) classe(s) atingida(s)".

28. Cf. Luís Loria Flaks, "Aspectos societários do resgate de ações", p. 127.

29. Cf. Carlos Maximiliano, *Hermenêutica e Aplicação do Direito*, p. 128 e Francesco Ferrara, "Interpretação e aplicação das leis", p. 39.

30. "Art. 36. O estatuto da companhia fechada pode impor limitações à circulação das ações nominativas, contanto que regule minuciosamente tais limitações e não impeça a negociação, nem sujeite o acionista ao arbítrio dos órgãos de administração da companhia ou da maioria dos acionistas. Parágrafo único. A limitação à circulação criada por alteração estatutária somente se aplicará às ações cujos titulares com ela expressamente concordarem, mediante pedido de averbação no livro de 'Registro de Ações Nominativas'."

31. "Art. 118. Os acordos de acionistas, sobre a compra e venda de suas ações, preferência para adquiri-las, exercício do direito a voto, ou poder de controle deverão ser observados pela companhia quando arquivados na sua sede."

Para inserção de cláusula arbitral no estatuto social, diferentemente das hipóteses antes citadas, a lei simplesmente é omissa a respeito de qualquer requisito adicional, o que nos faz concluir que, nesse caso, não há a necessidade de uma concordância expressa dos acionistas para estarem a ela vinculados.

Resta tecer alguns comentários a respeito do § 2º do art. 109 da Lei das S/A,[32] o qual, conforme entendimento de Modesto Carvalhosa, acima exposto, seria um impeditivo para a vinculação à cláusula arbitral daqueles que não tivessem expressamente concordado com ela, por se tratar de um direito essencial dos acionistas.

Diga-se, desde logo, que o mencionado § 2º do art. 109 da Lei Societária não é um empecilho à inserção de cláusula arbitral em determinado estatuto social.

Primeiramente, porque o direito essencial antes referido, ou seja, os meios, processos ou ações assecuratórios dos direitos dos acionistas não são suprimidos com a inserção de cláusula arbitral. Apenas ocorre, com a inserção da referida cláusula, que parte desse direito[33] será exercido mediante procedimento arbitral, e não através do Judiciário, o que não vai de encontro aos direitos essenciais dos acionistas previstos em lei.

Esclareça-se, ainda, que o referido dispositivo legal não alude expressamente a quaisquer *meios, processos e ações judiciais*, mas sim a *meios, processos e ações* ***que a lei*** *confere a seus acionistas para assegurar os seus direitos*; ou seja, os direitos conferidos pelo § 2º do art. 109 da Lei das S/A poderão ser limitados em virtude de lei.

Sendo assim e tendo em vista que é a própria lei societária, no mesmíssimo art. 109, que permite a inserção de cláusula compromissória arbitral no estatuto social, não faria qualquer sentido, depois da promulgação da Lei 10.303/2001, entender que tal inserção estaria elidindo qualquer direito individual dos acionistas.

Identifica-se, portanto, a inexistência de qualquer barreira legal à alteração estatutária para se inserir a cláusula compromissória arbitral ou à vinculação de quaisquer acionistas à referida cláusula.

Esse fato, todavia, não tem origem em algum esquecimento do legislador, mas sim na presunção de que a arbitragem — tendo em vista a sua celeridade, confidencialidade e decisões tecnicamente mais adequadas, em comparação com o processo judicial típico — é algo extremamente positivo, para as companhias e para os acionistas minoritários, devendo ser considerada essencial à boa governança corporativa.

Basta lembrar que a vinculação à arbitragem de determinada companhia, acionista controlador, administradores e membros do conselho fiscal, é um dos requisitos para que ela se enquadre no Nível 2 dos chamados "Níveis Diferenciados de Governança Corporativa" da BOVESPA, inclusive no Novo Mercado (nível máximo).[34]

Os administradores de fundos de investimento, por sua vez, também defendem a adoção da arbitragem, entendendo ser a mesma um procedimento extremamente sa-

32. Art. 109, § 2º. "Os meios, processos ou ações que a lei confere ao acionista para assegurar os seus direitos não podem ser elididos pelo estatuto ou pela assembléia geral".

33. O § 2º do art. 109 não é restrito a procedimentos judiciais. Ele engloba meios, processos e ações exercidos em âmbito extrajudicial, administrativo (CVM) e no âmbito interno da própria companhia, *v.g.*, direito de comparecer e opinar nas assembléias gerais (art. 125 da Lei das S/A), direitos de fiscalização (art. 133 da Lei das S/A) etc. (cf. Modesto Carvalhosa, *Comentários à Lei de Sociedades Anônimas*, v. 2, p. 363).

34. A BOVESPA definiu uma série de condutas consideradas essenciais à valorização das ações e outros ativos emitidos pelas companhias. Dependendo das condutas observadas por determinada companhia, esta será qualificada como companhia pertencente ao Nível 1, Nível 2 ou ao Novo Mercado (sendo que este último é considerado o nível máximo de boa governança corporativa, segundo os critérios da BOVESPA).

lutar para as relações entre acionistas e as companhias, como se extrai da *Carta* da Dynamo Administração de Recursos Ltda. ao mercado investidor, referente ao 1º semestre de 2002:

"A valorização crescente do que se passou a chamar de boas práticas de governança corporativa, é um bom indício de amadurecimento do nosso mercado de capitais. *Pois hoje não temos dúvida que a solução de conflitos através do juízo arbitral potencializa muito esta evolução. Mais: talvez sem o recurso da arbitragem, muitos dos direitos adquiridos pelos investidores não poderão ser reivindicados com eficácia quando mais necessários forem.*

"(...)

"*O uso da arbitragem deve ser uma das prioridades mais imediatas dos grandes investidores — institucionais ou não — na seleção das companhias investidas*"[35] (grifamos).

Cabe ainda salientar que, diferentemente do que possa parecer, a recente reforma da Lei das S/A não inovou ao possibilitar a alteração dos estatutos sociais para prever a arbitragem, pois isto já era possível, há bastante tempo, desde o Código Comercial de 1850, baseado na Constituição de 1824.

Inovou, apenas, ao deixar claro que a arbitragem não constitui afronta aos direitos individuais dos acionistas, uma vez que, conforme assinalado, foi prevista precisamente no dispositivo legal que trata desses direitos, do que se deve extrair algum significado.

A intenção da lei, conforme tudo indica, foi a de permitir que a companhia, por maioria, pudesse deliberar a inserção da cláusula arbitral no seu estatuto social e, ao fazê-lo, vincular à mesma todos os seus acionistas. Como é sabido, não se presume que as leis contenham disposições ou palavras inúteis.[36]

35. *Carta Dynamo* 34, pp. 2, 4.
36. Cf. Carlos Maximiliano, ob. cit., p. 250.

Parece-nos, portanto, que até a recente reforma da Lei das S/A não estariam vinculados à cláusula compromissória arbitral os acionistas que votaram contrariamente à alteração estatutária que inseriu a referida cláusula; os detentores de ações sem direito a voto que não aderiram, mediante um termo avulso, à referida cláusula arbitral (ou não registraram, na ata da assembléia geral, a sua vontade de aderir à mesma); ou os acionistas que se abstiveram quando da deliberação ou não participaram da assembléia geral. A partir da reforma, todavia, todos os acionistas, indistintamente, ficarão vinculados àquela cláusula, desde que regularmente incorporada ao estatuto social.

Lembre-se, a propósito, conforme já mencionado, que em havendo conflito entre o dispositivo referente à arbitragem contido na Lei das S/A e as disposições da Lei de Arbitragem, prevalecerá sempre o disposto na primeira, não só por ser posterior, mas também por ser específica sobre sociedades por ações.

Dessa forma, é possível concluir que, sob a luz da legislação em vigor, não há a necessidade de uma concordância expressa dos acionistas para ficarem vinculados à cláusula arbitral.

Resta examinar se o § 3º do art. 109 da Lei das S/A, ou se a interpretação nesta pesquisa a ele atribuída (inclusive no que se refere à vinculação dos acionistas detentores de ações preferenciais, conforme abaixo mais bem examinado), conflita de alguma forma com a Constituição Federal.

O art. 5º, XXXV, da Carta Constitucional prevê que "a lei não excluirá da apreciação do Poder Judiciário lesão ou ameaça de direito". Esta disposição constitucional tem uma destinação precisa: o próprio legislador.

É certo que a lei não pode excluir da apreciação do Poder Judiciário lesão ou ameaça de direito, mas a Constituição não impede que as partes escolham outros caminhos que não o Judiciário para resolver os seus conflitos como, por exemplo, a transação, a mediação e a própria arbitragem.

A origem do preceito constitucional contido no art. 5º, XXXV, está na Carta de 1946. Visou o constituinte, à época, com a inserção do referido dispositivo, a eliminar determinadas práticas despóticas da era Vargas, como relata Pedro A. Batista Martins:

"*Sinteticamente, a inserção constitucional do contido no art. 5º, inciso XXXV, sucedeu ao período ditatorial de Vargas, onde tribunais à margem do Estado eram autorizados a proferir decisões sobre determinadas questões de direito.*

"Além de autorizados, eram esses tribunais os únicos que tinham competência para examinar os casos discriminados nos atos baixados pela ditadura.

"Não só isso: suas decisões eram irrecorríveis. Irrecorríveis sob qualquer hipótese, pois sequer existiam situações jurídicas passíveis de revisão pelo Poder Judiciário.

"*Pior ainda: os tribunais de exceção da época, com certa constância, faziam letra morta do princípio universal do devido processo legal.*

"*Foram esses, sucintamente, os pressupostos que impulsionaram os constituintes de 1946 a introduzir, pela primeira vez, norma assecuratória da intervenção judicial que restou por deixar claro algo implícito no inconsciente coletivo de qualquer nação que propugna pelo estado de direito*"[37] (grifamos).

O Supremo Tribunal Federal, por sua vez, confirmou o entendimento acima exposto, ao declarar, pela via difusa, em decisão datada de 12 de dezembro de 2001, a constitucionalidade dos diversos dispositivos da Lei de Arbitragem que estavam sendo questionados.[38] Colhe-se no voto do Ministro Carlos Veloso: "Com efeito, a Constituição estabelece o princípio da inafastabilidade do controle judicial de lesão ou ameaça de direito (art. 5º, XXXV). *Dirige-se o ordenamento constitucional ao legislador. É dizer: este não pode excluir da apreciação do Poder Judiciário lesão ou ameaça a direito. Entretanto, a Constituição não estabelece que as pessoas não poderão excluir os seus litígios da apreciação do Judiciário.* Ora, se a parte pode transacionar em torno de seus direitos substanciais, podendo, inclusive, desistir da ação que está promovendo, não me parece razoável, *data venia*, a afirmativa de ser atentatório à Constituição, art. 5º, XXXV, desistir a pessoa, física ou jurídica, do direito instrumental, mediante cláusula compromissória, tratando-se de direitos patrimoniais disponíveis"[39] (grifamos).

É verdade que os votos dos Ministros do STF orientam-se no sentido de que, nos contratos bilaterais, para se instituir a arbitragem, faz-se necessário que todas as partes concordem e assim se manifestem.

Nada obstante, ressalte-se que a diretriz acima exposta diz respeito única e exclusivamente aos *contratos bilaterais*, tendo em vista que a Lei de Arbitragem, objeto do decisório, só trata de contratos desse gênero. É o que se apura do voto do Ministro Sepúlveda Pertence: "Como visto, vale sintetizar, *a sustentação da constitucionalidade da arbitragem repousa essencialmente na voluntariedade do acordo bilateral* mediante o qual as partes de determinada controvérsia, embora podendo submetê-la à decisão judicial optam por entregar a um terceiro, particular, a solução da lide, desde que esta, girando em torno de direitos privados disponíveis pudesse

37. Pedro A. Batista Martins, ob. cit., p. 122.

38. Julgamento do Agravo Regimental em Sentença Estrangeira 5.206-7, Reino da Espanha. Apesar desse acórdão, até a presente data, não ter sido publicado, a informação consta do *Informativo do STF* 254, de 10 a 14.12.2001.

39. Voto ainda não publicado, cuja cópia foi obtida junto ao gabinete do Ministro Carlos Veloso.

igualmente ser composta por transação"[40] (grifamos).

Percebe-se, portanto, que o aresto não enfrentou a possibilidade de se instituir a arbitragem nos estatutos sociais das companhias, até por não ter sido este o objeto da lide. A decisão do STF limitou-se, tão-somente, aos contratos bilaterais, não abrangendo os contratos plurilaterais, como são os estatutos sociais.

Assim sendo, não fica prejudicada, à luz do entendimento do STF, a tese ora sustentada de que a maioria pode vincular todos os acionistas à cláusula arbitral estatutária, independentemente da respectiva manifestação de vontade.

Lembre-se, por fim, que o legislador não impôs, na Lei das S/A, a obrigatória adoção da arbitragem para a resolução de conflitos sociais, como ocorreu no Brasil entre 1850 a 1866. A reforma da Lei das S/A apenas facultou às companhias, que assim desejassem, instituir a arbitragem em seus estatutos sociais como forma de dirimir os conflitos societários.

De todo modo, a Lei das S/A não excluiu do Judiciário o controle das decisões arbitrais, o que está expressamente previsto na Lei de Arbitragem.

Esse controle, por si só, já seria suficiente para afastar qualquer argumentação no sentido de que a arbitragem seria uma afronta ao princípio fundamental consagrado no inciso XXXV do art. 5º da Constituição Federal. Ou seja: em face das várias precauções tomadas pelo legislador, não se poderia falar em inconstitucionalidade de qualquer cláusula arbitral, em razão de suposta exclusão do acesso à via judicial, visto encontrar-se esta garantida, explicitamente, em diversas hipóteses previstas na Lei de Arbitragem (*v.g.*, seus arts. 7º, 25, 33 e 35).[41]

40. Voto ainda não publicado, cuja cópia foi obtida junto ao gabinete do Ministro Sepúlveda Pertence.

41. Cf. Sálvio de Figueiredo Teixeira, "A arbitragem no sistema jurídico brasileiro", p. 31.

2.4 *O acionista era detentor apenas de ações preferenciais sem direito a voto ou com voto restrito, quando da aprovação da alteração estatutária que inseriu a cláusula compromissória arbitral*

As ações preferenciais de uma companhia podem ou não conferir o direito a voto a seus subscritores, ou mesmo conferir esse direito com restrições (cf. art. 111 da Lei das S/A).

Aqueles que subscrevem ações sem direito a voto estão cientes da ausência desse direito e, por conseguinte, de que não participarão de qualquer decisão da companhia, salvo nos casos em que o estatuto ou a lei diversamente determinarem, como é o caso das assembléias especiais.

Essas assembléias especiais são instaladas quando, por exemplo, deseja-se alterar as preferências, vantagens e condições de resgate ou amortização de uma ou mais classes de ações preferenciais, ou criar nova classe mais favorecida (cf. art. 136, § 1º da Lei das S/A); ou ainda, quando o próprio estatuto social assim estipular (cf. parágrafo único do art. 18 da Lei das S/A).

Todavia, em regra, salvo as exceções estatutárias ou previstas em lei, os acionistas detentores de ações preferenciais sem direito a voto simplesmente não se manifestam. Assim, deliberações, como, por exemplo, cisão, incorporação ou fusão da companhia, alteração do objeto social ou da sede, dissolução da companhia, por mais importantes que sejam, independem da vontade dos acionistas detentores de ações preferenciais sem direito a voto. Também, pelo mesmo motivo, não se levará em conta a vontade desses acionistas quando da deliberação assemblear que aprovar a alteração estatutária para prever a cláusula compromissória arbitral.

No entanto, para melhor se entender a razão pela qual os acionistas detentores de ações preferenciais sem direito a voto ou com voto restrito estariam vinculados à uma eventual cláusula arbitral estatutária, faz-se necessário estabelecer a abrangência da expressão *acionista minoritário*.

É que o legislador, ao cuidar da possibilidade de se inserir a cláusula compromissória no estatuto social, não dispôs expressamente que a mesma serviria para dirimir *controvérsias envolvendo os acionistas detentores de ações preferenciais sem direito a voto ou com voto restrito*, mas sim controvérsias "*envolvendo acionistas minoritários*".

Para determinar o exato alcance da expressão *acionistas minoritários*, mostra-se útil a regra de hermenêutica formulada por Carlos Maximiliano: "Cada palavra pode ter mais de um sentido; e acontece também o inverso — vários vocábulos se apresentam com o mesmo significado; por isso, da interpretação puramente verbal resulta ora mais, ora menos do que se pretendeu exprimir. *Contorna-se, em parte, o escolho referido, com examinar não só o vocábulo em si, mas também em conjunto, em conexão com outros; e indagar do seu significado em mais de um trecho da mesma lei, ou repositório*"[42] (grifamos).

Na lei societária, todas as vezes que o legislador utilizou a expressão *acionista minoritário* isoladamente, sem referir-se, simultaneamente, a *acionistas detentores de ações com direito a voto*, teve a intenção de abranger todos os acionistas da companhia não detentores do poder de controle, o que engloba, obviamente, os acionistas detentores de ações preferenciais sem direto a voto ou com voto restrito.

Dito de outra forma, nos casos em que a lei quis diferençar os acionistas minoritários detentores de ações ordinárias dos acionistas minoritários detentores de ações preferenciais, ela o fez expressamente.[43]

42. Carlos Maximiliano, ob. cit., p. 109.

43. O que ocorre quando a Lei das S/A trata da eleição dos membros do conselho fiscal das companhias e das sociedades de economia mista (cf. arts. 161, § 4º e 240) e quando trata da oferta pública de aquisição de ações, quando da alienação de controle de companhia aberta (cf. art. 254-A).

Em todos os outros casos, inclusive no do § 3º do art. 109 da Lei das S/A, em que não há uma distinção expressa, a espécie *acionistas minoritários* abrange os acionistas detentores de ações preferenciais sem direito a voto ou com voto restrito, visto que não cabe ao intérprete distinguir onde a lei não distingue.[44]

Verifica-se que, na quase totalidade das vezes, a lei não faz qualquer distinção, como é o caso, por exemplo, do art. 117 da Lei das S/A, que trata do abuso de poder de controle.

Tal indistinção observa-se, ainda, nos arts. 202 e 215 da Lei das S/A que tratam, respectivamente, do dividendo obrigatório e da liquidação da companhia.

Não faria sentido concluir que, quando a lei estabelece que o *acionista minoritário* não pode ser prejudicado por manobras abusivas do controlador; ou proíbe o estabelecimento de critérios de distribuição do dividendo obrigatório que sujeitem os *acionistas minoritários* ao arbítrio dos órgãos de administração ou da maioria; ou, ainda, determina que os *acionistas minoritários* deverão ser indenizados pelos acionistas majoritários se favorecidos indevidamente no caso de partilha dos ativos da companhia em virtude de liquidação, a lei estaria se referindo, tão-somente, a outros acionistas detentores de ações com direito a voto que não o controlador e, por conseguinte, excluindo desses direitos fundamentais os acionistas detentores de ações preferenciais sem direito a voto ou com voto restrito.[45]

Conclui-se, portanto, pelas razões expostas ao longo desta pesquisa — as quais também se aplicam ao presente caso —, que os acionistas detentores de ações preferenciais sem direito a voto ou com voto restrito igualmente estarão vinculados à cláusula compromissória arbitral, na hipótese de

44. Cf. Carlos Maximiliano, ob. cit., p. 247.

45. No mesmo sentido do texto, Luiz Leonardo Cantidiano: "Alienação e aquisição de controle", p. 55.

o estatuto ser alterado por acionistas representantes de ações com direito a voto.

2.5 Demais aspectos do alcance subjetivo

No que se refere ao alcance subjetivo da arbitragem prevista nos estatutos das companhias, deve-se examinar, também, a possibilidade ou não de se vincular partes em conflitos que não os previstos no art. 109, § 3º, da Lei das S/A, a exemplo daqueles que envolvam apenas acionistas minoritários, apenas acionistas controladores ou, ainda, os conflitos entre a companhia ou os acionistas, de um lado, e os administradores ou qualquer terceiro, de outro.

É certo que a Lei das S/A prevê, expressamente, apenas duas espécies de conflitos suscetíveis de serem dirimidos por arbitragem: (i) entre acionistas e a companhia, ou (ii) entre os acionistas controladores e os acionistas minoritários.

Trata-se, portanto, do chamado silêncio eloqüente. Certo ou errado, não importa, entendeu o legislador que somente naquelas duas hipóteses poderia a vontade da maioria vincular os acionistas, pois apenas nesses casos, segundo o seu entendimento, haveria necessariamente um legítimo interesse social.

No caso de quaisquer outros conflitos, para que sejam dirimidos por arbitragem, faz-se necessário que as partes envolvidas tenham concordado nesse sentido. Isto porque nessas outras hipóteses, conforme ainda o legislador, haveria apenas um interesse individual das partes e, portanto, não poderia a vontade da companhia vincular aqueles que assim não o desejassem.

Em tais hipóteses, são aplicáveis as disposições da Lei de Arbitragem que exigem a expressa manifestação de vontade para que a parte se vincule à cláusula compromissória.

Disso resulta o imperativo de se examinar a possibilidade e os efeitos da instauração do juízo arbitral em face de litígios envolvendo partes vinculadas e não vinculadas à cláusula compromissória. Para tanto, impende distinguir se a hipótese é de litisconsórcio *necessário unitário*, *necessário simples*, *facultativo simples* ou *facultativo unitário*, assim como determinar os limites do fenômeno conhecido como *substituição processual*.

Conforme já se anotou em sede doutrinária, apesar das falhas do art. 47 do Código de Processo Civil,[46] a obrigatoriedade ou não da presença simultânea de duas ou mais pessoas como co-autores ou como co-réus para a regular constituição do processo (litisconsórcio necessário *versus* litisconsórcio facultativo), não pode ser confundida com a necessidade de a situação jurídica submetida à apreciação judicial ter ou não que receber uma decisão uniforme (litisconsórcio unitário *versus* litisconsórcio simples).

Não obstante o mencionado art. 47 dar a entender que todo o litisconsórcio unitário é, *ipso facto*, necessário, lembra José Carlos Barbosa Moreira exemplos em que seria inviável exigir a presença de todos os possíveis litisconsortes no mesmo pólo da relação processual — apesar de o decisório ser obrigatoriamente uniforme para todos — entre outros, um que interessa diretamente à presente pesquisa: o da ação proposta por um ou alguns acionistas visando a anular deliberação da assembléia social. E salienta: "(...) mas é incontestável que, *na hipótese* de litigarem juntas duas ou mais pessoas, com igual fundamento, em qualquer dos casos mencionados a sentença de mérito há de ter, para todas, teor *homogêneo*, sendo inconcebível que se julgue procedente o pedido de uma e improcedente o de outra. Na prática, não se poderá deixar de submeter a regime especial semelhante litisconsórcio, que é unitário, embora *fa-*

46. Art. 47 do CPC: "Há litisconsórcio necessário quando, por disposição de lei ou pela natureza da relação jurídica, o juiz tiver de decidir a lide de modo uniforme para todas as partes; caso em que a eficácia da sentença dependerá da citação de todos os litisconsortes no processo".

cultativo, diga o que disser o art. 47"[47] (grifos do original).

Acrescenta o destacado processualista que, por outro lado, existem casos em que, apesar de indispensável à co-participação de vários sujeitos no mesmo pólo do processo, o órgão judicial fica livre para decidir, no mérito, a sorte de cada litisconsorte, acolhendo a defesa de uns e repelindo a de outros. Exemplifica com a ação de usucapião de imóvel particular, em que são litisconsortes passivos necessários o presuntivo titular da propriedade e todos os respectivos confinantes (CPC, art. 942), para concluir: "A tal possibilidade, aliás, não se opõe o art. 47, de cujo texto *não se infere que todo litisconsórcio necessário seja só por isso unitário*. De tudo isso, uma única conclusão é lícito tirar: a de que, apesar do infeliz art. 47, subsiste na própria natureza das coisas a distinção entre *necessariedade* e unitariedade do litisconsórcio" (grifos do original).

Estabelecidas tais premissas, resulta que o juízo arbitral não poderá ser instaurado ou prosseguir na hipótese de *litisconsórcio necessário*, tanto o *simples* como o *unitário*, salvo se todos os possíveis litisconsortes integrarem efetivamente o processo arbitral. É que, obrigatória a presença de todos na relação processual e não sendo viável submeter à arbitragem aqueles não vinculados à cláusula compromissória, só restaria ao árbitro, se já investido desta função, extinguir o processo arbitral sem julgamento do mérito, para que a lide possa ser resolvida pelo Judiciário.[48]

Nenhum obstáculo, entretanto, à instauração do juízo arbitral, na hipótese de *litisconsórcio facultativo simples*. Como as decisões não precisam ser uniformes para todos os possíveis litisconsortes, inexistirá inconveniente ou impedimento a que alguns se submetam à arbitragem, por força da cláusula compromissória, e outros recorram à Justiça estatal.

Problema mais árduo é a hipótese de *litisconsórcio facultativo unitário*, com a sua peculiar característica: não se impõe a presença de todos os possíveis litisconsortes na relação processual, mas a decisão terá de ser uniforme para todos os sujeitos da mesma relação de direito material.

Segundo a clássica teoria individualista do direito processual, incorporada ao direito positivo pelo art. 472 do Código de Processo Civil, "a sentença faz coisa julgada às partes entre as quais é dada, não beneficiando, nem prejudicando terceiros".

No entanto, aplicada essa teoria aos casos de litisconsórcio facultativo unitário, como o do exemplo já lembrado — ação proposta por acionista visando a anular deliberação de assembléia geral —, possivelmente geraria grandes perplexidades, visto que, em tese, a mesma deliberação poderia ser considerada válida para alguns acionistas e inválida para outros, conforme a sentença proferida em cada litígio individual.

Com o objetivo de obviar tal inconveniente, bem como o da massificação dos litígios, gerando o denominado "litisconsórcio multitudinário", construiu a doutrina, com o apoio em esparsas disposições legais, a teoria da *substituição processual*, fenômeno de legitimação extraordinária que, nos casos de litisconsórcio facultativo unitário, autoriza o autor da ação (*substituto*) a representar *todos os que poderiam participar do processo como litisconsortes*, mas não participaram (*substituídos*). Como exemplos típicos de demandas em que ocorre a substituição processual, podem ser mencionadas a ação popular (Lei 4.717/1965), a ação civil pública (Lei 7.347/1985) e as ações coletivas do Código de Defesa do Consumidor (Lei 8.078/1990).

Apesar de todos serem a favor da substituição processual, na medida em que re-

47. Cf. José Carlos Barbosa Moreira, *Comentários ao Código de Processo Civil*, p. 377.

48. Cf. Humberto Theodoro Júnior, "Arbitragem e terceiros — Litisconsórcio fora do pacto arbitral — Outras intervenções de terceiros", p. 252 e J. E. Carreira Alvim, "Intervenção de terceiros na arbitragem", p. 271.

solve satisfatoriamente inúmeros problemas, diverge a doutrina sobre algumas questões fundamentais que lhe dizem respeito.

Sustentam alguns que só se admite a substituição processual nas hipóteses expressamente contempladas em lei, pois só esta poderia determinar os limites da extensão subjetiva e da eficácia da sentença em relação aos substituídos; outros a admitem mediante construção dogmática, sempre que se apresentar como um imperativo da "realidade da vida".

Entre os últimos, ainda há divergências: para uns, omissa a lei, a eficácia da coisa julgada material só se estenderia aos substituídos para beneficiá-los (*secundum eventum litis*); para outros, ela se estenderia tanto nos casos de procedência como de improcedência do pedido, impedindo sempre a renovação da mesma demanda.[49]

Como a lei é omissa sobre a substituição processual quando em causa relações tipicamente societárias, processualistas e comercialistas se dividem entre as correntes acima indicadas.

Paulo Cezar Aragão,[50] em artigo doutrinário sobre os aspectos processuais da legislação societária, publicado em 1989, mas ainda atual, relaciona vários exemplos que levariam a situações absurdas, se adotado o entendimento de que a eficácia da sentença proferida em face do substituto só se estenderia ao substituído para beneficiá-lo.

Lembra a hipótese de improcedência do pedido de dissolução da sociedade formulado pelo acionista "A"; meses depois, idêntico pedido poderia ser acolhido, se formulado pelo acionista "B", pelos mesmos fundamentos. Disso resultaria a situação absurda de a sociedade não mais existir para todos os demais acionistas, exceto para o acionista "A", por força da coisa julgada.

Com base nesse e em outros argumentos, e a nosso ver corretamente, conclui que: "a coisa julgada deve, mesmo à falta de norma específica, ser considerada como oponível *erga omnes* independentemente do resultado do processo, vinculando os terceiros interessados quer seja considerado válido ou não o ato societário impugnado. Entre os comercialistas é esse o entendimento de Vidari, Navarrini e Rocco, seguido por processualistas do nível de Carnelutti, Zanzucchi, Chiovenda e Kisch, para os quais existe um evidente caso de substituição processual (onde, como é notório, a coisa julgada abrange todos os substituídos), não sendo admissível o reconhecimento de uma coisa julgada *secundum eventum litis*, que, de toda sorte, levaria a resultados práticos muito estranhos, como já dito".

Verdadeira a premissa, resulta que, em se tratando de *litisconsórcio facultativo unitário*, o juízo arbitral poderá ser instaurado e prosseguir *se todos os possíveis litisconsortes estiverem vinculados à cláusula compromissória* (independentemente do fato de todos terem ou não firmado o compromisso arbitral). Se, por exemplo, apenas forem partes do litígio acionistas da companhia, não haverá qualquer problema quanto à instauração do procedimento arbitral, pois todos estarão necessariamente vinculados à cláusula arbitral, conforme acima já exposto. No entanto, havendo outras partes e inexistindo a vinculação de todos, eventual litígio só poderia ser resolvido pela Justiça estatal, visto que não seria possível estender a eficácia da decisão do árbitro aos terceiros não vinculados àquela cláusula, pois não poderiam estes ser considerados como "substituídos".

3. Limites objetivos da arbitragem prevista nos estatutos sociais

A lei societária não dispõe sobre os limites objetivos da arbitragem, ou seja,

49. Para aqueles que admitem a substituição processual apenas nos casos expressamente previstos em lei, não há praticamente campo para divergências a respeito dos efeitos da coisa julgada material, tendo em vista que, em regra, as próprias leis que a instituem incumbem-se de determinar-lhe o alcance.

50. Cf. Paulo Cezar Aragão, "Aspectos processuais da legislação societária", pp. 64, 65.

nada preceitua sobre o que pode ou não pode ser objeto de litígio envolvendo as partes vinculadas à cláusula compromissória.

No entanto, a Lei de Arbitragem prevê que a mesma se aplica apenas a conflitos relativos a direitos disponíveis e patrimoniais.

Segundo Cláudio Vianna de Lima, são considerados *disponíveis* "os direitos que incidem sobre bens que se podem livremente alienar, de que se pode apropriar sem necessidade de autorização judicial (...)".[51]

A indisponibilidade de determinados direitos pode se dar em decorrência: (i) da própria natureza do bem (ex., ar atmosférico na qualidade de massa gasosa), (ii) de lei (ex., bens públicos de uso comum e de uso especial), e (iii) da própria vontade humana (ex., cláusula de inalienabilidade).[52]

Nas companhias, essa indisponibilidade deverá, portanto, ser verificada caso a caso para saber se determinada disputa poderá ou não ser submetida à arbitragem.

Por outro lado, são considerados *patrimoniais* "os direitos sobre bens susceptíveis de quantificação, que podem ser avaliados ou auferidos economicamente, em dinheiro".[53]

São exemplos de direitos patrimoniais os de propriedade, os de crédito e os autorais. São extrapatrimoniais, o direito à vida, à liberdade, à honra etc.[54]

Quanto ao caráter patrimonial, pode-se dizer que todos os direitos inerentes à condição de acionista são patrimoniais, pois todos são susceptíveis de avaliação econômica, inclusive e principalmente o direito de voto. Este direito, por sua vez, não pode ser confundido com o direito político que todo o cidadão tem de eleger seus representantes nos Poderes Executivo e Legislativo, imprescindível à configuração do Estado Democrático de Direito, e, por conseguinte, inalienável e indisponível.

Saliente-se que a participação de cada acionista no capital votante de uma companhia está intrinsecamente ligada aos direitos que esse acionista poderá exercer e, conseqüentemente, ao valor que este acionista poderá obter pelo bloco de suas ações. Com 5% (cinco por cento) do capital votante é possível ao acionista, por exemplo, convocar a assembléia geral, nos casos em que a lei menciona (cf. art. 123, parágrafo único, *d*, da Lei das S/A); com um décimo do capital social com direito a voto, pode o acionista requerer a adoção do voto múltiplo para a eleição dos membros do conselho de administração (cf. art. 141 da Lei das S/A), assim como requerer a instalação do conselho fiscal (cf. art. 161, § 2º, da Lei das S/A).

A correlação entre os direitos conferidos por determinado bloco de ações e o seu valor pecuniário sobressai quando se está alienando o controle de determinada companhia. Neste caso, em regra, o adquirente do bloco de controle paga um valor muito superior ao que seria pago se o controle não estivesse envolvido.

Por fim, lembre-se que a maior valia do bloco de controle é, inclusive, reconhecida no art. 254-A da Lei das S/A, que trata da necessidade de se fazer uma oferta pública para aquisição de ações, quando da alienação do controle de companhia aberta, por preço mínimo correspondente a 80% (oitenta por cento) do valor pago por ação com direito a voto, integrante daquele bloco.

4. Abuso de poder de controle e "due process of law"

O vigente Código Civil brasileiro dispõe sobre o abuso de direito, em seu art. 187, ao preceituar que "comete ato ilícito o titular de um direito que, ao exercê-lo, excede manifestamente os limites impos-

51. Cláudio Vianna de Lima Lima, *Curso de Introdução à Arbitragem*, p. 14.
52. Cf. Caio Mário da Silva Pereira, *Instituições de Direito Civil*, v. I, p. 285.
53. Cláudio Vianna de Lima, *Curso de Introdução à Arbitragem*, p. 14.
54. Cf. Orlando Gomes, *Introdução ao Direito Civil*, p. 204.

tos pelo seu fim econômico ou social, pela boa-fé e pelos bons costumes".

Já o art. 117 da Lei das S/A, antes mencionado, que indica alguns exemplos de abuso de poder de controle, considera expressamente como fato caracterizador desse abuso a realização de alteração estatutária que não tenha por fim o interesse da companhia e vise a causar prejuízo a acionistas minoritários.

Caracterizado o abuso do poder de controle e comprovado o dano patrimonial efetivo, responderá o acionista controlador por perdas e danos ao acionista prejudicado, sem embargo da possibilidade de ser anulada a deliberação assemblear, por ter sido adotada em desconformidade com a lei.[55]

Todavia, em princípio, as deliberações do acionista controlador são tidas como voltadas para o interesse social, cabendo ao acionista que se sentir prejudicado o ônus de provar o descumprimento da lei, no caso de inexistência desse interesse.

Portanto, a inserção de cláusula compromissória arbitral, por si só, não pode ser considerada como sendo abusiva, até mesmo porque a possibilidade de se dirimir os conflitos sociais por arbitragem está prevista na própria Lei das S/A.

No caso, porém, de a cláusula compromissória visar tão-somente a dificultar o direito de defesa (*lato sensu*) de todos os demais acionistas da companhia, que não o controlador, poderá configurar-se o abuso do poder de controle.

É possível, no entanto, em determinados casos, que, apesar de a deliberação que instituir a cláusula arbitral estatutária atender ao interesse social, essa cláusula venha a ferir o princípio da igualdade processual das partes — considerada a condição específica de certos acionistas —, o que deverá ser analisado caso a caso.[56]

Imagine-se a hipótese de o estatuto de companhia sediada no Rio de Janeiro estabelecer que as suas disputas com os acionistas serão decididas por arbitragem em Paris, pela Câmara de Comércio Internacional (CCI). Neste caso, em se tratando de um acionista minoritário sem muitos recursos, a arbitragem em Paris impediria, na prática, o seu acesso à câmara arbitral, simplesmente por não ter dinheiro suficiente para pagar as suas taxas e os honorários dos árbitros e peritos, aos quais se somariam as despesas com viagens pessoais que se fizessem necessárias para prestar depoimento e os custos dos advogados a serem contratados.[57]

Isso não ocorreria, entretanto, se o acionista minoritário tivesse recursos suficientes para instaurar ou se defender em qualquer procedimento arbitral, não importa onde. Às vezes, determinado acionista minoritário — lembre-se que tal característica está ligada apenas à ausência do poder de controle — é economicamente mais poderoso do que a própria companhia em que detém participação, o que ocorre, em regra, quando esse acionista é uma entidade de previdência privada ou uma instituição financeira.

Na primeira hipótese — a do acionista de parcos recursos —, os altos custos da

55. Cf. Modesto Carvalhosa, *Comentários à Lei de Sociedades Anônimas*, p. 509.

56. O princípio da igualdade processual está estabelecido na Constituição Federal como sendo um direito fundamental e encontra-se repetido na própria Lei de Arbitragem, no § 2º de seu art. 21.

57. Os custos de uma arbitragem administrada pela CCI, p. ex., seguem uma escala de acordo com o valor da controvérsia, de um mínimo de US$2.500,00 para causas de até US$50.000,00 a um máximo de US$75.800,00 para causas de valor superior a US$80.000.000,00.

A fixação dos honorários dos árbitros também obedece a uma escala, de acordo com o valor da disputa, que também varia de no mínimo US$ 2.500,00 a no máximo 17% do valor da causa, sendo certo que nas controvérsias de valor superior a US$ 100.000.000,00 os honorários mínimos serão de 0,01% do valor em disputa e os máximos de 0,05% do mesmo valor. Havendo 3 (três) árbitros, os valores dos honorários serão elevados a um montante que normalmente não excederá o triplo dos valores previstos para o árbitro único (cf. Ricardo Ramalho Almeida, "Aspectos práticos da arbitragem", p. 398).

arbitragem poderiam efetivamente impedi-lo do acesso à justiça e, conseqüentemente, ao *due process of law*.

O Supremo Tribunal Federal, interpretando dispositivo constitucional da Carta de 1967, similar ao contido no art. 5º, XXXV, da Constituição vigente, já se pronunciou sobre a ilicitude de se criarem obstáculos ou ônus excessivos que importem, direta ou indiretamente, em violação ao direito fundamental de ação.[58] No presente caso, isso resultaria da impossibilidade ou dificuldade de acesso de determinado acionista ao procedimento de arbitragem, em face dos pesados ônus resultantes da câmara arbitral escolhida pela companhia em seu estatuto social.

Lembre-se, no entanto, que a justiça estatal brasileira também não é barata, muito pelo contrário. É possível, inclusive, que uma disputa judicial supere os custos de uma arbitragem na solução de determinado conflito.

Nas palavras de Cândido Rangel Dinamarco: "(...) o custo do processo e a miserabilidade das pessoas ocupam, apesar de não preencherem todo o espaço, lugar de muito destaque nas preocupações acerca da universalidade da tutela jurisdicional. *A justiça é cara e da brasileira pode-se dizer o que com sarcástico humor britânico fora dito: is open to all, like the Ritz Hotel*"[59] (grifamos).

Visando a evitar a discussão sobre a eventual ineficácia de cláusula arbitral, por implicar em ônus excessivo para determinada parte ou ferir o princípio da igualdade processual, poderia a companhia constituir uma reserva contábil específica, conforme permitido pelo art. 194 da Lei das S/A, com o objetivo exclusivo de adiantar as despesas diretamente vinculadas à arbitragem, para aqueles acionistas que necessitarem e assim requererem.[60]

Cabe esclarecer que o controle da existência de eventuais vícios na cláusula arbitral poderá ser feito no próprio foro arbitral, conforme preceitua o art. 8º da Lei de Arbitragem,[61] ou no foro judicial, caso ainda não tenha sido instituída a arbitragem. É certo que Arnoldo Wald entende ser exclusiva a competência dos árbitros para decidir sobre a eficácia da cláusula compromissória e sobre a validade do contrato, tendo em vista o princípio da competência-competência, também denominado *Kompetenz-Kompetenz*,[62] opinião à qual adere Pedro A. Batista Martins.[63]

Por seu turno, Teresa Arruda Alvim Wambier entende que o Poder Judiciário tem sempre jurisdição para decidir sobre sua competência e, bem assim, sobre a "competência" do juízo arbitral.[64]

Ambas opiniões, todavia, devem ser acolhidas com as devidas cautelas, em que pese a autoridade dos citados autores.

Com efeito, a *exceptio compromissi*, prevista no art. 267, VII, do Código de Pro-

58. STF, Representação 1.077-RJ (Tribunal Pleno), Rel. Ministro Moreira Alves, *RTJ* 112/62.

59. *Apud* Marco Antonio de Barros, "Jurisdição e juizado arbitral", p. 62.

60. Os adiantamentos, por sua vez, não necessitariam cobrir o total das despesas, mas tão-somente a diferença entre as taxas arbitrais somadas aos honorários dos árbitros e as taxas e custas judiciais. Também não precisariam ser adiantados pela companhia valores correspondentes a honorários de advogados ou de peritos, pois estes deveriam ser arcados, de qualquer forma, pelas partes envolvidas, se a disputa estivesse sendo resolvida pelo juízo estatal.

61. "Art. 8º. A cláusula compromissória é autônoma em relação ao contrato em que estiver inserta, de tal sorte que a nulidade deste não implica, necessariamente, a nulidade da cláusula compromissória. Parágrafo único. Caberá ao árbitro decidir de ofício, ou por provocação das partes, as questões acerca da existência, validade e eficácia da convenção de arbitragem e do contrato que contenha a cláusula compromissória."

62. Cf. Arnoldo Wald, "A recente evolução da arbitragem no Direito brasileiro (1996-2001)", p. 152.

63. Cf. Pedro A. Batista Martins, "Cláusula compromissória", p. 216.

64. Cf. Teresa Arruda Wambier, "Nulidades do processo e da sentença", p. 65.

cesso Civil brasileiro, pode ser utilizada quando uma parte insiste em dirimir o litígio pela via judicial, a despeito de haver se vinculado à cláusula arbitral. Não impede, entretanto, que a parte questione em juízo, precisamente, a existência, validade ou eficácia de cláusula arbitral, *desde que a arbitragem ainda não tenha sido instituída.*

Se prevalecesse o entendimento dos Professores Arnoldo Wald e Pedro A. Batista Martins, sem qualquer ressalva, haveria o risco de acionistas, com menor poder aquisitivo, ficarem sem amparo para poder discutir questões envolvendo a própria licitude da convenção de arbitragem.

É o que ocorreria, como no exemplo citado, se as controvérsias societárias tivessem de ser dirimidas por arbitragem a ser realizada em Paris, pela CCI, e o acionista não tivesse recursos financeiros suficientes ou não recebesse da companhia o adiantamento necessário para fazer face aos seus elevados custos.

Por outro lado, se já tiver sido instituída a arbitragem, o juízo estatal somente poderá se manifestar sobre os vícios do compromisso após a sentença arbitral, conforme expressamente dispõe o art. 33 da Lei de Arbitragem.[65] Note-se que, neste caso, não fica prejudicado o direito de argüir eventuais vícios do compromisso arbitral: se não forem detectados, desde logo, pelo árbitro, poderão ser constatados e declarados pelo Judiciário, quando do exame da sentença arbitral.

Declarada a inexistência, invalidade ou ineficácia da cláusula arbitral estatutária, pelo juízo arbitral ou estatal, caberá ao Judiciário dirimir os conflitos que, de outro modo, estariam sujeitos à arbitragem.

5. Conclusão

A arbitragem é extremamente benéfica à boa governança corporativa das companhias, tendo em vista a celeridade do procedimento, a especialidade dos árbitros e a possível estipulação de confidencialidade.

No entanto, o texto introduzido pela Lei 10.303/2001, dispondo expressamente sobre a possibilidade de o estatuto social prever o juízo arbitral como forma de resolução de conflitos entre a companhia e seus acionistas ou entre os acionistas controladores e minoritários, não é muito claro sobre o alcance subjetivo e objetivo da arbitragem. Dessa forma, cabe aos operadores do direito identificar esses limites.

Em relação ao alcance subjetivo da cláusula arbitral estatutária pode-se afirmar que a arbitragem é possível tanto em relação a companhias abertas quanto a companhias fechadas.

Pode-se concluir, ainda, que a cláusula compromissória estatutária vincula todos os acionistas da companhia — inclusive os dissidentes da respectiva deliberação assemblear que institui a arbitragem ou os acionistas detentores de ações preferenciais sem direito a voto ou com voto restrito —, independentemente da forma pela qual passaram a deter ações da companhia ou da posição assumida quando da alteração do estatuto que inseriu a referida cláusula.

Chega-se a essa conclusão interpretando o novo dispositivo legal à luz, principalmente, dos demais dispositivos da Lei das S/A, da Lei de Arbitragem e da Constituição, com base nas seguintes proposições:

65. "Art. 33. A parte interessada poderá pleitear ao órgão do Poder Judiciário competente a decretação da nulidade da sentença arbitral, nos casos previstos nesta Lei. § 1º. A demanda para a decretação de nulidade da sentença arbitral seguirá o procedimento comum, previsto no Código de Processo Civil, e deverá ser proposta no prazo de até noventa dias após o recebimento da notificação da sentença arbitral ou de seu aditamento. § 2º. A sentença que julgar procedente o pedido: I — decretará a nulidade da sentença arbitral, nos casos do art. 32, incisos I, II, VI, VII e VIII; II — determinará que o árbitro ou o tribunal arbitral profira novo laudo, nas demais hipóteses. § 3º. A decretação da nulidade da sentença arbitral também poderá ser argüida mediante ação de embargos do devedor, conforme o art. 741 e ss. do Código de Processo Civil, se houver execução judicial."

a) a formalidade imposta pelo art. 4º, § 2º da Lei de Arbitragem — adesão expressa ao juízo arbitral por todas as partes — não é aplicável à cláusula arbitral prevista no estatuto social, visto que este não configura um contrato de adesão;

b) a Lei das S/A não impõe requisitos adicionais à vinculação de acionistas à cláusula arbitral, como faz em relação à cláusula que limita a circulação de ações (art. 36 da Lei das S/A) e ao acordo de acionistas (art. 118 da Lei das S/A), motivo pelo qual a vinculação dos acionistas a ela independe de qualquer formalidade, salvo a regular alteração estatutária;

c) a inserção da cláusula arbitral não gera direito de recesso nem necessita de aprovação ou ratificação por assembléia especial, pois nada dispôs a lei nesse sentido;

d) a instituição da arbitragem não afronta qualquer direito individual dos acionistas, pois está prevista no próprio artigo da lei societária que trata desses direitos individuais;

e) a expressão "acionistas minoritários" deve ser entendida de forma a abranger todos os acionistas da companhia não detentores do poder de controle;

f) não há violação ao princípio constitucional previsto no art. 5º, XXXV, da Constituição Federal, por ser este um comando destinado ao legislador e não às partes de uma relação contratual;

g) a nova disposição legal sobre arbitragem não obriga as companhias a adotarem o procedimento arbitral, mas apenas faculta a sua adoção por aquelas que assim desejarem;

h) o STF, até o momento, quanto à necessidade de que todas as partes concordem com a arbitragem, só se pronunciou em relação aos contratos bilaterais, os quais não se confundem, sequer analogicamente, com os estatutos sociais; e

i) a Lei de Arbitragem prevê, em diversos de seus dispositivos, a possibilidade de acesso à via judicial, o que, por si só, afasta eventual alegação de inconstitucionalidade de qualquer cláusula arbitral.

Conclui-se, ainda, que o legislador não inovou ao possibilitar a inserção de cláusula de arbitragem nos estatutos sociais, pois isto já era possível desde o Código Comercial de 1850, baseado na Constituição de 1824. Inovou o legislador, apenas, ao deixar claro que a arbitragem não constitui afronta aos direitos individuais dos acionistas, autorizando a companhia, por decisão majoritária, vincular a si mesma e a todos os seus acionistas à cláusula arbitral.

Entendimento oposto limitaria, em muito, as controvérsias societárias passíveis de decisão por arbitragem, visto que não estando todos os acionistas da companhia vinculados à cláusula arbitral, qualquer demanda que dissesse respeito à respectiva coletividade — a exemplo da declaração de invalidade de determinada deliberação social — não poderia ser objeto de arbitragem.

A vinculação de todos, entretanto, apenas se verificará em litígios entre a companhia e os seus acionistas ou entre acionistas controladores e minoritários.

Os demais conflitos, a exemplo das controvérsias apenas entre acionistas minoritários, ou apenas entre acionistas controladores, ou ainda, entre a companhia ou acionistas, de um lado, e os administradores, de outro, não poderão ser resolvidos por arbitragem, salvo com a concordância expressa de todas as partes envolvidas.

Examinando-se, igualmente, os efeitos da instauração do juízo arbitral em face de litígios envolvendo partes vinculadas e não vinculadas à cláusula compromissória, resulta da presente pesquisa que na hipótese de litisconsórcio necessário, tanto o simples quanto o unitário, salvo se todos os possíveis litisconsortes integrarem efetivamente o processo arbitral, não poderá ser instaurado ou prosseguir validamente aquele juízo. No caso de litisconsórcio facultativo simples, nenhum obstáculo existirá ao juízo arbitral, que poderá ser instaurado e prosseguir mesmo que nem todos os interessados estejam submetidos à cláusula compromissória.

Já no caso de litisconsórcio facultativo unitário, em que ocorre a substituição processual, o juízo arbitral somente poderá ser instaurado e prosseguir regularmente se todos os possíveis litisconsortes estiverem vinculados à cláusula compromissória (independentemente do fato de todos terem ou não firmado o compromisso arbitral), pois de outro modo não haveria como estender aos substituídos a eficácia da coisa julgada resultante da sentença proferida pelo árbitro.

Quanto ao alcance objetivo da arbitragem, só se aplica a conflitos envolvendo direitos disponíveis e patrimoniais.

Tendo em vista que todos os direitos relacionados às companhias têm caráter patrimonial — inclusive e principalmente o direito de voto — será necessário verificar, apenas, se são disponíveis, caso a caso, para saber se podem ser objeto de arbitragem.

É suscetível de repressão pelo Judiciário o eventual abuso do poder de controle quando da inserção de cláusula arbitral estatutária, caso em que a deliberação assemblear poderá se anulada e o controlador responsabilizado.

Finalmente, conclui-se que pode não haver abuso do poder de controle, mas infração aos princípios assegurados constitucionalmente da igualdade processual das partes e do *due process of law*, o que deverá ser apurado diante de cada caso concreto. Nesta hipótese, poderá o acionista questionar a eficácia da cláusula arbitral estatutária na Justiça comum, se ainda não tiver sido instituída a arbitragem, ou no foro arbitral, se já tiver sido instituída. Neste último caso, o Judiciário poderá se manifestar sobre eventuais vícios do compromisso após a sentença arbitral, conforme dispõe o art. 33 da Lei de Arbitragem.

Referências bibliográficas

ALMEIDA, Ricardo Ramalho. "Aspectos práticos da arbitragem", *Revista de Direito Bancário, do Mercado de Capitais e da Arbitragem* 14, São Paulo, Ed. RT, out.-dez. 2001.

ALVIM, J. E. Carreira. "Intervenção de terceiros na arbitragem", in MARTINS, Pedro A. Batista e GARCEZ, José Maria Rossani. *Reflexões sobre Arbitragem: "in memoriam" do Desembargador Cláudio Vianna de Lima*. São Paulo, LTr, 2002.

ARAGÃO, Paulo Cezar. "Aspectos processuais da legislação societária", *RT* 641, São Paulo, Ed. RT, mar. 1989.

ASCARELLI, Tullio. *Problemas das Sociedades Anônimas e Direito Comparado*. São Paulo, Saraiva, 1969.

BARROS, Marco Antonio de. "Jurisdição e guisado arbitral", *RT* 738, São Paulo, Ed. RT, abr.1997.

CANTIDIANO, Luiz Leonardo. *Reforma da Lei das S/A*. Rio de Janeiro, Renovar, 2002.

______. "Alienação e aquisição de controle", in *Direito Societário & Mercado de Capitais*. Rio de Janeiro, Renovar, 1996.

CARTA DYNAMO 34, 1º semestre 2002.

CARVALHOSA, Modesto. "Cláusula compromissória estatutária e juízo arbitral (§ 3º do art. 109)", in LOBO, Jorge. *Reforma da Lei das Sociedades Anônimas, Inovações e Questões Controvertidas da Lei 10.303, de 31.10.2001*. Rio de Janeiro, Forense, 2002.

______.*Comentários à Lei de Sociedades Anônimas*. v. 2. São Paulo, Saraiva, 2003.

COELHO, Fábio Ulhoa. *Curso de Direito Comercial*. v. 2. São Paulo, Saraiva, 2002.

COMPARATO, Fábio Konder. *Ensaios e Pareceres de Direito Empresarial*. Rio de Janeiro, Forense, 1978.

FERRARA, Francesco. *Interpretação e Aplicação das Leis*. São Paulo, Saraiva, 1940.

FLAKS, Luís Loria. "Aspectos societários do resgate de ações", *RDM* 123, São Paulo, Malheiros Editores, jul.-set. 2001.

GOMES, Orlando. *Introdução ao Direito Civil*. Rio de Janeiro, Forense, 2000.

Informativo CVM, 2.3.2003, Rio de Janeiro.

LIMA, Cláudio Vianna de Lima. *Curso de Introdução à Arbitragem*. Rio de Janeiro, Lumen Juris, 1999.

MARTINS, Pedro A. Batista. "A arbitragem nas sociedades de responsabilidade limitada", in MARTINS, Pedro A. Batista e GARCEZ, José Maria Rossani (orgs.). *Reflexões sobre Arbitragem: "in memoriam" do Desembargador Cláudio Vianna de Lima*. São Paulo, LTr, 2002.

______. "Cláusula compromissória", in MARTINS, Pedro A. Batista; LEMES, Selma M. Ferreira e CARMONA, Carlos Alberto. *Aspectos Fundamentais da Lei de Arbitragem*. Rio de Janeiro, Forense, 1999.

MAXIMILIANO, Carlos. *Hermenêutica e Aplicação do Direito*. Forense, Rio de Janeiro, 1998.

MOREIRA, José Carlos Barbosa. *Comentários ao Código de Processo Civil*. v. V. Forense, Rio de Janeiro, 1999.

MÜSSNICH, Francisco Antunes Maciel. "Reflexões sobre o direito de recesso na Lei das Sociedades por Ações", in LOBO, Jorge. *Reforma da Lei das Sociedades Anônimas, Inovações e Questões Controvertidas da Lei 10.303, de 31.10.2001*. Rio de Janeiro, Forense, 2002.

NAVARRINI, U. e FAGGELLA, G. *Das Sociedades e Associações Comerciais*. v. II. Trad. ed. italiana por LOEHNEFINKE, Valentina Borgerth. Rio de Janeiro, José Konfino, 1950.

PEDREIRA, José Luiz Bulhões. "Natureza jurídica da companhia", *Revista de Direito Renovar* 12, Rio de Janeiro, Renovar, set.-dez. 1998.

PEREIRA, Caio Mário da Silva. *Instituições de Direito Civil*. v. I. Rio de Janeiro, Forense, 2002.

REQUIÃO, Rubens. *Curso de Direito Comercial*. São Paulo, Saraiva, 2000.

TEIXEIRA, Sálvio de Figueiredo. "A arbitragem no sistema jurídico brasileiro", in GARCEZ, José Maria Rossani (org.). *A Arbitragem na Era da Globalização*. Rio de Janeiro, Forense, 1999.

THEODORO JÚNIOR, Humberto. "A arbitragem como meio de solução de controvérsias", *Revista Síntese de Direito Civil e Processual Civil*, ano I, n. 2, Porto Alegre, Síntese, nov.-dez. 1999.

______. "Arbitragem e terceiros — Litisconsórcio fora do pacto arbitral — Outras intervenções de terceiros", in MARTINS, Pedro A. Batista e GARCEZ, José Maria Rossani (orgs.). *Reflexões sobre Arbitragem: "in memoriam" do Desembargador Cláudio Vianna de Lima*. São Paulo, LTr, 2002.

WALD, Arnold. "Sociedade anônima. Interpretação do art. 16 da Lei 6.404/1976. Descabimento de assembléia especial de acionistas ordinários de determinada classe", *RT* 626, São Paulo, Ed. RT, dez. 1987.

______. "A recente evolução da arbitragem no Direito brasileiro (1996-2001)", in MARTINS, Pedro A. Batista e GARCEZ, José Maria Rossani (orgs). *Reflexões sobre Arbitragem: "in memoriam" do Desembargador Cláudio Vianna de Lima*. São Paulo, LTr, 2002.

WAMBIER, Teresa Arruda. *Nulidades do Processo e da Sentença*. São Paulo, Ed. RT, 1997.

PODER REGULAMENTAR DA COMISSÃO DE VALORES MOBILIÁRIOS EM FACE DOS PRINCÍPIOS DA LEGALIDADE E SEPARAÇÃO DE PODERES

RICARDO GUIMARÃES MOREIRA

Introdução. 1. A doutrina tradicional e a evolução do Estado moderno. 2. Os princípios da separação de poderes e da legalidade: 2.1 O princípio da separação de poderes; 2.2 O princípio da legalidade. 3. O poder regulamentar da Comissão de Valores Mobiliários. Conclusões. Referências bibliográficas.

Introdução

O perfeito funcionamento do mercado de capitais não pode prescindir da eficiente atuação de um órgão regulador. No Brasil, cumpre esse papel a Comissão de Valores Mobiliários — CVM, autarquia federal, criada pela Lei 6.385, de 7.12.1976, tendo sido esta sucessivamente alterada, até sua redação atual, dada pelas Leis 10.303/2001 e 10.411/2002.

Para cumprir seu papel, a autarquia deve editar uma série de atos normativos, que efetivamente impõem ou vedam condutas.

Surge daí a importantíssima questão de se examinar a constitucionalidade e legalidade desses atos, face aos consagrados princípios da separação de poderes e da legalidade (arts. 2º e 5º, II, CF/1988).

De fato, na presente seara ocorre um grave conflito entre dois interesses públicos da maior relevância: a imperiosidade de regulamentação (rápida e eficiente) da captação e circulação da poupança popular por meio do mercado de capitais *versus* o respeito àqueles princípios constitucionais basilares.

Apesar da presente monografia ter como escopo maior a análise do poder regulamentar da CVM, o problema aqui levantado é essencialmente o mesmo no que diz respeito à atuação do Conselho Monetário Nacional, do Banco Central do Brasil, e das diversas agências reguladoras.

Em síntese, há, na doutrina brasileira, pensadores de escol que taxam de inconstitucional e ilegal qualquer exercício de poder regulamentar pelo Poder Executivo que não esteja diretamente manifestado em lei. Para esses, só haveria, no direito brasileiro, regulamentos de execução, cujo fim é dar "*fiel execução à lei*".

De outro lado, encontra-se doutrina que, embora minoritária, reputamos mais elaborada e atenta à realidade dos fatos.[1] Esta admite o exercício de um efetivo poder regulamentar pelo Executivo, sem que este fira os mencionados princípios constitucionais.

1. O fato de adiantarmos nosso entendimento a respeito do tema de forma alguma impedirá que se proceda a uma análise isenta dos argumentos jurídicos arrolados por cada parte da doutrina.

No momento em que o Brasil almeja fomentar seu mercado de valores mobiliários, recebendo investimentos externos e aumentando a poupança interna, com o fito de promover um crescimento econômico sustentável e duradouro, a questão da validade dos atos normativos que regulamentam aquele mercado, emanados da autoridade competente para tanto, não pode ficar sujeita a tamanha indefinição. Pretende-se, portanto, nesta monografia, enfrentar o tema da legalidade da atribuição de poder regulamentar à CVM, visando contribuir com a segurança jurídica do sistema.

Inicia-se o trabalho com o exame da "doutrina tradicional"[2] e a evolução do Estado moderno. Em seguida, analisa-se a "doutrina moderna" a respeito da atribuição de poder regulamentar ao Executivo e as soluções que apresenta, mais adequadas à nova realidade do Estado moderno.

1. A doutrina tradicional e a evolução do Estado moderno

Dispõe o art. 84, IV da CF/1988:

> Art. 84. Compete privativamente ao Presidente da República:
>
> IV — sancionar, promulgar e fazer publicar as leis, *bem como expedir decretos e regulamentos para sua fiel execução*.

Com fundamento em tal artigo da Constituição, entendem alguns doutrinadores que, no direito brasileiro, somente seria permitido ao Executivo a expedição de regulamentos de execução, cujo objetivo, como o nome indica, seria apenas a "*fiel execução à lei*".

2. Dar nome à parte da doutrina a respeito de um determinado tema sempre envolve um juízo de valor. *Tradicional*, aqui, nada tem a ver com seqüência histórica, mas sim, a assunção por parte do autor, por sua conta e risco, de que aquela não apresenta mais a melhor solução para o problema enfrentado. Assim, quem defende a doutrina "tradicional" pode denominá-la, sem equívoco, de "correta", "verdadeira" etc., e a moderna de "injurídica", "equivocada" etc.

A lição do grande administrativista Celso Antônio Bandeira de Mello é nesse sentido:

"Nossa Constituição — tal como as que a precederam ao longo da história republicana — oferece elementos bastante suficientes para caracterizar o regulamento e *delimitar-lhe as virtualidades normativas*.

"Como logo adiante se verá, segundo o que deles resulta, podemos conceituar o regulamento em nosso Direito como *ato geral e (de regra) abstrato, de competência privativa do Chefe do Poder Executivo, expedido com a estrita finalidade de produzir as disposições operacionais uniformizadoras necessárias* ***à execução de lei*** *cuja aplicação demande atuação da Administração Pública.*

"É que os dispositivos constitucionais caracterizadores do *princípio da legalidade no Brasil* impõem ao regulamento o caráter que se lhe assinalou, qual seja, o de ato *estritamente subordinado*, isto é, meramente subalterno *e,* ademais, *dependente de lei*. Logo, entre nós, só podem existir regulamentos conhecidos no Direito alienígena como 'regulamentos executivos'. Daí que, em nosso sistema, *de direito*, a função do regulamento é muito modesta.

"(...).

"Em estrita harmonia com o art. 5º, II, precitado, e travando um quadro cerrado dentro do qual se há de circunscrever a Administração, com todos os seus órgãos e auxiliares personalizados, o art. 84, IV, delimita, então, o sentido da competência regulamentar do Chefe do Poder Executivo ao estabelecer que ao Presidente da República compete 'sancionar, promulgar e fazer publicar as leis, bem como expedir decretos e *regulamentos para sua fiel execução*'. Nisto se revela que a função regulamentar, no Brasil, cinge-se exclusivamente à produção destes atos normativos que sejam requeridos para 'fiel execução' da lei. Ou seja: entre nós, então, como se disse, não há lugar senão para os regulamentos que a doutrina estrangeira designa como 'executivos'.

"(...).

"Certamente, esta integral subordinação da Administração à lei não é fórmula mágica, nem suficiente, só por só, para assegurar os objetivos que a nortearam. Contudo, certamente é condição importante para que se realizem.

"A assertiva ganha particular relevo no caso de povos cuja história jurídico-política, por força de subdesenvolvimento social, cultural, político e econômico, está pejada de fases em que o Direito coincide com a vontade do Chefe do Poder Executivo e por isso desliga-se do corpo social. Como se sabe, este é rigorosamente o caso do Brasil.

"(...).

"*Em suma*: é livre de qualquer dúvida ou entredúvida que, entre nós, por força dos arts. 5º, II, 84, IV, e 37 da Constituição, *só por lei se regula liberdade e propriedade; só por lei se impõem obrigações de fazer ou não fazer.* Vale dizer: *restrição de alguma à liberdade ou à propriedade pode ser imposta se não estiver previamente delineada, configurada e estabelecida em alguma lei*, e só para cumprir dispositivos legais é que o Executivo pode expedir decretos e regulamentos."[3]

Militam na mesma corrente expoentes da literatura jurídica nacional, como Oswaldo Aranha Bandeira de Mello,[4] Geraldo Ataliba,[5] Seabra Fagundes,[6] Cirne Lima,[7] José Cretella Júnior,[8] entre outros.

Para essa corrente, resulta da interpretação conjunta dos arts. 2º, 5º, II e 84, IV da CF/1988, que estatuem, respectivamente, os princípios da separação de poderes, da legalidade e a competência do Presidente da República para expedir regulamentos para a "fiel execução da lei", a regra inabalável, verdadeiro cânone do direito constitucional-administrativo brasileiro, da impossibilidade de existência de regulamentos delegados e autônomos. Luiz Carlos Sturzenegger resume o pensamento dessa substanciosa e respeitável parte de nossa doutrina:

"Pois bem, se temos de um lado a regra de que qualquer obrigação para o administrado há que decorrer da lei, e, de outro, o fato de que o único tipo de regulamento explicitamente contemplado na Constituição como permitido ao Executivo é aquele destinado à 'fiel execução da lei', a leitura conjunta dos mencionados dispositivos resultaria, segundo a doutrina tradicional, na proibição constitucional de regulamentos inovadores da ordem jurídica (no sentido de criarem direitos e obrigações para particulares), já que isso estaria reservado com exclusividade ao Legislativo. Daí a conclusão da impossibilidade da existência constitucionalmente válida, entre nós, dos chamados regulamentos *delegados* e *autônomos*, ou, em outras palavras, de que o único tipo de regulamento constitucionalmente permitido (aqui excluídos os de *urgência*, que não têm pertinência com o tema discutido) seria aquele para *fiel execução das leis.*

"A única função dos regulamentos *de execução*, nesse caso, seria a de desenvolver a lei, no sentido de deduzir os diversos comandos já nela virtualmente abrigados (não, pois, a de explicitar ou explicar a lei, de enunciar a interpretação da lei ou de a desenvolver — no sentido de expressar o que não está expresso no alcance das disposições legais). Seu objeto seria a disciplina das situações em que cabe *discricionariedade* administrativa no cumprimento da lei, da qual resultariam diferentes comportamentos administrativos possíveis (por isso, os regulamentos poderiam apenas es-

3. Celso Antônio Bandeira de Mello, *Curso de Direito Administrativo*, 11ª ed., pp. 239 e ss.

4. Oswaldo Aranha Bandeira de Mello, *Princípios Gerais de Direito Administrativo*, v. I, 2ª ed.

5. Geraldo Ataliba, "Poder Regulamentar do Executivo", *Revista de Direito Público* ns. 57-58.

6. Miguel Seabra Fagundes, *O Controle dos Atos Administrativos pelo Poder Judiciário*, 5ª ed.

7. Rui Cirne Lima, *Princípios de Direito Administrativo*, 5ª ed.

8. José Cretella Jr., *Dos Atos Administrativos Especiais*, 2ª ed.

tabelecer regras e padrões a serem adotados pelos agentes da Administração, quando de sua atuação, como meio para o cumprimento da lei: apenas poderiam indicar *a maneira de ser observada a lei*; não poderiam gerar obrigações ou direitos novos, isto é, não previamente contidos na lei). O poder hierárquico seria o fundamento da função regulamentar; seus destinatários, exclusivamente os agentes da Administração. Os regulamentos definiriam a maneira de proceder dos Agentes da Administração, no cumprimento da lei; não poderiam, portanto, em nenhuma hipótese, vincular o comportamento dos particulares."[9]

É inegável a capacidade desses doutrinadores e o respeito que se deve ter pelas suas opiniões. Inclusive, não se pode deixar de dar razão a Celso Antônio Bandeira de Mello quando o mesmo critica os abusos e desmandos praticados pelo Poder Executivo ao longo da História do Brasil. Ocorre que o entendimento por eles sufragado, ainda que baseado em dispositivos constitucionais expressos,[10] atenta contra a realidade dos fatos.

Acolher referida tese sem maiores questionamentos implica em lançar, de imediato, toda a regulação do Sistema Financeiro Nacional, do mercado de capitais, das agências reguladoras e das demais áreas onde é necessária a intervenção dinâmica do Estado na vala comum da ilegalidade. Significa dizer que a economia brasileira deveria parar completamente, até que o Poder Legislativo se desincumbisse da tarefa hercúlea de disciplinar pormenorizadamente todas aquelas áreas.

Parece evidente que essa não é e nem pode ser a melhor interpretação do texto constitucional. Se as Casas Legislativas nacionais não dão conta nem mesmo de editar os atos onde não há a menor sombra de dúvida sobre sua exclusiva competência, imagine-se então lhes exigir tal mister. Dirão os defensores da tese oposta que esse é um problema político do Brasil, e não jurídico. Ora, o Direito não pode ficar tão alheio à realidade que pretende regular. Direito sem efetividade é o mesmo que inexistência de direito.[11] Essa é, sem dúvida, uma questão que importa sim ao intérprete constitucional.

Sturzenegger sustenta as mesmas preocupações acima mencionadas: "Cabe então a pergunta: mostrar-se-ia ajustada aos princípios enunciados por Canotilho (princípio da força normativa da Constituição) e aos princípios da ordem econômica declarados no texto da Constituição brasileira uma leitura segundo a qual, por força de um de seus dispositivos, isoladamente considerado, seriam inválidas todas as competências 'normativas' conferidas *por lei* às inúmeras agências reguladoras que hoje se fazem presentes no cenário brasileiro — entre elas a que cuida da defesa da concorrência e do consumidor —, e, mais do que isso, seriam inválidas todas as normas baixadas pelo Conselho Monetário Nacional nos últimos trinta e cinco anos (balizando todos negócios bancários no mesmo período), igualmente *autorizadas por lei*, a despeito de a mesma Constituição declarar que cabe ao Estado o poder '*normativo e regulador* da atividade econômica'? Soaria como razoável a conclusão de que todo o

9. Luiz Carlos Sturzenegger, "A questão, no direito brasileiro, da atribuição de funções normativas ao Poder Executivo — O caso do Sistema Financeiro", *Revista de Direito Bancário, do Mercado de Capitais e da Arbitragem* 18/58-101.

10. O fato de determinado entendimento estar embasado em literal dispositivo de lei não implica, necessariamente, que aquele esteja correto. Aliás, modernamente, há grande chance de estar equivocado, já que a "interpretação literal" vem sendo afastada como método hermenêutico de grande valia. É função do intérprete analisar o direito como um todo, verificando se o texto de lei está de acordo com os princípios legais e constitucionais implícitos e explícitos.

11. A falta de efetividade talvez seja mesmo mais grave e pior que a inexistência do direito. Aquela implica no cidadão tamanho sentimento de frustração diante do Poder Executivo ou Judiciário que o administrado não mais se sente instigado a exercer sua cidadania, o que contribui significativamente para o subdesenvolvimento do país.

mercado financeiro, ou pelo menos o seu arcabouço jurídico, teria nascido, e sobrevivido, por décadas, à margem do sistema constitucional brasileiro?"[12]

A exata compreensão do problema passa pelo estudo da evolução do Estado moderno e de suas funções.

Sem prejuízo de um exame mais aprofundado da questão nos próximos itens, cumpre aqui dizer que o princípio da separação dos poderes, ao qual se prende ferrenhamente a doutrina tradicional para sustentar sua posição, foi originalmente concebido[13] por John Locke e Montesquieu, ao final do século XVIII, como uma resposta ao Estado absolutista, no qual todo o poder se encontrava nas mãos da Monarquia. Surgia, assim, o Estado liberal, cuja filosofia que lhe embasava se preocupava em garantir aos cidadãos liberdade *perante* os ocupantes do poder. Aquela teoria visava, indiscutivelmente, *enfraquecer o Estado*.

Se o Estado liberal representou, indiscutivelmente, uma das maiores conquistas da humanidade, é também extreme de questionamentos que sua existência, na forma teórica mais pura, pelos cento e cinqüenta anos que se seguiram, foi incapaz de trazer à grande maioria dos cidadãos o efetivo bem-estar que se acreditava vindouro. Verificou-se que as desigualdades econômicas entre as classes sociais impediam o pleno exercício das liberdades e direitos individuais. Atinou-se, assim, para o fato de que "entre o rico e o pobre, entre o forte e o fraco, a liberdade oprime e a lei liberta".

A partir de 1917, com a promulgação da Constituição do México, e 1919, com a Constituição de Weimar, na Alemanha, compreende-se o Estado como responsável pela promoção do bem social, pela indução do desenvolvimento. É o início do *Estado social*. Seu papel havia mudado. Logo, verifica-se que suas funções já não poderiam ser as mesmas do Estado liberal. Assim, tendo um fim social diferente, ficou claro que suas prerrogativas já não poderiam ser mais as mesmas, bem como sua forma de atuação. O Estado, nessas condições, carece de instrumentos ágeis para atuar de forma eficiente na economia.

Dalmo de Abreu Dallari reforça as críticas à idéia de separação de poderes absoluta:

"A primeira crítica feita ao sistema de separação de poderes é no sentido de que ele é meramente formalista, jamais tendo sido praticado. A análise do comportamento dos órgãos do Estado, mesmo onde a Constituição consagra enfaticamente a separação dos poderes, demonstra que sempre houve uma intensa interpenetração. (...)

"Outro argumento importante contra o sistema é que ele jamais conseguiu assegurar a liberdade dos indivíduos ou o caráter democrático do Estado. A sociedade plena de injustiças criada pelo liberalismo, com acentuadas desigualdades e a efetiva garantia de liberdade apenas para um pequeno número de privilegiados, foi construída à sombra da separação de poderes. Apesar desta, houve e tem havido executivos antidemocráticos e que transacionam *de fato* com o Poder Legislativo, sem quebra das normas constitucionais. Não raro, também o Legislativo, dentro do sistema de separação de poderes, não tem a mínima representatividade, não sendo, portanto, democrático. E seu comportamento, muitas vezes, tem revelado que a emissão de atos gerais obedece às determinações ou conveniências do Executivo. *Assim, pois, a separação dos poderes não assegurou a liberdade individual nem o caráter democrático do Estado.*

"(...).

"*Críticas mais recentes se dirigem a outro aspecto fundamental que lembra a polêmica a respeito dos poderes e das funções do Estado. Como se tem observado, a separação de poderes foi concebida num*

12. Ob. cit.

13. Eros Roberto Grau, no entanto, vê traços de tal princípio desde Aristóteles. Cf. *O Direito Posto e o Direito Pressuposto*, 2ª ed.

momento histórico em que se pretendia limitar o poder do Estado e reduzir ao mínimo sua atuação. Mas a evolução da sociedade criou exigências novas, que atingiram profundamente o Estado. Este passou a ser cada vez mais solicitado a agir, ampliando sua esfera de ação e intensificando sua participação nas áreas tradicionais. Tudo isso impôs a necessidade de uma legislação muito mais numerosa e mais técnica, incompatível com os modelos da separação de poderes. O Legislativo não tem condições para fixar regras gerais sem ter conhecimento do que já foi ou está sendo feito pelo Executivo e sem saber de que meios este dispõe para atuar. O Executivo, por seu lado, não pode ficar à mercê de um lento processo de elaboração legislativa, nem sempre adequadamente concluído, para só então responder às exigências sociais, muitas vezes graves e urgentes.

"(...).

"*Como fica evidente, e a experiência tem comprovado, tais soluções* (acerca do problema do dogma da separação de poderes diante da inadequada organização do Estado: delegação de poderes e transferência constitucional de competências) *são artificiais, pois mantêm uma organização sem manterem o funcionamento que determinou sua criação. Na verdade, as próprias exigências de efetiva garantia de liberdade para todos e de atuação democrática do Estado requerem deste maior dinamismo e a presença constante na vida social, o que é incompatível com a tradicional separação de poderes. É necessário que se reconheça que o dogma está superado, reorganizando-se completamente o Estado de modo a conciliar a necessidade de eficiência, com os princípios democráticos.*"[14]

Diante dos novos desafios, como bem ressaltou o grande constitucionalista, faz-se necessária uma evolução da doutrina do Estado, com vistas a atender eficientemente às novas exigências sociais, respeitando-se o princípio democrático, da legalidade e da própria separação de poderes, que passa a ser compreendido como uma *separação de funções*.

É o que se passa a examinar, com a evolução dos conceitos de separação de poderes e do princípio da legalidade.

2. *Os princípios da separação de poderes e da legalidade*

O correto entendimento da abrangência dos princípios da legalidade e da separação de poderes é fundamental para se examinar a extensão do poder regulamentar de qualquer ente público, e, por conseguinte, da CVM.

2.1 O princípio da separação de poderes

Como já adiantado acima, o princípio da separação dos poderes surgiu da evolução do pensamento de Aristóteles, John Locke, Rousseau e, finalmente, Montesquieu,[15] como resposta burguesa ao Estado monárquico e absolutista.

Tido como categoria fundamental de Estado liberal, apareceu positivado pela primeira vez nas Constituições das ex-colônias inglesas na América do Norte e, posteriormente, em 1787, na Constituição dos Estados Unidos. Com a Revolução Francesa de 1789, foi elevado a dogma do Estado Democrático e Constitucional, tanto que o art. 16 da Declaração Francesa dos Direitos do Homem e do Cidadão taxativamente afirma que "*a sociedade em que não esteja* assegurada a garantia dos direitos nem *estabelecida a separação dos poderes não tem Constituição*". No Brasil, o princípio está presente em todas as Constituições republicanas, desde 1891.

O princípio foi concebido, nitidamente, como uma barreira à tirania.[16] Para Ge-

14. Dalmo de Abreu Dallari, *Elementos de Teoria Geral do Estado*, 19ª ed., pp. 185 e ss.

15. Nesse sentido, José Afonso da Silva, *Curso de Direito Constitucional Positivo*, 17ª ed., p. 113.

16. Para Eros Roberto Grau, "a separação dos poderes é, em Montesquieu, um mecanismo imediatamente voltado à promoção da liberdade do indiví-

raldo Ataliba, no Brasil, esse serviu como resposta aos abusos cometidos nos períodos antidemocráticos de nossa história.[17] Para Ferraz Jr., segundo Simone Lahorgue Nunes: "A teoria clássica da 'divisão dos poderes', por outro lado, construída com um claro acento anti-hierarquizante e com a finalidade de implodir a concepção monoierárquica do sistema político, iria garantir, de certa forma, uma progressiva separação entre política e direito, regulando a legitimidade da influência política no governo, que se torna totalmente aceitável no Legislativo, parcialmente no Executivo e fortemente neutralizado no Judiciário dentro dos quadros ideológicos do Estado de Direito".[18]

Concebido assim como pré-condição para a existência de um Estado Democrático de Direito, o princípio veda, em síntese, o exercício de um dos poderes do Estado pelos integrantes de qualquer outro.

Corolário dessa vedação é, por óbvio, a impossibilidade de *delegação* dos poderes atribuídos a um agente a outro, pertencente a outro Poder. Essa idéia é expressa originalmente por John Locke nos seguintes termos: "The legislative cannot transfer the Power of making laws to any other hands, for it being a delegated Power from the People, they who have it cannot pass it over to others".[19]

Hely Lopes Meirelles conceitua a delegação como um dos poderes administrativos, afirmando que: "*Delegar é conferir a outrem atribuições que originalmente competiam ao delegante. As delegações dentro do mesmo Poder são, em princípio, admissíveis, desde que o delegado esteja em condições de bem exercê-las. O que não se admite, no nosso sistema constitucional, é a delegação de atribuições de um Poder a outro*, como também não se permite delegação de atos de natureza política, como a do poder de tributar, a sanção e o veto de lei. No âmbito administrativo as delegações são freqüentes, e, como emanam do poder hierárquico, não podem ser recusadas pelo inferior, como também não podem ser subdelegadas sem expressa autorização do delegante. Outra restrição à delegação é a de atribuição conferida pela lei especificamente a determinado órgão ou agente. Delegáveis, portanto, são as atribuições genéricas, não individualizadas nem fixadas como privativas de certo executor".[20]

Com a evolução da doutrina liberal pelo mundo ocidental, a separação de poderes e a conseqüente indelegabilidade tiveram forte acolhida. A Constituição brasileira de 1967/1969 chegou a consagrar, textualmente, o princípio da indelegabilidade em seu art. 6º,[21] da seguinte maneira: "salvo as exceções previstas nesta Constituição, é vedado a qualquer dos Poderes delegar atribuições; quem for investido na função de um deles não poderá exercer a de outro".

Na atual Constituição, somente a separação de poderes encontra-se expressamente positivada, inclusive como cláusula

duo; para os federalistas norte-americanos, diversamente, ela está imediatamente voltada à otimização do desempenho das funções do Estado, fundando-se também no princípio da divisão do trabalho" (ob. cit.).

17. Geraldo Ataliba, "Poder Regulamentar...", cit., *Revista de Direito Público* ns. 57-58. Aqui vale lembrar a crítica feita por Dallari, já citada. A simples existência formal do princípio da separação não foi capaz de garantir a liberdade e a democracia no país.

18. Tércio Sampaio Ferraz Jr., "O Judiciário frente à divisão dos poderes: um princípio em decadência?", *apud* Simone Lahorgue Nunes, *Os Fundamentos e os Limites do Poder Regulamentar no Âmbito do Mercado Financeiro*, pp. 84 e 85.

19. Sidney B. Jacob, "Delegation of powers and judicial review — A study in comparative law", *Columbia Law Review* 871, *apud* Luis Carlos Sturzenegger, ob. cit.

20. Hely Lopes Meirelles, *Direito Administrativo Brasileiro*, 25ª ed., p. 113.

21. Essa é uma prova cabal de que Dallari está coberto de razão na crítica que faz ao formalismo do princípio da separação de poderes. A Constituição de 1967/1969 consagra, com todas as letras, esse princípio, bem como a regra da indelegabilidade. Nem por isso deixou o período de vigência daquela Constituição de ser um dos piores tempos de autoritarismo nesse país.

pétrea (arts. 2º e 60, § 4º, III). A doutrina, entretanto, não tergiversa sobre a desnecessidade de literal menção à indelegabilidade, afirmando que esta decorre daquele princípio, bem como da representação política, da supremacia da Constituição e do devido processo legal.[22]

A análise isolada daqueles dispositivos parece conferir aos princípios citados ares de aplicabilidade absoluta, sustentando a tese da doutrina tradicional. Essa não é, entretanto, a realidade constitucional.

A própria Constituição Federal mitiga aqueles princípios em uma série de passagens, quando, por exemplo, permite leis delegadas (art. 68) e medidas provisórias (art. 62), quando trata da iniciativa legislativa por outros Poderes (arts. 61 e 93), e quando confere ao Legislativo poderes jurisdicionais (art. 52, I e II). Os exemplos são colhidos em grande escala.

Mas foi a Emenda Constitucional 32, de 11.9.2001, que, ao dar nova redação aos arts. 48, X e XI; 61, § 1º, II, *e*; 84, VI, *a* e *b*,[23] rompeu de vez com o dogma da separação dos poderes, demonstrando a tendência irresistível de se atribuir ao Executivo funções antes reservadas ao Legislativo. Referida Emenda conferiu ao Presidente da República competência para, *mediante decreto*, dispor sobre a "organização e funcionamento da administração federal, quando não implicar aumento de despesa nem criação ou extinção de órgãos públicos" e, principalmente, sobre a "*extinção de funções ou cargos públicos, quando vagos*".[24] Verifica-se, assim, a transferência para o Executivo de matéria tradicionalmente reservada ao âmbito da lei: a extinção de funções ou cargos públicos.

Não se pode falar, assim, em aplicação indiscriminada e incondicional daquele princípio. Sempre houve, e sempre haverá, um certo nível de interpenetração na atuação dos Poderes do Estado. Relevar tal fato é desconsiderar sobejamente a realidade. Aliás, sendo o poder uno e indivisível,[25] a doutrina interpreta hoje o princípio da separação como uma separação de *funções*. Compete, então, ao Poder Legislativo, primordialmente, a *função legislativa*,

22. Nesse sentido Luís Roberto Barroso, "Disposições Constitucionais Transitórias. Delegações legislativas. Poder regulamentar", *Revista de Direito Público* 96/69, *apud* Luiz Carlos Sturzenegger, ob. cit.

23. A redação original e a nova redação dos dispositivos é a seguinte:

"Art. 48. Cabe ao Congresso Nacional, com a sanção do Presidente da República, não exigida esta para o especificado nos arts. 49, 51 e 52, dispor sobre todas as matérias de competência da União, especialmente sobre: (...). X — criação, transformação e extinção de cargos, empregos e funções públicas"; *redação dada pela Emenda Constitucional 32, de 11.9.2001*: "X — criação, transformação e extinção de cargos, empregos e funções públicas, *observado o que estabelece o art. 84, VI, 'b'*".

"XI — criação, estruturação e atribuições dos Ministérios e órgãos da administração pública"; *redação dada pela Emenda Constitucional 32, de 11.9.2001*: "XI — criação e extinção de Ministérios e órgãos da administração pública".

"Art. 61. A iniciativa das leis complementares e ordinárias cabe a qualquer membro ou Comissão da Câmara dos Deputados, do Senado Federal ou do Congresso Nacional, ao Presidente da República, ao Supremo Tribunal Federal, aos Tribunais Superiores, ao Procurador-Geral da República e aos cidadãos, na forma e nos casos previstos nesta Constituição. § 1º. São de iniciativa privativa do Presidente da República as leis que: I — (...); II — disponham sobre: a) a d) (...); e) criação, estruturação e atribuições dos Ministérios e órgãos da administração pública"; *redação dada pela Emenda Constitucional 32, de 11.9.2001*: "e) criação e extinção de Ministérios e órgãos da administração pública, *observado o disposto no art. 84, VI*".

"Art. 84. Compete privativamente ao Presidente da República: I a V — (...); VI — dispor sobre a organização e o funcionamento da administração federal, na forma da lei"; *redação dada pela Emenda Constitucional 32, de 11.9.2001*: "VI — dispor, mediante decreto, sobre:"; *alíneas incluídas pela Emenda Constitucional 32, de 11.9.2001*: "a) *organização e funcionamento da administração federal, quando não implicar aumento de despesa nem criação ou extinção de órgãos públicos*; b) extinção de funções ou cargos públicos, quando vagos".

24. Essa nova *competência* do Presidente teve importante aplicação no âmbito da CVM, como será visto adiante.

25. Pois emana do Povo, que não tem como dividi-lo, a não ser em diferentes funções, como se vê logo abaixo.

ao Executivo, *a função de aplicar as leis de ofício*, e, ao Judiciário, *a função jurisdicional*. Esse é o entendimento de Simone Lahorgue Nunes: "O poder político é uno e indivisível, porém se apresenta, na prática, dividido no exercício das funções institucionais que lhe são inerentes, deferidas a órgãos especializados e independentes do Estado, porém harmônicos, para assegurar a existência do próprio Estado. Assim, certo é que não existe um monopólio absoluto por nenhum destes órgãos no exercício de uma ou de mais funções: este é o entendimento que se deve ter do princípio de que ora tratamos. É bem verdade que o ideal do Estado de Direito é ter entre os seus dogmas a 'separação dos poderes', o exercício das funções administrativa, jurisdicional e legislativa por órgãos especializados, diferentes e independentes".[26]

O incomparável Miguel Reale arremata: "Tempo houve em que não se admitia nem mesmo a crítica da doutrina da separação dos poderes, e, na forma em que ela era exposta, estava como implícito o primado do Legislativo, restando ao Governo o papel secundário de executar o que tivesse sido estatuído pelo legislador parlamentar. *Hoje em dia, entretanto, poucos se mantêm apegados ao dogma da divisão dos poderes, e a nossa história constitucional nos dá um exemplo característico das modificações sofridas pela doutrina, desde a sua primeira formulação clássica até a Constituição Federal vigente, na qual a discriminação dos poderes soberanos não tem mais o valor de um princípio essencialmente destinado à garantia das liberdades individuais, mas antes o valor pragmático de uma* ***distribuição de funções****, de uma simples aplicação da lei da divisão do trabalho no setor das atividades políticas*".[27]

A idéia de separação de funções é bem acolhida no Supremo Tribunal Federal, como se pode ver do julgamento da ação direta de inconstitucionalidade 1.105-7 (medida cautelar), em que figurou como Relator o Ministro Paulo Brossard. No voto do Relator, constou que:

> O certo é que cada Poder tem a posse privativa de determinadas áreas. (...) Cada poder tem a sua área própria de atuação da qual decorre a regra segundo a qual a ele, e só a ele, compete dispor. Tenho como sacrilégio a interferência do Poder Judiciário na intimidade de outro poder para dizer o que ele pode e como pode obrar.
>
> (...).
>
> Insisto no que me parece fundamental. A questão está em saber se o regimento contraria a lei ou se esta prevalece sobre aquele; a questão está em saber se, dispondo como dispõe, o legislador podia fazê-lo, isto é, exercitava competência legítima ou se, ao contrário, invadia competência constitucionalmente reservada aos tribunais; (...).
>
> *Como é sabido, cada Poder tem uma atribuição dominante, mas não exclusiva,* Barbalho, *Constituição Federal Brasileira*, 1902, p. 48. *Ao Poder Judiciário é atribuído o poder jurisdicional; não obstante, o Senado processa e julga, em caráter privativo e definitivo, determinadas autoridades, nos termos da Constituição. Outrossim, ao Poder Legislativo cabe editar leis, mas, nem por isso, tem ele o monopólio da função legislativa.*
>
> (...).
>
> *Em outras palavras, como o Poder Legislativo, os tribunais têm competência legislativa; reduzida, sem dúvida, delgada ninguém o nega, circunscrita, é claro; mas, quando a exercem nos limites da Constituição, a norma por eles editada, sob a denominação de regimento, em nada é inferior à Lei, e esta em nada lhe é superior. Andam em esferas distintas, que se não confundem. A do Poder Legislativo é ampla, a do Poder Judiciário, limitada; mas a amplidão de uma e a modéstia de outra nada significam quanto a competência legislativa e a substância da nor-*

26. Simone Lahorgue Nunes, *Os Fundamentos...*, cit., p. 86.

27. Miguel Reale, *Teoria do Direito e do Estado*, 5ª ed., p. 344.

ma editada em si mesma; a despeito das diferenças formais, ambas as duas normas são leis e juridicamente se equivalem (...).[28]

Assim, há que se distinguir na Constituição campos em que a atuação do Legislativo é soberana daqueles em que se faz possível o regramento por membros de outros Poderes. Essa distinção leva a outra, entre ***lei*** e ***norma***, bem como faz a doutrina atribuir à ***função normativa*** a qualidade de ***gênero***, do qual seriam ***espécies*** a ***função legislativa*** e a ***função regulamentar***. Essa seria exercida por todos os Poderes, enquanto aquela é privativa do Legislativo. Sturzenegger, citando Alessi, soluciona a questão:

"*Norma* é todo preceito expresso mediante *estatuições primárias* (na medida em que vale por força própria, ainda que eventualmente com base em um poder não originário, mas derivado ou atribuído ao órgão emanante), ao passo que *lei* é toda estatuição, embora carente de conteúdo normativo, expressa, necessariamente com valor de *estatuição primária*, pelos órgãos legislativos ou por outros *órgãos delegados daqueles*. A *lei* não contém necessariamente uma norma. Por outro lado, a norma não é necessariamente emanada mediante uma lei. Disso decorre que *função normativa* — conceito de natureza essencialmente *material* — seria a função de emanar *estatuições primárias* (no sentido de valerem por si mesmas), seja em decorrência do exercício de poder *originário* (caso das *leis* editadas pelo Parlamento), seja em decorrência de poder *derivado* (caso das *normas* editadas pelo Executivo), contendo preceitos abstratos e genéricos.

"(...).

"Daí, em sintonia com Eros Roberto Grau, termos que a *função normativa* (*material*) compreende a *função legislativa* e a *função regulamentar* (institucionais) — mais a *função regimental*, se considerarmos a normatividade emanada do Poder Judiciário.

"(...).

"Em outras palavras, se delegar pressupõe transmitir a outrem a própria atribuição, e se o que compete ao Poder Legislativo é a *função legislativa*, a única delegação que se pode entender proibida pelo princípio da separação é o *da lei em sentido formal* — ou seja, a que compreenda *matérias formalmente reservadas, pela Constituição, à lei* —, não no sentido *material*."[29]

Resta, assim, superado o dogma da "separação de poderes". Atribuindo-se a todos os Poderes a função normativa, e ao Legislativo, privativamente, nos termos da Constituição, a função legislativa, permite-se, concomitantemente, o respeito ao princípio constitucional e a evolução do perfil do Estado, tendo em vista o bem-estar social.

2.2 O princípio da legalidade

Fia-se ainda a doutrina tradicional para sustentar seu entendimento acerca do poder regulamentar no chamado princípio da legalidade, estatuído em nosso direito, como é sabido, pelo art. 5º, II da CF/1988 que dispõe que "ninguém será obrigado a fazer ou deixar de fazer alguma coisa senão *em virtude de lei*". Assim, interpretando literalmente esse comando constitucional, não haveria, segundo os defensores desse posicionamento, regulamentos outros no direito brasileiro além do de *execução*, "para o fiel cumprimento da lei" (art. 84, IV, CF/1988).

A pesquisa da origem do princípio levar-nos-ia longe, fugindo ao objetivo da monografia. Cumpre apenas indicar, no entanto, que o princípio em estudo surge e está no âmago do Estado Democrático de Direito, já que esse último é conceituado

28. Ação direta de inconstitucionalidade 1.105-7, julgamento da medida cautelar.

29. Luiz Carlos Sturzenegger, "A questão...", cit., *Revista de Direito Bancário, do Mercado de Capitais e da Arbitragem* 18/58-101.

como o Estado que se submete à Constituição e às leis que cria. Pode-se indicar, apenas para fins de marco histórico, o ano de 1215, na Inglaterra, quando o Rei João-Sem-Terra assinou a *Magna Carta*, jurando obedecê-la e aceitando a limitação de seus poderes.[30] Inicia-se aí o Estado Constitucional moderno, bem como se molda o princípio em estudo da maneira como o concebemos hoje.

José Afonso da Silva[31] conceitua tal princípio como o que sujeita o Estado ao *império da Lei*. No âmbito do direito administrativo, Celso Ribeiro Bastos afirma que "Estado de Direito é aquele que se submete ao próprio direito que o criou".[32] Maria Sylvia Zanella Di Pietro,[33] por sua vez, esclarece que o princípio impõe à Administração a obrigação de fazer somente o que a lei permite.

É inegável a importância do princípio da legalidade para o Estado de Direito. Esse fato, entretanto, não é suficiente para dar irrestrita razão aos defensores da doutrina tradicional.

A correta solução da questão passa pela interpretação da palavra "lei" ao longo do texto constitucional e, especificamente, no art. 5º, II, da Carta da República.

Nossa Constituição cita "Lei" em seu corpo com diversos significados. É o que identifica Clémerson Merlin Clève,[34] citado por Sturzenegger.[35] No *caput* do art. 5º, "Lei" aparece como sinônimo de *ordem jurídica*. No art. 5º, XXXIX, como ato legislativo votado pelo Congresso. No inc. XXXV do mesmo artigo, como qualquer norma jurídica. Já no art. 173, § 3º, a expressão deve ser lida como qualquer ato legislativo. Outros exemplos podem ser colhidos facilmente.

Ora, se a Constituição não dá sentido único à expressão "Lei", compete ao intérprete diferençar as circunstâncias em que tal palavra aparece. Existem passagens em que não pode restar dúvidas de que a CF exige lei em sentido estrito (regra geral e abstrata, inovadora do ordenamento, emanada do Legislativo), como, por exemplo, nos arts. 5º, XXXIX, e 150, I. O mesmo já não ocorre, segundo nossa doutrina, com o art. 5º, II.

A melhor interpretação desse dispositivo constitucional, e, por conseqüência, do princípio da legalidade, é aquela que desdobra o citado princípio em "*princípio da reserva absoluta de lei*" (*legalidade estrita*) e "*princípio da reserva da norma*" (*legalidade ampla*, ou *latu sensu*). O erro da doutrina tradicional consiste em se apegar ferrenhamente à legalidade estrita, esquecendo-se da legalidade *latu sensu*.

José Afonso da Silva, embora aceite apenas a existência dos regulamentos de execução, reconhece o desdobramento do princípio: "A doutrina não raro confunde ou não distingue suficientemente o *princípio da legalidade* e o da *reserva de lei*. O primeiro significa a submissão e o respeito à lei, ou a atuação dentre da esfera estabelecida pelo legislador. O segundo consiste em estatuir que a regulamentação de determinadas matérias há de fazer-se necessariamente por lei formal. Embora às vezes se diga que o princípio da legalidade se revela como um caso de *reserva relativa*, ainda assim é de reconhecer-se diferença entre ambos, pois que o legislador, no caso de reserva de lei, deve ditar uma disciplina mais específica do que é necessário para satisfazer o princípio da legalidade".[36]

Complementa Simone Lahorgue Nunes:

"A doutrina nacional, de uma forma geral, reconhece o princípio da legalidade

30. Dalmo de Abreu Dallari, ob. cit., p. 168.

31. José Afonso da Silva, *Curso...*, cit., 17ª ed., p. 421.

32. Celso Ribeiro Bastos, *Curso de Direito Administrativo*, 2ª ed., p. 24.

33. Maria Sylvia Zanella Di Pietro, *Direito Administrativo*, 13ª ed., p. 68.

34. Clémerson Merlin Clève, *Atividade Legislativa do Poder Executivo*, 2ª ed.

35. Ob. cit.

36. Ob. cit., p. 423.

apenas em parte, dando relevância para o que chamaremos de '*princípio da reserva absoluta da lei*', ignorando, assim, o outro sentido com o qual é tal princípio referido no Texto Constitucional, qual seja, o '*princípio da reserva da norma*', enfoque este imprescindível para chegarmos à conclusão de que pode a legalidade ser mantida ainda quando a função normativa for desenvolvida pelo Executivo.

"(...).

"O princípio da legalidade, presente em ambos os dispositivos legais supracitados (art. 5º, II e XXXIX, CF/1988), deve ser lido de maneira distinta, leitura esta que deve ter como premissa o seu desdobramento em princípio (i) da reserva da lei (legalidade absoluta, presente apenas nos arts. 150, I, e 5º, XXXIX da Constituição Federal); e (ii) o da reserva da norma (legalidade estrita).[37]

"(...).

"O princípio da legalidade a que se refere a doutrina (ou da reserva absoluta da lei) significa a sujeição e subordinação do comportamento dos indivíduos às normas e prescrições editadas pelo Poder Legislativo — apenas a lei em sentido formal, portanto, poderia impor às pessoas um dever de prestação ou de abstenção. Normas outras, ainda que veiculadoras de regras gerais e abstratas, não atenderiam à exigência deste princípio.

"Entretanto, para uma perfeita compreensão do alcance do disposto na Constituição devemos entender o princípio da legalidade não como a vinculação a um determinado tipo de norma específica, mas ao ordenamento inteiro, ao que Hauriou chamava de 'o bloco da legalidade'.

"Dentro de tal 'bloco da legalidade' devemos englobar os demais atos normativos que, embora não editados pelo Legislativo, constituem lei em sentido material."[38]

37. Verifica-se que a doutrinadora atribui nomes diferentes dos que apresentamos acima.

38. Ob. cit., pp. 51 e ss.

Mas é Eros Roberto Grau quem melhor dispõe sobre a questão:

"Há visível distinção entre as duas situações: (i) vinculação da Administração às definições da lei; (ii) vinculação da Administração às definições decorrentes — isto é, fixadas em virtude dela — de lei. No primeiro caso, estamos diante da reserva da lei; no segundo, em face da reserva da norma (norma que pode ser tanto legal quanto regulamentar, ou regimental). Na segunda situação, ainda quando as definições em pauta se operem em atos normativos não da espécie legislativa — mas decorrentes de previsão implícita ou explícita em atos legislativos contida —, o princípio estará sendo devidamente acatado. No caso, o princípio da legalidade expressa reserva da lei em termos relativos (= reserva da norma), razão pela qual não impede a atribuição, explícita ou implícita, ao Executivo para, no exercício da função normativa, definir obrigação de fazer e não fazer que se imponha aos particulares — e os vincule. (...) *Dizendo-o de outra forma: se há um princípio de reserva de lei — ou seja, se há matérias que só podem ser tratadas pela lei —, evidente que as excluídas podem ser tratadas em regulamentos*;

"(...).

"Resta evidenciado, desta sorte, não importar ofensa ao princípio da legalidade inclusive a imposição, veiculada por regulamento, de que alguém faça ou deixe de fazer algo, *desde que isso decorra*, isto é, venha, *em virtude de lei*. Note-se, ademais, que, quando o Executivo expede regulamentos — ou, o Judiciário, regimentos —, não o faz no exercício de delegação legislativa. Onde e quando não houver transferência de função legislativa, do Legislativo para o Executivo (ou para o Judiciário), não há que se falar em delegação, nem em derrogação do princípio da divisão dos poderes. (...) A conclusão assim firmada é, de resto, a que guarda compatibilidade com a ideologia consagrada no vigente texto constitucional, que reclama e exige, de modo intenso, na ação do Executivo, uma aproximação cada vez maior entre política e direito, ao contrário do que sucedia no Estado liberal (...) O Executivo fica sujeito, ao editar esses regulamentos autorizados, exclusivamente às limitações definidas na atribuição explícita do exercício de sua função normativa. Logo, esses mesmos regulamentos autorizados podem impor obrigação de fazer ou deixar de fazer alguma coisa (essa obrigação terá sido imposta *em virtude de lei*)."[39]

Assim, há que se examinar, diante de cada aparição das expressões "Lei", "nos termos da lei", "em virtude de lei" etc., se estamos diante de uma hipótese da aplicação da reserva de lei ou de reserva da norma.

Referido entendimento tem o mérito inegável de compatibilizar os preceitos constitucionais com a realidade dos fatos sociais e econômicos atuais (contra os quais a luta do jurista é de todo vã). Diante de uma economia, e, especificamente no objeto de nossa análise, um mercado de capitais cada vez mais dinâmico e complexo, a Lei, em sentido estrito, nada pode senão traçar as diretrizes gerais, deixando ao ente regulador, dotado de capacidade técnica e maior agilidade decisória, a missão de regulamentar as condutas dos agentes do mercado.

Está, portanto, o poder regulamentar do Conselho Monetário Nacional, das Agências Reguladoras e da Comissão de Valores Mobiliários fundado no princípio da reserva da norma, sendo legítima sua capacidade de reger os fatos reservados à sua competência normativa.

Essa necessidade de regulação urgente dos fatos econômicos é denominada por Eros Roberto Grau de *capacidade normativa de conjuntura*: "Nesse clima, a instabilidade de determinadas situações e estados econômicos, sujeitos a permanentes flutuações — flutuações que definem seu caráter conjuntural —, impõem sejam extremamente flexíveis e dinâmicos os instrumentos normativos de que deve lançar mão o Estado para dar correção a desvios ocorridos no desenrolar do processo econômico e no curso das políticas públicas que esteja a implementar. Aí, precisamente, o emergir da *capacidade normativa de conjuntura*, via da qual se pretende conferir resposta à exigência de produção imediata de textos normativos, que as flutuações da conjuntura estão, a todo tempo, a impor. A potestade normativa através da qual essas normas são geradas, dentro dos padrões de dinamismo e flexibilidade adequados à realidade, é que denomino de *capacidade normativa de conjuntura*".[40]

Cite-se ainda que o poder regulamentar do Executivo, bem como a relatividade do princípio da legalidade, nos termos apresentados, é corroborada pelo próprio texto constitucional que, no seu art. 49, incs. V e XI, dispõe ser *da competência exclusiva do Congresso Nacional* ***sustar os atos normativos do Poder Executivo que exorbitem do poder regulamentar ou dos limites de delegação legislativa*** e, principalmente, ***zelar pela preservação de sua competência legislativa em face da atribuição normativa dos outros Poderes***.

Ora, se a própria Constituição dispõe que o Congresso deve se insurgir contra os atos que *exorbitem* o poder regulamentar, bem como zelar pela *sua competência legislativa*, em face da *competência normativa dos outros Poderes*, é evidente que existe um poder regulamentar conferido aos outros Poderes que é legítimo e deve ser exercido nos casos em que necessário.

Saliente-se, por derradeiro, que o Supremo Tribunal Federal acolhe a tese aqui apresentada, de atribuição de funções normativas ao Executivo. É o que nos mostra Sturzenegger:

"Com efeito, sob a égide ainda da Constituição de 1946 decidiu o STF que o princípio da indelegabilidade não exclui

39. Eros Roberto Grau, *O Direito Posto...*, cit., 2ª ed. A citação é de Sturzenegger, ob. cit.

40. Ob. cit., p. 172.

'*certas medidas a serem adotadas pelo órgão executor no tocante a fatos e operações de natureza técnica, dos quais dependerá a aplicação da lei*' (HC 30.555, Rel. Ministro Castro Nunes, *RDP* 21/136).

"Para a Suprema Corte, se o Congresso não pode delegar o poder de fazer leis, pode, no entanto, elaborar uma lei com autorização para a Administração '*determinar fatos ou um estado de coisas de que dependa, nos termos que ela mesma estatui, a sua execução ou eficácia*'. A atividade normativa (discricionária) do Administrador, nesta área, deve estar sempre preestabelecida. A lei não pode conceder ao Executivo campo de atuação exasperado e sem linhas paramétricas claras, definidas e incontornáveis. Assim se manifestou, por exemplo, o Min. Carlos Velloso, ao discutir a questão da rejeição tácita de medidas provisórias: '(...) *compreendo que a delegação legislativa é uma das tendências do direito constitucional contemporâneo. É que o Estado prestador de serviços exige ações prontas do Poder Executivo incumbido de administrar. E se no Estado de Direito tudo se faz de conformidade com a lei, raciocinar em termos do Estado clássico, impedir que o Executivo também legisle, é parar as rodas, como disse um constitucionalista americano, do próprio Estado. É claro que a delegação legislativa há de compreender limites, há de compreender rígido controle político por parte do Parlamento e não menos severo controle de constitucionalidade por parte do Judiciário, e só assim ela se legitima*' (ADIn 295-3-DF)."[41]

Resta, portanto, evidenciada a plausibilidade jurídica da tese ora sustentada. Mais do que isso, a interpretação aqui apresentada dos princípios da legalidade e da separação dos poderes é a que efetivamente deve prevalecer, sob pena de se paralisar a atividade econômica nacional.

Evidentemente, o exercício do poder regulamentar não pode ser abusivo ou indiscriminado. A simples falta de lei não autoriza aos entes da Administração seu exercício, nem permite que o uso daquela faculdade seja absolutamente discricionário. É preciso, então, divisar os limites de atuação de cada agente incumbido da função em comento.

Quais seriam, então, os limites de atuação do poder regulamentar? Bolívar B. M. Rocha,[42] apesar de em seu artigo discorrer sobre os "limites e parâmetros das *delegações*", apresenta circunstâncias limitadores que entendemos pertinentes ao caso em estudo.

Para aquele autor, o poder delegado, e aqui, o poder regulamentar, deve ser limitado da seguinte maneira: (I) pela impossibilidade de subdelegação do Poder Legislativo propriamente dito. Não é possível a abdicação por completo do poder genérico de fazer as leis. (II) pela impossibilidade de delegação da competência para formular planos globais, ou, no nosso caso, de regulamentação pelo Executivo do que é estrutural no conjunto de fatos regulados, e não meramente conjuntural. (III) Deve constar na lei que outorga atribuições, o objeto, o fim, as diretrizes, as condições e os limites em que se exercerá a atribuição delegada. Ou seja, a lei deve traçar os limites objetivos dos atos a serem regulados.

Delineados os limites na forma exposta acima, o exame da legalidade do exercício do poder regulamentar pela sociedade, pelo Legislativo e, em última instância, pelo Poder Judiciário estaria assegurado, mediante a utilização das formas ordinárias de controle da Administração Pública.

Avaliada a inserção genérica do poder regulamentar no nosso regime constitucional, passa-se, no próximo item, ao estudo daquele poder no âmbito da Comissão de Valores Mobiliários.

41. Luiz Carlos Sturzenegger, "A questão...", cit., *Revista de Direito Bancário, do Mercado de Capitais e da Arbitragem* 18/58-101.

42. Bolívar B. M. Rocha, "O poder normativo de órgãos da administração — O caso da Comissão de Valores Mobiliários", *RDM* 64/47-69.

3. O poder regulamentar da Comissão de Valores Mobiliários

O art. 173 da Constituição Federal impõe ao Estado somente explorar diretamente atividade econômica quando sua atuação for "*necessária aos imperativos da segurança nacional ou a relevante interesse coletivo*". Fora dessas hipóteses restritas, que devem estar definidas em lei, o Estado exerce o papel de "agente normativo e regulador da atividade econômica", através de "*fiscalização*, incentivo e planejamento" (art. 174).

Da leitura dos artigos mencionados fica claro que nossa Constituição, acolhendo a ordem capitalista, escolheu a iniciativa privada primordialmente como responsável pela consecução do fim último da ordem econômica, elencado no *caput* do art. 170: a existência digna de todos. Mais do que isso, sendo a titular da atividade produtiva, relegando-se ao Estado uma atuação subsidiária, compete àquela a consecução de importantíssimos objetivos fundamentais da República (art. 3º): a construção de uma sociedade livre, justa e solidária; a garantia do desenvolvimento nacional; e a erradicação da pobreza.

Para que possa cumprir esse papel fundamental em nosso país, a iniciativa privada deve contar com empresas fortes, prósperas e rentáveis. Por outro lado, a doutrina, seja no Direito, seja na Economia, não diverge sobre um ponto fundamental: não há melhor maneira de obter empresas com aquelas características do que um mercado de capitais desenvolvido e bem regulado.[43]

Assim, cumprindo seu papel de regulador da atividade econômica[44] o Estado brasileiro criou, pela edição da Lei 6.385/1976, a Comissão de Valores Mobiliários, com o fim último de normatizar o mercado de capitais. Portanto, hoje, seu fundamento último reside no art. 174 da Constituição Federal de 1988.

A CVM é, hoje, após a edição das Leis 10.303/2001 e 10.411/2002 (resultado da conversão da Medida Provisória 8, de 2001), uma "entidade autárquica em regime especial, vinculada ao Ministério da Fazenda, com personalidade jurídica e patrimônio próprios, dotada de autoridade administrativa independente, ausência de subordinação hierárquica, mandato fixo e estabilidade de seus dirigentes, e autonomia financeira e orçamentária", conforme dispõe o art. 5º da Lei 6.385/1976.

Suas competências regulamentares estão previstas em diversos artigos da lei. No entanto, atribuem poderes, especificamente, os arts. 8º, 15, 16 e 18:

> Art. 8º. Compete à Comissão de Valores Mobiliários:
>
> I — regulamentar, com observância da política definida pelo Conselho Monetário Nacional, as matérias expressamente previstas nesta Lei e na lei de sociedades por ações;
>
> II — administrar os registros instituídos por esta Lei;
>
> III — fiscalizar permanentemente as atividades e os serviços do mercado de valores mobiliários, de que trata o art. 1º, bem como a veiculação de informações relativas ao mercado, às pessoas que dele participem, e aos valores nele negociados;
>
> IV — propor ao Conselho Monetário Nacional a eventual fixação de limites máximos de preço, comissões, emolumentos e quaisquer outras vantagens cobradas pelos intermediários do mercado;
>
> V — fiscalizar e inspecionar as companhias abertas dada prioridade às que não apresentem lucro em balanço ou às que deixem de pagar o dividendo mínimo obrigatório.
>
> (...).
>
> Art. 15. O sistema de distribuição de valores mobiliários compreende:
>
> (...).

43. Segurança jurídica para os investimentos e um sistema tributário justo e equilibrado também são fundamentais. Mas isso já é assunto para outros estudos.

44. Ainda que sob a vigência da Constituição de 1967/1969, que possuía regra semelhante.

§ 1º. Compete à Comissão de Valores Mobiliários definir: *(Redação pelo Decreto 3.995, de 31.10.2001)*

I — os tipos de instituição financeira que poderão exercer atividades no mercado de valores mobiliários, bem como as espécies de operação que poderão realizar e de serviços que poderão prestar nesse mercado;

II — a especialização de operações ou serviços a ser observada pelas sociedades do mercado, e as condições em que poderão cumular espécies de operação ou serviços.

§ 2º. Em relação às instituições financeiras e demais sociedades autorizadas a explorar simultaneamente operações ou serviços no mercado de valores mobiliários e nos mercados sujeitos à fiscalização do Banco Central do Brasil, as atribuições da Comissão de Valores Mobiliários serão limitadas às atividades submetidas ao regime da presente Lei, e serão exercidas sem prejuízo das atribuições daquele.

§ 3º. Compete ao Conselho Monetário Nacional regulamentar o disposto no parágrafo anterior, assegurando a coordenação de serviços entre o Banco Central do Brasil e a comissão de Valores Mobiliários.

Art. 16. Depende de prévia autorização da Comissão de Valores Mobiliários o exercício das seguintes atividades:

I — distribuição de emissão no mercado (art. 15, I);

II — compra de valores mobiliários para revendê-los por conta própria (art. 15, II);

III — mediação ou corretagem de operações com valores mobiliários; e (*Redação dada pela Lei 10.411, de 26.2.2002*)

IV — compensação e liquidação de operações com valores mobiliários. (*Redação dada pela Lei 10.411, de 26.2.2002*)

Parágrafo único. Só os agentes autônomos e as sociedades com registro na Comissão poderão exercer a atividade de mediação ou corretagem de valores mobiliários fora da bolsa.

(...).

Art. 18. Compete à Comissão de Valores Mobiliários: (*Redação dada pela Lei 10.411, de 26.2.2002*)

I — editar normas gerais sobre: (*Redação dada pela Lei 10.411, de 26.2.2002*)

a) condições para obter autorização ou registro necessário ao exercício das atividades indicadas no art. 16, e respectivos procedimentos administrativos; (*Redação dada pela Lei 10.411, de 26.2.2002*)

b) requisitos de idoneidade, habilitação técnica e capacidade financeira a que deverão satisfazer os administradores de sociedades e demais pessoas que atuem no mercado de valores mobiliários; (*Redação dada pela Lei 10.411, de 26.2.2002*)

c) condições de constituição e extinção das Bolsas de Valores, entidades do mercado de balcão organizado e das entidades de compensação e liquidação de operações com valores mobiliários, forma jurídica, órgãos de administração e seu preenchimento; (*Redação dada pela Lei 10.411, de 26.2.2002*)

d) exercício do poder disciplinar pelas Bolsas e pelas entidades do mercado de balcão organizado, no que se refere às negociações com valores mobiliários, e pelas entidades de compensação e liquidação de operações com valores mobiliários, sobre os seus membros, imposição de penas e casos de exclusão; (*Redação dada pela Lei 10.411, de 26.2.2002*)

e) número de sociedades corretoras, membros da bolsa; requisitos ou condições de admissão quanto à idoneidade, capacidade financeira e habilitação técnica dos seus administradores; e representação no recinto da bolsa;

f) administração das bolsas; emolumentos, comissões e quaisquer outros custos cobrados pelas bolsas ou seus membros, quando for o caso;

f) administração das Bolsas, das entidades do mercado de balcão organizado e das entidades de compensação e liquidação de operações com valores mobiliários; emolumentos, comissões e quaisquer outros custos cobrados pelas Bolsas e pelas entidades de compensação e liquidação de operações com valores mobiliários ou seus membros, quando for o caso; (*Redação dada pela Lei 10.411, de 26.2.2002*)

g) condições de realização das operações a termo;

h) (*vetado*) (*Alínea incluída pela Lei 10.303, de 31.10.2001*)

h) condições de constituição e extinção das Bolsas de Mercadorias e Futuros, forma jurídica, órgãos de administração e seu preenchimento. (*Redação dada pela Lei 10.411, de 26.2.2002*)

II — definir:

a) as espécies de operação autorizadas na bolsa e no mercado de balcão; métodos e práticas que devem ser observados no mercado; e responsabilidade dos intermediários nas operações;

b) a configuração de condições artificiais de demanda, oferta ou preço de valores mobiliários, ou de manipulação de preço; operações fraudulentas e práticas não eqüitativas na distribuição ou intermediação de valores;

c) normas aplicáveis ao registro de operações a ser mantido pelas entidades do sistema de distribuição (art. 15).

Da leitura dos dispositivos acima não se encontra qualquer atribuição exorbitante à Comissão. Vale dizer, foram respeitados os limites Constitucionais de atribuição de poder regulamentar visto no item anterior. É praticamente impossível ao Legislativo dispor em lei, de forma eficiente, sobre aquelas questões. Ademais, é possível se verificar, em cada caso concreto de instrução normativa publicada, se houve ou não exorbitância dos limites traçados pela Lei. *Conclui-se, assim, pela legitimidade do exercício de poder regulamentar da CVM.*

Importante salientar que, para os que acolhem a divisão do princípio da legalidade, como visto em outra passagem desta monografia, o art. 25, I, do Ato das Disposições Constitucionais Transitórias[45] não é empecilho ao exercício do poder regulamentar pela CVM. Isso porque a competência regulamentar não está na abrangência do referido artigo.

De fato, caso se interprete o artigo dessa maneira, das duas uma: ou todo o mercado de capitais estaria sem regulamentação desde 1989, ou a lei que dispusesse a respeito deveria prever toda a matéria inserida em centenas de instruções normativas ao longo dos últimos anos. As duas opções são inviáveis: a primeira, por inviabilizar a importante missão constitucional reservada à iniciativa privada na ordem econômica, já explicada acima, para a qual o mercado de capitais é imprescindível. A inviabilidade da segunda salta aos olhos e dispensa comentários. É necessário, portanto, se encontrar outra interpretação para o texto constitucional.

O melhor entendimento sobre o texto em referência é a que veda a delegação de competências exclusivas do Congresso Nacional ao Executivo. Essas matérias impassíveis de delegação são aquelas elencadas no art. 68, § 1º da Constituição Federal. Ademais, sendo a função legislativa uma das espécies do gênero função normativa, como visto, a atribuição desta última ao Executivo escapa da incidência do art. 25, do ADCT. Nesse sentido as palavras de Sturzenegger, em lição sobre o CMN, totalmente aplicável à autarquia em estudo: "Uma outra leitura para o dispositivo é a que decorre da linha interpretativa, já delineada, adotada por Eros Roberto Grau e outros autores para a tese da separação dos poderes. É importante verificar que a norma do art. 25 do ADCT atua em duas dimensões temporais: ela se refere a delegações ocorridas no passado, antes da promulgação da atual Constituição, e que estejam compreendidas no campo de compe-

45. Dispõe referido artigo: "Art. 25. Ficam revogados, a partir de cento e oitenta dias da promulgação da Constituição, sujeito este prazo a prorrogação por lei, todos os dispositivos legais que atribuam ou deleguem a órgão do Poder Executivo competência assinalada pela Constituição ao Congresso Nacional, especialmente no que tange a: I — ação normativa".

tência assinalado pela atual Constituição ao Legislativo. Conforme vimos, o que é reservado com exclusividade pela atual Constituição ao Legislativo é a 'função legislativa' — fonte emanadora de Lei em sentido formal —, apenas uma das espécies do gênero 'função normativa' (que também engloba a 'função regulamentar' do Executivo e a 'função regimental' do Judiciário), quando inserida a matéria no campo de 'reserva absoluta de lei'. Como a produção de normas no âmbito do sistema financeiro não se acha compreendida no espaço constitucionalmente reservado à lei em sentido formal, as normas legais que atribuíram competência ao Conselho Monetário Nacional não atribuem nem delegam competência normativa sobre matérias cuja normatização a atual Constituição haja atribuído ao Congresso Nacional e, assim sendo, não estão abrangidas pela revogação estabelecida no referido art. 25 do ADCT".[46]

Resta, dessa forma, intacto o poder regulamentar da Comissão de Valores Mobiliários. A exorbitância desses poderes deve ser examinada não de forma genérica, mas caso a caso, em cada uma das Instruções Normativas e outros atos editados pela Autarquia, confrontando-os com a Lei de regência.

No entanto, encontramos nas recentes modificações da Lei 6.385/1976 um caso claro de exorbitância do poder regulamentar. Como já mencionado, a Emenda Constitucional 32 conferiu competência privativa ao Presidente da República para, mediante Decreto, "dispor sobre a organização e funcionamento da administração federal, quando não implicar aumento de despesa nem criação ou extinção de órgãos públicos e a extinção de funções ou cargos públicos, quando vagos (art. 84, VI, alíneas *a* e *b*, CF/1988)".

A pretexto de tratar do funcionamento da CVM, foi editado o Decreto 3.995/2001 que, de forma inédita, alterou, de forma (parcialmente) *válida, Lei Federal*, tudo com amparo na Emenda Constitucional 32/2001. A validade do ato, no entanto, restringe-se àquelas hipóteses previstas na Constituição. Diz-se que sua validade é parcial, pois, na verdade, o Decreto foi além do que é permitido, incidindo, assim, em exorbitância do poder regulamentar e, em última instância, em inconstitucionalidade. Julian Fonseca Pena Chediak trata do assunto:

"Vale notar aqui o ineditismo contido na edição do Decreto 3.995. Pode parecer inconstitucional, por si só, sem maiores considerações, realizar-se alteração em dispositivos de lei através de um decreto. Após a promulgação da Emenda Constitucional 32, porém, passou a ser de competência privativa do Presidente da República dispor, mediante decreto, sobre '*organização e funcionamento da administração federal, quando não implicar aumento de despesa nem criação ou extinção de órgãos públicos*', bem como sobre '*extinção de funções ou cargos públicos, quando vagos*'.

"Como tais matérias passaram a ser de competência *privativa* do Presidente da República, não mais é possível ao Congresso Nacional pretender dispor sobre elas. Sendo assim, por mais inédito que seja, parece correto que tais matérias — e apenas elas — tenham sido alteradas através de edição de decreto.

"Não parece, porém, que todas as matérias tratadas pelo Decreto 3.995 sejam estritamente referentes à '*organização e funcionamento da administração federal*' ou sobre '*extinção de funções ou cargos públicos*'."[47]

O autor suscita a constitucionalidade principalmente da nova redação do art. 9º da Lei 6.385/1976, alterado pelo Decreto em questão:

46. Ob. cit.

47. Julian Fonseca Pena Chediak, "A Reforma do Mercado de Valores Mobiliários", in Jorge Lobo (coord.), *Reforma da Lei das Sociedades Anônimas: Inovações e questões controvertidas da Lei 10.303, de 31.10.2001*, pp. 525-551.

Art 9º. A Comissão de Valores Mobiliários, observado o disposto no § 2º do art. 15, poderá: (*Redação dada pelo Decreto 3.995, de 31.10.2001*)

I — examinar e extrair cópias de registros contábeis, livros ou documentos, inclusive programas eletrônicos e arquivos magnéticos, ópticos ou de qualquer outra natureza, bem como papéis de trabalho de auditores independentes, devendo tais documentos ser mantidos em perfeita ordem e estado de conservação pelo prazo mínimo de cinco anos: (*Redação dada pelo Decreto 3.995, de 31.10.2001*)

a) as pessoas naturais e jurídicas que integram o sistema de distribuição de valores mobiliários (art. 15);

b) das companhias abertas e demais emissoras de valores mobiliários e, quando houver suspeita fundada de atos ilegais, das respectivas sociedades controladoras, controladas, coligadas e sociedades sob controle comum; (*Redação dada pela Lei 10.303, de 31.10.2001*)

c) dos fundos e sociedades de investimento;

d) das carteiras e depósitos de valores mobiliários (arts. 23 e 24);

e) dos auditores independentes;

f) dos consultores e analistas de valores mobiliários;

g) de outras pessoas quaisquer, naturais ou jurídicas, quando da ocorrência de qualquer irregularidade a ser apurada nos termos do inc. V deste artigo, para efeito de verificação de ocorrência de atos ilegais ou práticas não eqüitativas; (*Redação dada pelo Decreto 3.995, de 31.10.2001*)

II — intimar as pessoas referidas no inc. I a prestar informações, ou esclarecimentos, sob cominação de multa, sem prejuízo da aplicação das penalidades previstas no art. 11; (*Redação dada pela Lei 10.303, de 31.10.2001*)

III — requisitar informações de qualquer órgão público, autarquia ou empresa pública;

IV — determinar às companhias abertas que republiquem, com correções ou aditamentos, demonstrações financeiras, relatórios ou informações divulgadas;

V — apurar, mediante processo administrativo, atos ilegais e práticas não eqüitativas de administradores, membros do conselho fiscal e acionistas de companhias abertas, dos intermediários e dos demais participantes do mercado; (*Redação dada pela Lei 10.303, de 31.10.2001*)

VI — aplicar aos autores das infrações indicadas no inciso anterior as penalidades previstas no Art. 11, sem prejuízo da responsabilidade civil ou penal.

§ 1º. Com o fim de prevenir ou corrigir situações anormais do mercado, a Comissão poderá: (*Redação dada pelo Decreto 3.995, de 31.10.2001*)

I — suspender a negociação de determinado valor mobiliário ou decretar o recesso de bolsa de valores;

II — suspender ou cancelar os registros de que trata esta Lei;

III — divulgar informações ou recomendações com o fim de esclarecer ou orientar os participantes do mercado;

IV — proibir aos participantes do mercado, sob cominação de multa, a prática de atos que especificar, prejudiciais ao seu funcionamento regular.

§ 2º. O processo, nos casos do inc. V deste artigo, poderá ser precedido de etapa investigativa, em que será assegurado o sigilo necessário à elucidação dos fatos ou exigido pelo interesse público, e observará o procedimento fixado pela Comissão. (*Redação dada pelo Decreto 3.995, de 31.10.2001*)

§ 3º. Quando o interesse público exigir, a Comissão poderá divulgar a instauração do procedimento investigativo a que se refere o § 2º. (*Parágrafo incluído pelo Decreto 3.995, de 31.10.2001*)

§ 4º. Na apuração de infrações da legislação do mercado de valores mobiliários, a Comissão deverá dar prioridade às infrações de natureza grave, cuja apenação proporcione maior efeito educativo e preventivo para os participantes do mercado.

(*Parágrafo incluído pelo Decreto 3.995, de 31.10.2001*)

§ 5º. As sessões de julgamento do Colegiado, no processo administrativo de que trata o inc. V deste artigo, serão públicas, podendo ser restringido o acesso de terceiros em função do interesse público envolvido. (*Parágrafo incluído pelo Decreto 3.995, de 31.10.2001*)

§ 6º. A Comissão será competente para apurar e punir condutas fraudulentas no mercado de valores mobiliários sempre que: (*Parágrafo incluído pelo Decreto 3.995, de 31.10.2001*)

I — seus efeitos ocasionem danos a pessoas residentes no território nacional, independentemente do local em que tenham ocorrido; e (*Inciso incluído pelo Decreto 3.995, de 31.10.2001*)

II — os atos ou omissões relevantes tenham sido praticados em território nacional. (*Inciso incluído pelo Decreto 3.995, de 31.10.2001*).

Parece evidente que, nos pontos em que o Decreto inovou a Lei, atribuindo maiores poderes à CVM e impondo novas obrigações aos administrados, e não apenas dispondo sobre o funcionamento da Autarquia, o mesmo padece de nítida inconstitucionalidade.

Ressalvada esses pontos inconstitucionais na nova redação da Lei 6.385/1976, verifica-se que o poder regulamentar da CVM se encontra robustamente legitimado, devendo e podendo a Autarquia prosseguir em sua importantíssima missão no mercado de valores mobiliários.

Conclusões

As conclusões a que se chega ao fim desse trabalho são as seguintes:

O estudo do poder regulamentar conferido aos órgãos do Poder Executivo é cercado de dogmas arraigados na doutrina.

Há, de um lado, a doutrina denominada tradicional, que nega simplesmente a possibilidade de exercício de poder regulamentar pelo Poder Executivo, a não ser para a expedição de decretos para a fiel execução da lei, se apegando em uma literal interpretação dos princípios da legalidade e da separação de poderes.

Essa doutrina está à margem da realidade nacional e mundial, onde se vê a importância crescente das ações do Executivo.

O princípio da separação de poderes e seu corolário básico, a indelegabilidade, nasceram das idéias de Montesquieu, que deram origem ao Estado liberal. Essas idéias buscavam enfraquecer e diminuir o poder do Estado, àquela época detido pela monarquia absolutista. O Estado liberal, por sua vez, visava tão-somente garantir um rol de direitos mínimos e formais ao cidadão.

O surgimento histórico do Estado social trouxe consigo a necessidade de efetivo gozo dos direitos por parte de todos os cidadãos. Exige-se do Estado a promoção do bem-estar social de todos. Essas exigências implicam em uma atuação pró-ativa e dotada de conhecimento técnico por parte do Executivo, incompatível com a morosidade do debate político no Legislativo.

O princípio da legalidade não impede o exercício da função normativa por outros Poderes. Aquele se divide em princípio da reserva absoluta de lei, ou legalidade estrita, e princípio da reserva da norma, ou legalidade ampla (*latu sensu*). Existem matérias que devem ser tratadas absolutamente pela Lei em sentido estrito. Outras, como é o caso da regulação do mercado de capitais, podem ser veiculadas por normas *latu sensu*, editadas pelo Poder Executivo, ou, no caso, pela Autarquia competente, a CVM.

Existem mecanismos constitucionais e legais que servem de "freios e contrapesos" ao exercício do poder regulamentar.

A capacidade regulamentar da CVM tem esteio constitucional, especificamente no art. 174. O art. 25 do ADCT não revogou os poderes e atribuições da CVM.

A lei que criou aquela autarquia, e suas posteriores alterações, delineia um quadro objetivo de regulação, permitindo aos administrados, bem como aos outros Poderes, aferir facilmente se a CVM está extrapolando suas atribuições.

Reafirmada a legalidade da atuação da Comissão de Valores Mobiliários e das normas por ela expedidas, essa Autarquia fica legitimada a prosseguir atuando, tendo em vista o aperfeiçoamento do mercado de capitais brasileiro, para que o país tenha empresas prósperas e capitalizadas, que contribuam cada vez mais para o desenvolvimento nacional.

Belo Horizonte, 5 de agosto de 2003.

Referências bibliográficas

ATALIBA, Geraldo. "Poder Regulamentar do Executivo", *Revista de Direito Público*, ns. 57-58.

BANDEIRA DE MELLO, Celso Antônio. *Curso de Direito Administrativo*, 11ª ed., rev., atual. e ampl., São Paulo, Malheiros Editores, 1999.

BANDEIRA DE MELLO, Oswaldo Aranha. *Princípios Gerais de Direito Administrativo*, v. I, 2ª ed., Forense, 1979.

BARROSO, Luís Roberto. "Disposições Constitucionais Transitórias. Delegações legislativas. Poder regulamentar", *Revista de Direito Público* 96/69.

BASTOS, Celso Ribeiro. *Curso de Direito Administrativo*, 2ª ed., São Paulo, Saraiva, 1996.

BONAVIDES, Paulo. *Do Estado Liberal ao Estado Social*, 5ª ed., Belo Horizonte, Del Rey, 1993.

CASTRO, Carlos Roberto de Siqueira. *O Congresso e as Delegações Legislativas*, Rio de Janeiro, Forense, 1986.

CHEDIAK, Julian Fonseca Pena. "A reforma do mercado de valores mobiliários", in LOBO, Jorge (coord.), *Reforma da Lei das Sociedades Anônimas: Inovações e Questões Controvertidas da Lei 10.303, de 31.10.2001*, Rio de Janeiro, Forense, 2002, pp. 525-551.

CIRNE LIMA, Rui. *Princípios de Direito Administrativo*, 5ª ed., Ed. RT, 1982.

CLÈVE, Clémerson Merlin. *Atividade Legislativa do Poder Executivo*, 2ª ed., São Paulo, Ed. RT, 2000.

COMPARATO, Fábio Konder. *RDM* 3/62, São Paulo, Ed. RT, ano 10, nova série, 1971.

CRETELLA JR., José. *Dos Atos Administrativos Especiais*, 2ª ed., Forense, 1995.

DALLARI, Dalmo de Abreu. *Elementos de Teoria Geral do Estado*, 19ª ed., São Paulo, Saraiva, 1995.

DI PIETRO, Maria Sylvia Zanella. *Direito Administrativo*, 13ª ed., São Paulo, Atlas, 2001.

FERREIRA FILHO, Manoel Gonçalves. *Direito Constitucional Econômico*, São Paulo, Saraiva, 1990.

GRAU, Eros Roberto. *O Direito Posto e o Direito Pressuposto*, 2ª ed., São Paulo, Malheiros Editores, 1998.

______. *A Ordem Econômica na Constituição de 1988 (Interpretação e Crítica)*, 2ª ed., São Paulo, Ed. RT, 1991.

JACOB, Sidney B. "Delegation of powers and judicial review — A study in comparative law", *Columbia Law Review* 871.

LEAL, Victor Nunes. *Delegações Legislativas. Problemas de Direito Público*, Rio de Janeiro, Forense, 1960.

LOCKE, John. *Two Treatises of Government*, J. M. Dent (Londres) & Sons Ltd. e E. P. Dtton & Co. (EUA), 1973.

MARTINS, Ives Gandra da Silva. *Comentários à Constituição Brasileira*, v. 6, São Paulo, Saraiva, 1991.

MEDAUAR, Odete. *O Direito Administrativo em Evolução*, São Paulo, Ed. RT, 1992.

MEIRELLES, Hely Lopes. *Direito Administrativo Brasileiro*, 25ª ed., São Paulo, Malheiros Editores, 2000.

MONTESQUIEU. *O Espírito das Leis*, 7ª ed., trad. Pedro Vieira Mota, São Paulo, Saraiva, 2000.

MOREIRA NETO, Diogo de Figueiredo. *Mutações do Direito Administrativo*, Rio de Janeiro, Renovar, 2000.

NUNES, Simone Lahorgue. *Os Fundamentos e os Limites do Poder Regulamentar no Âmbito do Mercado Financeiro*, Rio de Janeiro, Renovar, 2000.

REALE, Miguel. *Teoria do Direito e do Estado*, 5ª ed., São Paulo, Saraiva, 2000.

ROCHA, Bolívar B. M. "O poder normativo de órgãos da administração — O caso da Comissão de Valores Mobiliários", *RDM* 64/47-69, São Paulo, Ed. RT, ano 25, out.-dez. 1986.

SEABRA FAGUNDES, Miguel. *O Controle dos Atos Administrativos pelo Poder Judiciário*, 5ª ed., Forense, 1979.

SILVA, José Afonso da. *Curso de Direito Constitucional Positivo*, 17ª ed., São Paulo, Malheiros Editores, 2000.

STURZENEGGER, Luiz Carlos. "A questão, no direito brasileiro, da atribuição de funções normativas ao Poder Executivo — O caso do Sistema Financeiro", *Revista de Direito Bancário, do Mercado de Capitais e da Arbitragem* 18/58-101, São Paulo, Ed. RT, ano 5, out.-dez. 2002.

VELLOSO, Carlos Mário da Silva. *Temas de Direito Público*, Belo Horizonte, Del Rey, 1997.

VILLELA SOUTO, Marcos Juruena. *Desestatização: Privatização, Concessões, Terceirizações e Regulação*, 4ª ed., Rio de Janeiro, Lumen Juris, 2001.

BREVES PONDERAÇÕES SOBRE O APARENTE CONFLITO DE NORMAS QUE REGEM A SUBSTITUIÇÃO DE ACIONISTAS DISSIDENTES REEMBOLSADOS

RODRIGO DE OLIVEIRA BOTELHO CORRÊA

I — Introdução. II — Ponderações de direito aplicadas ao caso concreto. III — Conclusão.

I — Introdução

1. Após a Segunda Grande Guerra, os juristas passaram a difundir uma nova concepção do Direito. Busca-se, em verdade, a superação do positivismo jurídico, que reinava no mundo contemporâneo, mas que possuía falhas tantas que possibilitou as atrocidades cometidas pelos regimes totalitários de extrema direita.[1] Essa nova concepção recebeu a alcunha de pós-positivismo.[2]

2. Dentro dessa nova perspectiva, passou-se a dar importância ímpar ao estudo do caso concreto, que veio a disputar com o sistema normativo a primazia na formulação da solução adequada.[3] É que, como já dizia Comparato, *o fenômeno jurídico comporta, sempre, mais de um sentido e, por conseguinte, mais de uma solução.*[4] Decerto a solução aplicada ao caso concreto será fruto de uma escolha consciente entre as várias possibilidades agasalhadas pelo Direito.[5]

3. É nesse diapasão que a figura do parecer vem sendo cada vez mais festejada. Já dizia Rubens Gomes de Souza *que o trabalho jurídico verdadeiramente fecundo seria o do fazedor do direito, que em verdade não é o legislador, o qual apenas escreve o que a realidade lhe dita, mas sim o parecerista, que, atuado pelos interesses em conflito na dinâmica própria do direito, procura* "(...) destrinçar os fios da meada para com eles tecer a trama do caso concreto sobre a urdidura dos princípios gerais".[6]

4. Nessa acepção, trago as idéias abaixo dispostas, que deram origem ao Parecer

1. Como lembra muito bem Luís Roberto Barroso, *os principais acusados de Nuremberg invocaram o cumprimento da lei e a obediência a ordens emanadas da autoridade competente* ("Fundamentos teóricos e filosóficos do novo Direito Constitucional brasileiro", in *Temas de Direito Constitucional*, t. II, Renovar, 2003, p.27).

2. Cf. J.J. Gomes Canotilho, *Direito Constitucional e Teoria da Constituição*, 1998; Ronald Dworkin, *Taking Rights Seriously*, 1997; Robert Alexy, *Teoría de los Derechos Fundamentales*, 1997. No Brasil, cite-se, Paulo Bonavides, *Curso de Direito Constitucional*, 2000 e Luís Roberto Barroso, *Fundamentos...*, 2003.

3. Luís Roberto Barroso, ibidem, pp. 34-35.

4. O trecho acima destacado faz parte da "Explicação Necessária" constante na introdução do livro *Novos Ensaios e Pareceres de Direito Empresarial*, Forense, 1981.

5. Fábio Konder Comparato, ibidem, p. IX. No mesmo sentido, Luís Roberto Barroso, idem, p. 10.

6. *Apud* Gilberto de Ulhôa Canto, Prefácio do livro de Ives Gandra Martins, *Direito Empresarial (Pareceres)*, Forense, 1985.

CVM/PJU 020-A/2002[7] que, por sua vez, teve as suas razões aprovadas pelo Colegiado da Comissão de Valores Mobiliários, no julgamento do Processo CVM RJ 2002/6487. O processo se originou de uma consulta de uma companhia que, diante de um aparente conflito entre o § 6º do art. 45 e o § 3º do art. 223, ambos da Lei 6.404/1976, tinha dúvidas quanto ao prazo e a forma de substituição dos acionistas dissidentes reembolsados, quando de uma operação de incorporação. Indagava, outrossim, se, no caso de efetivação da substituição dos acionistas, haveria direito de preferência.

II — Ponderações de direito aplicadas ao caso concreto

5. Em breves palavras, o problema se resume no seguinte: uma companhia fechada havia incorporado uma sociedade anônima de capital aberto. Dessarte, *ex vi* do § 3º do art. 223, da Lei das Sociedades por Ações, a incorporadora deveria efetivar a abertura do capital no prazo de 120 dias da deliberação, sob pena de surgir direito de recesso.

Ocorre que a companhia perdeu o aludido prazo. Assim, a indagação, repita-se, consiste em saber qual seria o prazo e a forma de substituição dos acionistas dissidentes reembolsados e se haveria direito de preferência no caso de efetivação da substituição dos acionistas.

6. A primeira questão que se apresenta é atinente ao prazo para a substituição dos acionistas reembolsados. Neste diapasão, aponta-se um conflito aparente de normas envolvendo o § 6º do art. 45 e o § 3º do art. 223, ambos da Lei 6.404/1976. Assim predicam os mencionados dispositivos, *in verbis*:

> Art. 45. (...).
>
> § 6º. Se, no prazo de 120 (cento e vinte) dias, a contar da data da publicação da ata da assembléia, não forem substituídos os acionistas cujas ações tenham sido reembolsadas à conta do capital social, este considerar-se-á reduzido no montante correspondente, cumprindo aos órgãos da administração convocar a assembléia geral, dentro de 5 (cinco) dias, para tomar conhecimento daquela redução.
>
> Art. 223. (...).
>
> § 3º. Se a incorporação, fusão ou cisão envolverem companhia aberta, as sociedades que a sucederem serão também abertas, devendo obter o respectivo registro e, se for o caso, promover a admissão de negociação das novas ações no mercado secundário, no prazo máximo de 120 (cento e vinte) dias, contados da data da assembléia geral que aprovou a operação, observando as normas pertinentes baixadas pela Comissão de Valores Mobiliários.

Para a solução do aparente conflito, cumpre a aplicação dos métodos de interpretação sistemática e teleológica. Com efeito, o art. 45 é regra geral sobre reembolso. Nela aduz-se o regramento genérico acerca deste instituto jurídico. O art. 223, por seu turno, refere-se à hipótese específica do recesso nas operações de fusão, incorporação e cisão.

Pois bem, a *mens legis* do § 6º do art. 45 é no intuito de abrir o prazo de 120 (cento e vinte) dias do *fato gerador do direito de recesso*. Ou seja, do fato que enseja o direito de retirada, conta-se o aludido prazo. Portanto, infeliz foi o legislador ao afirmar que o *dies a quo* para a substituição é a data da publicação da ata da assembléia, quando, em verdade, o prazo é o do *fato gerador* do aludido direito.

Partindo dessa premissa, é de se notar que o fato gerador do direito de recesso no caso do § 3º do art. 223 é a *não obtenção de registro* e, se for o caso, *a não promoção da admissão de negociação das novas ações no mercado secundário*, no prazo de 120 (cento e vinte) dias. Sobre o tema, quão importante trazer à baila lição de Nelson Eizirik, *ipsis litteris*:

"O direito de recesso, no caso, decorre *não* da operação de fusão, incorporação

7. Parecer disponível no *site* <www.cvm.gov.Br>.

ou cisão, mas do fato de não registrar-se a companhia sucessora como companhia aberta, junto a CVM, no prazo de cento e vinte dias contados da data da assembléia que aprovou a operação.

"O fato gerador do recesso, portanto, é a não aquisição, por parte da companhia sucessora, do *status* de companhia aberta no prazo legal."[8]

Portanto, aplicando a regra constante no art. 223 à regra geral do art. 45, tem-se que o prazo para a substituição dos acionistas cujas ações tenham sido reembolsadas à conta do capital social é de 120 (cento e vinte) dias a contar do *dies ad quem* do prazo conferido no § 3º do art. 223, do mencionado Diploma Legal.

7. De lege ferenda, melhor solução disporia a lei se o prazo para a substituição dos acionistas dissidentes reembolsados fosse contado a partir do termo final do prazo para o exercício do direito de recesso. Isto porque não parece razoável que se abra prazo para a substituição de acionistas, sem que se saiba ao certo se efetivamente algum acionista irá exercer este direito.

É porque, inobstante ser um direito irrenunciável,[9] o direito de retirada mediante reembolso (recesso) é um direito potestativo do acionista. É, nas sábias palavras de Nelson Eizirik, o "poder de extinguir, por ato unilateral, nos casos previstos em lei, as relações que vinculam o sócio à companhia, passando à posição de credor da mesma, pelo valor do reembolso das ações".[10]

Pode, portanto, o acionista exercê-lo ou não.[11] Assim, considerando que

(i) o prazo para a substituição dos acionistas se inicia, *ex vi* do § 6º do art. 45, da Lei 6.404/1976, no dia da publicação da ata da assembléia (leia-se fato gerador do direito de recesso), e que

(ii) os acionistas podem exercer tal direito no prazo de 30 (trinta) dias a se contar do mesmo fato — que, *in casu*, não é publicação da ata da assembléia, mas a perda do prazo para a abertura do capital (Lei 6.404/1976, art. 223, §§ 3º e 4º) —, chegar-se-á à esdrúxula conclusão de que o prazo para o cumprimento do respectivo dever (substituição dos acionistas reembolsados) se inicia sem que se saiba ao certo quantos e quem exercerá tal direito, se é que alguém o fará!

Conseguintemente, o melhor seria se o prazo se iniciasse do termo final para o exercício do direito de retirada, qual seja, o 31º dia do término do prazo constante no § 3º do art. 223, da Lei das Sociedades por Ações. Mas, não é isto que a lei determina.

8. Como visto, o prazo é de 120 (dias) a contar do último dia para a abertura do capital (fato gerador do recesso). Em que pese as razões *de lege ferenda* acima expostas, esta é a conclusão que se pode tirar pela análise dos dispositivos legais alhures mencionados.

9. Quanto à forma para a substituição dos acionistas reembolsados, é de se gizar a ausência de regramento normativo sobre a matéria. Contudo, seria aconselhável e até mesmo desejável que a venda das ações adquiridas em virtude do recesso seja feita em bolsa ou mercado de balcão.

8. *Reforma das S/A e do Mercado de Capitais*, Rio de Janeiro, Renovar, 1997, p. 76.

9. Modesto Carvalhosa, *Comentários à Lei de Sociedades Anônimas*, v. I, 4ª ed., São Paulo, Saraiva, 2002, p. 437. Sobre o tema, cf. Parecer/CVM/SJU 11/94, onde se afirma que "o recesso é direito inafastável do minoritário".

10. Ob. cit., p. 61.

11. Sobre o tema, aduz Carvalhosa (ob. cit., p. 436): "O acionista, no caso do dissídio com a decisão dos acionistas controladores em matérias legalmente capituladas, pode optar por duas soluções: a primeira seria a de livremente vender suas ações a outros acionistas conhecidos, ou no mercado. Se tal ocorrer, evidente que renunciou ao exercício do direito de recesso. A segunda opção é a de efetivamente exigir o reembolso, seja por maior comodidade, seja porque não encontrou comprador ou, se o conseguiu, o preço ofertado por suas ações é menor do que aquele que presume obter compulsoriamente da companhia".

Isto porque a distribuição pública de valores mobiliários prestigia mais o princípio do *disclosure*, principalmente quando existe efetiva demanda dos papéis por parte dos investidores.[12] Ademais, a venda pública de ações torna mais difícil a manipulação de preço, prática esta passível de punição por esta Autarquia (cf. Instrução CVM 8/19).

Nesse sentido, poderia se cogitar a aplicação analógica do art. 9º, da Instrução CVM 10/80, que assim predica, *in verbis*:

> Art. 9º. A aquisição de ações, para cancelamento ou permanência em tesouraria, *e a respectiva alienação* serão efetuadas em *bolsa*, salvo se a companhia só tiver registro para negociar em mercado de balcão, vedadas as operações privadas.

Contudo, não me parece ser o entendimento mais razoável, sendo interessante a edição de regramento específico sobre o tema.

10. Por derradeiro, vale ressaltar a inexistência de direito de preferência na hipótese em questão.[13] Isto porque, além de não haver dispositivo normativo conferindo tal direito aos acionistas remanescentes, a interpretação sistemática da Lei 6.404/1976 leva cristalinamente à esta conclusão.

Com efeito, o direito de preferência tem como escopo assegurar a não diluição da participação acionária em virtude de aumento de capital. Mas não é isto que ocorre *in casu*, posto que há apenas a substituição de acionistas. Inexiste, portanto, qualquer possibilidade de diluição da participação acionária, razão pela qual não há necessidade de se conferir direito de preferência aos acionistas remanescentes.

Ademais, esta preferência poderia levar a diminuição do índice de liquidez das ações. A própria Lei do Anonimato presume a redução da liquidez quando há concentração muito grande de ações nas mãos do controlador (art. 4º, § 6º). Assim, caso os demais acionistas não exercem sua preferência, o controlador poderia fulminar a liquidez das ações, caso sua participação acionária aumentasse significativamente.

III — Conclusão

11. Pelo exposto, a conclusão a que se chega é de que:

(i) o prazo para a substituição dos acionistas dissidentes reembolsados é de 120 (cento e vinte) dias, contados do *dies ad quem* do prazo para abertura do capital (fato gerador do direito de recesso);

(ii) não há forma legalmente definida para a substituição dos acionistas que se retiraram, sendo, contudo, desejável que se faça através de venda em bolsa ou mercado de balcão;

(iii) não há direito de preferência a ser concedido aos acionistas remanescentes.

Embora a tese acima exposta tenha sido aceita pelo Colegiado da CVM, não se pretende conferir a ela contornos de verdade absoluta. O que se espera, com as presentes ponderações, é apenas fornecer uma humilde contribuição para a discussão no *auditório jurídico*. O presente trabalho, dessarte, busca o enriquecimento do diálogo e o aprofundamento do pensamento jurídico, que, essencialmente, contribuirão para os deslindes das questões do Direito.

12. Nelson Eizirik, in *Aspectos Modernos de Direito Societário*, Rio de Janeiro, Renovar, 1992, p. 48.

13. Modesto Carvalhosa, ob. cit., p. 446.

Atualidades

ELEIÇÃO DE MEMBROS DO CONSELHO DE ADMINISTRAÇÃO PELOS ACIONISTAS MINORITÁRIOS

NORMA JONSSEN PARENTE

1. Os minoritários no Conselho de Administração. 2. Indicação para o Conselho de Administração. 3. Quórum de instalação e quórum de deliberação para o voto em separado. 4. Lista de acionistas. 5. Voto múltiplo e voto em separado. 6. Considerações finais.

1. Os minoritários no Conselho de Administração

O principal objetivo da nova Lei 10.303/2001 foi a ampliação da proteção aos acionistas minoritários. Neste sentido, a implantação de regras de governança corporativa era uma das mais importantes finalidades do projeto.

A reforma da lei societária sem dúvida constituiu um avanço, eis que representou, dentro do que foi possível naquele momento, a convergência dos interesses de acionistas controladores e minoritários.

Destaca-se como uma das mais significativas alterações trazidas pela reforma o fato de os minoritários terem adquirido o direito de formar um colégio eleitoral específico para eleger e destituir membro do conselho de administração e seu suplente.

A composição e atuação do conselho de administração têm primordial importância no exercício da boa governança corporativa. Hoje, vigoram novos conceitos relativos à atuação do conselho de administração. Nos países desenvolvidos o poder de gestão das grandes sociedades é exercido pelos administradores. A gerência deixou de ser exercida por quem detém a propriedade.

O conselho de administração ocupa função intermediária entre a assembléia geral dos acionistas e a diretoria. É órgão de deliberação colegiada. Porém, enquanto da assembléia não se esperam decisões técnicas, do conselho devem emanar decisões que efetivamente propiciem o retorno do capital investido pelo acionista. Ao conselho de administração cabe a função mais importante na consecução do objetivo de lucro da sociedade, ou seja, decidir a sua política de investimentos.

2. Indicação para o Conselho de Administração

É importante destacar que no Brasil, diferentemente dos Estados Unidos e Inglaterra, o controle das companhias é detido basicamente por grupos familiares. Nesses países, o controle das sociedades tende a ser disperso. Não existe, na grande maioria das empresas, acionista controlador. Em nosso país, o controle é eminentemente concentrado. Só recentemente, por força de privatizações, passamos a ter controle compartilhado, ou seja, grandes investidores se associaram para controlar sociedades privatizadas, em geral através de acordo de acionistas.

Assim, longe estamos de ter controle disperso. Na melhor das hipóteses estaremos diante de um controle compartilhado. Mesmo nos casos em que as ações estão pulverizadas no mercado, o controle, ainda que compartilhado, é perfeitamente definido.

Apesar de o projeto que se transformou na Lei 10.303/2001 ter se iniciado com proposta de eliminação das ações sem direito a voto, o que facilitaria a dispersão do controle, prevaleceu no Congresso a possibilidade de emissão de ações preferenciais sem direito a voto. Todavia, o limite de emissão foi reduzido de 2/3 para 50% do total das ações emitidas. Portanto, o arcabouço jurídico brasileiro permanece favorável à concentração do poder de controle da atividade empresarial; hoje com apenas 25% do capital social mais uma ação pode-se controlar uma companhia.

Em que pese a manutenção das ações sem direito a voto, a nova lei alterou, ainda que timidamente, a configuração da administração da companhia ao assegurar a eleição de um membro do conselho de administração e respectivo suplente à maioria dos titulares:[1]

> I — de, pelo menos, 15% (quinze por cento) do total das ações com direito a voto;
>
> II — de ações preferenciais sem direito a voto ou com voto restrito que representem, pelo menos, 10% do capital social, desde que já não tenham esse direito assegurado estatutariamente, nos termos do art. 18 da lei societária; e
>
> III — de ações ordinárias e preferenciais sem voto ou com voto restrito que representem em conjunto, pelo menos, 10% do capital social, se não puderem isoladamente exercer os direitos mencionados nos itens I e II.[2]

Ao conceder ao acionista preferencial o direito de eleger um representante no conselho de administração, a nova lei reduziu a inferioridade desta classe de acionistas.

Também teve o mérito de tornar mais efetivo o direito do acionista ordinário de eleger um membro do conselho de administração. Antes, a eleição sujeitava-se ao processo de voto múltiplo que nem sempre lhe assegurava o sucesso no exercício dessa prerrogativa legal.

Isso não impede o acionista controlador de eleger a maioria dos membros do conselho de administração e manter o domínio sobre a administração da companhia, mas a participação de dois conselheiros eleitos por acionistas minoritários certamente permitirá o debate de questões que, quase sempre, eram decididas sem a participação de conselheiros externos. Só a possibilidade de o minoritário participar da discussão de temas relevantes para a companhia, podendo contestar e questionar o desempenho da administração, já representa um avanço e certamente contribuirá para que controladores venham a se empenhar

1. "Art. 141. (...). § 4º. Terão direito de eleger e destituir um membro e seu suplente do conselho de administração, em votação em separado na assembléia geral, excluído o acionista controlador, a maioria dos titulares, respectivamente: I — de ações de emissão de companhia aberta com direito a voto, que representem, pelo menos, 15% (quinze por cento) do total das ações com direito a voto; e II — de ações preferenciais sem direito a voto ou com voto restrito de emissão de companhia aberta, que representem, no mínimo, 10% (dez por cento) do capital social, que não houverem exercido o direito previsto no estatuto, em conformidade com o art. 18."

2. "Art. 141. (...). § 5º. Verificando-se que nem os titulares de ações com direito a voto e nem os titulares de ações preferenciais sem direito a voto ou com voto restrito perfizeram, respectivamente, o quórum exigido nos incs. I e II do parágrafo anterior, ser-lhes-á facultado agregar suas ações para elegerem em conjunto um membro e seu suplente para o conselho de administração, observando-se, nessa hipótese, o quórum exigido pelo inc. II do aludido parágrafo."

na adoção de novas práticas de governança corporativa.

3. *Quórum de instalação e quórum de deliberação para o voto em separado*

É de vital importância, para a correta compreensão do texto legal, que se atente para a parte final do § 4º do art. 141 que enuncia ter a "*maioria dos titulares*" das ações descritas nos incs. I e II o direito de, em votação em separado, eleger e destituir um conselheiro e seu suplente.

Isto quer dizer que, na hipótese do inc. I, os titulares de, pelo menos, 15% das ações com direito de voto poderão instalar um colégio eleitoral próprio e a *maioria deste colégio eleitoral* terá o direito de eleger e destituir um conselheiro e seu suplente. O dispositivo em questão nada mais faz do que reproduzir o princípio de que na sociedade anônima as decisões, via de regra, são tomadas pela maioria absoluta dos votos, conforme previsto no art. 129 da Lei de S/A.[3] Ou seja, a lei não exige que 15% das ações com direito de voto escolham o mesmo representante para o conselho, mas tão-somente que haja deliberação aprovada por maioria no colégio eleitoral específico dos acionistas com direito de voto, colégio este que, para ser instalado, precisa de, pelo menos, 15% das referidas ações.

Já os titulares de ações preferenciais, sem direito a voto ou com voto restrito, devem representar, como dispõe o inc. II do § 4º do art. 141, no mínimo 10% do capital social para compor seu colégio eleitoral — possibilitando a votação em separado —, e a maioria dos presentes terá o direito de eleger e destituir um membro do conselho de administração e seu suplente.

Ressalte-se a distinção entre o *quorum* de instalação e o de deliberação do colégio eleitoral. O *quorum* de instalação de colégio eleitoral específico, no caso das ordinárias, é de 15% do total das ações com direito a voto e, no caso das preferenciais sem direito a voto ou com voto restrito, é de 10% do total do capital social. Esta última porcentagem se aplica, também, ao *quorum* de instalação do colégio eleitoral da soma das ordinárias e preferenciais. Já o *quorum* de deliberação, em sentido diverso, é formado simplesmente pela maioria dos colégios eleitorais específicos.

4. *Lista de acionistas*

Tendo em vista a exigência legal de *quorum* mínimo para a instalação de colégio eleitoral específico, sem o qual fatalmente restará frustrado o direito dos minoritários de eleger membro do conselho de administração, será legítimo ao minoritário solicitar a lista de acionistas da companhia, com respectivos endereços, de modo que possa agregar sua posição acionária à dos demais acionistas e, assim, atingir o *quorum* mínimo para instalação do colégio em separado.

A disponibilização da lista de acionistas por parte da companhia reveste-se da maior importância para que os minoritários possam, em última análise, exercer seu direito de eleger membro do conselho de administração.

Contudo, é interessante anotar que o pedido de lista de acionistas com os respectivos endereços, para fins de formação do referido *quorum*, não se encontra adequadamente previsto nos dispositivos da Lei das S/A que regulam o pedido de lista — quais sejam, os arts. 100, § 1º, e 126, § 3º. Trata-se, portanto, de uma *lacuna* em nossa legislação societária, a qual deve ser solucionada de acordo com a melhor hermenêutica do nosso ordenamento jurídico.

Como explica Fábio Ulhoa Coelho,[4] lacuna é a ausência de lei para determina-

3. "Art. 129. As deliberações da assembléia geral, ressalvadas as exceções previstas em lei, serão tomadas por maioria absoluta de votos, não se computando os votos em branco."

4. Fábio Ulhoa Coelho, *Roteiro de Lógica Jurídica*, São Paulo, Saraiva, 2001, p. 65.

do caso concreto. Esse fenômeno resulta da impossibilidade de o legislador prever todas as situações que a realidade e as relações humanas apresentam ao operador do direito, realidade esta cada vez mais plural e transitória.

Esta mesma realidade contemporânea, democrática e complexa não só dá ensejo às lacunas do ordenamento, como também incide sobre a interpretação que se deve dar a esse mesmo sistema jurídico. Segundo Vicente de Paulo Barreto:[5] "A ordem jurídica passou, progressivamente, a ter que lidar com conflitos de interesses e valores de uma sociedade pluralista e complexa, onde a norma de direito reflete a vontade democrática na sua formulação e envolve, portanto, na sua aplicação, o emprego de critérios metajurídicos".

E arremata chamando atenção para: "a necessidade de uma hermenêutica que pese o direito de forma concreta, o que no quadro da pós-modernidade significa assumir alguns pressupostos metodológicos que permitem pensar-se na elaboração de uma nova leitura para um novo direito".

Como já assentado, a interpretação e a aplicação do direito não podem ser indiferentes aos valores sociais que o cercam, certo de que o ordenamento jurídico encontra-se imerso em uma realidade social plural e democrática. Daí não se permitir que passe desapercebido o interesse dos minoritários na obtenção da lista de acionistas — que viabilizará a representatividade dos mesmos na administração da companhia. Esse interesse na lista de acionistas apresenta-se precipuamente em face do potencial prejuízo que a não eleição de membro para o conselho de administração, direito assegurado por lei, lhes poderia causar.

Fato é que, uma vez concedida a lista de acionistas, seriam protegidos tanto o mercado quanto os investidores de menor porte, que muito sairiam prejudicados se, pelo simples motivo de não ter a possibilidade de contatar uns aos outros, não pudessem exercer o direito que lhes assegura o art. 141, § 4º, da Lei das S/A.

Desse modo, há que se aplicar os arts. 100 e 126 da lei societária, que versam sobre pedido de lista de acionistas, apenas no que couber. Não parece razoável, por exemplo, exigir que o minoritário detenha o percentual inscrito no § 3º do art. 126 para solicitar a lista de endereços de acionistas, por restringir o exercício de direito dos minoritários. Muito menos devem ser aplicadas — nos casos em que os minoritários buscam a lista simplesmente para atingir o *quorum* mínimo *de instalação* de colégio eleitoral em separado — as exigências das alíneas *a* e *b* do § 2º do art. 126, por versarem exclusivamente sobre pedido de procuração para votar em assembléia, o que não é o caso.

A CVM já se manifestou em duas ocasiões sobre o pedido de lista de acionistas visando à concentração de votos.[6] No entanto, tais decisões não seguiram a mesma linha de raciocínio. Portanto, tendo em vista a complexidade que envolve o assunto, há necessidade de um estudo mais aprofundado sobre o tema, de modo que seja dada ao mercado uma orientação uniforme por parte da CVM.

5. *Voto múltiplo e voto em separado*

Caso a quantidade de ações que possuírem lhes permita eleger um maior número pelo processo de voto múltiplo, os acionistas ordinários minoritários poderão eleger mais de um membro do conselho de administração. Na hipótese de decidirem exercer a prerrogativa prevista no § 4º do

5. Vicente de Paulo Barreto, "Por uma nova leitura do Direito", Prefácio para Margarida Maria Lacombe Camargo, *Hermenêutica e Argumentação — Uma Contribuição ao Estudo do Direito*, Rio de Janeiro, Renovar, 1999.

6. Processo CVM 2001/10680 (Hedging-Griffo CV S/A-Gradiente Eletrônica S/A), julgado em reunião realizada em 29.10.2002, e Processo CVM 2003/2843 (Clicktrade CCTVM S/A-Springer S/A), julgado em reunião realizada em 2.7.2003.

art. 141, só poderão requerer o voto múltiplo com a quantidade de ações que exceder os 15% necessários à eleição direta de seu representante e vice-versa.

Neste sentido, o Colegiado da Comissão de Valores Mobiliários decidiu, em reunião realizada em 16.4.2002, que o acionista minoritário que fizer uso da prerrogativa prevista no inc. I do § 4º do art. 141 da Lei 6.404/1976 não poderá votar na eleição por voto múltiplo com as mesmas ações utilizadas para a eleição em separado realizada com base naquele dispositivo legal.

Nessa decisão, o Diretor Relator Luiz Antonio Campos chamou atenção para a diferença entre voto múltiplo e voto em separado: "No voto múltiplo, para se utilizar a expressão política, o colégio eleitoral é o mesmo, onde votam todos os acionistas com direito a voto, sem qualquer distinção. Na votação em separado, há colégio eleitoral específico, onde apenas determinados acionistas são admitidos".

Entendeu-se que o próprio inc. II do novo § 4º do art. 141 da Lei 6.404/1976 manifesta a vontade do legislador quando, no tocante às ações preferenciais sem direito de voto, faz referência expressa a que as ações preferenciais detentoras da vantagem política de que trata o *caput* do art. 18 da Lei 6.404/1976 não participam da votação referida no inc. II.

De fato, o art. 110 da lei societária veda o voto plural para qualquer classe ou espécie de ações. Por isso, qualquer entendimento que possibilite que uma ação vote em quantidade de vezes diversas das outras ações da mesma espécie e classe não pode ser aceito.

Portanto, uma vez utilizadas em um processo de eleição de membro do conselho de administração, as mesmas ações não poderão ser utilizadas em outro processo de votação da mesma eleição de conselheiros, pois desse modo estaria configurado o voto plural, expressamente vedado pela legislação societária.

6. Considerações finais

A eleição em separado de membros do conselho de administração por acionistas minoritários revela-se inovação importante na medida em que permite que investidores, mesmo não possuindo quantidade expressiva de ações, possam debater e, até mesmo, influenciar decisões da companhia. Trata-se de incorporação à lei de relevante regra de governança corporativa que, certamente, contribuirá para o desenvolvimento do mercado de capitais, e o futuro mostrará o acerto da decisão do Congresso Nacional.

O DIREITO DA EMPRESA NO NOVO CÓDIGO CIVIL[1]

CÁSSIO MACHADO CAVALLI

I. O significado do direito da empresa para o ordenamento jurídico brasileiro. II. Origem histórica da teoria da empresa: II.A. Significado histórico do direito comercial e da dicotomia do direito privado; II.B. Crise da teoria dos atos de comércio; II.C. A empresa enquanto ato de comércio — Origem e evolução. III. A empresa, o empresário ou o estabelecimento?: III.A. Conceito econômico de empresa; III.B. Dificuldades de apropriação da noção econômica de empresa pelo direito; III.C. Perfis da empresa. IV. O empresário: IV.A. Estatuto do empresário; IV.B. O empresário e sua caracterização. V. O estabelecimento empresarial: V.A. Teorias acerca do estabelecimento; V.B. A alienação do estabelecimento. VI. Conclusão. Referência das obras consultadas.

I. O significado do direito da empresa para o ordenamento jurídico brasileiro

O novo Código Civil, em seu Livro II, cuidou "Do Direito de Empresa", que abrange os arts. 966 a 1.196. Afora esses artigos, há diversas outras disposições do novo Código que, conquanto não se encontrem no Livro II, são atinentes à matéria, como, a título exemplificativo, os arts. 45, 48, 49, 50, 51, 82, III, 89, 90, 91, 927, parágrafo único, 931, 932, III, 933, 2.031, 2.033, 2.035, 2.037 e 2.045. Desse modo, mesmo sem mencionar-se a legislação esparsa, logo se percebe quão vasta é a matéria de que se tratará, razão pela qual o presente ensaio ficará delimitado ao que concerne à teoria da empresa e sua significação no novo Código.

O art. 2.045 do novo Código Civil revogou expressamente a Primeira Parte do Código Comercial (Lei 556, de 25.6.1850), que abrangia os arts. 1º a 456, dedicados a regular (1) o comerciante e seus auxiliares (arts. 1º a 120); (2) os contratos e obrigações mercantis (arts. 121 a 286); e (3) as sociedades comerciais (arts. 287 a 353).

Assim, a um só tempo, o novo Código pôs fim à histórica dicotomia do direito privado, de forma a unificá-lo,[2] ao extinguir a

1. O presente ensaio foi entregue ao Prof. Dr. Eugênio Facchini, como trabalho de conclusão da cadeira "Direito Civil e Sociedade", cursada em 2002 no curso de Mestrado em Direito da PUC/RS, e também, ao Sub-Comitê de Direito Civil do Comitê de Legislação da Câmara Americana de Comércio/RS (AmCham), em razão da entrada em vigor do novo Código Civil.

2. Rosario Nicolò (*Riflessioni sul Tema dell'Impresa*, pp. 409-410), ao falar da unificação legislativa do direito privado, afirma que "Esta inovação sistemática não pode ser considerada simplesmente como uma fórmula tecnicamente melhor para a disciplina da matéria, mas deve ser entendida, quais sejam as contingências e os motivos ocasionais que

noção de comerciante, a dualidade de tratamento das obrigações e de diversos tipos contratuais e, por fim, ao extinguir as sociedades comerciais. E a base sobre a qual se assentou tão expressiva guinada legislativa consiste na *teoria da empresa*.

A teoria da empresa tem sua origem ligada ao direito comercial. Assim, é comum a afirmação de que a teoria da empresa é uma extrapolação da teoria dos atos de comércio, pela qual a figura do *comerciante* teria sido substituída pela figura do *empresário*.[3] A assertiva, em parte, é correta, tanto que o novo Código, em seu art. 2.037, determinou que, "Salvo disposição em contrário, aplicam-se aos empresários e sociedades empresárias as disposições de lei não revogadas por este Código, referentes a comerciantes, ou a sociedades comerciais, bem como a atividades mercantis". Mas, por outro lado, identificar-se o empresário como mero sucessor do comerciante é asserção que se revela impregnada de um apego histórico injustificado que acaba por escamotear as profundas transformações ocorridas na estrutura socioeconômica e, por via de conseqüência, jurídica, do que decorre manifesto prejuízo para a compreensão do atual significado do direito da empresa. Com efeito, o direito comercial, guiado pelo avanço capitalista, criou novas realidades não explicadas juridicamente pelas categorias tradicionais do direito, pondo em destaque, assim, as transformações socioeconômicas, que foram apreendidas por diversos ramos do direito que, ao se desenvolverem, acabaram por colocar em xeque a própria existência do direito comercial.[4]

II. Origem histórica da teoria da empresa

II.A. Significado histórico do direito comercial e da dicotomia do direito privado

O direito comercial surge como decorrência do renascimento da atividade mercantil, por obra dos mercadores das praças de comércio italianas durante a Baixa Idade Média. Por isso, foi chamado de *ius mercatorum*, direito dos mercadores. "O direito mercantil é, em primeira análise, o sistema de normas reguladoras, na ordem privada, das relações humanas constituintes do comércio ou dele emergentes. Etimologicamente, o vocábulo, que as exprime, traduz o latino — *commercium*. Aglutinaram-se, para formá-lo, a preposição *cum*, a significar continuidade, concomitância de ação, e o substantivo *merx*, mercadoria, vitualha, comestível, gênero ou produto".[5]

aparentemente podem parecer que a tenham determinado, como o sinal de uma efetiva superação consciente, em sede histórica, do processo dialético que levava a distinguir e a contrapor um direito comum a um direito especial da atividade comercial. O ordenamento jurídico da empresa nos seus aspectos, subjetivo e objetivo, instrumental e final, que compreende a grande parte da atividade econômica, não pode não estar hoje no centro de uma codificação que pretenda ser moderna, e considerar tal ordenamento como um direito especial seria indubitavelmente anacrônico e anti-histórico".

3. Rubens Requião (*Curso de Direito Comercial*, v. I, 22ª ed., p. 66) afirma que "Não há dúvida que o *empresário comercial*, na linguagem do direito moderno, é o antigo *comerciante*". Giuseppe Ferri (*Manuale di Diritto Commerciale*, 2ª ed., pp. 3-4) afirma que "No âmbito dos negócios jurídicos patrimoniais é possível individuar uma categoria de negócios que apresentam características próprias pelas quais se diferenciam do outros negócios patrimoniais e que formam categoria unitária, em consideração da identidade da função econômico-prática à qual respeitam: se trata dos negócios que, por meio da produção e da troca, dedicam-se à *predisposição dos bens ou dos serviços para o mercado em geral*. Esta categoria de negócios, agora por tradição plurissecular, assume a denominação de *negócios comerciais*, e, em conseqüência, *direito comercial*, vem denominado o complexo de normas jurídicas que especificamente o regulam".

4. Cf. Tullio Ascarelli ("O desenvolvimento histórico do direito comercial e o significado da unificação do direito privado", *RDM* 114/252), "o conceito de empresário vincula-se, como lembrado, ao de comerciante do revogado Código de Comércio italiano, mas o seu relevo já não decorre da aplicação de um estatuto pessoal e à sujeição a um ordenamento particular, nem da aplicabilidade em geral de um ordenamento particular de atos cumpridos pelo sujeito, mas essencialmente da disciplina privatista de concorrência e da publicista da economia".

5. Waldemar Martins Ferreira, *Tratado de Direito Mercantil Brasileiro*, v. I, 2ª ed., p. 27.

Assim, o direito comercial historicamente surge e se afirma como um ramo *especial* do direito privado, destinado a regular a atuação daqueles que se dedicavam à atividade comercial, i.é, os *comerciantes*. Formou-se, então, o direito comercial como um direito especial, pois os comerciantes exerciam a atividade econômica que então dava seus primeiros passos[6] e, portanto, reclamava normas jurídicas aptas a regulá-la, não encontradas no direito *comum*, composto de normas voltadas a regular a atividade que constituía a matriz econômica preponderante na época, a atividade *agrícola*, fortemente vinculada à terra e à propriedade imobiliária. Formava-se, assim, a *dicotomia* direito civil — direito comercial.

O direito comercial formou-se dos *usos* e *costumes* dos comerciantes. Por isso, chamaram-no direito *consuetudinário*. Os usos e costumes são leis que se faz com o tempo. Face à ausência do monopólio legiferante por Estados nacionais, que ainda não se haviam formado, o direito comercial evoluiu de forma rápida e uniforme entre os povos.[7] Para atenderem às suas necessidades, os comerciantes organizaram-se em corporações, as quais, por meio de *tribunais consulares*, resolviam conflitos havidos entre comerciantes mediante a aplicação de normas constituídas pelos usos e costumes mercantis, razão pela qual o direito comercial foi também conhecido como direito *consular* ou *estatutário*.

Nesse primeiro momento, contudo, as normas comerciais somente eram aplicadas àqueles que fossem *matriculados* na corporação. Por essa razão denominou-se esta fase do direito comercial de *fase subjetiva*, pois as normas de direito comercial eram aplicadas tão-somente aos *comerciantes*, considerados como aqueles regularmente matriculados numa corporação. Assim, o âmbito de aplicação do direito comercial era bem delimitado pela (a) existência de normas especiais, surgidas dos usos e costumes (em contraposição às normas de direito comum, presas à tradição romano-canônica) e pela (b) existência de uma jurisdição especial para resolver conflitos havidos entre *determinados sujeitos*, os comerciantes (em contraposição à jurisdição comum, a que se submetiam os não-comerciantes).[8]

Em razão do aumento da importância econômica da atividade comercial — os comerciantes cada vez mais contratavam com não-comerciantes —, ampliou-se a abrangência da jurisdição consular, que passou a conhecer de causas que envolviam relações entre comerciantes e não-comerciantes. Essas relações foram chamadas de negócios *mistos*.[9] "Veio disso a necessidade de determinar-se o que constituía a matéria de comércio, da competência exclusiva dos tribunais consulares, a fim de se ditarem normas excludentes dos conflitos de jurisdição".[10]

Em decorrência da Revolução Francesa de 1789, os "costumes das corporações foram condenados pela Lei de 14-17 de junho de 1791 e todas as regras corporativas desapareceram".[11] Foi a chamada Lei *Le Chapelier*. Poucos anos após, em 1807, foi promulgado o Código Comercial francês,

6. Paul Rehme (*História Universal del Derecho Mercantil*) afirmou que "Durante a Idade Média, os sujeitos da vida econômica, e em especial do comércio, eram entes sociais de volume muito mais reduzido do que no século XVII ou no XVIII".

7. Waldemar Martins Ferreira, "Elaboração do conceito de empresa para extensão do âmbito comercial", *Revista Forense* 158/35.

8. Para Tullio Ascarelli ("O desenvolvimento...", cit., *RDM* 114/239), "O direito comercial distingue-se, então, do direito comum no que diz respeito às suas fontes, porque estas residem acima de tudo na autonomia corporativa e nos costumes dos comerciantes, direito esse, outrossim, não apenas a estes aplicável, mas por eles elaborado, com uma jurisdição especial que é a das corporações e das feiras, com uma autonomia corporativa comparável à das diversas classes sociais e fruto da autonomia de que estas gozam no direito medieval".

9. Francesco Galgano, *Storia del Diritto Commerciale*, 2ª ed., p. 96.

10. Waldemar Martins Ferreira, "Elaboração...", cit., *Revista Forense* 158/36.

11. Georges Ripert, *O Regimen Democrático e o Direito Civil Moderno*, pp. 26-27.

o qual, encerrando a fase subjetiva do direito comercial, inaugurou a sua denominada fase *objetiva*.

A jurisdição comercial foi mantida,[12] mas as normas de direito comercial passaram a ser aplicadas não mais àqueles regularmente matriculados numa corporação, mas àqueles que praticassem habitualmente *atos de comércio*, expressamente enumerados no art. 632 do Código napoleônico.

Ao longo do século XIX, diversos países seguiram o exemplo da codificação francesa, promulgando seus Códigos de Comércio, nos quais adotou-se a teoria dos atos de comércio de inspiração francesa.

O Brasil seguiu esse mesmo rumo ao estabelecer, no art. 4º do Código Comercial, de 1850, que "Ninguém é reputado comerciante para efeito de gozar da proteção que este Código liberaliza em favor do comércio, sem que se tenha matriculado em algum dos Tribunais do Comércio do Império, e faça da mercancia profissão habitual". O acento, aqui, colocava-se no efetivo exercício profissional da *mercancia*, a qual era definida no art. 19 do Regulamento 737, de 25.11.1850, que dispunha acerca da *competência da jurisdição comercial*:

> Art. 19. Considera-se mercancia:
>
> § 1º. A compra e venda ou troca de efeitos móveis ou semoventes, para os revender por grosso ou retalho, na mesma espécie ou manufaturados, ou alugar seu uso;
>
> § 2º. As operações de câmbio, banco e corretagem;
>
> § 3º. As empresas de fábricas, de comissões de depósito, de expedição, consignação e transportes de mercadorias, de espetáculos público;
>
> § 4º. Os seguros, fretamento, riscos, e quaisquer contratos relativos ao comércio marítimo;
>
> § 5º. A armação e expedição de navios.

II.B. Crise da teoria dos atos de comércio

Em 9.10.1875, foi promulgado o Decreto 2.662, que autorizou o governo a "suprimir os Tribunais e Conservatorias do Comércio, e a organizar Juntas e Inspetorias comerciais". No ano seguinte, foi promulgado o Decreto 6.385, de 30.11.1876, que firmou a competência dos juízes de direito para conhecer das causas comerciais. Ou seja, suprimiu-se a jurisdição comercial. "As causas comerciais passaram a ser julgadas pelos mesmos juízes e tribunais das causas civis, embora mantida a dualidade processual".[13] Assim, "a noção de ato de comércio não é mais posta em função de uma questão de competência: o ato de comércio assumiu um relevo substancial diverso do processual".[14]

Restava, assim, no Brasil, apenas a importância da noção de ato de comércio para (a) determinar-se qual a lei aplicável a determinado negócio e (b) determinar-se quem era comerciante e, portanto, sujeito aos direitos e deveres previstos pelas leis comerciais.

O conceito de ato de comércio, contudo, extravasava a noção econômica de comércio evidenciada na origem etimológica da palavra. A teoria dos atos de comércio, assim, não explicava novas formas negociais criadas pelos comerciantes, decorrentes da transição do capitalismo comercial ao capitalismo industrial.[15] Os comerciantes passaram a exercer atividade de produção de bens, e se tornaram, assim, os *chefes da indústria*. Daí a afirmação corrente na doutrina de que a enumeração dos atos de comércio seria meramente *exemplificativa*, com o que se permitiria a aplicação

12. Giuseppe Ferri, *Manuale*..., cit., 2ª ed., p. 7

13. Alfredo de Assis Gonçalves Neto, *Apontamentos de Direito Comercial*, p. 67.

14. Giuseppe Ferri, *Manuale*..., cit., 2ª ed., p. 7.

15. "A sociedade disciplinada pelo Código Napoleônico é ainda largamente fundada na propriedade agrária e nas rendas de capital, num capitalismo ainda prevalecentemente comercial e numa indústria malsaída da fase artesanal" (Tullio Ascarelli, "O desenvolvimento...", cit., *RDM* 114/247).

do direito comercial a atos surgidos da prática negocial e não previstos pelo legislador.[16] O Código de Comércio italiano, de 1882, p. ex., em seu art. 3º, n. 3, incluiu no conceito de comércio "a especulação imobiliária, atravessando uma fronteira que parecia intransponível".[17]

Outra imperfeição da teoria dos atos de comércio consistia na ausência de explicação de porque determinados atos praticados por não-comerciantes eram reputados comerciais — e, portanto, sujeitos às normas do direito comercial —, sem que aqueles que os praticassem fossem reputados comerciantes.

Assim, a tarefa de delimitar o conceito de ato de comércio mostrou-se impossível,[18] a ponto de Basílio Machado, sobre o ato de comércio, pontificar: "problema insolúvel para a doutrina, martírio para o legislador, enigma para a jurisprudência". O erro talvez consistisse no fato de não se perceber o que deveria ser percebido: a distinção não consistia na *espécie do ato*, se comercial (no sentido etimológico) ou não, mas no exercício de uma *atividade econômica*.[19] Muitos tentaram obviar o impasse, criando estruturas artificiais de explicação da distinção civil e comercial[20] por meio de classificações como a (a) dos atos de comércio subjetivos e objetivos ou a (b) dos atos de comércio por natureza, por conexão e por imposição legal. Mas a tentativa, como a história mostrou, fez água e naufragou.

Em razão da imensa projeção dos comerciantes na sociedade da economia industrial, as normas do direito comercial foram também aplicadas aos denominados *negócios mistos*, e que, portanto, fossem aplicadas a praticamente todas as relações econômicas havidas em sociedade. Esse fenômeno foi descrito por Vivante, na introdução do seu *Trattato*, na qual ele afirmava que o campo de atuação do direito comercial "está quadruplicado, é a palavra justa, desde o momento em que sua disciplina se estendeu a qualquer que participe de um ato de índole comercial: o cidadão que se provê de alimento, de um medicamento, de um livro; que deposita no banco suas economias; que assegura um dote para sua filha; que contrata uma pensão para a velhice, está sempre regido pelo Código de Comércio; desde o nascimento até a tumba, passando pelo batismo, pela festa de bodas, pelas celebrações dos defuntos, é sempre o Código de Comércio que governa o ato da pessoa que contrata com uma empresa mercantil".[21]

16. Alfredo de Assis Gonçalves Neto, *Apontamentos...*, cit., pp. 54 e ss.

17. Tullio Ascarelli, *Panorama do Direito Comercial*, pp. 36 e 37. Nesse mesmo sentido, cf. Alfredo Rocco, *Princípios de Direito Comercial*, p. 174.

18. Cesare Vivante (*Tratado de Derecho Mercantil*, v. I, p. 21): "Até agora, nem a ciência nem a lei conseguiram distinguir com uma separação clara as relações jurídicas que devem regular-se com leis comerciais das que se submetem à disciplina das leis civis. Diria-se que a unidade essencial da vida econômica se rebela contra essa artificial separação".

19. Pontes de Miranda (*Tratado de Direito Privado*, t. XV, 3ª ed., p. 407), quanto à extensão do conceito de empresa, que se apropriava do direito comercial, disse: "Quem quer a análise nas três espécies típicas (empresas industriais, empresas agrícolas, empresas comerciais) logo percebe quão artificial é hoje o direito comercial visto como ramo, à parte, do direito, a que se pretendeu e se pretende dar existência ao lado dos outros ramos do direito privado. A empresa é comercial, e não agrícola, ou industrial, somente porque o seu fim é a produção comercial. Isso não justifica que se trate como algo de heterogêneo em relação às outras espécies de empresa. O fato econômico é o mesmo".

20. A talvez mais bem elaborada doutrina acerca do conceito de ato de comércio foi a construída por Alfredo Rocco, que distinguia os *atos comerciais por natureza intrínseca* dos *atos comerciais por conexão*. Aqueles conferiam a qualidade de comerciante a quem os praticasse; estes, não, pois eram apenas atos conexos ao comércio (cf. Alfredo Rocco, *Princípios...*, cit., pp. 218-219). Pois há atos que "são *constitutivos* da interposição, outros há que servem para a intermediação. Estes são atos em si mesmo economicamente neutros ou equívocos que podem servir os mais variados intuitos" (ob. cit., p. 219). Assim, ato de comércio é, no seu mais célebre conceito, "todo o ato que realiza ou facilita uma interposição na troca" (ob. cit., p. 223).

21. Cesare Vivante, *Tratado...*, cit., v. I, p. 28.

Certos atos, como se disse, eram tipicamente comerciais: somente poderiam ser praticados por quem exercesse atividade comercial, i.é, fosse comerciante (incluído, aqui, o comerciante *industrial*).

A duplicata, p. ex., só poderia ser sacada por comerciante, entendido como aquele que praticasse habitualmente atos de comércio, ou seja, exercesse atividade *comercial*. O acento, aqui, encontrava-se no adjetivo "comercial" e não no substantivo "atividade" — representada, esta, pela prática habitual de atos de fundo econômico com a finalidade de produzir riqueza. Na inércia da tradição histórica, percebia-se somente como atividade aquela que fosse *comercial*, sem que se atentasse às demais espécies de atividade econômica.[22] Por isso, a atividade *agrária*, a atividade *imobiliária* ou a atividade de *prestação de serviços*, todas com origem em normas herdadas do direito romano, não eram reputadas comerciais.[23] Desse modo, aqueles que as praticassem não se beneficiavam de institutos exclusivos dos comerciantes. Isso perdurou até que referidas atividades não-comerciais ganhassem relevo socioeconômico tal que demandasse a adoção de soluções oferecidas para as atividades comerciais. O adjetivo "comercial" foi, gradativamente, perdendo relevo para o substantivo "atividade".

Nesse percurso, diversas normas surgidas no âmbito do direito comercial foram sendo estendidas a pessoas que, (a) conquanto não fossem comerciantes em sentido estrito, eram reputadas comerciantes por lei, ou (b) não eram reconhecidas como comerciantes pelo ordenamento, pois exerciam atividade tida como civil, mas mesmo assim gozavam da proteção que as leis comerciais liberalizavam em favor dos comerciantes — em manifesta contrariedade, portanto, com a letra do art. 4º do Código Comercial.

Assim, ajustam-se ao primeiro grupo, p. ex., a Lei 4.068/1962, que em seu art. 1º considerou como *comerciantes* as construtoras, para que estas pudessem sacar duplicatas. A Lei 6.404/1976 — Lei das Sociedades Anônimas —, por sua vez, dispõe em seu art. 2º, § 1º, que, qualquer que seja o objeto da companhia, ela é tida como *comerciante*.[24] O cacoete, nestes dois exemplos, consistia em visualizar-se mais a noção de *comércio* (espécie) do que de *atividade econômica* (gênero). No segundo grupo, encontram-se a Lei 4.591/1964, que, em seu art. 43, III, sujeitou as incorporadoras ao processo falimentar; a Lei 8.245/1991, que, em seu art. 51, § 4º, estendeu o direito à renovação compulsória do contrato de locação, até então instituto tipicamente comercial, às sociedades civis com fins lucrativos; e a Lei 5.474/1968 que, em seu art. 20, estendeu a faculdade de sacar duplicatas às "empresas, individuais ou coletivas, fundações ou sociedades civis, que se dediquem à prestação de serviços".

Com efeito, se por um lado o direito comercial ampliou seu âmbito de aplicação, por outro, os institutos de direito civil foram incorporando os princípios e institutos do direito comercial, fenômeno que ficou conhecido como *comercialização do direito civil*, caracterizado pela postergação dos institutos surgidos no direito civil por institutos mercantis.[25]

22. Para Tullio Ascarelli (*Panorama*..., cit., p. 46), o direito comercial constituía uma categoria histórica.

23. Tullio Ascarelli, *Panorama*..., cit., pp. 21 e ss.

24. O Decreto 8.821, de 30.12.1882, que regulamentou a Lei 3.150, de 4.11.1882, dispunha em seu art. 2º que "Podem ser objeto da sociedade anônima: todo gênero de comércio ou de indústria, as empresas agrícolas, e todos e quaisquer serviços de natureza comercial ou civil, uma vez que não sejam contrários à Lei, à moral e aos bons costumes" (Código Comercial, art. 287).

25. "A nova ordem econômica instaurada no rasto da *revolução industrial*, ao tempo em que vitalizava o *Direito Comercial*, estimulava a *ampliação* do seu âmbito de aplicação pela crescente prática por não-comerciantes de *atos* originariamente criados para o exercício do comércio. Prática que cada dia amiúda, entrando nos hábitos sociais o uso do

Esse fenômeno ganhou relevo com o advento do que se convencionou chamar de *sociedade pós-industrial*, na qual o percentual de riqueza gerado pelo setor de serviços é superior àquele gerado pela indústria. Nos Estados Unidos, conforme noticiou Galgano,[26] essa modificação ocorreu em 1956, na Itália, em 1982 e, no Brasil, conforme registrou Timm,[27] a guinada para a sociedade pós-industrial ocorreu na transição da década de 1980 para a de 1990.

Assim, tal qual ocorreu a transição do capitalismo comercial para o industrial, recentemente ocorreu a transição deste para o capitalismo pós-industrial, o que caracteriza a sociedade atual como uma *sociedade de serviços*. Estes, inicialmente vinculados à tradição romana da locação de serviços, foram aos poucos tomando conta da realidade econômica e, por conseqüência, do direito comercial.

Por outro lado, o direito comercial, notadamente na segunda metade do século XX, foi perdendo espaço como direito obrigacional especial para outro ramo do direito que surgia — o direito do consumidor. Vivante,[28] já no final do século XIX, ao propor a unificação do direito privado, trazia como um de seus mais importantes argumentos a necessidade de criar-se um direito uniforme para regular as relações entre comerciantes e consumidores, por estarem, estes últimos, em situação sobremodo vulnerável nas relações que entreteciam com os negociantes. Esse mesmo argumento acabou por fundamentar a criação de um novo ramo especializado do direito obrigacional, que é o direito do consumidor.

II.C. A empresa enquanto ato de comércio — Origem e evolução

Curiosamente a noção de empresa, que acabou por fulminar o direito comercial como direito especial e autônomo, surgiu no Código Comercial francês,[29] em que se afirmava a teoria dos atos de comércio. É que o art. 632 do Código francês, ao enumerar os atos de comércio, fez menção às *entreprises*, aos empreendimentos. A doutrina, ao tentar explicar a empresa enquanto ato, percebeu que ela não era ato, mas um conjunto de atos coordenados, ou seja, uma atividade.[30] O art. 19 do Regulamento 737, de 1850, tradução quase literal do art. 632 do Código Comercial francês, dispu-

cheque, a emissão da promissória, a compra e venda de ações e outros valores mobiliários, a alienação fiduciária em garantia e tantos outros atos dantes próprios dos negociantes. A nova ordem econômica exigia, por outro lado, a libertação do subjetivismo que, historicamente, fazia do *Direito Comercial* um direito especial de uma categoria de pessoas, para que se desenvolvesse o processo de *objetivação* de seus princípios e normas e viesse a se relacionar com o Direito Civil em outras bases" (Orlando Gomes, "A comercialização do direito civil", in *Direito Econômico*, p. 62). Cf. tb. Francesco Galgano, *Storia...*, cit., 2ª ed., pp. 96-97.

26. Francesco Galgano, "Il rapporti di scambio nella società post-industriale", in *Il Diritto Privato Futuro*, p. 61.

27. Luciano Benetti Timm, *A Prestação de Serviços — Do Código Civil ao Código de Defesa do Consumidor*, 2ª ed., p. 15, nota 1. Registra o autor que, segundo o Relatório do Projeto RS 2010, de maio de 1997, elaborado pela Secretaria da Coordenação e Planejamento do Estado do Rio Grande do Sul e pela Fundação de Economia e Estatística Siegfried Emanuel Heuser, que, em 1985, os serviços correspondiam a 46,61% do PIB brasileiro. Em 1990, a 53,09% e, em 1995, a 57,20%. O setor industrial, por sua vez, em 1985, correspondia a 42,27%; e, em 1995, a apenas 31,44%.

28. Cesare Vivante, *Tratado* , cit., v. I, pp. 32 e ss. O comercialista peninsular chegou, inclusive, a propor mecanismos coletivos de controle dos contratos, tal qual ocorre hoje em dia no direito do consumidor.

29. Francesco Galgano, *Storia...*, cit., p. 165.

30. "Embora havendo um claro precedente na noção de comerciante, elaborado nos sistemas de direito comercial de tipo objetivo, o conceito de 'atividade' se apresenta como novo em relação às nossas habituais categorias jurídicas que se referem, ao contrário, ao ato" (Tullio Ascarelli, "O desenvolvimento...", cit., *RDM* 114/251). Waldemar Ferreira ("Elaboração...", cit., *Revista Forense* 158/37) noticiou crítica formulada por Albert Wahl quanto ao emprego da palavra *entreprise* pelo Código francês, pois, ou o legislador teria utilizado a palavra empresa sem ter percebido que ela não possui o mesmo significado que *acte*, ou ele teria confundido o comerciante com o indivíduo que pratica um ato de comércio.

nha em seu § 3º que "as *empresas* de fábricas, de comissões de depósito, de expedição, consignação e transportes de mercadorias, de espetáculos público" reputavamse mercancia, com o que aludia-se, pela vez primeira, a certas *atividades* como sendo comerciais.

Nesse mesmo rumo seguiu o art. 3º do Código Comercial italiano, de 1882, que reputava atos de comércio diversas espécies de *empresas*.

Foi assim que surgiu a noção de *empresa* para o direito, antes mesmo que a economia, e quiçá a própria ciência jurídica, tivesse percebido o fenômeno.[31]

Desse modo, a noção de empresa foi, num primeiro momento, visualizada pela doutrina pelo prisma dos atos de comércio.[32] Assim, empresa seria um ato de comércio, tal qual o ato de intermediação na circulação de bens móveis consistente na compra para a revenda. Aquele que praticasse profissionalmente tais atos de intermediação na troca seria reputado comerciante, tal qual aquele que exercesse habitualmente *empresa* também seria reputado *comerciante*. Assim, o suporte fático da figura do *comerciante* continha *elementos econômicos* como, p. ex., (a) a interposição na troca de coisas móveis ou (b) a organização dos fatores de produção, ou seja, o exercício de empresa. É por essa razão que alguns comercialistas de países que possuíam códigos de inspiração francesa identificaram o conteúdo jurídico com o conteúdo econômico da empresa. Para Vivante, p. ex., a "empresa é um organismo econômico que, por seu próprio risco, recolhe e põe em atuação sistematicamente os elementos necessários para obter um produto destinado à troca. A *combinação* de vários fatores, natureza, capital, trabalho, que associando-se produzem resultados impossíveis de conseguir se atuassem separados, e o *risco* que o empresário assume ao produzir uma nova riqueza, são os dois requisitos indispensáveis a toda empresa".[33] "O direito mercantil faz seu este conceito econômico de empresa".[34] Contudo, para Vivante, não era toda empresa (no sentido econômico) que qualificava alguém como comerciante, mas somente aquelas espécies de empresa previstas no Código de Comércio.[35]

Contestando a opinião de Vivante ergueu-se a crítica de Rocco,[36] que sustentou

31. Francesco Galgano (*Storia*..., cit., p. 165) afirma que "O conceito de empresa é estranho à tradição mais antiga do direito comercial: as fontes intermédias empregam noções como aquelas de *artificium, mercantia, negotiatio* e assim por diante. E, todavia, o conceito jurídico de empresa é mais antigo de quanto comumente se crê: entra no mundo das categorias jurídicas no início do século passado, antes que a ciência econômica houvesse elaborado o próprio conceito de empresa".

32. Francesco Galgano (*Storia*..., cit., p. 166) afirma que "Neste primitivo conceito de empresa, restritivo e subordinado a um próximo conceito de 'ato de comércio', se reflete por um lado o estágio da economia ainda definível como 'capitalismo comercial', no qual é o comércio, e não a indústria, o fator propulsor do desenvolvimento econômico".

33. Cesare Vivante, *Tratado*..., cit., v. I, p. 131.

34. Idem, p. 131.

35. Cesare Vivante (*Tratado*..., cit., v. I, p. 130) afirmou que "Duas condições são necessárias para que os negócios compreendidos neste grupo adquiram o caráter comercial: uma, geral, que devem ser verificados por uma *empresa*; outra, especial, que a empresa deve pertencer por seu *objeto* a um dos números especificados no art. 3 sob o nome de empresas. É necessário apoiar-se em ambos requisitos para interpretar a lei e para estendê-la".

36. Ao que parece, Rocco, buscando identificar um traço comum a todos os atos de comércio, não atentou para o fato de que Vivante restringiu a noção de empresa às espécies que tivessem como objeto um daqueles previstos no Código de Comércio italiano. Esse lapso de atenção de Rocco, ao que parece, contribuiu para que grande parte da doutrina acerca dos *atos de comércio* interpretasse equivocadamente Vivante, como se ele tivesse simplesmente equiparado a *noção jurídica de empresa* à *noção econômica de empresa*, pela simples afirmação de Vivante, tomada isoladamente e transcrita por Rocco em seu *Princípios*, segundo a qual "O direito mercantil faz seu o conceito econômico de empresa" (Cesare Vivante, *Tratado*..., cit., v. I, p. 130). Assim, face à imensa projeção de Vivante perante os comercialistas de todo o mundo da *civil law*, muitos tomaram a assertiva como absoluta, e até hoje — de há muito ultrapassada a questão dos atos de comércio, que inspirou a assertiva do professor de Roma —, muitos a repetem.

que o conceito econômico de empresa supera em extensão o seu conceito jurídico, pois "*a*) o elemento econômico da empresa encontra-se, não só nos atos qualificados de empresa pelo Código, mas em *todos* os atos de comércio constitutivos. Assim, acha-se na compra para revenda e sucessivas revendas, isto é, acha-se no comércio propriamente dito, porque o comércio é também um ramo da produção econômica e toda produção comercial implica uma organização dos vários fatores de produção, destinada a produzir e a produzir para o mercado em geral; donde há que concluir que a simples compra para a revenda e as sucessivas revendas, o comércio enfim, são uma *empresa* não só no sentido mais lato, como no mais restrito".[37] Ademais, sustentava Rocco que "um elemento comum a *todos* os atos de comércio não pode ser tomado como critério distintivo de uma só e única categoria deles. O caráter de empresa no sentido econômico não pode ser aquela *diferença específica* que distingue as 'empresas' do Código de todos os outros atos de comércio. Além de que: *b*) há *empresas* no sentido econômico que não são *empresas*, segundo o Código".[38]

Assim, seguiu a autor na busca de um elemento comum a todos os atos de comércio, dentre os quais encontrava-se a *empresa*. "O direito tem necessidade de critérios de delimitação e de classificações precisas e, se se admite que nem todas as empresas no sentido econômico são empresas no sentido jurídico, torna-se necessário então achar um critério de distinção preciso, que não pode deixar de ser qualitativo, deixando assim de ser suficiente esse critério indeterminado que nos fornece a distinção da ciência econômica".[39] Desse modo, afirmou que a *empresa* seria um "ato de interposição na troca do trabalho".[40]

37. Alfredo Rocco, *Princípios...*, cit., p. 178.
38. Idem, p. 179.
39. Idem, p. 180.
40. Idem, p. 222.

Percebe-se que as teses sustentadas por esses dois grandes juristas cada vez mais os afastavam da tormentosa conceituação dos atos que configuram o *commercium* rumo à incômoda noção da organização dos elementos necessários (Vivante), consistente na intermediação na troca do trabalho (Rocco), para obter-se um produto destinado ao mercado.

Estavam, assim, abertas portas para a construção da teoria da empresa, pois o direito comercial começava a se desenlear do conceito econômico do comércio de mercadorias para adotar outro mais amplo, que se impunha em razão da crescente industrialização da sociedade da época.

Assim, a noção de empresa é subordinada à de comerciante enquanto se está na fase do capitalismo comercial: o seu direito, dos atos de comércio, como que sua sombra, lhe acompanhava aonde fosse. É assim que o conceito de empresa ingressa no mundo jurídico como uma categoria da troca, com o significado de atividade de intermediação ou especulação sobre o trabalho.[41] Contudo, a partir do momento em que o comerciante passa a se apropriar dos meios de produção, dá-se o ingresso na fase do capitalismo industrial e, então, a figura do comerciante entra em declínio e se obscurece, passando ao primeiro plano a figura do empresário, reconhecida pelo *Codice* de 1942, em seu art. 2.082.

Do cotejo da teoria dos atos de comércio e com a teoria da empresa extrai-se a seguinte conclusão preliminar: (a) enquanto dominante a teoria dos atos de comércio, criticava-se a sua insuficiência para delimitar o campo de aplicação do direito comercial, tendo em vista que ele abarcava situações que excediam a noção econômica de comércio. Havia uma visível dificuldade em dizer-se o que efetivamente era comércio para o direito e quem era comerciante; mas, (b) com a adoção da teoria da

41. Francesco Galgano, *Storia...*, cit., p. 166.

empresa, inverteu-se a situação. É que se pôs em destaque a noção de exercício de atividade econômica organizada tendente à produção ou circulação de bens ou serviços. Assim, a dificuldade consiste no fato de que a noção econômica de empresa excede, em muito, a noção jurídica de empresa, tendo em vista que certas atividades econômicas organizadas não são consideradas empresas pelo direito.[42] Pode-se assim concluir que, hoje, há dificuldade em afirmar-se, para o direito, o que *não é* empresa e, portanto, quem *não é* empresário.

O conceito de empresa *tout court*, desacompanhado de qualquer adjetivo — como, p. ex., empresa *comercial*, *industrial*, *agrária* ou *de serviços* —, acaba por englobar todos os setores da atividade econômica.[43]

III. A empresa, o empresário ou o estabelecimento?[44]

III.A. Conceito econômico de empresa

Em economia, "empresa é uma unidade econômica que produz e emprega resultados destinados à cobertura de necessidades alheias, respeitando a economicidade e o equilíbrio financeiro".[45]

De acordo com Vivante, para a economia, a empresa "é um organismo econômico que, por seu próprio risco, recolhe e põe em atuação sistematicamente os elementos necessários para obter um produto destinado à troca".[46]

Para Asquini, que escreveu sobre o assunto na época do fascismo corporativista

42. Cf., p. ex., o parágrafo único do art. 966 do Código Civil, que estabelece que "Não se considera empresário quem exerce profissão intelectual, de natureza científica, literária ou artística, ainda com o concurso de auxiliares ou colaboradores, salvo se o exercício da profissão constituir elemento de empresa".

43. "O conceito de empresa acolhido pelo Código é aquele da *Carta del Lavoro*, não ligado a setores particulares da economia, porém abrangendo cada forma de atividade produtiva organizada; agrícola, industrial, comercial, creditícia; nem ligado a especiais dimensões quantitativas, porém envolvendo a grande e média empresa, assim como a pequena empresa do cultivador direto do fundo, do artesão, do pequeno comerciante, salvo, para a pequena empresa as particularidades do seu estatuto" (Alberto Asquini, "Perfis da empresa", *RDM* 104/113).

44. Sobre as possíveis significações de empresa na análise histórico-comparatística, advertiu Menezes Cordeiro que "cumpre distinguir a tradição germânica da tradição latina. A primeira tomou a empresa como uma realidade objectiva, capaz de substituir a ideia de estabelecimento. Ela seria objecto de negócios podendo mesmo, no limite, abarcar as próprias sociedades, tornando-se num sujeito de direitos. A segunda partiu da empresa como uma actividade comercial: ela seria o produto da actuação e das intenções dos comerciantes. Nesta vertente, a empresa iria absorver a ideia de 'acto de comércio'" (António Menezes Cordeiro, *Manual de Direito Comercial*, I v., p. 209). A advertência é relevante, pois, sobre o assunto foram vertidos rios de tinta, em que cada autor apresenta-se como "um chefe de escola" (Evaristo de Moraes Filho, *Do Contrato de Trabalho como Elemento da Empresa*, p. 100).

45. Verbete "Empresa", *Dicionário de Ética Econômica*, ed. Georges Enderle *et al.*, trad. Benno Dischinger *et al.*, p. 242: "Esta definição de empresa destaca uma consideração econômico-empresarial que, de um lado, parte do fato de que empresas surgem em todos os ordenamentos econômicos, já que a produção e o emprego de resultados são necessários em cada sistema econômico, e de que a combinação de fatores de produção se realiza segundo o princípio da economicidade (cf. Braun). Nesta definição também se tornam claras certas características, que especificam a empresa como unidade técnica, social, organizacional e econômica. Pois o processo de produção e emprego de resultados se origina através da aplicação de técnicas, em que o equipamento com técnicas de produção e informação está em primeiro plano. O equipamento técnico, entretanto, é apenas um fator de produção; ele é combinado com pessoas, em que se aspira a uma ação finalística direcionada para necessidades humanas. O êxito de uma continuada ação finalística, em todo o caso, só estaria assegurado, se, através da organização, as comunidades humanas de trabalho fossem orientadas para a satisfação de funções duradouras. Aí domina o respeito à economicidade, a saber, que, p. ex., com um dado emprego de meios, se pretenda a obtenção maior possível de um fim (cf. Grochla). Essas características da empresa deixam claro que, com o processo antes técnico-organizacional de produção e emprego de resultados, estão relacionadas pretensões de visão social e econômica que podem ser complementares ou conflitivas e que, na instituição criadora de valores com interesses pluralísticos, chamada empresa, devem ser direcionadas para o equilíbrio".

46. Cesare Vivante, *Tratado*..., cit., v. I, p. 131.

italiano,[47] empresa, em economia, seria "toda organização de trabalho e de capital tendo como fim a produção de bens ou serviços para troca".[48]

III.B. *Dificuldades de apropriação da noção econômica de empresa pelo direito*

A empresa é, fundamentalmente, *atividade organizada*. Assim, foi associada à figura subjetiva daquele que a exerce, primeiramente à figura do comerciante, por força da teoria dos atos de comércio, e, atualmente, ao empresário. No entanto, a empresa, enquanto *conjunto dos fatores de produção organizados* para o exercício de uma atividade, havia despertado a atenção dos juristas para uma outra relevante acepção jurídica da empresa: a de *estabelecimento comercial*.

Na Alemanha, a empresa foi estudada no ano de 1867 pelo comercialista Wilhelm Endemann, que a denominava *Geschäft* (negócio),[49] a qual seria caracterizada, inicialmente, pela finalidade de conferir lucro ao seu proprietário mediante o aumento da produção. Contudo, em razão da noção de organização, percebeu-se que o *negócio* possuía vida própria,[50] pois o seu proprietário, muitas vezes, figurava apenas como "a cabeça ou a alma do negócio",[51] isso quando o *negócio* não prescindisse do seu dono, funcionando por si. Assim, afirmou-se que, por possuir características próprias, o estabelecimento se dissociaria de seu proprietário, pois os "auxiliares dedicam suas forças de trabalho ao *negócio*". O estabelecimento seria, então, um organismo, distinto das pessoas que lhe deram origem.[52] "Estariam abertas as portas à subjectividade jurídica, funcionando os auxiliares como órgãos. Estava lançado o repto: é evidente que a empresa, assim entendida, tenderia a ocupar o lugar de personalidade coletiva ou, pelo menos, duma 'personalidade comercial'".[53]

Essa tendência deve-se, em parte, ao fato de ser a empresa uma organização dos *fatores da produção*, entre os quais se encontra o *trabalho*. A noção de trabalho é composta pela noção de relação jurídica de trabalho. E relação jurídica pressupõe sujeitos. Despontou, assim, a tendência a personalizar-se o estabelecimento, pois, sendo ele composto por vínculos de jurídicos, deve figurar num dos pólos de relações jurídicas. A empresa, então, entendida como estabelecimento, seria um *quase-sujeito* de direito, dotada de uma *quase-personalidade*[54] independente do empresário.[55]

O paroxismo dessa doutrina ocorreu na Alemanha, quase um século após, com a idéia da "empresa em si" (*Unternehmen an sich*). "Na verdade, a empresa, a ser jussubjectivada, ofereceria, aos juristas, o que a personalidade (normalmente) colectiva já dava, menos o seu nível significativo-ideológico. Havia, pois, que reforçar indirectamente o poder figurativo e conformador da empresa, o que seria tentado através da doutrina, algo sibilina, do *Unternehmen an sich*: a empresa valeria por si".[56]

Sobejaram críticas às doutrinas que buscavam subjetivar o estabelecimento,

47. É interessante notar que as obras de economia citadas por Asquini são: *Lezioni di Economia Politica e Corporativa*, de Papi; *Economia Politica Corporativa*, de Vito; e *Economia Politica Corporativa*, de De Francisci.

48. Alberto Asquini, "Perfis...", cit., *RDM* 104/110.

49. António Menezes Cordeiro, *Manual...*, cit., I v., p. 209.

50. Idem, pp. 209-210.

51. Idem, ibidem.

52. Idem, ibidem.

53. Idem, ibidem.

54. Evaristo de Moraes Filho, *Do Contrato...*, cit., p. 112.

55. "É notório que não faltam doutrinas tendentes à personificação do tal patrimônio especial tendentes a nele identificar 'a empresa' como sujeito de direito (pessoa jurídica) distinto do empresário. Mas esta tendência não foi acolhida nem no nosso, nem em outros ordenamentos jurídicos" (Alberto Asquini, "Perfis...", cit., *RDM* 104/118).

56. António Menezes Cordeiro, *Manual...*, cit., I v., p. 211.

pois um *objeto* não pode ser ao mesmo tempo *sujeito* de direito.[57]

Assim, tentou-se outra vez, agora mediante "uma inflexão na ideia de empresa. Em vez de se elaborar uma doutrina que tornaria a 'empresa' concorrente da personalidade colectiva, optou-se por aprofundar a sua capacidade para constituir um objeto (unitário) de negócios e de outras vicissitudes jurídicas".[58] A empresa, entendida como estabelecimento, poderia ser alienada. Por essa razão surge a necessidade de serem criadas normas para regrar esse conjunto de bens afetados ao exercício de determinada atividade — o estabelecimento —, e sua alienação, pois sua transferência repentina (a) retirava dos credores do alienante, cujo crédito havia surgido em razão das necessidades do estabelecimento, sua garantia, consistente naqueles bens utilizados pelo empresário para o exercício da atividade; (b) como meio de tutelar seu adquirente, o qual muitas vezes assumia o passivo referente ao estabelecimento em verdade muito superior àquele registrado na escrituração; e (c) como meio de tutelar o próprio alienante do estabelecimento, pois a garantia do seu crédito, muitas vezes, resultava no próprio estabelecimento alienado, o qual poderia ser facilmente alienado pelo adquirente.[59]

Paralelamente, porém, percebeu-se que o estabelecimento era composto por determinado conjunto de bens organizados de forma a atrair e manter a clientela. Assim, a proteção do estabelecimento, mediante a proteção individual dos bens que o conformavam, diria respeito à tutela contra a concorrência desleal e à defesa do consumidor.[60]

Assim, "a 'empresa' pareceria querer abarcar a própria ideia de comerciante, incluindo o singular (a 'empresa individual') e, em simultâneo, a de estabelecimento ou unidade produtiva".[61] Isso porque as características gerais do conceito *econômico* de empresa, em qualquer de suas variações, não permite o seu enquadramento nas tradicionais categorias jurídicas de *res* ou *persona*. Daí a dificuldade em construir-se o conceito *jurídico* de empresa. Para uns, em direito, ela assumiria as matizes de um *objeto*; para outros, de um *sujeito*.[62]

III.C. Perfis da empresa

Nesse vaivém acerca da concepção jurídica da empresa, sobreveio a voz pacificadora de Asquini, que demonstrou ser a empresa encarada pelo direito como um "fenômeno poliédrico, o qual tem, sob o aspecto jurídico, não um, mas diversos perfis em relação aos diversos elementos que o integram".[63] Assim, conquanto os autores do Código Civil italiano tenham lançado mão de uma técnica legislativa denominada "*metodo dell'economia*", segundo a qual "as formas jurídicas devem corresponder à substância econômica dos fenômenos regulados pelo direito",[64] não se pode afirmar que "a noção econômica de empresa seja imediatamente utilizável como noção jurídica".[65]

57. "É manifestamente demais: o fenómeno deve ser reduzido a dimensões mais apropriadas" (António Menezes *Manual...*, cit., I v., p. 208, cf. Evaristo de Moraes Filho, *Do Contrato...*, cit., p. 112).

58. António Menezes Cordeiro, *Manual...*, cit., I v., p. 210.

59. Jorge O. Zunino, *Fondo de Comercio: Régimen Legal de su Transferência*, p. 4.

60. Tullio Ascarelli, "O desenvolvimento...", cit., *RDM* 114/237-252. E, do mesmo autor, *Panorama...*, cit., pp. 187-213.

61. António Menezes Cordeiro, *Manual...*, cit., I v., p. 208.

62. "Os autores nem sempre se dão conta das duas acepções do conceito de empresa, que revelam problemáticas distintas e atendem a estágios diversos do desenvolvimento desse conceito. A empresa é um tipo de organização, cuja conceituação jurídica leva em conta muitas notas, mas não todas, do conceito econômico de empresa. O primeiro dos dois conceitos é o da empresa como objeto do direito; outro, é o da empresa como sujeito de direito" (Clóvis do Couto e Silva, "Conceito de empresa no direito brasileiro", *AJURIS* 37/43).

63. Alberto Asquini, "Perfis...", cit., *RDM* 104/109.

64. Francesco Galgano, *Storia...*, cit., pp. 169-170.

65. Alberto Asquini, "Perfis...", cit., *RDM* 104/113.

O conceito econômico de empresa, então, se desdobraria nos conceitos jurídicos de *empresário* (sujeito), *atividade* (fato), e *estabelecimento* (coisa).[66]

Assim, o *empresário* é o *agente* (pessoa, portanto) que exerce *atividade* por meio da *organização* dos fatores de produção. A *atividade* é o conjunto de atos praticados pelo *empresário* para a consecução de um *fim* determinado. Conforme se demonstrará, a atividade e o fim não consistem em qualquer espécie, mas em *atividades próprias de empresário* com *fins próprios de empresário*. E o estabelecimento é o *conjunto de bens* organizado e utilizado pelo empresário para atingir um fim por meio do exercício da atividade; ou seja, não é o estabelecimento composto por todos os bens que integram o patrimônio do empresário, mas somente por aqueles bens organizados e utilizados para o exercício de uma atividade orientada para um fim.

Waldemar Ferreira, em sua obra *Instituições de Direito Comercial*, para explicar os três perfis da empresa, descreveu figura geométrica composta por três círculos concêntricos, nos quais tem-se, "partindo do centro para a periferia, o estabelecimento, circunscrito pela empresa, e esta pela pessoa natural ou jurídica, mercê de cuja vontade aqueles instituem e movimentam-se".[67]

Desse modo, a codificação italiana (art. 2.082), tal qual a brasileira (art. 966), obviou o impasse, ao conceituar o empresário — e não a *empresa* —, como aquele que "exerce profissionalmente atividade econômica organizada para a produção ou a circulação de bens ou de serviços", e o *estabelecimento* como o conjunto de bens organizado e utilizado pelo empresário para o exercício de sua atividade (Código Civil italiano, art. 2.555; Código Civil brasileiro, art. 1.142).

O Código brasileiro, contudo, não adotou terminologia uniforme para referir-se a cada um dos perfis da empresa.

A empresa, em seu perfil subjetivo, é o *empresário individual*, pessoa natural, ou a *sociedade empresária*, pessoa jurídica, que exerce atividade econômica organizada própria de empresário. No entanto, para referir-se à *pessoa natural* que individualmente exerce atividade empresarial, o Código utiliza três expressões distintas: (a) *empresário* (cf. arts. 226, 967, 968 e § 1º, 969, 970, 971, 972, 973, 975, 978, 979, 980, 1.142, 1.144, 1.150, 1.152, § 1º, 1.156, 1.163 e parágrafo único, 1.166, 1.179 e § 2º, 1.181, parágrafo único, 1.184, § 2º, 1.185, 1.187, parágrafo único, III, 1.190, 1.191, § 1º, 1.194, 1.195, 2.031 e 2.037); (b) *empresário individual* (cf. art. 931); e (c) *empresa* (cf. arts. 1.178 e 1.188).

Para referir-se à *pessoa jurídica* que exerce atividade empresarial, o Código utiliza as expressões (a) *sociedade empresária* (cf. arts. 983, 984, 1.142, 1.144, 1.150, 1.179, 1.181, parágrafo único, 1.184, § 2º, 1.185, 1.190, 1.191, § 1º, 1.194 e 2.037); (b) *sociedade* (cf. arts. 226, 1.187, parágrafo único, III e 1.195); e (c) *empresa* (cf. arts. 931, 1.178, 1.187, II, 1.188 e 1.504).

Na terminologia do Código, então, a expressão *empresa* é utilizada para designar ora o *empresário individual* e ora a *sociedade empresária*.

Ao referir-se à *atividade empresária*, o Código utiliza a expressão (a) *empresa* (cf. arts. 974, e §§ 1º e 2º, 1.185, 1.142, 1.155, 1.172 e 1.184). Utiliza, também, as expressões (b) *atividade* (cf. arts. 966, 967, 972, 973, 975, 982, 1.136, 1.168, 1.187, 1.194), ou (c) *atividade negocial* (cf. art. 628)

E no que respeita ao perfil objetivo da empresa, o estabelecimento, o Código utiliza somente a expressão *estabelecimento* (cf. arts. 75, § 1º, 164, 969, parágrafo úni-

66. Asquini, influenciado pelos ideais fascistas de sua época, acrescentou a estes três perfis um quarto: o perfil corporativo ou institucional, relacionado à empresa como uma unidade de produção de riquezas da qual participam os trabalhadores (Asquini, "Perfis...", cit., *RDM* 104/122-125).

67. Waldemar Martins Ferreira, *Instituições de Direito Comercial*, v. I, p. 41.

co, 1.134, 1.142, 1.143, 1.144, 1.145, 1.146, 1.147 e parágrafo único, 1.148, 1.149, 1.164, parágrafo único, 1.178 e parágrafo único, 1.184, § 1º, 1.187, parágrafo único, III, 1.268, 1.467, I). Ademais, o Código Civil freqüentemente refere-se aos estabelecimentos secundários como sendo sucursais, filiais e agências (cf. arts. 969, 1.000, 1.136, § 2º, II e 1.172). Contudo, não informa qual a distinção que há entre estes conceitos, razão pela qual permanece válido o escólio de Waldemar Ferreira, segundo o qual: "Nem doutrinária, nem legislativamente, existe diferença conceitual que os extreme".[68]

IV. O empresário

IV.A. Estatuto do empresário

Com a unificação do direito privado operada pelo Código, não há mais em nosso ordenamento a presença do conceito de ato de comércio, utilizado para (a) determinar quem era comerciante e, portanto, sujeito às normas comerciais; e (b) determinar qual a lei aplicável a determinado ato, se a civil ou se a comercial.

Contudo, para o novo Código, é relevante qualificar-se o empresário para que se possa determinar quem é subordinado ao *estatuto do empresário*, ou seja, quem é o destinatário das normas encontradas tanto no Código Civil como na legislação extravagante que estabelecem direitos e obrigações dos empresários. A caracterização do empresário constitui, pois, "o pressuposto para a aplicação ao sujeito de uma disciplina especial, ou para a aplicação de uma disciplina especial aos atos por eles praticados no exercício da atividade".[69]

O art. 2.037 do Código, p. ex., dispõe que "Salvo disposição em contrário, aplicam-se aos empresários e sociedades empresárias as disposições de lei não revogadas por este Código, referentes a comerciantes, ou a sociedades comerciais, bem como a atividades mercantis". Desse modo, somente aquele que for caracterizado como empresário estará sujeito às normas anteriores ao Código Civil referentes a comerciantes ou a sociedades comerciais, como, p. ex., a regra do no art. 1º do Decreto-lei 7.661/1945, que contém a hipótese fática de falência do comerciante, será aplicada, em razão do novo Código, não mais ao comerciante, mas ao empresário. Ademais, o Código estabelece uma série regras que integram o estatuto do empresário (cf., p. ex., os arts. 967 a 971, quanto à inscrição; os arts. 972 a 980, quanto à capacidade para exercício de atividade empresária; o art. 983, quanto ao tipo societário da sociedade empresária; os arts. 1.142 a 1.149, quanto ao estabelecimento; os arts. 1.150 a 1.154, quanto ao registro; os arts. 1.155 a 1.168, quanto ao nome empresarial; e os arts. 1.179 a 1.195, quanto à escrituração).

O estatuto do empresário consiste, pois, no regramento desta atividade, no que respeita à sua caracterização e regramento e, em certas hipóteses, consiste também na disciplina dos atos individuais que compõem a atividade — como, p. ex., a presunção de boa-fé dos *atos* "ordinários indispensáveis à manutenção de estabelecimento mercantil, rural, ou industrial",[70] prevista no art. 164 do Código no que respeita à fraude a credores. Ou, também, na positivação da regra medieval francesa *en fait de meubles* no art. 1.268, que dispõe: "Feita por quem não seja proprietário, a tradição não aliena a propriedade, exceto *se a coisa, oferecida ao público, em leilão ou estabelecimento comercial, for transferida em circunstâncias tais que, ao adquirente de boa-fé, como a qualquer pessoa, o alienante se afigurar dono*".

68. Waldemar Martins Ferreira, *Instituições...*, cit., v. I, p. 36.

69. Tullio Ascarelli, "O empresário", *RDM* 109/187.

70. No que respeita à terminologia adotada neste dispositivo, seria melhor que o legislador tivesse utilizado a expressão "estabelecimento empresarial ou rural" em lugar da expressão "estabelecimento mercantil, rural ou industrial" em razão do fim da dicotomia do direito privado.

IV.B. O empresário e sua caracterização

O legislador inseriu o conceito econômico de empresa em nosso ordenamento, enquanto um conceito metajurídico, ao criar o suporte fático da figura do empresário. Assim, o conceito econômico de empresa (i.é, *atividade organizadora*) subjaz ao conceito jurídico de empresário, pois o que qualifica o empresário é o exercício de uma atividade econômica "(assim como uma atividade econômica qualificava o comerciante)".[71] Desse modo, "para se chegar à noção de empresário é necessário partir do conceito de atividade empresarial".[72]

Empresário, conforme dispõe o art. 966 do Código Civil, é aquele que "*exerce* profissionalmente atividade econômica organizada para a produção ou a circulação de bens ou de serviços". E o art. 982 estabelece que "considera-se empresária a sociedade que *tem por objeto* o exercício de atividade própria de empresário sujeito a registro (art. 967)". Assim, a caracterização do empresário individual se dá pelo efetivo exercício profissional de atividade econômica organizada para a produção ou circulação de bens ou serviços.[73] E a sociedade empresária, por sua vez, é caracterizada pelo escopo societário,[74] que deverá ser empresarial, conforme dispõe o art. 982 do Código. Assim, enquanto "nas pessoas físicas a atividade não poderá ser imputada senão em razão do efetivo cumprimento dos atos pelos quais ela se desdobra (sendo, por isso, considerada como um 'fato'), nas pessoas jurídicas será suficiente o escopo de realizá-la, ainda que independentemente do seu efetivo desenvolvimento. Em tais hipóteses, é pois o escopo o elemento ao qual se deve antes de tudo recorrer para a qualificação do sujeito".[75]

71. Tullio Ascarelli, "O empresário", *RDM* 109/183.

72. Alberto Asquini, "Perfis...", cit., *RDM* 104/117.

73. Tullio Ascarelli, "O empresário", *RDM* 109/187.

74. Idem, ibidem.

75. Idem, p. 186.

Para que uma sociedade exerça regularmente atividade própria de empresário, seu objeto social deverá ser composto de atividade própria de empresário e, sua forma societária será, então, nos termos do art. 983, a de (a) sociedade em nome coletivo (arts. 1.039 a 1.044); (b) sociedade em comandita simples (arts. 1.045 a 1.051); (c) sociedade limitada (arts. 1.052 a 1.087); (d) sociedade anônima (arts. 1.088-1.089); e (e) sociedade em comandita por ações (arts. 1.090 a 1.092).

Contudo, se o escopo da sociedade for um escopo não-empresarial e a sociedade exercer uma atividade própria de empresário, será a atividade efetivamente desenvolvida que prevalecerá na sua caracterização em detrimento do escopo, e a sociedade será tida como empresária, "pois de outra forma seria violada uma disciplina imposta em razão do interesse público".[76]

Atividade empresarial consiste na prática de um conjunto de atos, e o sujeito dessa atividade será aquele ao qual são imputados os "atos singulares que a formam".[77] Empresário é o sujeito ao qual são imputados os atos que, em conjunto, constituem atividade própria de empresário.

Há atividade sempre que houver uma série de atos *orientados a um determinado fim.*[78] Por isso se diz *atividade organizada.* Contudo, não é toda e qualquer atividade organizada para a consecução de um fim que caracteriza o empresário, pois compete "à ordem jurídica determinar fatos que compõe o modelo jurídico de empresa. Ainda quando se configure como organização, algumas vezes o direito não lhe dá categoria de empresa".[79]

Atividade, conforme se afirmou, é o conjunto de atos voltados à consecução de um fim. Assim, a "apreciação da atividade implica a de sua finalidade, a qual, por sua

76. Idem, ibidem.

77. Idem, p. 185.

78. Idem, p. 183.

79. Clóvis do Couto e Silva, "Conceito...", cit., *AJURIS* 37/56.

vez, reflete-se na coordenação dos atos singulares praticados no exercício de uma atividade".[80] Por esse seu conteúdo finalístico, devem os atos, necessariamente, serem organizados. Assim, falar-se em atividade organizada é, de alguma forma, um pleonasmo, pois não há, em direito, atividade sem organização. Ambos os conceitos se complementam mutuamente. O que caracteriza a atividade é a sua organização e orientação a determinado fim.

Para que a atividade seja empresária, é necessário que os atos que a compõem sejam atos voltados à consecução de um fim próprio de empresário. O Código Civil utiliza, p. ex., em seus arts. 973 e 982, a expressão *atividade própria de empresário* e, nos arts. 972 e 975, a expressão *atividade de empresário*, que devem ser entendidas como um conjunto de atos orientados à consecução de *fins próprios de empresário*. Deve-se, pois, identificar quais os elemento que caracterizam essa espécie de fins.

Consistem os fins próprios de empresário naqueles indicados na parte final do *caput* do art. 966, no qual lê-se: "Considera-se empresário quem exerce profissionalmente atividade econômica organizada *para a produção ou a circulação de bens ou de serviços*". Assim, será composta a atividade própria de empresário por um conjunto de atos organizados e voltados à produção ou à circulação de bens ou de serviços.

O objeto das sociedades empresárias deverá ser, necessariamente, a produção ou circulação de bens ou serviços, podendo ser restrito a apenas um negócio determinado (art. 981, parágrafo único). A expressão negócio, aqui, deve ser entendida em seu significado não-jurídico. Assim, p. ex., poderá ser constituída uma sociedade empresária para a construção de um edifício por empreitada. Para atingir-se esse fim, será necessário praticar uma série de atos coordenados, como, *e.g.*, a compra de material de construção, a subscrição de títulos de crédito, o pagamento de tributos, a obtenção de licenças perante órgãos da Administração Pública, a contratação, direção e pagamento de empregados, tudo com a finalidade de realizar-se um negócio determinado consistente na construção de um único edifício.

A dificuldade em identificar-se os fins próprios de empresário reside precisamente no fato de que quase toda atividade econômica tem por fim a produção ou circulação de bens ou serviços. Assim ocorre, p. ex., com os profissionais liberais, os quais desenvolvem, na maioria das vezes, atividade voltada a de prestação de serviços, mas não são considerados empresários pelo ordenamento.

Então, conquanto o fim contribua para a caracterização da atividade empresária, não será ele o único elemento que qualificará esta atividade. Por essa razão, parte da doutrina busca identificar o traço distintivo do empresário na (a) profissionalidade; ou (b) na economicidade.

A doutrina encontra ambos os conceitos no art. 966 do Código, que considera "empresário quem exerce *profissionalmente* atividade *econômica* organizada".

A *profissionalidade* é entendida por parte da doutrina significando (a) habitualidade no exercício da atividade; ou (b) o exercício da atividade com intuito de lucro. A *economicidade*, por sua vez, é entendida por parte da doutrina significando (a) o intuito lucrativo; (b) a assunção dos riscos econômicos da atividade; ou (c) o respeito ao regime de ingressos e saídas, de modo a possibilitar a consecução de um fim.

Quanto ao primeiro significado atribuído à profissionalidade, percebe-se claramente a influência do art. 4º do revogado Código Comercial, que estabelecia considerar-se comerciante quem habitualmente praticasse atos de comércio, ou seja, fizesse "da mercancia profissão *habitual*". Habitualidade, contudo, é pressuposto da

80. Tullio Ascarelli, "O empresário", *RDM* 109/184.

atividade, pois esta consiste na prática reiterada e, portanto, habitual, de atos organizados e voltados à consecução de um fim. Ou seja, toda atividade é habitual. Não é a habitualidade, pois, o traço distintivo caracterizador da atividade própria de empresário. Ademais, conquanto esteja sempre presente na noção de atividade, há atos que são praticados habitualmente sem que se configure juridicamente uma atividade. Não configura atividade caracterizadora do empresário a simples prática habitual de "uma pluralidade de atos que tenham, de per si, mero valor instrumental, relativamente a outras operações às quais se deve remontar. Assim, a reiterada subscrição ou mesmo negociação de cambiais não representa, por si só, uma atividade empresarial, a qual ao contrário resultará das operações ulteriores, em relação às quais a emissão e circulação de cambiais são meios instrumentais, como, por exemplo, compra e venda de mercadorias a crédito ou a própria intermediação no crédito".[81]

O intuito de lucro, ora é identificado com a profissionalidade, ora com a economicidade. Contudo, parece-me que o intuito de lucro não é elemento caracterizador do empresário. No "conceito de profissionalidade surge como elemento *natural*, porém não *essencial*, o fim de lucro (proveito) como motivo da atividade do empresário".[82] Esta assertiva pode ser defendida por diversos fundamentos. Primeiro, porque a norma do art. 966 não menciona expressamente o intuito de lucro como elemento caracterizador do empresário,[83] em que pese a interpretação de parte da doutrina que atribui significado de lucro à expressão "exerce *profissionalmente* atividade *econômica*" contida no mesmo artigo. Ademais, "analisar a empresa sob a ótica do intuito do lucro só faz sentido com relação às empresas capitalistas que pertençam ao setor privado. Na verdade, mesmo numa economia capitalista, existem empresas que não têm a característica do intuito de lucro. São normalmente empresas do setor público. Essas empresas muitas vezes são obrigadas — em virtude da missão pública que as orienta — a exercer atividade sem intuito de lucro ou exercer atividade em que a possibilidade de ter uma elevada rentabilidade é mais reduzida".[84]

Por outro lado, o intuito lucrativo não é elemento distintivo do empresário em razão de os profissionais liberais, que não são considerados empresários pelo ordenamento, também atuarem com o intuito lucrativo.

Ademais, o Código, em seu art. 981, estabelece que "celebram contrato de sociedade as pessoas que reciprocamente se obrigam a contribuir, com bens ou serviços, para o exercício de atividade econômica e a partilha, entre si, dos resultados". Assim, o que caracteriza o contrato de sociedade é a finalidade de partilhar os resultados (i.é, os lucros) de determinada atividade. Contudo, não são todos os tipos societários que podem ser tidos como sociedades empresárias, mas somente aqueles indicados no art. 983. Essa regra exclui, então, do rol das sociedades empresárias as sociedades simples. Conquanto possam revestir a *forma* dos tipos societários regrados nos arts. 1.039 a 1.092 — à exceção da forma de sociedade anônima, a qual independentemente de seu objeto será reputada empresária (art. 982, parágrafo único) —, as sociedades simples não possuem por objeto o exercício de atividade própria de empresário (art. 982). Em outras palavras, há sociedades não-empresárias que

81. Idem, ibidem.

82. Alberto Asquini, "Perfis...", cit., *RDM* 104/116.

83. "O legislador, na definição de empresário presente no art. 966, *caput*, do novo Código Civil, não colocou o objetivo lucrativo como um fator de sua qualificação, de forma que a finalidade ou objetivo último da empresa pode ser 'egoístico' ou 'altruístico', isto é, pode-se referir ao proveito econômico próprio ou ao serviço público" (Fernando Netto Boiteux, "A função social da empresa e o novo Código Civil", *RDM* 125/48-49).

84. José Gabriel Assis de Almeida, "A noção jurídica de empresa", *Revista de Informação Legislativa* 143/212, ano 36, jul.-set. 1999.

podem revestir a forma societária prescrita para as sociedades empresárias, *visam ao lucro* e à sua partilha por meio do exercício de atividade econômica e não são consideradas sociedades empresárias pelo Código. As sociedades de advogados parecem-me um bom exemplo de sociedades simples, que visam ao lucro e sua partilha e, mesmo assim, não são consideradas sociedades empresárias.

O raciocínio desenvolvido no parágrafo anterior, válido para demonstrar a razão pela qual o intuito de lucro não é elemento caracterizador do empresário, comporta uma objeção lógica que se lhe pode opor, que consiste em mais um argumento utilizado para afastar o intuito lucrativo da caracterização do empresário. É que o intuito de lucro, nas sociedades empresárias ou não, não é o intuito das sociedades, mas dos sócios, que o desejam partilhar num futuro. Assim, jamais haverá uma sociedade que terá por objeto social o intuito de lucro. O objeto social será produzir ou circular mercadorias ou serviços. O lucro, ou seja, o resultado final após o cômputo dos ingressos e das saídas necessárias à manutenção da sociedade, interessa, sobretudo, aos sócios que contrataram sociedade. Assim, o intuito de lucro e sua distribuição estará, ou não, presente em sociedades empresárias, dependendo do interesse dos sócios.

Desse modo, espero ter demonstrado que o intuito lucrativo não é elemento essencial para a caracterização do empresário, pois (a) há pessoas que exercem atividade econômica organizada tendente à produção ou circulação de bens ou serviços com o intuito subjacente de obter-se lucro sem que por isso sejam consideradas empresárias pelo ordenamento (como, p. ex., os profissionais liberais que atuam individualmente ou por meio de uma sociedade simples); e (b) há pessoas que exercem atividade econômica organizada tendente à produção ou circulação de bens ou serviços sem que lhe subjaza o intuito lucrativo sem que por isso não sejam consideradas empresárias pelo ordenamento (como, p. ex., as sociedades empresárias públicas).

Parte da doutrina atribui à economicidade o significado de assunção dos riscos da atividade econômica. Isso talvez em decorrência do conceito econômico que Vivante atribuiu à empresa, afirmando que ela seria "um organismo econômico que, por seu próprio risco, recolhe e põe em atuação sistematicamente os elementos necessários para obter um produto destinado à troca".[85] Contudo, assim como ocorre com o intuito de obtenção de lucro, que não é o objeto da sociedade, o risco econômico da atividade muitas vezes não é suportado por quem a desenvolve. É o exemplo da sociedade em nome coletivo, a qual, caso exerça atividade empresária, não suportará os riscos econômicos da atividade, pois seus sócios, que são considerados somente sócios, e não empresários, respondem solidária e ilimitadamente pelas obrigações sociais. Assim, não seria "possível referir a subjetividade da empresa a todo aquele que, na variedade dos casos, corre economicamente o risco da atividade".[86] Ademais, a noção de risco pode assumir diversas acepções. Risco pode significar, sobretudo, a não obtenção do fim almejado pela atividade. O profissional liberal assume o risco de não atingir o fim a que se propôs, ou seja, prestar serviços, sem que com isso seja considerado empresário pelo ordenamento. Risco pode significar, também, a imputação de responsabilidade ao sujeito que pratica os atos voltados a consecução de um fim. Contudo, a responsabilização pela prática de atos é regra geral em nosso ordenamento, independentemente de estes atos terem sido praticados em razão de uma atividade. Ademais, a "atividade deverá ser apreciada de modo autônomo, isto é, independentemente da apreciação dos atos singulares, individualmente considerados".[87]

85. Cesare Vivante, *Tratado...*, cit., v. I, p. 131.
86. Tullio Ascarelli, "O empresário", *RDM* 109/185.
87. Idem, p. 184.

Isto significa que, mesmo que a atividade seja ilícita ou que o sujeito que a exerce não possua capacidade para exercê-la, nem por isso os atos que lhe constituem deixarão de obrigar a pessoa que os praticou,[88] como prescreve, p. ex., a regra insculpida no art. 973 do Código.

Economicidade no exercício de atividade, segundo opinião da qual compartilho, significa que "toda empresa, mesmo não-lucrativa, deve trabalhar em regime de economicidade, comportando um equilíbrio estrutural entre ingressos e dispêndios".[89]

Reunidos todos os elementos apontados pela doutrina como integrantes do suporte fático da figura do empresário, poder-se-ia formular o seguinte conceito: *Empresário é quem exerce, profissional e habitualmente, com o intuito lucrativo, uma série de atos, que respeitam a um regime de economicidade, organizados e preordenados ao fim de produzir ou circular mercadorias ou prestar serviços, cuja responsabilidade por cada ato é atribuída ao sujeito que pratica os atos singularmente considerados, o qual também suportará o infortúnio da atividade.*

Ocorre que este conceito possui uma abrangência tal que acaba por englobar praticamente todo gênero de atividade econômica voltada para a produção ou circulação de bens ou serviços.

Desse modo, a caracterização do suporte fático da figura do empresário é nebulosa. Os elementos contidos no art. 966 não são suficientes para distinguir o empresário do não-empresário. Por essa razão, a caracterização do empresário não será dada apenas pela verificação da presença dos elementos contidos no suporte fático do art. 966. É necessário um processo interpretativo para verificar-se qual a razão justificativa da regra abstrata contida no art. 966.[90] Nesse processo interpretativo, poderão servir como contraponto valorativo determinadas regras não aplicáveis no caso concreto.[91]

Cumpre, então, indagar-se quais são os elementos que *incluem* ou *excluem* do conceito de empresário os sujeitos que exercem atividade econômica organizada tendente à produção ou circulação de bens ou serviços.

Quanto à inclusão no conceito de empresário, há algumas respostas que são facilmente obtidas, como, p. ex., o critério da empresarialidade por determinação legal. Assim, as sociedades anônimas serão sempre sociedades empresárias independentemente de seu objeto (art. 982, parágrafo único).

Da mesma maneira que há o critério da empresarialidade por determinação legal, há o critério da não-empresarialidade por exclusão legal, como é o exemplo das cooperativas, as quais serão sempre sociedades simples (art. 982, parágrafo único), ou seja, não-empresárias.

A mesma hipótese se aplica às pessoas físicas ou jurídicas que exercerem atividade rural, ou àqueles que possuírem profissão regulamentada por estatuto próprio. Desse modo, quem exercer "atividade orientada ao cultivo do solo, à silvicultura, à pecuária e a atividades conexas dirigidas à transformação ou alienação dos produtos agrícolas inseridas no exercício normal da agricultura",[92] ou seja, aquele que exercer atividade rural, não será, de ordinário, empresário e, portanto, não estará subordinado ao estatuto do empresário. Contudo, os arts. 971 e 984 do Código Civil facultam à pessoa natural que exercer atividade agrícola e à pessoa jurídica que tiver por escopo o exercício de atividade agrícola a pos-

88. Idem, ibidem.

89. Fábio Konder Comparato, "A reforma da empresa", in *Direito Empresarial*, p. 10.

90. Humberto Ávila, *Teoria dos Princípios: da Definição a Aplicação dos Princípios Jurídicos*, p. 49.

91. Humberto Ávila, ob. cit., p. 48.

92. Cf. art. 2.135 do Código Civil italiano.

sibilidade de sujeitarem-se ao estatuto do empresário, mediante a inscrição no Registro Público de Empresas Mercantis. Neste caso, aquele que exerce atividade rural, "depois de inscrito, ficará *equiparado*, para todos os efeitos, ao empresário sujeito a registro". Ou seja, cá está uma hipótese de sujeição voluntária ao estatuto do empresário mediante a inscrição no Registro Público de Empresas Mercantis.

O Código Civil estabeleceu um outro critério de exclusão de atividade econômica do âmbito de aplicação do estatuto do empresário. Lê-se no parágrafo único do art. 966 do Código Civil que "não se considera empresário quem exerce profissão intelectual, de natureza científica, literária ou artística, ainda com o concurso de auxiliares ou colaboradores, salvo se o exercício da profissão constituir elemento de empresa".

A inspiração da redação deste parágrafo, creio eu, encontra sua origem nos arts. 2.061 e 2.229 do Código Civil italiano, que dispõem:

> Art. 2.061. O regulamento das categorias profissionais é estabelecido pelas leis, decretos, decisões de autoridade governamental e estatutos de associações profissionais.
>
> (...).
>
> Art. 2.229. A lei determina as profissões intelectuais para o exercício das quais é necessária a inscrição em livros ou listas particulares.

Assim, aqueles que exercem profissão intelectual (gênero), que pode ser de natureza científica, literária ou artística (espécie), regulamentada por estatuto próprio, também não serão tidos como empresários por duas ordens de motivos. Em primeiro lugar, porque já possuem estatuto próprio a regular sua atividade. Em segundo lugar, em razão da determinação legal de se inscreverem em livros ou listas particulares, em detrimento da inscrição no Registro Público de Empresas Mercantis. Parece-me, assim, ser este o sentido que se deve emprestar à redação do parágrafo único do art. 966 do Código Civil.

Desse modo, não são empresários os advogados e as sociedades de advogados, por exercerem atividade privativa de advogado e regrada, portanto, pelo Estatuto do Advogado (Lei 8.906/1994). Este, em seu art. 16, proíbe às sociedades de advogados adotar "forma ou características mercantis"[93] ou realizar "atividades estranhas à advocacia". O art. 15 do Estatuto do Advogado estabelece que os "advogados podem reunir-se em sociedade civil de prestação de serviço de advocacia". Como não há mais no ordenamento a distinção civil e comercial, deve a expressão "sociedade civil de prestação de serviço de advocacia" ser lida como sociedade *simples*, ou seja, não-empresária, de prestação de serviços de advocacia. Assim, o advogado e a sociedade de advogados possuem, por lei, estatuto próprio, não estando sujeitos ao estatuto do empresário.

Ademais, o advogado e a sociedade de advogados devem registrar-se no Conselho Seccional da Ordem dos Advogados (arts. 10 e 15, § 1º, do Estatuto do Advogado, Lei 8.906/1994), sendo proibido o registro, nos cartórios de registro civil de pessoas jurídicas e nas juntas comerciais, de sociedade que inclua, entre outras finalidades, a atividade de advocacia (Lei 8.906/1994, art. 16, § 3º).

Resta, ainda, contudo, resolver-se o problema no que respeita às demais pessoas jurídicas e físicas que exercem atividades não expressamente excluídas por determinação legal do âmbito de incidência do estatuto do empresário porque não estão submetidas a um estatuto próprio ou porque podem inscrever-se no Registro Público de Empresas Mercantis.

Para a resolução desse problema deve-se interpretar a parte final do parágrafo único do art. 966 do Código Civil, que dispõe: "(...) não se considera empresário quem exerce profissão intelectual, de natureza científica, literária ou artística, ainda

93. Leia-se forma ou características *empresariais*, em razão do fim da dicotomia civil e comercial.

com o concurso de auxiliares ou colaboradores, *salvo se o exercício da profissão constituir elemento de empresa*".

Nesse preceito, a expressão "elemento de empresa", parece-me, deve ser interpretada da seguinte forma. O que determina a sujeição de determinada pessoa ao estatuto do empresário, conforme se demonstrou acima, é o exercício de atividade própria de empresário. Sabe-se que o âmbito de abrangência da expressão "atividade própria de empresário" é demasiado amplo, porque ela é caracterizada pela sua finalidade, consistente no exercício profissional de atividade econômica organizada para a produção ou circulação de bens ou serviços. Certas atividades, contudo, são expressamente excluídas do âmbito de aplicação do estatuto do empresário em razão de possuírem estatuto próprio e, em certos casos, estarem sujeitas à inscrição em órgãos de classe. Assim, p. ex., aquele que exercer a medicina estará exercendo atividade própria de médico e, portanto, estará sujeito às determinações e à inscrição no Conselho Federal de Medicina. O que caracteriza a atividade do médico é a sua finalidade de *prestar serviços médicos*. Contudo, se uma sociedade de médicos, além de prestar serviços próprios de médicos, também exercer atividade organizativa de planos de saúde, a finalidade da atividade será prestar serviços próprios de médico *e* organizar planos de saúde, o que não é atividade privativa de médicos. Neste caso, então, parece-me, a sociedade será tida como empresária, pois estará a almejar finalidade que não é privativa de uma categoria profissional específica. A expressão "empresa", aqui, deve ser entendida como *atividade organizada tendente à realização de um determinado fim*. É neste sentido, pois, que acredito deva ser interpretada a expressão "elemento de empresa", contida na parte final do parágrafo único do art. 966 do Código Civil.

Pode-se, assim, determinar quem é empresário mediante a adoção de um *critério de exclusão*. *É empresário todo aquele que exercer profissionalmente como sua atividade finalística e econômica principal determinada atividade organizada e orientada para a produção ou circulação de bens ou serviços não regulamentada em estatutos profissionais de categorias de classe e que não esteja sujeito à inscrição obrigatória em órgãos de classe ou no registro civil em razão do exercício desta atividade*.

O *critério de inclusão* ao conceito de empresário e, portanto, de sujeição ao estatuto do empresário, será fornecido por (a) *determinação legal*, como é o caso das sociedades anônimas, ou por (b) *sujeição voluntária*, mediante a inscrição no Registro Público de Empresas Mercantis, como é o caso do empresário rural.

Há casos, porém, em que a linha divisória entre o empresário e o não-empresário será demasiado tênue. Nestas hipóteses caberá à casuística determinar, caso a caso, quem é empresário e quem não é, respeitando o postulado da razoabilidade, utilizado no sentido de: (a) aceitabilidade social da norma que subordinará, ou não, determinado sujeito do âmbito de aplicação do estatuto do empresário, ou seja, como um parâmetro de legitimidade da norma, "andando a sancionar a falta de um qualquer fundamento racional da norma ou a sua deformidade em relação à estrutura do real";[94] e (b) compatibilidade da norma em relação à lógica do ordenamento.[95]

Enquanto aceitabilidade pode-se recorrer a critérios históricos pelos quais determinadas categorias de classe ou atividades não estavam sujeitas, primeiramente, ao estatuto do comerciante e, após, ao estatuto do empresário. A tradição histórica, p.

94. Gino Scaccia, *Gli 'Strumenti' della Ragionevolezza nel Giudizio Costituzionale*, p. 4.

95. Gino Scaccia, *Gli 'Strumenti'*..., cit., p. 4. Afirma Scaccia que a razoabilidade "assume então os contornos de um juízo que não questiona as escolhas legislativas", "nem o confronta diretamente com os princípios constitucionais, mas funciona sobretudo como um cânone de salvaguarda e de fechamento do sistema" (ob. cit., p. 4).

ex., excluía as atividades liberais do âmbito dos estatutos do comerciante, as quais permaneceram com o privilégio de classe. Este critério, é claro, não pode ser adotado para afastar expressa disposição de lei, como é o caso da categoria dos prestadores de serviços que, não sendo profissionais liberais, foram historicamente excluídos do âmbito do estatuto do comerciante, mas agora são expressamente incluídos pelo Código no estatuto do empresário.

Enquanto critério de fechamento do sistema, verifica-se a razoabilidade da sujeição ou não de alguém ao estatuto do empresário pela investigação da origem e finalidade da afirmação da teoria da empresa em nosso ordenamento, consistente na necessidade de regular-se a disciplina pública da concorrência, mediante a tutela dos bens indispensáveis ao exercício de uma atividade finalística, e na necessidade da tutela do consumidor.

V. O estabelecimento empresarial

A existência do estabelecimento empresarial pressupõe a existência de um empresário,[96] cujos contornos já foram delineados neste ensaio. Isso porque o empresário, ao exercer sua atividade finalística, organiza os fatores de produção, os quais, em direito, são considerados como *bens*. Ou seja, enquanto o empresário é aquele que organiza um *conjunto de bens* no exercício de sua atividade finalística; os bens organizados constituem o *estabelecimento*. Assim, o Código Civil, em seu art. 1.142, estabelece que "Considera-se estabelecimento todo complexo de bens organizado, para exercício da empresa, por empresário, ou por sociedade empresária".

O estabelecimento, assim, é entendido como um complexo de *bens*. "Tomada no sentido mais claro, a palavra *bem* confunde-se com o objeto dos direitos; designa as coisas e ações humanas (*comportamento* que as pessoas podem exigir umas das outras)".[97]

Com efeito, grande parte da doutrina classifica os bens que compõem o estabelecimento em bens *móveis* e bens *imóveis*. São estes, de acordo com o art. 79 do Código, "o solo e tudo quanto se lhe incorporar natural ou artificialmente", como, p. ex., os "terrenos, edifícios, construções, usinas, fábricas".[98]

Os bens móveis, por sua vez, são classificados bens *corpóreos* e *incorpóreos*. Isso porque o Código estabelece, em seu art. 82, que "São móveis os bens suscetíveis de movimento próprio, ou de remoção por força alheia, sem alteração da substância ou da destinação econômico-social". E no art. 83, equipara aos bens móveis

> I — as energias que tenham valor econômico;
>
> II — os direitos reais sobre objetos móveis e as ações correspondentes;
>
> III — os direitos pessoais de caráter patrimonial e respectivas ações.

Assim, a doutrina identifica como bens móveis corpóreos que integram o estabelecimento as instalações, maquinário, mobiliário e utensílios, matérias-primas, estoques, produtos e mercadorias, os elementos da escrituração empresarial etc. Entre os bens móveis incorpóreos, encontram-se a propriedade comercial (direito ao ponto), os direitos reais sobre coisas imateriais como as marcas, expressões e sinais de propaganda, patentes, invenções, modelos de utilidade, desenhos industriais etc. Insere-

96. Rosario Nicolò, *Riflessioni...*, cit., p. 412, afirma que, para que haja um empresário, não basta o exercício de uma atividade produtiva, pois "se a organização dos bens para a produção de bens ou de serviços é o estabelecimento, e se o empresário é aquele que exerce uma atividade econômica *organizada*, não pode assumir relevo aquela qualidade de empresário, considerada sob o perfil jurídico-formal, sem a contemporânea existência de uma entidade objetiva, ou seja, em outras palavras, daquela organização de bens que a lei qualifica *estabelecimento*".

97. Orlando Gomes, *Introdução ao Direito Civil*, 15ª ed., p. 199.

98. Waldemar Martins Ferreira, *Instituições...*, cit., v. I, p. 47.

se, também, entre os bens móveis incorpóreos que integram o estabelecimento, o direito à prestação do trabalho dos empregados. Isso porque, de acordo com o art. 83, III, equiparam-se aos bens móveis os direitos pessoais de caráter patrimonial e respectivas ações.[99] Pelo mesmo motivo, compõem o estabelecimento o direito a prestações decorrentes de relações de concessão, de franquia, e todas as demais necessárias à existência e funcionamento do estabelecimento.[100]

Contudo, mais relevante do que classificar esses bens em razão de características ontológicas suas é classificá-los em razão da *função* a eles atribuída. Isso porque os bens, ao receberem uma destinação unitária pelo empresário, passam a ser considerados como *bens de produção*,[101] conceito que contrasta com o de *bem de consumo*. E essa "classificação dos bens em produtivos ou de consumo não se funda em sua natureza ou consistência, mas na destinação que se lhes dê. A função que as coisas exercem na vida social é independente da sua estrutura interna".[102]

A própria unidade do estabelecimento não é dada pela atribuição de um determinado bem a um determinado sujeito, mas pela *função* que o sujeito, pelo poder de criar *relações jurídicas* sobre determinados bens, atribui a eles. Assim, deve-se "distinguir a função econômica de uma coisa da função econômica da relação jurídica que tem essa coisa por objeto, ou a função econômica do negócio jurídico que estabelece essa relação".[103]

Com efeito, o que caracteriza os elementos que integram o estabelecimento é a sua coordenação por meio de relações jurídicas orientadas a um fim empresário reconhecido pelo ordenamento e pelas características ontológicas dos bens objeto dessas relações jurídicas. O estabelecimento, então, existirá se houver um empresário que, ao exercer atividade finalística, organiza relações jurídicas que recaem sobre determinados bens que integram um complexo de bens, os quais, por isso, são denominados bens de produção.

Desse modo, organização de bens não significa mera reunião de bens, pois a organização pressupõe atividade, de tal forma que só haverá estabelecimento caso haja atividade. Ademais, como a atividade é formada por um conjunto de atos individuais e coordenados a um fim, serão as relações resultantes desses atos que serão organizadas pelo empresário no exercício de sua atividade. Por essa razão, melhor seria que o art. 1.142 do Código tivesse se referido ao estabelecimento como o complexo de

99. Para Modesto Carvalhosa, *Comentários ao Código Civil. Parte Especial: Do Direito de Empresa (arts. 1.052 a 1.195)*, v. 13, p. 618, as "*relações jurídicas de trabalho*, também denominadas 'serviços' são elementos do estabelecimento". Contudo, referido autor utiliza fundamento diverso do que adoto para inserir o direito à prestação do trabalho, pois, segundo entende, "a melhor exegese do conceito expresso no art. 1.142 é a de que o estabelecimento compreende um conjunto mais amplo de elementos, e não só os *bens corpóreos e incorpóreos*, pois nele se incluem também os *serviços* do empresário ou de seus empregados, reunidos por aquele com o propósito de exercer determinada atividade empresarial". Contudo, conforme entendo, *serviço* consiste num direito pessoal a uma prestação de caráter patrimonial, o que, portanto, o enquadra na categoria jurídica de *bem*.

100. Cf., em sentido análogo, Alfredo de Assis Gonçalves Neto, *Apontamentos...*, cit., p. 136.

101. "Os bens destinados ao desenvolvimento da finalidade produtiva possuem assim o caráter de bens instrumentais, mas é claro que esta qualidade, que os distinguem dos bens de consumo ou de gozo individual direto, não é, do ponto de vista jurídico, uma qualidade objetiva, inerente ao bem, por sua imprescindível configuração estrutural ou funcional, mas é o efeito do ato negocial de destinação do sujeito àquela e não a outra finalidade (trata-se, a saber, de uma qualidade *potencial* do sujeito), e do fato que a destinação dos bens singulares há criado entre estes uma vinculação funcional, relativamente inseparável, ao menos enquanto o sujeito desejar que permaneça o efeito daquele ato de destinação" (Rosario Nicolò, *Riflessioni...*, cit., pp. 415-416).

102. Fábio Konder Comparato, "Função social da propriedade dos bens de produção", in *Direito Empresarial*, p. 29.

103. Fábio Konder Comparato, "Função...", cit., in *Direito Empresarial*, p. 30.

relações que recaem sobre determinados bens, os quais, por isso, são organizados pelo empresário "*no* exercício da empresa", ao invés do que "*para* o exercício da empresa". Ao mesmo tempo em que o empresário orienta os bens a um fim empresarial, ele adquire o direito de gestão sobre esse conjunto de bens.[104] Nesse sentido, "a atividade mesma constituiria o exercício dos poderes e da faculdade (e também dos deveres), que se põe como conteúdo daquela nova posição jurídica subjetiva".[105] É por isso que se diz que o estabelecimento é a *propriedade dinâmica*. "O paralelismo assim entre propriedade e empresa é perfeito: por um lado, proprietário, propriedade, bem; por outro, empresário, empresa, estabelecimento. Assim a figura do empresário não se confunde com aquela posição subjetiva que chamamos *status* ou *condição profissional*, mas se coloca como a qualidade correlata à titularidade do direito de empresa".[106]

V.A. *Teorias acerca do estabelecimento*

Muito se escreveu acerca do estabelecimento empresarial. As teorias criadas para explicar sua natureza são das mais diversa e, as opiniões dos autores, desencontradas. "Cada autor como que é um chefe de escola".[107] Assim, sem pretender ajustar todas as opiniões consignadas sobre o assunto, serão expostas as teorias que buscam explicar a natureza do estabelecimento empresarial e as suas relações com o novo Código Civil.

A importância da definição da natureza jurídica do estabelecimento é decorrente das conseqüências em caso de sua alienação,[108] dos fundamentos da proteção da concorrência,[109] da tutela do consumidor e da função social dos bens de produção.[110]

Na formação histórica da teoria do estabelecimento empresarial destacaram-se, fundamentalmente, três correntes doutrinárias, que entenderam o estabelecimento como (a) *reunião de bens isoladamente considerados*; como (b) *objeto unitário de direito*; ou como (c) *complexo patrimonial*, as quais foram denominadas, respectivamente, de (a) teoria atomista; (b) teoria da universalidade de fato;[111] e (c) teoria da universalidade de direito.[112]

Para os adeptos da teoria atomista,[113] o estabelecimento não resulta numa coisa nova em si considerada diversa dos bens que a compõem, mas da tutela individual dos diversos bens que integram o estabelecimento, os quais conservam a sua disciplina jurídica própria.[114] Assim, o negócio traslativo do estabelecimento, por vontade das partes, compreenderia todos os bens que

104. Rosario Nicolò (*Riflessioni*..., cit., p. 419) afirma que "a aquisição da qualidade de empresário possui, em sede construtiva, o significado de aquisição por parte do sujeito de uma complexa situação jurídica ativa que possui por objeto o estabelecimento e por conteúdo o poder de gestão".

105. Rosario Nicolò, *Riflessioni*..., cit., p. 415.

106. Idem, p. 420.

107. Evaristo de Moraes Filho, *Do Contrato*..., cit., p. 100.

108. Cf. Evaristo de Moraes Filho, idem, p. 117.

109. Idem, p. 133.

110. Conquanto estreitamente relacionado à teoria da empresa e à teoria do estabelecimento empresarial, não será analisado no presente ensaio o significado e alcance do princípio da função social dos bens de produção, previsto no art. 170, III, da Constituição Federal. Sobre o assunto, cf. Fábio Konder Comparato, "Função...", cit., in *Direito Empresarial*, pp. 27-37; e Alcides Tomasetti Júnior, "A *propriedade privada* entre o direito civil e a constituição", *RDM* 126/123-127.

111. Os principais expoentes dessa corrente são entre outros, Vivante, Sraffa, Coviello, Navarrini, Venzi, La Lumia, Lyon-Caen e L. Renault, Thaller, Wahl, Gombeaux, Escarra, Cohen, Cendrier, Lacour, Guglielmo. V. Evaristo de Moraes Filho, *Do Contrato*..., cit., p. 119.

112. Os principais expoentes dessa corrente são, entre outros, Vidari, Pipia, Marghieri, Calamandrei, Fadda e Bensa, Messineo, Santoto-Passarelli. V. Evaristo de Moraes Filho, *Do Contrato*..., cit., p. 120.

113. Os principais expoentes dessa corrente são entre outros, Ascarelli, Scialoja, Barassi, Ruggiero. V. Evaristo de Moraes Filho, *Do Contrato*..., cit., p. 125.

114. Tullio Ascarelli, *Panorama*..., cit., pp. 201-202.

individualmente compõem o estabelecimento,[115] os quais continuariam a possuir suas regras próprias de circulação.[116] A tutela da concorrência decorreria da tutela dos bens individuais que o formam por meio da proteção do nome comercial, dos bens que representam a propriedade industrial, enfim, decorreria da proteção dos meios utilizados para atrair e conservar a clientela.[117]

Quanto à alienação do estabelecimento, não desconheciam os adeptos da corrente atomista o fato de que as coisas que compõem o estabelecimento serem transferidas em conjunto. Contudo, este fato somente era reconhecido em razão da tutela dos credores do alienante do estabelecimento,[118] prevista no ordenamento brasileiro nos arts. 2º, V, e 52, VIII do Decreto-lei 7.661/1945.

Já os adeptos das teorias universalistas entendem que o estabelecimento é uma universalidade em razão de que (a) a coisa complexa é reconhecida como coisa distinta dos bens que a compõem; e (b) que essa coisa complexa pode ser objeto de negócios jurídicos diversos dos negócios referentes às coisas que a compõem.[119]

Com efeito, o estabelecimento, em nosso ordenamento, entendido como um *conjunto de bens*, consiste numa universalidade, a qual pode ser *objeto unitário* de direito, conforme dispõe o art. 1.143 do Código, que dispõe: "Pode o estabelecimento ser objeto unitário de direitos e de negócios jurídicos, translativos ou constitutivos, que sejam compatíveis com a sua natureza".

Este objeto unitário é composto por um *complexo de bens*, materiais e imateriais, organizados para o exercício da empresa, noção, esta, incorporada a nosso Código Civil (art. 1.142) por influência direta do Código Civil italiano (art. 2.555).

Ademais, o estabelecimento possui um regime de circulação próprio, distinto do regime de circulação das coisas singulares que a compõem, pois o Código, em seu art. 1.144, estabelece a necessidade de averbação à margem do registro de empresário para que a alienação do estabelecimento seja eficaz em relação a terceiros.

Contudo, resta verificar-se se o estabelecimento constitui uma universalidade de fato ou uma universalidade de direito. O ponto de partida desta distinção consiste no elemento que confere unidade ao complexo de bens.

Assim, para os adeptos da teoria da universalidade de fato, a unidade do estabelecimento decorreria da organização de bens de produção pela *vontade* do empresário. Essa universalidade de bens é formada *ex distantibus* pela exclusiva vontade do empresário, composta de "muitos corpos não unidos, mas subordinados a um só nome, como um povo, uma legião ou um rebanho".[120]

Para os adeptos da teoria da universalidade jurídica, a unidade do estabelecimento decorreria de seu reconhecimento pelo ordenamento. Esta unidade, então, seria formada "*ex contingentibus*, isto é, de várias coisas unidas entre si, como uma casa, um navio, um armário etc.".[121]

Numa primeira leitura, poderia concluir-se que o novo Código conceituou o estabelecimento empresarial como sendo uma *universitas rerum*, em que há somente um complexo de bens organizados pelo empresário no exercício de sua atividade, pois o conceito de estabelecimento contido no art. 1.142 amolda-se ao conceito de universalidade de fato, contido no art. 90 do Código, segundo o qual: "Constitui universalidade de fato a pluralidade de bens singulares que, pertinentes à mesma pessoa, tenham destinação unitária".

115. Idem, p. 203.
116. Idem, p. 202.
117. Idem, p. 191.
118. Idem, pp. 202-203.
119. João Eunápio Borges, *Curso de Direito Comercial Terrestre*, 5ª ed., p. 203.
120. João Eunápio Borges, *Curso*..., cit., 5ª ed., p. 202, nota de rodapé 38.
121. Idem, ibidem.

Contudo, se por um lado o Código conceitua universalidade de fato pela destinação unitária que lhe é conferida pela vontade do empresário — o que leva à conclusão de que o estabelecimento é uma universalidade de fato; por outro, o próprio Código o *reconhece* enquanto universalidade, o que conduziria à conclusão de que o estabelecimento é uma universalidade jurídica.

Assim, não será o elemento que confere unidade ao estabelecimento — se a lei ou a vontade do empresário —, que servirá como critério distintivo de sua natureza enquanto universalidade.

É certo que o estabelecimento constitui uma universalidade. Resta saber, então, se de fato ou jurídica. A nota distintiva entre as duas teorias, parece-me, é dada pela explicitação da natureza dos elementos que o compõem. Com efeito, se for adotada a teoria da universalidade de fato, se afirmará que o estabelecimento é composto por *bens*;[122] e se for adotada a teoria da universalidade jurídica, se dirá que o estabelecimento é composto por *relações jurídicas*.[123]

Será pela análise das conseqüências em caso de sua alienação que se verificará qual a natureza dos elementos que o compõem e, portanto, qual a natureza do estabelecimento.

Caso seja entendido o estabelecimento como uma universalidade de fato, em caso de sua alienação, ao adquirente somente serão transmitidos os *bens* (i.é, o ativo) que compõem o estabelecimento, e ele não responderia pelas dívidas geradas em razão do estabelecimento. Isso porque as dívidas representadas pelo passivo formado em razão do estabelecimento não integrariam o conceito de estabelecimento, uma vez somente universalidades de direito contém dívidas, tal qual a herança, a massa falida e o patrimônio, pois são formados por *relações jurídicas*. Com efeito, reconhecer-se no estabelecimento uma universalidade jurídica é o mesmo que reconhecer que o estabelecimento é formado pelo direito sobre determinados bens, mas também pela sujeição a determinadas obrigações. Em outras palavras, o estabelecimento será composto por *relações jurídicas*.

A dificuldade em se aceitar essa conclusão foi evidenciada por Ripert, que afirmou: "Nossas idéias clássicas sobre o patrimônio e a personalidade se opõem ao reconhecimento da empresa [leia-se estabelecimento]. Para não ofender essas idéias, recorreu-se à noção de *universalidade*. Era impossível ver na empresa uma *universalidade jurídica*, o que teria suposto a existência de um passivo a onerar exclusivamente um ativo. Então diz-se que é uma *universalidade de fato*. Mas tal qualificação não corresponde a qualquer dado jurídico. Não nos podemos contentar com o fato quando procuramos o direito".[124]

Assim, para evitar a conclusão de que o estabelecimento era formado por *relações jurídicas*, sustentou-se que seria uma universalidade de fato, ou sequer uma universalidade, mas que os bens que o compõem constituem garantia em favor dos direitos dos credores do titular do estabelecimento.

Contudo, o art. 1.146 do Código estabelece que: "O adquirente do estabelecimento responde pelo pagamento dos débitos anteriores à transferência, desde que regularmente contabilizados, continuando o devedor primitivo solidariamente obrigado pelo prazo de um ano, a partir, quanto aos créditos vencidos, da publicação, e, quanto aos outros, da data do vencimento". Ou seja, aquele que adquire o estabelecimento, não adquire somente uma universalidade de bens, pois torna-se, também, devedor das dívidas inerentes àquela universalidade de bens — fato que conduz à noção de universalidade jurídica.

122. Cf. art. 90 do Código Civil.

123. De acordo com o art. 91 do Código, "Constitui universalidade de direito o *complexo de relações jurídicas*, de uma pessoa, dotadas de valor econômico".

124. Georges Ripert, *Aspectos Jurídicos do Capitalismo Moderno*, p. 282.

Assim, pelo exposto acima, percebe-se que Código, ao dispor sobre o estabelecimento, acaba por consagrar ambas as teorias, a da universalidade de fato e a jurídica. Desse modo, para evitar-se o espinhoso confronto entre as duas teorias, pode-se adotar uma solução intermédia. Por um lado, o estabelecimento é uma *coisa complexa* formada por *bens*, conforme prevê o nosso Código Civil (art. 1.142) e o Código Civil italiano (art. 2.555). Mas, por outro lado, por influência das doutrinas subjetivistas acerca do conceito de estabelecimento, restou, afinal, a idéia de estabelecimento como um complexo patrimonial (conjunto de relações jurídicas, chamado pelos italianos de *patrimonio aziendal*), adotado em nosso Código Civil (arts. 1.146, 1.148 e 1.149), por influência direta do Código Civil italiano (arts. 2.558, 2.559 e 2.560).[125]

V.B. A alienação do estabelecimento

O estabelecimento, entendido como uma coisa diversa autônoma, pode ser objeto unitário de negócios jurídicos, como, p. ex., de alienação, arrendamento, ou usufruto.

Assim, o Código estabelece normas que regulam estes negócios que podem ter por objeto o estabelecimento, pois, conforme se afirmou acima, a alienação do estabelecimento acaba, muitas vezes, por retirar a garantia dos credores do alienante, cujo crédito surgiu em razão do estabelecimento. Nesse mesmo sentido, o Código tutela o próprio alienante do estabelecimento, pois a garantia do pagamento de seu crédito, muitas vezes, resulta do próprio estabelecimento alienado, o qual pode ser facilmente alienado pelo adquirente. Por outro lado, o adquirente, muitas vezes assume o passivo do estabelecimento cujo alcance dificilmente pode avaliar, e que freqüentemente resulta em valor superior àquele registrado na escrituração.[126]

125. Alberto Asquini, "Perfis...", cit., *RDM* 104/120.

126. Jorge O. Zunino, *Fondo*..., cit., p. 4.

Para que o negócio de alienação, usufruto ou arrendamento do estabelecimento seja eficaz em relação a terceiros, o art. 1.144 do Código estabelece a necessidade de averbação da alienação na inscrição do empresário e da publicação de aviso da alienação na imprensa oficial. Será a contar da data da alienação, vincada pela publicidade efetivamente realizada, que o negócio que recaiu sobre o estabelecimento será eficaz perante terceiros e, portanto, se iniciará a contagem do prazo prescricional mencionado nos arts. 1.146, 1.147 e 1.148.[127]

Ao estabelecer normas acerca dos pressupostos necessários à eficácia da alienação do estabelecimento perante terceiros, o Código adota sistema semelhante ao previsto na Lei Falimentar (arts. 2º, V, e 52, VIII), que prevê a ineficácia de atos de alienação do estabelecimento perante a massa falida. A diferença fundamental é que as hipóteses previstas no Código são mais abrangentes uma vez que não há, por óbvio, a necessidade de decretação da quebra do alienante do estabelecimento para que estas normas incidam.

Assim, caso ao alienante não restarem bens suficientes para solver o seu passivo, dispõe o art. 1.145 do Código, a eficácia da alienação do estabelecimento ficará a depender do pagamento de todos os credores ou de seu consentimento, que se dará de modo expresso ou tácito, em trinta dias a partir de sua notificação. Caso haja o pagamento de *todos* os credores do alienante do estabelecimento, *todas* as suas obrigações estarão solvidas, de forma que não existiriam mais credores interessados em declarar-se a ineficácia do ato de alienação do estabelecimento. Bastaria ao Código mencionar que a eficácia da alienação, caso haja credores do estabelecimento, depende do consentimento destes. A forma do consentimento será expressa ou tácita. Nesta última hipótese, haverá con-

127. Modesto Carvalhosa, *Comentários*..., cit., v. 13, p. 639.

sentimento tácito se os credores não se manifestarem em trinta dias da notificação da alienação.

A forma da notificação segue a forma que a doutrina extrai da interpretação do art. 2º, V da Lei Falimentar.[128] Assim, notificação dos credores significa notificação pessoal, e não a simples publicação na imprensa oficial e a averbação da alienação na inscrição do empresário, pois, do contrário, se estaria a violar "matéria de confidencialidade entre o empresário devedor e seus credores", com o que se poderia evidenciar a pré-insolvência do alienante e precipitar a sua quebra.[129] Com efeito, caso seja reconhecida a ineficácia da alienação perante os credores do estabelecimento, estes poderão buscar a satisfação de seu crédito nos bens que integram o estabelecimento, agora em mãos de seu novo titular.

No entanto, sendo eficaz a alienação do estabelecimento perante os credores, que consentiram de modo expresso ou tácito, o art. 1.146 estabelece regra que protege tanto os credores do alienante e o próprio adquirente do estabelecimento. É que o Código estende a regra da sucessão nas obrigações do estabelecimento, até então previstas para as relações trabalhistas (CLT, arts. 10 e 448) e tributária (CTN, art. 133), a todas as relações patrimoniais. Essa extensão, contudo, é feita com a limitação de que as obrigações tenham sido regularmente contabilizadas. Contudo, uma vez regularmente contabilizadas, o adquirente responderá pelas dívidas do estabelecimento com todos os bens que compõem seu patrimônio, e não apenas com aqueles que integram o estabelecimento adquirido.

Ademais, o mesmo art. 1.146 estabelece a solidariedade do alienante pelas dívidas inerentes ao estabelecimento e anteriores à sua alienação "pelo prazo de um ano, a partir, quanto aos créditos vencidos, da publicação, e, quanto aos outros, da data do vencimento". Desse modo são protegidos os credores do alienante do estabelecimento caso as dívidas não tenham sido adequadamente contabilizadas.

Caracteriza o estabelecimento, conforme se afirmou acima, a organização de um conjunto de relações jurídicas no exercício de atividade empresária. Assim, para que se adquira o estabelecimento é necessário que seja adquirido um conjunto de bens e relações jurídicas suficientes ao exercício da atividade. Desse modo, o Código dispõe em seu art. 1.148 que há a sub-rogação nos contratos referentes à exploração do estabelecimento, ressalvadas as hipóteses de (a) contratos que estabeleçam obrigações inerentes ao estabelecimento de caráter pessoal, parece-me, do alienante, como, p. ex., aqueles que estabeleçam obrigação de fazer (art. 247 do Código), e de (b) expressa previsão contratual ou legal. Nestes casos, o contrato poderá ser rescindido em noventa dias a contar da publicação da transferência por justa causa, com a conseqüente responsabilização do alienante.

Pode o contrato de alienação do estabelecimento conter cláusula pela qual são cedidos os créditos do alienante referentes ao estabelecimento. Neste sentido dispõe o art. 1.149, no qual lê-se:

> A cessão dos créditos referentes ao estabelecimento transferido produzirá efeito em relação aos respectivos devedores, desde o momento da publicação da transferência, mas o devedor ficará exonerado se de boa-fé pagar ao cedente.

A cessão dos créditos inerentes ao estabelecimento não se opera por imposição da lei, mas por convenção das partes. Desse modo, o negócio de cessão de créditos deverá respeitar o disposto nos arts. 286 a 292 do Código, que estabelecem as regras gerais pertinentes à cessão. Com efeito, aplica-se ao caso a regra da livre acessibilidade dos créditos, segundo a qual os créditos podem ser livremente cedidos desde que a isso não se oponha a lei, a natureza da obrigação ou a convenção com o devedor.

128. Cf., p. ex., Luiz Tzirulnik, *Direito Falimentar*, 3ª ed., pp. 50-51.

129. Modesto Carvalhosa, *Comentários*..., cit., v. 13, pp. 642 e ss.

Ademais, ao dispor que a cessão produzirá efeitos ao devedor desde a data da publicação, com a ressalva da desoneração do devedor que pagar de boa-fé ao cedente, o Código acaba por criar um paradoxo. Isso porque, se a cessão é eficaz em relação ao devedor pela publicação da alienação, após esta, não poderia o devedor pagar ao cedente, sob pena de ter de pagar novamente ao cessionário. Contudo, o próprio art. 1.149 estabelece que o devedor que paga ao cedente de boa-fé se desonera, com o que acaba por reconhecer que a cessão não é eficaz em relação ao devedor pela simples publicação da alienação do estabelecimento, mas da notificação do devedor, que deverá ser feita por qualquer meio pelo qual se possa comprovar inequivocamente a dação de ciência da cessão ao devedor. Desse modo, há de se recorrer à regra do art. 290, pela qual a cessão será eficaz em relação ao devedor quando a este notificada.[130]

Por fim, o Código proibiu o restabelecimento do alienante pelo prazo de cinco anos a contar da data da alienação ou pelo prazo em que durar o contrato de arrendamento ou do usufruto do estabelecimento (art. 1.147 e parágrafo único), pondo fim à controvérsia doutrinária que envolvia a questão.[131] Restabelecer-se significa estabelecer-se novamente de modo a concorrer com o adquirente do estabelecimento, com a vantagem de contar com o valor do preço da venda do estabelecimento. Desse modo, não se configurará restabelecimento caso o alienante constitua novo estabelecimento para explorar atividade diversa daquela explorada pelo adquirente ou, se se restabelecer no mesmo ramo, o faça em localidade que não alcance a clientela do estabelecimento alienado.

VI. Conclusão

A teoria da empresa põe fim à dicotomia civil e comercial e, portanto, acaba com a dualidade de tratamento pertinente (a) ao direito das obrigações e (b) aos tipos societários. Conquanto a teoria da empresa tenha extinguido a figura do comerciante mediante a criação da figura do empresário, ainda há um estatuto que deve regular os direitos e obrigações do empresário, de forma semelhante com o que ocorria com o comerciante. Para saber-se quem é destinatário desse conjunto de regras, deve-se determinar quem é empresário. Para a caracterização do empresário, não é suficiente a descrição realizada no art. 966 do Código Civil, pois ela acaba por abranger praticamente todas as espécies de atividade econômica, inclusive as não empresárias. É necessário recorrer-se a outros critérios para caracterizar-se o empresário, entre os quais se encontram o critério de inclusão por determinação legal e o critério por sujeição voluntária. O critério mais relevante para a caracterização do empresário consiste naquele que exclui da figura do empresário quem exerça atividade econômica regulada por estatutos próprios. Como o empresário organiza um conjunto de bens voltados para o exercício de sua atividade, todo empresário é titular de um estabelecimento. O estabelecimento é caracterizado mais em razão da função que se atribui aos bens utilizados pelo empresário no exercício da empresa do que pelas características ontológicas dos bens que o compõem. O Código Civil estabelece uma série de normas para regular o estabelecimento, das quais pode-se concluir que o estabelecimento enquadra-se tanto nas características atribuídas pela doutrina a universalidades de fato e a universalidades jurídica (*patrimonio aziendal*).

130. Em sentido contrário, Modesto Carvalhosa, *Comentários*..., cit., v. 13, pp. 661-662.

131. Cf., p. ex., Tullio Ascarelli, *Panorama*..., cit., pp. 203-204.

Referência das obras consultadas

ALMEIDA, Betyna Ribeiro de. "Aspectos da teoria jurídica da empresa", in *RDM* 119/236-254.

ALMEIDA, José Gabriel Assis de. "A noção jurídica de empresa", in *Revista de Informação Legislativa* 143, ano 36, jul.-set. 1999.

ALMEIDA JÚNIOR, Jesualdo Eduardo de. "O direito da empresa no novo Código Civil", in *Revista Síntese de Direito Civil e Processual Civil*, v. 4, n. 19, Porto Alegre, Síntese, set.-out. 2002, pp. 131-144.

ARECHA, Waldemar. *La Empresa Comercial*, Buenos Aires, Depalma, 1948.

ASCARELLI, Tullio. *Introducción al Derecho Comercial*, trad. Santiago Sentis Melendo, Buenos Aires, Ediar, 1947.

______. "O desenvolvimento histórico do direito comercial e o significado da unificação do direito privado", trad. Fábio Konder Comparato, in *RDM* 114/237-252.

______. "O empresário", trad. Fábio Konder Comparato, in *RDM* 109, Malheiros Editores, jan.-mar. 1998.

______. *Panorama do Direito Comercial*, São Paulo, Saraiva e Cia., 1947.

______. *Problema das Sociedades Anônimas e Direito Comparado*, São Paulo, Saraiva, 1945.

______. *Sociedades y Asociaciones Comerciales*, trad. Santiago Sentis Melendo, Buenos Aires, Ediar, 1947.

ASQUINI, Alberto. "Perfis da empresa", trad. Fábio Konder Comparato, in *RDM* 104/126.

ÁVILA, Humberto. *Teoria dos Princípios: da Definição a Aplicação dos Princípios Jurídicos*, São Paulo, Malheiros Editores, 2003.

BOITEUX, Fernando Netto. "A função social da empresa e o novo Código Civil", in *RDM* 125/48-57.

BOLAFFIO, Leon. *Derecho Mercantil*, trad. Jose L. de Benito, Madri, Reus, 1935.

BORGES, João Eunápio. *Curso de Direito Comercial Terrestre*, 5ª ed., Rio de Janeiro, Forense, 1971.

BULGARELLI, Waldirio. "Perspectivas da empresa perante o direito comercial", in *Estudos e Pareceres de Direito Empresarial: o Direito das Empresas*, São Paulo, Ed. RT, 1980, pp. 1-62.

______. *Tratado de Direito Empresarial*, 3ª ed., São Paulo, Atlas, 1997.

CARVALHOSA, Modesto. *Comentários ao Código Civil. Parte Especial: Do Direito de Empresa (arts. 1.052 a 1.195)*, v. 13, São Paulo, Saraiva, 2003.

COELHO, Fábio Ulhoa. *O Empresário e os Direitos do Consumidor*, São Paulo, Saraiva, 1994.

COMPARATO, Fábio Konder. "A reforma da empresa", in *Direito Empresarial*, São Paulo, Saraiva, 1995, pp. 3-26.

______. *Aspectos Jurídicos da Macro-Empresa*, São Paulo, Ed. RT, 1970.

______. "Estado, empresa e função social", in *RT* 732, out. 1996.

______. "Função social da propriedade dos bens de produção", in *Direito Empresarial*, São Paulo, Saraiva, 1995, pp. 27-37.

CORDEIRO, António Menezes. *Manual de Direito Comercial*, I v., Coimbra, Almedina, 2001.

COSTA, Salustiano Orlando de Araujo (Cons. Orlando). *Codigo Commercial do Brazil*, 6ª ed., Rio de Janeiro/São Paulo, Laemmert & C., 1896.

COUTO E SILVA, Clóvis do. "O conceito de empresa no direito brasileiro", in *Revista da AJURIS* 37/42-59, ano XIII, jul. 1986.

CUNHA, Sérgio Sérvulo da. "Conceito de preposto", in *RDM* 106/169-173, São Paulo, Malheiros Editores, abr.-jun. 1997.

ENDERLE, Georges *et al. Dicionário de Ética Econômica*, trad. Benno Dischinger *et al.*, São Leopoldo, Ed. Unisinos, 1997.

FERRAZ JÚNIOR, Tércio Sampaio. "Da inexistência de fundo de comércio nas sociedades de profissionais de engenharia", in *RDM* 111/45-51, jul.-set. 1998.

FERRAZ, Manuel de Figueiredo. "Aspectos jurídicos do comércio na Grécia antiga", in *Revista de Direito Civil. Revista dos Tribunais*, v. 44, ano 12, abr.-jun. 1998, pp. 153-175.

FERREIRA, Waldemar Martins. "Elaboração do conceito de empresa para extensão do âmbito comercial", *Revista Forense* 158, mar.-abr. e *Revista de Informação Legislativa* de 1955, pp. 35-42.

______. *Instituições de Direito Comercial*, v. I, São Paulo, Freitas Bastos, 1944.

______. *Tratado de Direito Mercantil Brasileiro*, v. I, 2ª ed., São Paulo, Freitas Bastos, 1948.

FERRI, Giuseppe. *Manuale di Diritto Commerciale*, 2ª ed., Roma, Unione Tipografico-Editrice Torinese, 1959.

GALGANO, Francesco. "Il rapporti di scambio nella società post-industriale", in *Il Diritto Privato Futuro*, Nápoles, Edizioni Scientifiche Italiane, 1993, pp. 61-72.

______. *Las Instituiciones de la Economía Capitalista — Sociedad Anónima, Estado y Clases Sociales*, trad. Carmen Alborch Bateller e Broseta Pont, Barcelona, Ariel, 1990.

______. *Storia del Diritto Commerciale*, 2ª ed., Bolonha, Il Mulino, 1980.

GIORGIANI, Michele. "O direito privado e suas atuais fronteiras", *RT* 747/35-55, jan. 1998.

GOMES, Orlando. "A comercialização do direito civil", in *Direito Econômico e outros Ensaios*, Salvador, Ed. Dist. de Livros Salvador, 1975, pp. 47-56.

______. *Introdução ao Direito Civil*, 15ª ed., Rio de Janeiro, Forense, 2000.

______ e VARELA, Antunes. *Direito Econômico*, São Paulo, Saraiva, 1977.

GONÇALVES NETO, Alfredo de Assis. *Apontamentos de Direito Comercial*, 1ª ed., 2ª tir., Curitiba, Juruá, 1999.

IRTI, Natalino. *L'Ordine Giuridico del Mercato*, Roma, Laterza, 1998.

LAMY FILHO, Alfredo. "A empresa, os minoritários e o mercado de capitais", in *RDM* 117/53-56, jan.-mar. 2000.

LOBO, Jorge. "A empresa: novo instituto jurídico", in *RT* 795/81-93, Ed. RT, jan. 2002, ano 91 e tb. in *RDM* 125/29-40.

LORENZETTI, Ricardo Luis. *Fundamentos do Direito Privado*, trad. Vera Maria Jacob de Fradera, São Paulo, Ed. RT, 1998.

MAC-DONALD, Norberto da Costa Caruso. "O projeto de Código Civil e o direito comercial", in *Revista da Faculdade de Direito da UFRS* 16/139-160, 1999.

MESSINEO, Francesco. *Manual de Derecho Civil y Comercial*, trad. Santiago Sentis Melendo, Buenos Aires, EJEA, 1955.

MIGUEL, Paula Castello. "Estabelecimento comercial", in *RDM* 118/7-61.

MIRANDOLA, Carlos Maurício Sakata. "Apontamentos para uma teoria geral da empresa: uma visão pragmática", *Revista da USP*, v. 94, 99, pp. 419-476.

MORAES FILHO, Evaristo de. *Do Contrato de Trabalho como Elemento da Empresa*, ed. fac-similada com explicação do autor, São Paulo, LTr, 1993.

MOSSA, Lorenzo. *Derecho Mercantil*, v. 1., trad. Felipe de J. Tena, Buenos Aires, UTEHA, 1940.

NICOLÒ, Rosário. "Riflessioni sul tema dell'impresa", in *Il Diritto Privatto nella Società Moderna, a Cura di Stefano Rodotà*, Bolonha, Il Mulino, 1971, pp. 409-424.

OBARRIO, Manuel. *Curso de Derecho Comercial*, t. I, Buenos Aires, Atanasio Martinez, 1924.

OLIVEIRA, Jorge Rubem Folena de. "A empresa: uma realidade fática e jurídica", in *Revista de Informação Legislativa* 144, ano 36, out.-dez. 1999.

______. "A possibilidade jurídica da declaração de falência das sociedades civis com a adoção da teoria da empresa no direito positivo brasileiro", in *Revista de Informação Legislativa* 139, ano 35, jul.-set. 1998 e tb. in *RT* 762/67-80, Ed. RT, ano 88, abr. 1999.

PONTES DE MIRANDA, F. C. *Tratado de Direito Privado*, t. XV, 3ª ed., Rio de Janeiro, Borsói, 1971.

PRATA, Ana. *A Tutela Constitucional da Autonomia Privada*, Lisboa, Almedina, 1982.

REHME, Paul. *História Universal del Derecho Mercantil*, trad. E. Gómez Orbaneja, Madri, Editorial Revista de Derecho Privado, 1941.

REQUIÃO, Rubens. *Curso de Direito Comercial*, v. I, 22ª ed., São Paulo, Saraiva, 1995.

RIPERT, Georges. *Aspectos Jurídicos do Capitalismo Moderno*, trad. Gilda G. de Azevedo, São Paulo, Freitas Bastos, 1947.

___. *O Regimen Democrático e o Direito Civil Moderno*, trad. J. Cortezão, São Paulo, Saraiva e Cia., 1937.

ROCCO, Alfredo. *Princípios de Direito Comercial*, trad. ed. italiana Cabral de Moncada,

São Paulo Livraria Académica Saraiva e Cia., 1931.

RODOTÀ, Stefano (org.). *Il Diritto Privatto nella Società Moderna*, Bolonha, Il Mulino, 1971.

SALLES, Marcos Paulo de Almeida. "A visão jurídica da empresa na realidade brasileira atual", in *RDM* 119/94-108.

SALOMÃO FILHO, Calixto. *A Sociedade Unipessoal*, São Paulo, Malheiros Editores, 1995.

______. "Direito empresarial público", in *RDM* 112/9-18, out.-dez. 1998.

______. *O Novo Direito Societário*, São Paulo, Malheiros Editores, 1998.

______. *Regulação da Atividade Econômica: Princípios e Fundamentos Jurídicos*, São Paulo, Malheiros Editores, 2001.

______. "Sociedade anônima: interesse público e privado", in *RDM* 127/7-20, jul.-set. 2002.

SAY, Jean-Baptiste. *Tratado de Economia Política*, trad. Balthazar Barbosa Filho, São Paulo, Abril Cultural, 1983.

SCACCIA, Gino. *Gli 'Strumenti' della Ragionevolezza nel Giudizio Costituzionale*, Milão, Giuffrè, 2000.

SCAFF, Fernando Campos. *Aspectos Fundamentais da Empresa Agrária*, São Paulo, Malheiros Editores, 1997.

SCHMIDT, Karsten. *Derecho Comercial*, trad. 3ª ed. alemã Federico E. G. Werner, Buenos Aires, Astrea, 1997.

SCHMITT, Cristiano Heineck. "Contrato de franquia empresarial (*franchising*)", in *Revista da Faculdade de Direito da UFRS* 17/57-70, 1999.

SILVA, Antônio Álvares da Silva. *Co-Gestão no Estabelecimento e na Empresa*, São Paulo, LTr, 1991.

SILVA, Sérgio André Rocha Gomes da. "Teoria da empresa — Um retorno ao critério subjetivo", in *RT* 783/16-41, ano 90, jan. 2001.

TEIXEIRA DE FREITAS, Augusto. *Esboço*, Rio de Janeiro, Departamento de Imprensa Nacional, 1952.

TIMM, Luciano Benetti. *A Prestação de Serviços — Do Código Civil ao Código de Defesa do Consumidor*, 2ª ed., Porto Alegre, Síntese, 2000.

______. "Da categoria unitária de prestação de serviços", in *Revista da AJURIS*, v. II, ed. especial, mar. 1998, pp. 757-768.

TOMASETTI JÚNIOR, Alcides. "A *propriedade privada* entre o direito civil e a Constituição", in *RDM* 126/123-127, São Paulo, Malheiros Editores, abr.-jun. 2002.

TZIRULNIK, Luiz. *Direito Falimentar*, 3ª ed., São Paulo, Ed. RT, 1994.

VIVANTE, Cesare. *Tratado de Derecho Mercantil*, v. I, trad. Cesar Siliò Belena, versão espanhola da 5ª ed. italiana, Madri, Academia Editorial Reus, 1932.

WALD, Arnoldo. "O espírito empresarial, a empresa e a reforma constitucional", in *RDM* 98, abr.-jun. 1995.

ZUNINO, Jorge O. *Fondo de Comercio: Régimen Legal de su Transferência*, Buenos Aires, Astrea, 1993.

O NOVO CÓDIGO CIVIL E A RETIRADA DE SÓCIOS NAS LIMITADAS

JOÃO LUIZ COELHO DA ROCHA

A ocorrência jurídica da retirada voluntária do sócio. O evento da exclusão forçada do sócio. Novos parâmetros, mais estritos, para a retirada. Hipóteses de retirada na nova ordem. A nova exclusão forçada. Conclusão.

A ocorrência jurídica da retirada voluntária do sócio

No desenrolar de quase um século, desde a vigência do Decreto 3.706, a doutrina e a jurisprudência no Brasil andaram evoluindo e refinando o trato jurídico das retiradas litigiosas dos sócios nas sociedades limitadas.

Pois que, no início, presos que estávamos ao conceito abrangente das sociedades de pessoas, e à subjunção das limitadas àquelas normas clássicas, entendia-se (Waldemar Ferreira, *Tratado de Sociedades Mercantis*, v. 3, 5ª ed., p. 658) que a regra do Código Comercial (art. 335, 5) exigia, no caso de dissidência, a dissolução total da sociedade.

O trabalho jurisprudencial (por tantos acórdãos, os da 16ª CCivil, TJSP, ap. 226149-2/94, TJRJ, ac. 1º Grupo de Câmaras, em 9.1.1996, embargos na ap. civil 6.743/94) ouvindo a voz do bom senso e a consideração de que as limitadas tomaram um espaço intermédio entre as sociedades de pessoas e as puramente de capitais, acabou apontando para a solução da dissolução parcial da empresa, em relação àquele(s) sócio(s) acaso dissidente(s).

Sem dúvida essa diretriz já era, como apontávamos em artigo anterior nessa *RDM* (106/53) uma admissão da "despersonalização" das limitadas, como o princípio jurisprudencial que então já passava até a admitir a validade e o arquivamento de deliberações sociais sem assinatura de minoritários dissidentes (*RTJ* 70/778, *RTJ* 85/749) princípio depois incorporado no art. 35, VI, da Lei 8.934/1994.

Lembramos ali como Bulgarelli (*Direito Empresarial Moderno*, Forense, 1991, p. 276) notava a "profunda carga institucional" nos contratos das limitadas, revelando "uma acentuada aproximação com as sociedades de capitais (...)".

Neste sentido, os tribunais, acompanhados dos melhores estudos doutrinários, erigiram o quadro desse desapossamento das quotas de capital dos dissidentes, mediante a contraprestação do que seria a sua parcela no patrimônio líquido atualizado da limitada.

E assim, a rigor, se atendia ao direito do quotista, insatisfeito, inconfortável na sua posição societária, que dali se retirava e ainda recebia uma compensação patrimonial correspondente, e, de certo modo também se supria o interesse dos quotistas restantes, da própria sociedade, em se livrarem de um sócio insatisfeito, preservado o empreendimento social.

Certificando-se, assim, que pela simples dissensão de um ou mais sócios a limitada não se extinguia, restava sempre com tais acontecimentos, no caminho judicial, a discussão sobre o correto e justo valor de pagamento das quotas do(s) retirante(s).

No cotejo axiológico com a defesa do direito patrimonial de cada cotista que se retira, acenava-se sempre com o justo desejo da sociedade — e de seus remanescentes sócios — em não se ver descapitalizada, com a satisfação de valores altos retirados de seu patrimônio para saldar as quotas em aberto.

A tendência acabou sendo, com certa razão, no sentido do maior resguardo aos direitos dos sócios retirantes, até pela designação jurisprudencial (por todos, acórdão da 16ª Câmara do TJSP, de 28.4.1992, citado na *RDM* 105/203) de um balanço atualizado, levantado à ocasião do dissenso, em critério de avaliação real, para cálculo da fração patrimonial líquida devida, desprezando-se o último balanço social periódico, freqüentemente em descompasso com a realidade econômica da sociedade.

Na última década do século XX, por influência de padrões econométricos em estratos societários vindos dos países centrais, houve o advento, entre nós, do sistema do "fluxo de caixa descontado" para se calcular o valor de quotas — ou de ações — de sociedades pouco patrimonializadas, mas que se mostravam valiosas na sua capacidade de gerar receitas, fenômeno de evidente peso na consideração do seu preço. Esse critério de aferição do valor de participações societárias já é hoje até contemplado no art. 170, I, da Lei 6.404.

O evento da exclusão forçada do sócio

A par dessas conjunções jurídicas onde o quotista perseguia seu próprio afastamento com a dissolução parcial da sociedade, em relação a ele, ainda surgiram no trato jurisprudencial as hipóteses onde a maioria dos sócios postulava a exclusão forçada de tal ou qual quotista.

E as lides não só compreendiam pedidos judiciais constitutivos dessa destituição do *status* social, mas ainda casos onde a própria deliberação de alteração do contrato social já por si só deflagrava tal afastamento, surgindo então o seu vergaste judicial, o pedido de desconstituição dessa mudança societária.

Também aqui, como no caso de iniciativa do dissidente, as Cortes caminharam para a licitude e cabimento dessas iniciativas societárias, ressalvando-se a contraparte na simples — às vezes nem tão simples assim — avaliação do valor devido àquele(s) sócio(s) que se retira(m).

Os sócios que detêm a maioria das cotas sociais podem promover a alteração do contrato social, excluindo o sócio minoritário e o arquivamento da alteração na Junta Comercial, independentemente da assinatura do sócio excluído (TJSP, ac. un., 10ª CCível, 9.12.1993, ap. 226285-2).

Inexigível na doutrina moderna a previsão contratual para a exclusão do sócio da sociedade convencional, desde que evidente a coma justificada (TJSP, ac. un., 15ª CCível, 26.10.1993, ap. 196.571-2/9).

Pois ainda assim, em todas essas quizílias concernentes à retirada ou afastamento compulsório do sócio quotista a perene demora processual acarreta, em regra, uma situação bem desequilibrada: os majoritários desde já ficavam na detenção total da empresa, enquanto o retirante permanecia desde logo fora da sociedade, excluído da possível co-gestão, da fiscalização e dos benefícios de lucros cabíveis no curso do processo judicial.

Daí também o suporte jurisprudencial bem recente, que ainda espera sedimento, onde se estipula um *quantum* mensal de remuneração do capital bloqueado cabível a favor do retirante, devido pela sociedade, que ali está, no curso do processo, desfrutando da posse e uso dessa fração patrimonial.

Diante da notória e injustificada resistência de sociedade por quotas e sócios permanentes em cumprir execução de sentenças que mandam apurar os haveres do sócio que se retira do quadro social é juridicamente ponderável antecipar tutela para garantir a rentabilidade do capital explorado durante o período de litigiosidade da liquidação. Incidência do art. 273 do CPC em ação de arbitramento de remuneração de capital (TJSP, 3ª Câmara de Direito Privado, agr. inst. 095.6561-418, j. 3.11.1998).

É justíssima e coerente essa tendência já solicitada pela boa doutrina, em obras como as de Hernani Estrela (*Apuração de Haveres de Sócio*, Forense, 1992, p. 357), e uma decisão do Juiz Carlos David Abrão, na 8ª Vara Cível de São Paulo, lançada em março de 2001, abre essas portas ao sócio retirante, no próprio curso, longo, resistente, cheio de manobras processuais, do processo de conhecimento da exclusão ou da retirada.

Ali, com sustento em Sérgio Sahione Fadel (*Antecipação da Tutela no Processo Civil*, Dialética, 1998) sobre o avanço judicial da tutela de modo a que não reste inócuo ou amesquinhado o direito perseguido, o magistrado esclarece: "Descortina singelamente plausível a antecipação da tutela na demanda remuneratória do capital, como bem enfatizado no acórdão colacionado pelos autores, do TJSP, por quanto sujeitar o retirante às delongas do procedimento é reduzir dia a dia sua capacidade econômica sem a justa remuneração do valor aplicado significa excluí-lo do direito subjetivo inelutável".

Novos parâmetros, mais estritos, para a retirada

Pois agora, no trato legal novo, deferido às sociedades por cotas de responsabilidade limitada, e encerrado nos arts. 652 e ss. do Código Civil que entrou em vigor no início de 2003, existe uma sedimentação normativa no assunto que sinaliza já um certo parâmetro de preservação maior da unidade societária, com alguma restrição nessas amplas hipóteses de retirada.

Acontece, assim, que aquele direito amplo de recesso que se conferia ao cotista insatisfeito, arrimado nas regras arcaicas do Código Comercial, agora vai se achar um tanto contido, pois que o art. 1.077 do novo Código Civil o restringe às hipóteses de (a) modificação do contrato social ou (b) incorporação da sociedade por outra, ou incorporação de outra empresa pela sociedade ou fusão da mesma.

Isto ocorrido, o dissidente pleiteia, no prazo decadencial (pois que de direito potestativo se trata aqui) de 30 dias da realização de qualquer daqueles atos jurídicos, a sua retirada, ou aplicando-se o procedimento de retirada, com avaliação das quotas etc., previsto então no contrato social, ou obedecendo-se o rito contido no art. 1.031 do novo Código, que fala em valor patrimonial apurado em balanço atual, à data daquela saída, com os haveres pagos em 90 dias.

Admite-se que nas possíveis mudanças majoritárias no contrato social (alteração do objeto, alterações nos órgãos diretivos, eleição de administradores, aumento ou redução de capital etc.) encontra-se a maior parte das decisões que determinam intenções de retirada, mas ainda assim há tantas motivações no modo de administrar, de conduzir os negócios sociais, para nada se dizer do relacionamento pessoal de sócios majoritários e/ou gerentes com os minoritários e que não vão mais servir de base legal própria levando à retirada do cotista.

E é possível que essa maior constrição represente uma defesa contra os desdobramentos de descapitalização de limitadas em tantos confrontos, ainda que também reflita uma "despersonalização", uma guinada em direção ao timbre de sociedade de capital, algo muito em dissonância com tantas regras novas do mesmo Código (arts. 1.052 e 1.053, *caput*, p. ex.) que revelam um retrocesso de personalização das limitadas, tornando-as em regra regidas subsidiariamente pelas normas do novo modelo da sociedade simples (arts. 997 a 1.038 do Código), que é um padrão nítido de sociedade de pessoas.

É importante ressaltar essa bipolaridade existente nesse quadro normativo, agora trazido às limitadas e que traz uma certa estranheza a respeito.

Afinal, personaliza-se a sociedade a tal ponto que tantas matérias constantes do contrato social (denominação ou firma, objeto social, rede, capital social, distribuição de lucros etc.) listadas no art. 997 exigem consentimento unânime dos sócios para sua modificação (art. 999).

E, contudo, ao sócio eventualmente vencido em outro tipo de deliberação social fora das hipóteses elencadas naquele art. 1.077 e, que, por suposto, esteja insatisfeito com a sociedade, não se permite que exerça seu dissenso pela retirada da empresa.

A estipulação é tão categórica que podem até ser questionadas, em face dela, disposições no contrato social que abram portas à retirada em outras contingências de divergência (fora as do art. 1.077). Ou seja, se todos os sócios concordassem, sim, o insatisfeito, poderia se retirar, mas se a sociedade recusar a retirada, pela sua maioria, aparentemente o dissidente se veria obrigado a uma briga judicial onde a prevalência da cláusula será contestada diante da norma do art. 1.077 do Código Civil.

Com mais fundamentos vai operar a objeção a essa dissidência imprevista no art. 1.077 do Código, mas, acaso acertada no contrato social, se a limitada tiver o seu contrato social supletivamente regido pela lei das companhias (art. 1.053, parágrafo único), já que nas anônimas o direito de recesso é ainda mais constrito nas suas eventualidades.

Agora, se omisso o contrato social quanto à aplicação subjacente da Lei das S/A, entrando aí o subsidio legal da sociedade simples, vale lembrar que o art. 1.029 admite a retirada ampla do sócio insatisfeito, ou (a) "nos casos previstos em lei e no contrato", ou (b) por mera notificação prévia imotivada se a sociedade vige por prazo indeterminado, ou (c) ocorrendo justa causa, em juízo, no caso de sociedade com prazo certo.

E então, nesse painel normativo, vemos como as sociedades de pessoa concedem ampla possibilidade de recesso ao sócio insatisfeito, e no outro extremo as sociedades de capitais, como as anônimas, restringem as hipóteses pontuais da retirada extemporânea, enquanto agora vemos as limitadas umas tanto assemelhadas em suas qualidades às sociedades pessoais, ao mesmo tempo em que o Código paradoxalmente deixa mais contida a possibilidade de retirada unilateral de seus cotistas, conforme art. 1.077.

Hipóteses de retirada na nova ordem

Por uma visão que se objetiva sistêmica desse novo padrão normativo, com suas visíveis imperfeições principiológicas, acreditamos, portanto, que, com a submissão contratual expressa à força subsidiária das leis das companhias, as sociedades por cotas haverão de ensejar a dissidência, com retirada unilateral, apenas nos casos do art. 1.077.

Contudo, se optado, no silêncio do instrumento básico do contrato social, pela submissão supletiva aos princípios da sociedade simples, entendemos que outras hipóteses de retirada podem ser consignadas no contrato, admitindo-se que aí a vontade das partes pode prevalecer diante da menor institucionalidade do empreendimento, sempre se acenando com a matriz de amplo direito de retirada consagrada pelo Código novo (art. 1.029) àquele paradigma de sociedade de pessoas cuja moldura terá sido escolhida pelos sócios para reger aquela limitada.

A apuração do valor reembolsável ao sócio retirante deve obedecer aos trâmites do art. 1.031, cujos termos indicam que, à parte convenção contratual, o critério será o de mensuração patrimonial líquida, em balanço especial atualizado, parâmetro jurisprudencial hoje consagrado.

As novas aproximações de medida no valor das quotas em empresas sem rendimento patrimonial grande, mas com muita capacidade de geração de caixa, tal como o fluxo de caixa descontado, para serem usadas terão que ter previsão no contrato social.

Em termos práticos, pois, a vigência das novas regras traz uma vantagem considerável aos majoritários nessas limitadas de prestação de serviços, ou outras que muito rendem com uso de pequeno aporte patrimonial, pois dificilmente acolherão a inserção no contrato social do sistema de apuração de valor das cotas em outro modelo que a pura medida do patrimônio líquido atualizado, como é a regra geral.

Nesse tipo de limitada, pois, já a insatisfação do sócio que quer sair, já mesmo sua ejeção pela maioria, vai representar um possível pólo de insatisfação nesse molde avaliatório da contrapartida das cotas, pois, afora expressão em contrário, será ele mandatório.

A nova exclusão forçada

A outra solução terminal extra da empresa em relação a um ou mais sócios diz respeito à exclusão forçada de sócio por determinação dos demais.

A nova diretriz está, no art. 1.085 do Código, exigindo aqui o voto de sócios somando a maioria absoluta (metade mais um) do capital social, e ainda a motivação da existência de "atos de inegável gravidade", que estejam "pondo em risco a continuidade da empresa", e, por fim, o elemento formal da previsão da exclusão por justa causa no contrato social.

Depois do avanço sensível da jurisprudência nos últimos anos do século XX, permitindo de modo amplo a exclusão do sócio pela maioria simples deliberativa dos demais, percebe-se o quanto o legislador veio a restringir essas hipóteses de exclusão forçada.

Pelo que se vê, sem a previsão no contrato social fecha-se a porta a essa exclusão forçada, pelo menos nos temos ali postos. Sem a maioria absoluta do capital social não se pode deliberar tal retirada. E, enfim, a alta gravidade dos atos desse sócio e seu potencial ofensivo à continuidade da empresa são elementos de mérito indispensáveis à deliberação.

Vale concluir que, com tais condicionantes, a exclusão pode ser deliberada e convalidada, com registro assente na Junta Comercial ou Cartório de Pessoas Jurídicas, cabendo ao excluído perseguir em juízo a anulação do ato, provando justamente a falta desses requisitos legais.

Portanto, a convergência daquelas três condicionantes do art. 1.085 é requisito necessário — e suficiente — para que a sociedade, por força direta de sua deliberação, ejete o sócio.

Entende-se que, à maioria simples não se pode negar, no seu poder deliberativo, o direito de perseguir em juízo, em nome da empresa, a exclusão de sócio, se fatos graves como aqueles acontecerem ou mesmo outros que abalem a convivência social, mesmo sem a previsão expressa no contrato, mas aí terá no seu caminho a busca de uma decisão judicial constitutiva dessa exclusão.

A apuração do valor de reembolso das quotas do sócio excluído vai se proceder de maneira igual àquela aplicável ao sócio que se retira por vontade própria, tudo codificado no art. 1.031. E, as mesmas observações acima, aqui têm cabimento, sobretudo quanto à necessidade de expressão contratual para uso do critério de apuração de haveres (como o do fluxo de caixa descontado) diferente do patrimonial.

Curiosa a inserção do art. 1.032 quanto à previsão de uma responsabilidade bienal subsistente ao sócio excluído (e, claro, aplicável ao sócio falecido e ao que se retira voluntariamente) pelas obrigações sociais anteriores, contando-se os 2 (dois) anos desde a averbação da retirada, exclusão ou morte (nesse último caso a responsabilidade é dos herdeiros).

Nos eventos de retirada o interesse do sócio na averbação é substancial, pois que sua responsabilização por 2 (dois) anos permanece, desde a data de sua saída e vai abranger as obrigações sociais mesmo posteriores à sua saída (e, portanto, fora de sua ciência e/ou a participação) "enquanto não se requerer a averbação" (art. 1.032, *in fine*).

É claro que se cuida aí de obrigações sociais permeáveis à figura da pessoa jurídica e que se estendem eventualmente a seus sócios (despersonalização, desconsideração, *disregard of legal entity*) ou, no caso de seus controladores, aquelas hipóteses extremas ligadas às obrigações fiscais, previdenciárias e sobretudo trabalhistas.

Conclusão

Nesse padrão um tanto vacilante de princípios aplicáveis às sociedades limitadas o novo Código já cria um vezo de caracterização das mesmas como sociedades de pessoas, pois à falta de expressão própria no contrato social que subsidie a empresa com as regras da lei das companhias será ela regida pelas novas matrizes da "sociedade simples" em seu caráter bem ligado às sociedades pessoais.

Assim, se aplicáveis realmente — no silêncio do contrato — esses parâmetros da sociedade simples, o sócio insatisfeito vai ter mais chances de retirada, pois além dos casos escassos do art. 1.077 ainda vai poder pedir a sua retirada nas hipóteses bem mais abrangentes do art. 1.029 se houver expressão contratual clara neste sentido.

Mais difícil fica a exclusão forçada do sócio pela deliberação dos outros, hoje ainda com grande liberdade.

Para que opere com efeitos constitutivos, pela deliberação majoritária, essa maioria terá que ser absoluta, a previsão contratual deve existir expressa e os motivos de grande gravidade e com potencial de afetar a empresa devem estar presentes (art. 1.085).

Ausentes os requisitos acima, ou qualquer um deles, para a retirada forçada do sócio pela decisão majoritária da sociedade há necessidade de um procedimento judicial de natureza constitutiva onde a seriedade dos motivos seja levada a apreciação judicial.

Em todos os casos a lei nova parece adotar como parâmetro compensatório ao sócio que se vai o valor do patrimônio líquido da sociedade apurado especialmente à ocasião, e fica condicionado à previsão no contrato social o uso, hoje normal, do método do fluxo de receitas deduzida a taxa de juros praticável em face do montante em consideração ("fluxo de caixa descontado") muito mais justo e coerente naquelas hipóteses de empresas de pouco ativo mas bastante geradoras de receitas.

INOVAÇÕES DA SOCIEDADE LIMITADA NO NOVO CÓDIGO CIVIL

GUILHERME TEIXEIRA PEREIRA

1. Introdução. 2. Da impropriedade do "nomem juris" adotado. 3. Do regime jurídico subsidiário. 4. Da possibilidade de cessão de quotas. 5. Da administração da sociedade. 6. Da possibilidade de instituição do conselho fiscal. 7. Das deliberações dos sócios: 7.1 Da obrigatoriedade de realização de assembléia; 7.2 Da exigibilidade de quóruns deliberativos diferenciados e especializados. 8. Exclusão de sócio. 9. Conclusão.

1. Introdução

No presente capítulo abordaremos alguns aspectos jurídicos relevantes trazidos pelo novo Código Civil (Lei 10.406/2002) concernentes especificamente ao instituto jurídico da sociedade limitada. Inovações que merecem ser debatidas profundamente no intuito de se estabelecer críticas construtivas e elogios ao novo regime jurídico que passa a regular o referido instituto.

Portanto, a pretensão, neste momento, é traçar um panorama das inovações jurídicas que estão fazendo parte do cotidiano da sociedade limitada a partir da vigência da Lei 10.406/2002, através de uma análise dos seus efeitos, na qual ressaltaremos os positivos e criticaremos os negativos, em busca da maior segurança jurídica ao meio empresarial.

2. Da impropriedade do "nomem juris" adotado

O Decreto 3.708, de 10 de janeiro de 1919, o qual regulava o regime jurídico do tipo societário estudado no presente trabalho, e que foi revogado pelo novo Código Civil (Lei 10.406/2002), nomeou, através do seu primeiro artigo, o referido instituto de "sociedades por quotas de responsabilidade limitada", senão vejamos:

> Art. 1º. Além das sociedades a que se referem os arts. 295, 311, 315, e 317 do Código Comercial, poderão constituir-se sociedades por quotas de responsabilidade limitada.

Uma das principais características do modelo de sociedade, ora estudado, é a natureza da responsabilidade dos seus sócios (limitada) e, por conseguinte, a forma através da qual o seu capital social é divido (quotas). Diante disso, podemos concluir que o legislador, a partir do dispositivo acima mencionado, conseguiu adotar uma nomenclatura jurídica apropriada ao referido instituto, na medida em que através da análise teleológica das palavras que a compõem, pode-se extrair o seu sentido e significado.

Indo de encontro à teleologia acima mencionada, o novo Código Civil (Lei 10.406/2002) passou a denominar as "sociedades por quotas de responsabilidade limitada" de apenas "sociedade limitada", conforme podemos verificar do dispositivo abaixo:

> Art. 1.052. Na sociedade limitada, a responsabilidade de cada sócio é restrita ao valor de suas quotas, mas todos respondem solidariamente pela integralização do capital social.

Dando continuidade ao raciocínio exposto, a expressão "sociedade limitada" não traduz a devida compreensão do instituto jurídico que pretende nomear, pois da sua análise teleológica não conseguiremos extrair o seu completo sentido e significado, levando-nos a entender apenas que se trata de um modelo societário no qual a responsabilidade dos seus sócios é limitada à totalidade do seu capital social, excluindo da nossa percepção a forma de divisão desse capital (quotas).

Além do mais, comporta lembrar que existe em nosso ordenamento jurídico outra espécie de sociedade de responsabilidade limitada, qual seja, a sociedade anônima na qual a responsabilidade de seus sócios é limitada ao valor de emissão das ações que compõem o seu capital social, conforme podemos verificar do dispositivo abaixo, extraído da Lei 6.404/1976:

> Art. 1º. A companhia ou sociedade anônima terá o capital dividido em ações, e a responsabilidade dos sócios ou acionistas será limitada ao preço de emissão das ações subscritas ou adquiridas.

Por outro lado, é cediço que a denominação "sociedade limitada" é a mais usada, atualmente, no meio empresarial, sendo dinamicamente associada à figura jurídica da "sociedade por quotas de responsabilidade limitada". No entanto, entendemos que todo instituto jurídico deve ser constituído e elaborado de acordo com o objetivo que pretende alcançar, de forma que a sua compreensão seja clara e elucidativa aos seus aplicadores, afastando, desta forma, qualquer resquício de insegurança jurídica. Logo, não seria de boa praxe adotar a um determinado modelo de sociedade uma nomenclatura jurídica que se configura num gênero (sociedade limitada) do qual outro tipo societário existente em nosso sistema jurídico também é espécie.

Portanto, os fatos, argumentos e dispositivos trazidos à baila, nos permitem concluir que mais acertada seria a manutenção do *nomen juris* antigo, introduzido pelo Decreto 3.708/1919, do que o utilizado pelo legislador do novo Código Civil (Lei 10.406/2002).

3. *Do regime jurídico subsidiário*

A sociedade por quotas de responsabilidade limitada surgiu como um novo tipo societário, no qual procurou-se estabelecer uma nova forma organizada de atuar na prática mercantil através de uma estrutura mais simples e menos onerosa em relação aos tipos societários já existentes.

No Brasil, a sociedade por quotas de responsabilidade limitada foi introduzida por intermédio do Decreto 3.709/1919, o qual estabeleceu as normas principais que constituíam o regime jurídico do referido tipo societário, bem como previam o seu regime jurídico subsidiário, qual seja, as normas que regem a sociedade anônima, através do seu art. 18, transcrito abaixo:

> Art. 18. Serão observadas quanto às sociedades por quotas, de responsabilidade limitada, no que não for regulado no estatuto social, e na parte aplicável, as disposições da Lei das Sociedades Anônimas.

O Decreto 3.709/1919 era um documento legislativo um tanto quanto lacunoso, característica que acabou por conferir a dinamicidade e simplicidade almejada para a sociedade por quotas de responsabilidade limitada, já que a sua constituição e desenvolvimento não estavam atrelados a normas exaustivas, de forma que os seus sócios possuíam mais liberdade para determinar as diretrizes dos negócios sociais. No entanto, o legislador, muito sabiamente, por medida de segurança, instituiu as normas relativas às sociedades anônimas como regras supletivas reguladoras das matérias que por ventura o Decreto 3.709/1919 tinha se omitido.

Dos modelos societários existentes na época da introdução da sociedade por quotas de responsabilidade limitada no ordenamento jurídico pátrio, a sociedade anônima era, e ainda é, o modelo que mais possui características em comum com a sociedade limitada, sobretudo no que se refere à responsabilidade dos sócios, que inclusive já foi ventilada no tópico anterior.

Diante disso, a subsidiariedade do regime jurídico da sociedade anônima em relação ao regime jurídico da sociedade por quotas de responsabilidade limitada foi bem recebida pela doutrina e pelos operadores do direito de uma maneira geral e, inclusive, exerceu influência na controvertida classificação deste tipo societário em sociedade de capital ou de pessoas.

Indo de encontro a esses fatores, o novo Código Civil em seu art. 1.053, *caput*, institui como regime subsidiário, nas omissões do capítulo referente à sociedade limitada, as normas concernentes às sociedades simples, facultando, através do seu parágrafo único, o exercício desse papel pelas normas que regem a sociedade anônima, se assim o contrato social dispuser, senão vejamos:

> Art. 1.053. A sociedade limitada rege-se, nas omissões deste Capítulo, pelas normas da sociedade simples.
>
> Parágrafo único. O contrato social poderá prever a regência supletiva da sociedade limitada pelas normas da sociedade anônima.

A sistemática do novo Código Civil que introduz a sociedade simples, como uma novidade para o nosso sistema jurídico, a enquadra como uma sociedade não empresária por força do seu art. 982, ou seja, este tipo de sociedade está apta a exercer atividades que não sejam de natureza empresária de acordo com o disposto no seu art. 966, a não ser através de cooperativa porque esta é considerada sociedade simples independentemente de seus objetivos sociais.

Portanto, da análise dos dispositivos acima mencionados, a sociedade simples foi reservada, basicamente, para exercer atividade referente à profissão intelectual, de natureza científica, literária ou artística, ou atividade de produção ou circulação de bens ou serviços através de cooperativa, podendo a mesma ser constituída conferindo responsabilidade limitada ou ilimitada aos seus sócios, configurando-se nitidamente como uma sociedade de pessoas.

Ao contrastarmos os regimes jurídicos da sociedade anônima e da sociedade simples em face do regime jurídico da sociedade limitada, podemos perceber que há uma melhor sintonia entre os regimes das sociedades anônima e limitada, que, inclusive, é ainda mais reforçada pelo próprio novo Código Civil ao exigir a necessidade de realizações de assembléias para o exercício das deliberações sociais das limitadas conforme art. 1.072, bem como a faculdade de instituição de um conselho fiscal para esse tipo societário, nos moldes do regime das sociedades anônimas. Só o fato de a sociedade simples poder ser constituída sob o gênero de sociedade ilimitada, já nos leva a temer a aplicação subsidiária do seu regime em relação às omissões do regime da sociedade limitada.

Além do mais, é imperioso ressaltar que a Lei das S/A (Lei 6.404/1976) é muito mais abrangente e detém uma superioridade técnica mais elevada do que qualquer regime jurídico de qualquer outro tipo societário, razão que legitima a sua aplicação analógica, conforme podemos constatar dos ensinamentos do Professor Fábio Ulhoa Coelho (13ª ed., p. 155): "De se notar que a Lei das Sociedades por Ações, por sua abrangência e superioridade técnica, tem sido aplicada a todos tipos societários, inclusive a limitada, também por via analógica. Quer dizer, sendo o Código Civil lacunoso, poderá o juiz aplicar a LSA, mesmo que o regime de regência supletiva da limitada seja o das sociedade simples".

Logo, entendemos que apesar de o novo Código Civil não impedir a designação das normas da sociedade anônima como regime jurídico subsidiário das normas da sociedade limitada na medida em que faculta assim dispor o contrato social, seria mais conveniente que a regra contida no *caput* do seu art. 1.053 se referisse às normas da sociedade anônima, e, por conseguinte, que a regra contida no parágrafo único do referido dispositivo se referisse às normas da sociedade simples.

Vale ressaltar, que o Projeto de Lei 7.160/2002, que se encontra em trâmite no Congresso Nacional, já prevê essa alteração ilustrada no parágrafo anterior, que esperamos seja aprovada e sancionada, de forma que venha a afastar do nosso ordenamento jurídico qualquer resquício de insegurança jurídica no que se refere à aplicação do regime jurídico subsidiário da sociedade limitada.

4. Da possibilidade de cessão de quotas

A possibilidade de cessão de quotas da sociedade limitada é uma matéria que não encontrava previsão expressa no Decreto 3.708/1919. Diante disso, o entendimento prevalente da época se ergueu no sentido de que a cessão de quotas deveria ser regulamentada no contrato social. No entanto, na omissão desse instrumento, a transferência das quotas entre sócios da sociedade poderia se operar livremente, bastando apenas a manifestação de vontade entre o sócio cedente e o sócio cessionário, enquanto que a transferência de quotas entre sócios e terceiros estranhos à sociedade passaria a ser regulada pelo art. 334 do Código Comercial, no qual exige-se o quórum de unanimidade dos sócios para o processamento da operação, senão vejamos:

> Art. 334. A nenhum sócio é lícito ceder a um terceiro, que não seja sócio, a parte que tiver na sociedade, nem fazer-se substituir no exercício das funções que nela exercer sem expresso consentimento de todos os outros sócios; pena de nulidade do contrato; mas poderá associá-lo à sua parte, sem que por esse fato o associado fique considerado membro da sociedade.

Portanto, nota-se que desde a introdução da sociedade limitada no nosso ordenamento jurídico, a transferência de suas quotas a terceiros só poderia ser feita precedida da anuência de todos os seus sócios.

Tal entendimento prevaleceu até a edição da Lei 8.934/1994 (Lei do Registro Público de Empresas Mercantis e Atividades Afins) que passou a regular, de forma indireta, a referida matéria na medida em que vedou, através do inc. VI do seu art. 35, o arquivamento de instrumento de alteração contratual subscrito por maioria do capital social, quando houver alguma disposição no contrato social que restrinja este direito, senão vejamos:

> Art. 35. Não podem ser arquivados:
>
> (...).
>
> VI — a alteração contratual, por deliberação majoritária do capital social, quando houver cláusula restritiva;

Para chegarmos a uma interpretação conclusiva acerca da regra que, até então, regia a cessão de quotas da sociedade limitada a terceiros, devemos, em primeiro lugar, partir da premissa de que o espírito de ordem do referido dispositivo indica que o quórum da maioria absoluta do capital social (1/2 + 1) é legítimo para aprovar qualquer alteração do contrato social, salvo disposição diversa constante no referido instrumento constitutivo.

Em segundo lugar, devemos considerar que a cessão de quotas a terceiros implicará em mudança do quadro societário e/ou nova distribuição do capital social, logo tal operação deverá ser feita através de alteração contratual levada a registro na Junta Comercial.

E, por último, podemos concluir que a cessão de quotas a terceiros deve ser precedida da anuência de sócio(s) representante(s) de pelo menos mais da metade do capital social, se não houver disposição diversa no contrato social, enquanto que a cessão de quotas entre sócios da sociedade pode ser realizada independente da vontade dos outros sócios que não estejam envolvidos na operação.

O novo Código Civil ao regular esta matéria, manteve a regra em relação à cessão de quotas entre sócios e elevou o quórum necessário para a aprovação da cessão de quotas a terceiros estranhos à sociedade, conforme podemos constatar do seu art. 1.057:

> Art. 1.057. Na omissão do contrato, o sócio pode ceder sua quota, total ou parcialmente, a quem seja sócio, independentemente de audiência dos outros, ou a estranho, se não houver oposição de titulares de mais de 1/4 (um quarto) do capital social.
>
> Parágrafo único. A cessão terá eficácia quanto à sociedade e terceiros, inclusive para os fins do parágrafo único do art. 1.003, a partir da averbação do respectivo instrumento, subscrito pelos sócios anuentes.

Portanto, nota-se que a partir da vigência do novo Código Civil (Lei 10.406/2002) é necessário à aprovação de sócios representantes de 3/4 (75% por cento) do capital social para que a transferência de quotas da sociedade a terceiros possa ocorrer, e que conforme já acontecia no regime anterior, a referida operação só passará a produzir efeitos a partir do arquivamento do instrumento de alteração contratual na Junta Comercial.

É cediço que tal medida tem como intenção dificultar a admissão na sociedade limitada de sujeitos que não fizeram parte de seu quadro societário originário, aproximando-a, dessa forma, da classificação de sociedade de pessoas. No entanto, deve-se ressaltar que esta não é uma regra obrigatória, podendo os sócios estipular no contrato social, por exemplo, que será aplicada à transferência de quotas a terceiros a mesma regra aplicável à transferência de quotas entre sócios, aproximando a sociedade, dessa forma, da classificação de sociedade de capital.

Entendemos que a elevação do quórum para a aprovação da cessão de quotas a terceiros não é pertinente, pois dessa forma se está desprestigiando o quórum da maioria absoluta, anteriormente vigente, que conforme trataremos posteriormente com mais atenção, se demonstra o mais justo e democrático. Além disso, a exigibilidade do quórum representativo de 3/4 do capital social confere maior burocracia a um modelo societário que foi criado justamente com o propósito diverso do que se está pretendendo implementar.

5. *Da administração da sociedade*

Antigamente o exercício da administração de uma sociedade limitada cabia aos seus sócios em conjunto, ou separadamente, a depender de como fosse estipulado no contrato social, sendo que os mesmos podiam delegar os seus poderes de gerência a terceiros estranhos à sociedade, que eram denominados de gerentes-delegados, se não houvesse nenhuma cláusula restritiva no referido documento constitutivo, conforme podemos observar do art. 13 do Decreto 3.708/1919 transcrito abaixo:

> Art. 13. O uso da firma cabe aos sócios-gerentes; se, porém, for omisso o contrato, todos os sócios dela poderão usar. É lícito aos gerentes delegar o uso da firma somente quando o contrato não contiver cláusula que se oponha a essa delegação. Tal delegação, contra disposição do contrato, dá ao sócio que a fizer pessoalmente a responsabilidade das obrigações contraídas pelo substituto, sem que possa reclamar da sociedade mais do que a sua parte das vantagens auferidas do negócio.

Além do mais, devemos ressaltar que a administração da sociedade podia ser exercida tanto por sócio pessoa física, como por sócio pessoa jurídica, devendo este último indicar um representante para praticar os atos em seu nome.

O novo Código Civil não trouxe maiores novidades acerca dessa matéria, no entanto, alguns pontos devem ser explorados com o intuito de elucidar determinadas peculiaridades que poderão produzir efeitos diversos dos que anteriormente ocorriam numa administração de uma sociedade limitada.

Primeiramente cumpre esclarecer que esse novo diploma civil traz uma nova denominação para a pessoa que exerce a administração da sociedade, passando essa a ser chamada de "administrador" em detrimento das nomenclaturas de "sócio-gerente" ou simplesmente "gerente" anteriormente utilizadas.

Uma novidade que gera economia para a sociedade é a possibilidade de designação de administrador estranho à sociedade diretamente no contrato social, não havendo mais a necessidade, anteriormente vigente, de primeiramente se designar um sócio-gerente, e posteriormente o mesmo delegar seus poderes a um terceiro para desempenhar a sua função, conforme podemos observar da disposição contida no art. 1.060 do novo Código Civil, senão vejamos:

> Art. 1.060. A sociedade limitada é administrada por uma ou mais pessoas designadas no contrato social ou em ato separado.
>
> Parágrafo único. A administração atribuída no contrato a todos os sócios não se estende de pleno direito aos que posteriormente adquiriram essa qualidade.

Da análise do dispositivo mencionado podemos perceber que não há nenhuma alusão à restrição da designação de administrador não-sócio diretamente no contrato social, já que o mesmo não qualifica em seu *caput* as pessoas que podem administrar a sociedade, levando-nos a concluir que os sócios podem nomear um terceiro para exercer a administração da sociedade desde a sua constituição.

É mister ressaltar que para que isto ocorra é necessário que o contrato social da sociedade regule a possibilidade do exercício da administração da sociedade por um sujeito que não faça parte do quadro societário, conforme exige o art. 1.061 do novo Código Civil, senão vejamos:

> Art. 1.061. *Se o contrato permitir administradores não-sócios*, a designação deles dependerá de aprovação da unanimidade dos sócios, enquanto o capital não estiver integralizado, e de 2/3 (dois terços), no mínimo, após a integralização (grifo nosso).

Outra observação a ser feita com relação à designação de administrador não-sócio diretamente no contrato social é que nesta situação não há a delegação dos poderes de um ou mais sócios ao terceiro estranho à sociedade, mas, sim, o que ocorre, é a nomeação de um administrador com poderes originários.

Sem dúvida nenhuma essa nova medida adotada pelo novo Código Civil proporciona à sociedade limitada uma maior agilidade na estruturação do seu quadro administrativo, já que a mesma pode estipular o seu administrador desde a sua constituição, independentemente deste ser sócio ou não.

Indo de encontro a este avanço, uma inovação que, com certeza, traz maior burocracia ao cotidiano da sociedade limitada é o procedimento a ser adotado para a posse do administrador designado em ato separado.

Não obstante a escolha do administrador, quando não feita diretamente no contrato social, ter que, necessariamente, ser deliberada em assembléia ou reunião com o posterior registro da ata dos trabalhos na Junta Comercial, o novo Código Civil institui um instrumento de termo de posse constante no livro de atas da administração que deve ser assinado até no máximo trinta dias depois da designação do administrador para que o mesmo tome posse do cargo que lhe foi conferido. Tal documento deve, ainda, ser levado à registro na Junta Comercial nos dez dias subseqüentes à investidura no cargo pelo administrador, conforme preceitua o art. 1.062 que segue abaixo:

> Art. 1.062. O administrador designado em ato separado investir-se-á no cargo mediante termo de posse no livro de atas da administração.

> § 1º. Se o termo não for assinado nos 30 (trinta) dias seguintes à designação, esta se tornará sem efeito.
>
> § 2º. Nos 10 (dez) dias seguintes ao da investidura, deve o administrador requerer seja averbada sua nomeação no registro competente, mencionando o seu nome, nacionalidade, estado civil, residência, com exibição de documento de identidade, o ato e a data da nomeação e o prazo de gestão.

É notório que tais exigências só oneram e burocratizam a sociedade limitada que passa a ter que arquivar mais um ato societário na Junta Comercial a cada designação de administrador através de ato separado. Portanto, entendemos desnecessária a instituição desta formalidade já que o arquivamento da ata que deliberou sobre a matéria ofereceria todas as informações necessárias para o conhecimento da operação. No entanto, devemos ressaltar, pelo menos, que diante desta nova realidade urge que o Departamento Nacional de Registro do Comércio (DNRC) edite uma norma para regulamentar os procedimentos a serem adotados para o registro desse instrumento de termo de posse.

6. Da possibilidade de instituição do conselho fiscal

O conselho fiscal é um órgão que tem como finalidade fiscalizar a administração da sociedade, devendo, para tanto, ter acesso às demonstrações financeiras da mesma, que passarão pela sua aprovação. Apesar de que desde a vigência do Decreto 3.708/1919 a sociedade limitada já podia se valer deste órgão na sua estrutura funcional, em virtude da subsidiariedade da Lei das S/A (Lei 6.404/1976), o novo Código Civil passou a regular de forma expressa esta matéria.

Diante disto, o referido órgão deverá ser composto por, no mínimo, três membros com a designação de seus suplentes, sendo que os mesmos poderão ser sócios da sociedade ou terceiros estranhos à mesma, desde que residentes no país e não inclusos no rol de exclusão previsto no § 1º do art. 1.066. A designação destes membros bem como as suas remunerações deverão ser matéria de deliberação em assembléia, devendo-se ressaltar que os sócios minoritários com representação de 1/5 (um quinto) do capital social terão o direito de eleger, separadamente, um desses membros e seu respectivo suplente, senão vejamos o dispositivo abaixo extraído do novo Código Civil:

> Art. 1.066. Sem prejuízo dos poderes da assembléia dos sócios, pode o contrato instituir conselho fiscal composto de 3 (três) ou mais membros e respectivos suplentes, sócios ou não, residentes no País, eleitos na assembléia anual prevista no art. 1.078.
>
> § 1º. Não podem fazer parte do conselho fiscal, além dos inelegíveis enumerados no § 1º do art. 1.011, os membros dos demais órgãos da sociedade ou de outra por ela controlada, os empregados de quaisquer delas ou dos respectivos administradores, o cônjuge ou parente destes até o terceiro grau.
>
> § 2º. É assegurado aos sócios minoritários, que representem pelo menos 1/5 (um quinto) do capital social, o direito de eleger, separadamente, um dos membros do conselho fiscal e respectivo suplente.

Vale ressaltar que após até trinta dias da eleição dos membros e suplentes do conselho fiscal na assembléia, os mesmos para se investirem na posse dos cargos deverão ter que assinar termo de posse lavrado no livro de atas e pareceres do referido órgão, conforme podemos observar da disposição contida no art. 1.067 do novo diploma civil:

> Art. 1.067. O membro ou suplente eleito, assinado termo de posse lavrado no livro de atas e pareceres do conselho fiscal, em que se mencione o seu nome, nacionalidade, estado civil, residência e a data da escolha, ficará investido nas suas funções, que exercerá, salvo cessação anterior, até a subseqüente assembléia anual.

Parágrafo único. Se o termo não for assinado nos 30 (trinta) dias seguintes ao da eleição, esta se tornará sem efeito.

É certo que a instalação de um conselho fiscal se torna necessária nas sociedades de grande porte, dotadas de um número expressivo de sócios que não acompanham cotidianamente a sua gestão, o que, normalmente não se traduz na realidade da sociedade limitada, conforme podemos observar das lições do Professor Fábio Ulhoa Coelho (2002, pp. 163-164): "O contrato social pode prever a instalação e funcionamento do conselho fiscal na limitada. Este órgão só se justifica nas sociedades em que houver número significativo de sócios afastados do cotidiano da empresa. Na generalidade das limitadas, não deve ser conveniente ou economicamente justificável sua instalação e funcionamento".

No entanto, faz bem o novo Código Civil facultar de forma expressa a instituição deste órgão na sociedade limitada, para deixar claro que a mesma, se assim desejar, poderá ter um órgão fiscalizador na sua estrutura funcional submetido a regras bem definidas.

7. Das deliberações dos sócios

O Decreto 3.708/1919 não estabeleceu um modelo de gestão próprio da sociedade limitada, de forma que os seus sócios possuíam ampla liberdade para conduzir os negócios sociais através da maneira que entendiam convenientes. No entanto, por medida de segurança, o referido diploma legal através do seu art. 16 conferia responsabilidade ilimitada aos sócios que deliberassem contra os interesses da sociedade e da lei, senão vejamos:

Art. 16. As deliberações dos sócios, quando infringentes do contrato social ou da lei, dão responsabilidade ilimitada àqueles que expressamente hajam ajustado tais deliberações contra os preceitos contratuais ou legais.

A omissão, pelo legislador de 1919, de regras específicas no que tange às formalidades referentes às deliberações dos sócios na gestão da sociedade limitada foi proposital, já que se pretendia, conforme já visto, que o referido tipo societário se destinasse à organização de pequenas e médias empresas devido, dentre outros fatores, à sua simplicidade de constituição, bem como à sua forma organizacional menos burocrática de forma que a relação entre os sócios pudesse se desenvolver através da autonomia da vontade destes.

Nesse sentido, mister se faz a ilustração das lições do eminente comercialista Rubens Requião (pp. 404-405):

"Sabemos que, bem a propósito, intencionalmente, Inglez de Souza despiu a lei portuguesa, que lhe serviria de inspiração, de suas 'excessivas minúcias'. O diploma legal, que disso resultou, é sintético, pois regula toda a matéria em dezoito artigos apenas.

"Na realidade, porém, o estilo lacônico da lei não resultou em grande prejuízo para as empresas que adotaram esse tipo societário como sua estrutura jurídica. Ao revés, deixou, ao alvedrio dos sócios, regularem como bem desejassem, dentro evidentemente, dos princípios gerais que regem as sociedades comerciais em nosso direito, a vida societária, através das normas contratuais. Permite-se, assim, à livre criatividade dos empresários e dos juristas, a estruturação da vida social através da liberdade do contrato."

É notório que a sociedade limitada, através das suas características acima mencionadas, se desenvolveu abundantemente no meio empresarial, ao passo que, atualmente, a maioria das empresas brasileiras está constituída sob a forma deste modelo societário, conforme podemos observar do quadro comparativo de constituição de sociedades, extraído do *site* da Junta Comercial do Estado da Bahia, que segue:

ESTATÍSTICA 2002
QUANTITATIVOS DE CONSTITUIÇÕES DE EMPRESAS, POR TIPO JURÍDICO

TIPOS JURÍDICO	JAN.	FEV.	MAR.	ABR.	MAI.	JUN.	JUL.	AGO.	SET.	OUT.	NOV.	DEZ.	TOTAL	%
Firma Individual	970	1.186	1.436	1.433	1.410	992	1.372	1.508	-	-	-	-	10.307	51,87
Sociedade Ltda.	930	1.106	1.225	1.259	1.199	927	1.270	1.342	-	-	-	-	9.258	46,60
Sociedade Anônima	22	14	23	18	22	23	30	36	-	-	-	-	188	0,95
Cooperativa	7	7	8	14	11	20	11	5	-	-	-	-	83	0,42
Outras Sociedades	2	7	2	2	3	2	4	11	-	-	-	-	33	0,17
Total	1.931	2.320	2.694	2.726	2.645	1.964	2.687	2.902	-	-	-	-	19.869	100,00

Diante disso, notamos que a sociedade limitada, da forma como ela foi estabelecida pelo Decreto 3.708/1919, foi bem recebida pelo meio empresarial, gozando de relevante prestígio em detrimento dos outros modelos societários existentes no nosso ordenamento jurídico.

Em contrapartida à essa realidade, o novo Código Civil traz em seu bojo diversas modificações espalhadas pelos seus artigos referentes às necessidades de formalidades que devem ser instituídas às deliberações dos sócios de uma sociedade limitada, que descaracteriza completamente a forma pela qual esse modelo societário foi, originalmente, pensado e instituído, desnaturando o princípio da autonomia contratual inerente ao direito privado.

Data vênia a moderna flexibilização da autonomia da relação contratual por meio da interferência do Estado nas relações econômicas, ilustrada abaixo, através das lições do magnífico jurista Orlando Gomes, que inclusive culminou com a edição do belíssimo diploma legal de proteção e defesa do consumidor, entendemos que instituir regras minuciosas acerca da gestão de uma sociedade limitada seria regredir de um modelo já consagrado e aceito pela classe empresarial, para um modelo burocrático que desvirtua o referido instituto jurídico do seu objetivo alcançado (Gomes, 2000, p. 7): "A interferência do Estado na vida econômica implicou, por sua vez, a limitação legal da liberdade de contratar e o acolhimento da esfera de autonomia privada, passando a sofrer crescentes cortes, sobre todas, a liberdade de determinar o conteúdo da relação contratual".

Exigências como a realização de assembléia geral anual que até então era regra inerente apenas à sociedade anônima, estabelecimento de quóruns diferenciados para aprovação de determinadas deliberações sociais, obrigatoriedade de publicação em jornais de grande circulação para determinados atos etc., que passaremos a estudar de forma mais detalhada a seguir, tornam mais burocrática e onerosa a gestão de uma sociedade limitada.

7.1 Da obrigatoriedade de realização de assembléia

Em consonância com o que foi abordado anteriormente, o Decreto 3.708/1919 não regulou de forma expressa a maneira como os sócios de uma sociedade limitada deveriam se manifestar acerca das decisões e providências a serem tomadas referentes à gestão dos negócios sociais.

Diante disso, o referido diploma legal conferiu aos sócios a liberdade de adotar a forma mais conveniente para o processamento das deliberações sociais, seja através de simples reuniões e encontros destituídos de formalidades etc., ou através da realização de assembléias gerais, amparado pelo suplemento da Lei das Sociedades Anônimas, respeitando todas as suas regras e peculiaridades.

Não obstante tal fato, o novo Código Civil, através do seu art. 1.072 e §§, institui os meios através dos quais as deliberações dos sócios devem ser tomadas. Para as sociedades compostas de no máximo dez sócios a previsão legal faculta a escolha entre a reunião ou a assembléia. Já para as sociedades compostas de mais de dez sócios, o referido dispositivo prevê a obrigatoriedade da deliberação em assembléia, senão vejamos:

> Art. 1.072. As deliberações dos sócios, obedecido o disposto no art. 1.010, serão tomadas em reunião ou em assembléia, conforme previsto no contrato social, devendo ser convocadas pelos administradores nos casos previstos em lei ou no contrato.
>
> § 1º. A deliberação em assembléia será obrigatória se o número dos sócios for superior a 10 (dez).

É incontestável que o legislador ao instituir essas regras acerca das deliberações dos sócios de uma sociedade limitada, procurou formalizar um processo que anteriormente ficava a cargo dos próprios sócios, desfigurando uma das maiores virtudes deste tipo societário que foi responsável pelo seu grande desenvolvimento no meio empresarial, qual seja, a sua capacidade de se estruturar através do exercício da autonomia da vontade dos seus sócios, sem se prender a regras procedimentais exaustivas.

Devemos ressaltar, ainda, que o procedimento a ser adotado nas reuniões dos sócios de uma sociedade limitada deverá constar no corpo do contrato social, já que em caso de omissão tal meio de deliberação será regulado de acordo com as regras que regem a assembléia, conforme podemos concluir do disposto no § 6º do art. 1.072 do novo Código Civil:

> § 6º. Aplica-se às reuniões dos sócios nos casos omissos no contrato, o disposto na presente seção sobre a assembléia.

O legislador não satisfeito ainda com o dispositivo acima repetiu a mesma regra posteriormente através do art. 1.079, senão vejamos:

> Art. 1.079. Aplica-se às reuniões dos sócios, nos casos omissos no contrato, o estabelecido nesta Seção sobre a assembléia, obedecido o disposto no § 1º do art. 1.072.

Portanto, uma sociedade limitada constituída com um número máximo de dez sócios deve regulamentar, no seu contrato social, o procedimento a ser adotado no processamento das reuniões que por ventura ocorram com o intuito de deliberar sobre os negócios sociais da sociedade, pois, caso contrário, ficarão estas sujeitas às regras inerentes à assembléia expressas nos arts. 1.072, 1.074, 1.075, 1.078 e 1.152 do novo Código Civil. Nesse sentido importante citar as lições do Professor Fábio Ulhoa Coelho (2002, pp. 160-161): "Se a sociedade tem no máximo dez sócios, o contrato social pode prever que as deliberações sobre as matérias indicadas serão adotadas em *reunião de sócios*, e não em assembléia. A diferença entre as duas modalidades de encontro não está só na designação. O contrato social é livre para dispor sobre a periodicidade, convocação, realização e registro da reunião dos sócios. Como diz a lei que as normas sobre a assembléia só se aplicam às reuniões, nas omissões do contrato social, entende-se que este pode disciplinar com ampla liberdade a instalação, funcionamento e assentamento da reunião. Pode prever, por exemplo, que a reunião dos sócios será convocada por telefone e instalada com qualquer número desde logo".

Logo, as formalidades constantes das regras estabelecidas pelos artigos acima mencionados devem ser seguidas e implementadas pelas sociedades limitadas que possuam um quadro societário composto de mais de dez membros, já que para estas a única via de deliberação concedida pelo novo Código Civil foi a assembléia. Já as sociedades limitadas constituídas com até no máximo dez sócios podem se livrar de tais procedimentos burocráticos, se assim for a sua vontade, desde que expressa no seu documento de constituição, já que estas podem se valer das reuniões com regras próprias para deliberarem acerca dos interesses e obrigações da sociedade.

Diante disso tudo entendemos que a instituição da obrigatoriedade da realização de assembléia com o intuito de deliberar acerca da gestão social da sociedade limitada, como bem prescreve o art. 1.071 do novo Código Civil, mesmo afetando apenas aquelas que possuam mais de dez sócios, pode causar um grande impacto no desenvolvimento deste tipo societário, que até então vem atingindo resultados significantes na atividade empresarial, já que tal medida acaba por onerar a sociedade, que passará a ter despesas com as publicações dos avisos das assembléias em jornais de grande circulação, com o registro das atas na Junta Comercial etc., bem como cria um procedimento formal desnecessário que confere mais lentidão nas tomadas de decisões da sociedade.

7.2 Da exigibilidade de quóruns deliberativos diferenciados e especializados

Ultrapassado os comentários acerca da forma de deliberação inerente à sociedade limitada, instituída pelo novo Código Civil, passaremos a estudar e discutir as inovações trazidas pelo referido diploma legal no que tange ao quórum deliberativo.

Antigamente, as deliberações sociais de uma sociedade limitada eram tomadas por maioria absoluta de votos com relação ao seu capital social (1/2 + 1), salvo se o contrato social dispusesse sobre algum quórum especializado para uma determinada deliberação.

A utilização da maioria absoluta como regra de quórum deliberativo, confere, de forma justa, ao seu titular o controle societário, já que este investiu mais recursos no negócio e, por conseqüência, assumiu maior risco. Logo, possui mais influência na condução da sociedade aquele(s) sócio(s) que detém o maior número das quotas sociais.

Portanto, a maioria absoluta não só é o critério mais justo de deliberação, como também é o mais simples e dinâmico, possibilitando, na maioria dos casos, agilidade na tomada de decisões da sociedade.

Sem se ater aos fatores mencionados no parágrafo anterior, o novo Código Civil implementou cinco espécies diferentes de quóruns relacionados a deliberações de naturezas diversas, através dos seus arts. 1.061, 1.063 e 1.076, quais sejam: (i) unanimidade dos sócios; (ii) 2/3 do capital social; (iii) 3/4 do capital social; (iv) mais da metade do capital social (1/2 + 1); (v) maioria dos presentes; conforme podemos observar do quadro resumo apresentado a seguir:

QUÓRUM/DELIBERAÇÃO	ARTIGO DA LEI 10.406/2002
• 3/4 do capital social para a alteração contratual, incorporação, fusão, dissolução da sociedade ou cessação de seu estado de liquidação.	1.076, I
• Mais da metade do capital social para modo de remuneração de administradores e pedido de concordata.	1.076, II

continua ...

QUÓRUM/DELIBERAÇÃO	ARTIGO DA LEI 10.406/2002
• Mais da metade do capital social para nomeação de administrador-sócio em ato separado (obs.: apesar da omissão do art. 1.071, II, deve-se considerar, através de interpretação sistemática, que se trata dos administradores-sócios, já que a designação dos administradores não-sócios é regulada pelo art. 1.061).	1.076, II
• Unanimidade do capital social para eleição de administrador não–sócio se o mesmo não estiver integralizado, e 2/3 do capital social caso o mesmo esteja totalmente integralizado.	1.061
• 2/3 do capital social para destituição de administrador-sócio nomeado no contrato, e mais da metade do capital social se nomeado em ato separado.	1.063, § 1º e 1.076, II
• Maioria de votos dos presentes, nos demais casos, salvo disposição legal ou contratual diversa.	1.076, III

Cumpre ressaltar que, numa situação de empate deverá prevalecer, de acordo com o novo Código Civil, a decisão intentada pelo maior número de sócios, independentemente do volume de participação do capital social de cada um.

Da análise de tais mudanças, podemos observar que o legislador pretendeu enfraquecer o poder do sócio majoritário, na medida em que institui quóruns representativos de 75% do capital social da sociedade, bem como a sua unanimidade. Nessas circunstâncias, um sócio detentor de 50% das quotas de uma sociedade terá mais dificuldade de fazer prevalecer as suas deliberações.

Esse enfraquecimento do sócio majoritário pode causar um efeito negativo para o desenvolvimento da sociedade limitada, já que um sócio, com poder financeiro de investimento elevado, ficará inibido em adquirir a maioria absoluta das quotas de uma sociedade, pois o risco que estará assumindo não será compensado pela capacidade de influência na gestão dos negócios sociais que possuirá.

Diante disso, entendemos que o fato de a detenção da maioria absoluta do capital social de uma sociedade limitada não garantir o seu controle societário, já que, como vimos, uma simples alteração contratual depende de aprovação de 75% do capital, pode ser prejudicial para o, até então, excelente desenvolvimento deste tipo societário no meio empresarial.

8. Exclusão de sócio

O Decreto 3.708/1919 regulou a exclusão do sócio remisso através do seu art. 7º, reportando-se à disposição do Código Comercial que trata da referida matéria, senão vejamos:

> Art. 7º. Em qualquer caso do art. 289 do Código Comercial poderão os outros sócios preferir a exclusão do sócio remisso. Sendo impossível cobrar amigavelmente do sócio, seus herdeiros ou sucessores, a soma devida pelas suas quotas ou preferindo a sua exclusão, poderão os outros sócios tomar a si as quotas anuladas ou transferi-las a estranhos, pagando ao proprietário primitivo as entradas por ele realizadas, deduzindo os juros da mora e mais prestações estabelecidas no contrato e as despesas.

Diante desta previsão expressa, não restou nenhuma dúvida aos operadores do direito como se processava a exclusão do sócio remisso. No entanto, o referido diploma legal não se manifestou sobre outras situações que possibilitariam a exclusão de um sócio de uma sociedade limitada.

Com o intuito de suprir esta lacuna, a doutrina e jurisprudência construíram a sua posição baseada na aplicação do art. 336, 2, do Código Comercial, que regula a exclusão do sócio, diversa da hipótese de remissão, de forma indireta, senão vejamos:

> Art. 336. As mesmas sociedades podem ser dissolvidas judicialmente, antes do período marcado no contrato, a requerimento de qualquer dos sócios:
>
> (...).
>
> 2. por inabilidade de alguns dos sócios, ou incapacidade moral ou civil, julgada por sentença.

Da análise deste dispositivo, podemos concluir que qualquer sócio fosse ele majoritário ou minoritário, poderia ser excluído da sociedade, pela via judicial, com fundamento na sua inabilidade ou incapacidade moral ou civil.

Esse entendimento, apesar de algumas discordâncias, prevaleceu até a edição do Decreto 1.800/1996 que regulamentou a Lei de Registro Público de Empresas Mercantis (Lei 8.934/1994), na medida em que esse documento legislativo, através do seu art. 54, legitimava, na ausência de cláusula restritiva no contrato social, a exclusão de sócio pela deliberação da maioria e instruía alguns requisitos que deviam constar no instrumento de alteração contratual, conforme podemos constatar a seguir:

> Art. 54. A deliberação majoritária, não havendo cláusula restritiva, abrange também as hipóteses de destituição da gerência, *exclusão de sócio*, dissolução e extinção da sociedade (grifo nosso).
>
> Parágrafo único. Os instrumentos de exclusão de sócio deverão indicar, obrigatoriamente, o motivo da exclusão e a destinação da respectiva participação no capital social.

Diante desta posterior regulamentação, o nosso sistema jurídico abrangia a exclusão do sócio remisso, a exclusão do sócio minoritário pela via extrajudicial com a devida motivação, e a exclusão do sócio majoritário pela via judicial. Essas eram as situações e forma anteriormente previstas para a exclusão de sócio de uma sociedade limitada. Cumpre ressaltar, que este modelo antigo se mostrava democrático e coerente em virtude da preservação da vontade da maioria da sociedade, manifestada através da ampla liberdade de decisão dos seus sócios, que só poderia ser revogada por determinação judicial.

No que tange a matéria de exclusão de sócio, o novo Código Civil manteve a possibilidade de exclusão do sócio remisso em sua forma original através do seu art. 1.004, bem como também manteve a exclusão do sócio majoritário pela via judicial e a exclusão do minoritário pela via extrajudicial. No entanto, as duas últimas situações de exclusão só podem ser realizadas diante da ocorrência de uma circunstância de justa causa.

Nesse sentido o Professor Fábio Ulhoa Coelho elucida que (2002, p. 145):

> "O sócio da sociedade contratual — a regra não se aplica aos de sociedade institucional — pode ser excluído quando ocorrer uma das hipóteses estabelecidas na lei:
>
> "a) *Mora na integralização* — quando o sócio deixa de cumprir, nos prazos, como sua obrigação de integralizar a cota por ele subscrita, os demais sócios poderão, conforme já estudado, optar pela exclusão do sócio do sócio do quadro associativo (CC 2002, art. 1.004; CCom, art. 289).
>
> "b) *Justa causa* — caracterizada pela violação ou falta de cumprimento das obrigações sociais como, por exemplo, no caso de o sócio concorrer com a sociedade empresária, explorando (individualmente ou em outra sociedade) a mesma atividade."

A exclusão do sócio minoritário, anteriormente mencionada, é disciplinada pelo art. 1.085 do novo Código Civil. Nele há a previsão da deliberação da maioria em reunião ou assembléia podendo o acusado se defender: (i) do procedimento a ser feito através do registro de instrumento de alteração contratual; (ii) da condição da configuração da justa causa em decorrência de condutas nocivas à sociedade assumidas pelo sócio excluído; (iii) e ainda, da necessidade da previsão desta modalidade de exclusão de sócio no contrato social, senão, conforme entendimento doutrinário, esta só poderá ser feita pela via judicial por força do disposto no art. 1.030, senão vejamos:

> Art. 1.085. Ressalvado o disposto no art. 1.030, quando a maioria dos sócios, representativa de mais da metade do capital social, entender que um ou mais sócios estão pondo em risco a continuidade da empresa, em virtude de atos de inegável gravidade, poderá excluí-los da sociedade, mediante alteração do contrato social, desde que prevista neste a exclusão por justa causa.
>
> Parágrafo único. A exclusão somente poderá ser determinada em reunião ou assembléia especialmente convocada para esse fim, ciente o acusado em tempo hábil para permitir seu comparecimento e o exercício do direito de defesa.

Nesse sentido, indispensável citar o entendimento do Professor Fábio Ulhoa Coelho (13ª ed., p. 146): "Na sociedade limitada, a exclusão de sócio minoritário pode-se operar por simples alteração contratual levada a registro na Junta Comercial, devendo o sócio excluído socorrer-se do Poder Judiciário para provar eventual inocorrência de causa de exclusão. A exclusão de sócio minoritário por simples alteração contratual somente é cabível se o contrato de sociedade a permitir e houver deliberação em assembléia de sócios, para a qual tenha sido convocado o excluído (CC 2002, art. 1.085). Caso o contrato social não permita a expulsão do sócio minoritário, esta deverá necessariamente ser feita pela via judicial".

A dificuldade de compreensão implementada pelo novo Código Civil ao tratar da exclusão de sócio, não está na forma como ela será processada, pois resta pacificado que o sócio minoritário poderá ser excluído extrajudicialmente, se assim previsto no contrato social, ou judicialmente, no caso de omissão, por força do art. 1.030. Enquanto que o sócio majoritário continuará só podendo ser excluído judicialmente, conforme elucida o professor Fábio Ulhoa Coelho (2002, p. 146): "Já se a hipótese é a de exclusão de sócio majoritário da sociedade limitada, deverão os demais sócios postulá-la perante o Poder Judiciário, cabendo-lhes o ônus da prova da causa de exclusão".

O que realmente tem causado sérias discussões doutrinárias é a causa da exclusão do sócio denominada pelo referido diploma legal de "justa causa". A maioria das manifestações acerca desta inovação tem repudiado a adoção da referida expressão como configuração de causa de exclusão de sócio, alegando, sobretudo, a sua natureza ambígua, que geraria dificuldades em distinguir quais atos praticados pelo sócio poderia se traduzir numa justa causa para sua exclusão. Diante disso, esta corrente de pensamento preza pela manutenção da regra vigente anteriormente, implementada pelo art. 54 do Decreto 1.800/1996, que exigia apenas a indicação do motivo de exclusão, sem, no entanto, se preocupar se o mesmo configuraria justa causa, ou não, devendo o sócio excluído recorrer ao Poder Judiciário se sentir prejudicado.

Diante desta divergência construída acerca da regulamentação da referida matéria pelo novo Código Civil, entendemos que é notória a intenção deste novo diploma em preservar o sócio minoritário das investidas excessivas de poder praticadas pelo sócio majoritário, atitude esta que reputamos salutar. Apesar da imprecisão com que foi tratado o tema, acreditamos que os nossos tribunais, se necessário, elucidarão os conceitos ambíguos a fim de consolidar a interpretação mais coerente, afastando qualquer resquício de insegurança jurídica.

9. Conclusão

Com relação ao novo regime jurídico da sociedade limitada que foi introduzido pelo novo diploma civil, entendemos que o mesmo não se harmoniza adequadamente com o instituto que pretende regular.

Conforme abordado, deve-se considerar que a sociedade limitada foi instituída com o objetivo de servir como um modelo societário próprio para que as pequenas e médias empresas se organizassem e passassem a atuar no mercado formal, visando, desta forma, o desenvolvimento da economia. Diante disso, a mesma foi concebida através de uma estrutura simples e econômica distanciada do rigor formal e do caráter oneroso inerente às sociedades anônimas, o que lhe proporcionou um grande prestígio no meio empresarial.

As estatísticas organizadas pelas Juntas Comerciais do nosso país demonstram que esse tipo societário é utilizado por cerca de noventa por cento das sociedades constituídas a cada ano no mercado. Esse fato nos leva a concluir que a sociedade limitada, da forma como ela era regida anteriormente, tinha alcançado o propósito pretendido, contribuindo expressivamente com o desenvolvimento da economia do país.

Toda tentativa de aperfeiçoar o que já está bem concretizado deve ser vista com bons olhos. No entanto, não vislumbramos efeitos tão positivos que podem vir a se projetar com a implementação do novo regime jurídico da sociedade limitada trazido pelo novo Código Civil, que passou a ter vigência a partir do dia onze de janeiro do ano de 2003, e que, conseqüentemente, revogou o Decreto 3.708/1919.

Do estudo das normas que passam a fazer parte do cotidiano da sociedade limitada feito no presente trabalho, pudemos perceber que apesar de o referido Código trazer algumas inovações consideradas benéficas para esse tipo societário, o mesmo institui regras exaustivas que lhe confere onerosidade e burocracia, desvirtuando-o assim da sua concepção originária bem sucedida.

Comungando com este entendimento, a doutrina tem se manifestado duramente acerca da referida matéria, através de artigos circulados nos principais meios de comunicação da área jurídica, sobretudo, durante o período de *vacatio legis* de um ano que foi estabelecido para a vigência do novo Código Civil.

Em virtude dessa mobilização encontra-se em tramitação no Congresso Nacional o Projeto de Lei 69.600/2002 e seus apensos, de autoria do relator do novo Código Civil, deputado Ricardo Fiuza, e de outros parlamentares, que modificam, substancialmente, o conteúdo e a redação de vinte e cinco artigos referentes à regulamentação da sociedade limitada, conferindo maior coerência a esse instituto, que esperamos sejam aprovados e sancionados com a maior brevidade possível.

Espaço Discente

DOS DESTINATÁRIOS DA OFERTA PÚBLICA NA ALIENAÇÃO DE CONTROLE DE COMPANHIA ABERTA

Douglas Yamashita

I. Evolução da extensão subjetiva da oferta pública na alienação de controle. II. Extensão subjetiva ideal da oferta pública na alienação de controle. III. Destinatários da oferta pública na alienação de controle na nova lei: III.1 Ordinaristas: III.1.1 Ordinaristas com direito de voto pleno; III.1.2 Possuidores de ações ordinárias objeto de alienação fiduciária (art. 113 da LSA); III.1.3 Ordinaristas com direito de voto suspenso por inadimplência (art. 120 da LSA); III.2 Preferencialistas: III.2.1 Oferta pública como direito de preferência do acionista (novo art. 17, § 1º, III, da LSA); III.2.2 Preferencialistas com direito de voto restrito (art. 111 da LSA); III.2.3 Preferencialistas com direito de voto por não pagamento de dividendos (art. 111, § 1º, da LSA). IV. Conclusões. V. Bibliografia.

I. *Evolução da extensão subjetiva da oferta pública na alienação de controle*

Como é sabido, ainda no projeto original da Lei das S/A, de 1976, a obrigatoriedade de oferta pública para alienação do controle de companhias era prevista só no art. 255 apenas para aquelas sociedades dependentes de autorização governamental para funcionamento. Foi a Emenda 14, do Senador Otto Cirillo Lehmann, que se estendeu, no art. 254 do então projeto, a obrigatoriedade de oferta pública do art. 255 para alienação do controle de companhias de funcionamento independente de autorização governamental. Segundo o parecer da Emenda:

> Preocupado em defender tratamento eqüitativo para os acionistas minoritários, elaboramos a presente emenda, tendo ouvido à respeito a Presidência e a Assessoria da Bolsa de Valores do Estado de São Paulo (...). O item "F" da CDE-14 do Conselho de Desenvolvimento fixou como diretriz para elaboração do projeto, no que se refere à alienação do controle acionário de companhia aberta, a seguinte orientação: "A lei estabelecerá mecanismos que impeçam que cada ação do majoritário possua um valor potencial muito superior ao de cada *ação do minoritário*" (...) a lei deveria prever um sistema de oferta pública para as transações que envolvessem uma parcela substantiva de transferência substantiva do capital votante, de modo a assegurar igualdade de acesso ao *minoritário*.

Apesar das manifestações contrárias, dentre as quais se destaca a carta dos autores do projeto de lei, Alfredo Lamy Filho e José Luiz Bulhões Pedreira, ao Ministro da

Fazenda,[1] os arts. 254 e 255 do projeto foram aprovados e promulgados conjuntamente na Seção VI do Capítulo XX da Lei 6.404/1976, cuja redação original se reproduz:

> SEÇÃO VI
>
> Alienação de Controle
>
> Art. 254. A alienação do controle da companhia aberta dependerá de prévia autorização da Comissão de Valores Imobiliários.
>
> § 1º. A Comissão de Valores Mobiliários deve zelar para que seja assegurado *tratamento igualitário aos acionistas minoritários*, mediante simultânea oferta pública para aquisição de ações.
>
> § 2º. Se o número de ações ofertadas, incluindo as dos controladores ou majoritários, ultrapassar o máximo previsto na oferta, será obrigatório o rateio, na forma prevista no instrumento da oferta pública.
>
> § 3º. Compete ao Conselho Monetário Nacional estabelecer normas a serem observadas na oferta pública relativa à alienação do controle de companhia aberta.
>
> Art. 255. A alienação do controle de companhia aberta que dependa de autorização do governo para funcionar e cujas ações ordinárias sejam por força de lei, nominativas ou endossáveis, está sujeita à prévia autorização do órgão competente para aprovar a alteração do seu estatuto.
>
> § 1º. A autoridade competente para autorizar a alienação deve zelar para que seja assegurado *tratamento eqüitativo aos acionistas minoritários*, mediante simultânea oferta pública para a aquisição das suas ações, ou o rateio, por todos os acionistas, dos intangíveis da companhia, inclusive autorização para funcionar.
>
> § 2º. Se a compradora pretender incorporar a companhia, ou com ela se fundir, o tratamento eqüitativo referido no § 1º será apreciado no conjunto das operações.

Na leitura tanto do art. 254, § 1º, como do art. 255, § 1º, fica claro que os destinatários da oferta pública na alienação de controle de companhia aberta eram os acionistas minoritários. Contudo, muito se discutiu à época se a definição de acionistas minoritários incluiria apenas os ordinaristas com direito a voto ou também os preferencialistas com direito de voto restrito ou sem direito a voto.

Na regulamentação destes dispositivos da Lei 6.404/1976, a Resolução 401 do Conselho Monetário Nacional, definiu que:

> I — A alienação do controle de companhia aberta somente poderá ser contratada sob a condição, suspensiva ou resolutiva, de que o adquirente se obrigue a fazer, nos termos desta resolução, oferta pública de aquisição das *ações com direito a voto de propriedade dos demais acionistas*, de modo a assegurar tratamento igualitário ao do acionista controlador.

A respeito desta interpretação restritiva do conceito de acionistas minoritários, comenta Modesto Carvalhosa: "Os setores fundamentalistas não se conformaram nunca com a aprovação da Emenda Lehmann, pelo que, desde logo, providenciaram uma Resolução do Conselho Monetário Nacional (Resolução 401, de 1976), que restringia a aplicação da Emenda apenas aos acionistas titulares de ações votantes".[2]

Ainda segundo Carvalhosa, essa Resolução, vigente até a revogação do art. 254 pela Lei 9.457/1997, foi veemente acusada pela doutrina de discriminar acionistas minoritários, excluindo do direito de oferta pública os titulares de ações preferenciais não votantes, também denominados de acionistas "rendeiros". Infelizmente, a jurisprudência acabou acolhendo a tese de que acionistas minoritários seriam apenas aqueles com direito a voto.

II. Extensão subjetiva ideal da oferta pública na alienação de controle

Antes de adentramos propriamente na análise da amplitude da oferta pública dada

1. Alfredo Lamy Filho e José Luiz Bulhões Pedreira, *Lei das S/A*, v. 1, pp. 285 e ss.

2. Modesto Carvalhosa, *Comentários à Lei de Sociedades Anônimas*, pp. 144 e ss.

pela nova Lei 6.404/1976, vale destacar que, na verdade, a lista de destinatários da oferta pública alienação do poder controle de companhia aberta está intimamente ligada à concepção de cada autor sobre o "poder controle".

Em sua clássica obra *The Modern Corporation and Private Property*, os autores norte-americanos Berle e Means entendem que o controle como um ativo social (*corporate asset*) pertencente à companhia e não a um ou mais acionistas em particular. Por isso, assim como da dissolução da sociedade ao resultado final beneficiaria proporcionalmente a todos os acionistas, da mesma forma, na alienação do controle da companhia, o ato de transferência não seria de alguns acionistas, mas de todo o corpo de acionistas, devendo, portanto, o benefício ser repartido entre todos os demais acionistas,[3] por meio da oferta pública. Já na concepção de Anne Petitpierre-Sauvain, o objeto da cessão de controle é a própria empresa,[4] o que resulta na mesma conclusão de que o benefício da alienação do controle deva ser repartido entre todos os demais acionistas, por meio da oferta pública.

Além destas teorias, não se pode olvidar que, na prática, quem adquire o poder de controle adquire não só a propriedade das ações integrantes do bloco de controle, mas, também, a posse de bens intangíveis da empresa, tais como aqueles de propriedade industrial (patentes, marcas ou obras literárias), posições contratuais (contrato de locação de longo prazo), licenças e autorizações governamentais, concessões de serviços públicos, o fundo de comércio (*goodwill*) da empresa e o aviamento (*know-how*) desta. Tudo isso pertence não apenas a um ou alguns acionistas controladores, mas a toda sociedade. Uma vez que o preço na alienação de controle também engloba o direito de usar e gozar destes bens intangíveis, normalmente de altíssimo valor, tal preço deveria ser repartido entre todos os acionistas, *inclusive os preferencialistas sem direito a voto*.

Infelizmente não foi essa a extensão subjetiva efetivamente dada pelo novo art. 254-A acrescentado à Lei 6.404/1976 pela Lei 10.303/2001, como veremos adiante.

III. Destinatários da oferta pública na alienação de controle na nova lei

No que tange ao tema dos destinatários da oferta pública na alienação de controle de companhia aberta, importa destacar os seguintes trechos do art. 254-A acrescentado à Lei 6.404/1976 pela Lei 10.303/2001:

> Art. 254-A. A alienação, direta ou indireta, do controle de companhia aberta somente poderá ser contratada sob a condição, suspensiva ou resolutiva, de que o adquirente se obrigue a fazer oferta pública de *aquisição das ações com direito a voto de propriedade dos demais acionistas da companhia*, de modo a lhes assegurar o preço no mínimo igual a 80% (oitenta por cento) do valor pago por ação com direito a voto, integrante do bloco de controle.
>
> § 1º. Entende-se como alienação de controle a transferência, de forma direta ou indireta, de ações integrantes do bloco de controle, de *ações vinculadas a acordos de acionistas* e de valores mobiliários conversíveis em ações com direito a voto, cessão de direitos de subscrição de ações e de outros títulos ou direitos relativos a valores mobiliários conversíveis em ações que venham a resultar na alienação de controle acionário da sociedade.
>
> (...).
>
> § 4º. O adquirente do controle acionário de companhia aberta poderá ofere-

3. Adolf A. Berle Jr. e Gardner C. Means, *The Modern Corporation and Private Property*, pp. 216 e ss.: "(...) the power going with 'control' is an asset of the corporation; and the payment for the power, if it goes anywhere, must go into the corporate treasury".

4. Anne Petitpierre-Sauvain, *La Cession de Controle, Mode de Cession de l'Entreprise*, pp. 77 e ss.

cer aos *acionistas minoritários* a opção de permanecer na companhia, mediante o pagamento de um prêmio equivalente à diferença entre o valor de mercado das ações e o valor pago por ação integrante do bloco de controle.

Da compreensão sistemática do dispositivo legal resulta evidente que não são destinatários da oferta pública na alienação do controle de companhia aberta as ações integrantes do bloco de controle, inclusive aquelas vinculadas a acordos de acionistas, quando o controle não pertence a apenas um acionista, mas, sim, a um grupo de acionistas, que, se isoladamente considerados, poderiam até mesmo ser reputados "acionistas minoritários".

O *caput* do art. 254-A determina que o adquirente do controle deverá "fazer oferta pública de *aquisição das ações com direito a voto de propriedade dos demais acionistas da companhia* (...)". Muito embora tenha deixado bem mais claro que são os destinatários da oferta pública, esta norma suscita, ainda assim, novos questionamentos. Devem ser incluídos na oferta pública aqueles acionistas, cujas ações com direito a voto são objeto de alienação fiduciária? Devem ser incluídos na oferta pública aqueles acionistas, cujos direitos de voto esteja suspensos no momento da oferta pública? Foram alcançadas aí apenas ações com direito de voto permanente ou também ações com direito a voto temporário?

III.1 Ordinaristas

III.1.1 Ordinaristas com direito de voto pleno

Se, nos termos do art. 254-A, *caput*, da Lei das S/A, o adquirente do controle está obrigado a "fazer oferta pública de aquisição das *ações com direito a voto* de propriedade dos demais acionistas da companhia (...)" e se segundo o art. 110 da mesma lei "a cada ação ordinária corresponde um voto nas deliberações da assembléia geral", não resta dúvida de que adquirente do controle deverá fazer oferta pública de aquisição das *ações ordinárias com direito de voto*.

III.1.2 Possuidores de ações ordinárias objeto de alienação fiduciária (art. 113 da LSA)

Se, nos termos do art. 254-A, *caput*, da Lei das S/A, o adquirente do controle está obrigado a "fazer oferta pública de aquisição das ações com direito a voto de *propriedade dos demais acionistas da companhia* (...)", será que o adquirente do controle está obrigado a fazer oferta pública de aquisição das ações ordinárias *apenas na posse* do acionista em razão da alienação fiduciária de suas ações?

Nas sempre argutas lições de Orlando Gomes, alienação fiduciária é "o negócio jurídico pelo qual o devedor, para garantir o pagamento de uma dívida, transmite ao credor a propriedade de um bem, retendo-lhe a posse direta, sob condição resolutiva de saldá-la".[5] Ora, é evidente que se o acionista devedor (fiduciante) não detém a propriedade das ações dadas em garantia, sendo delas mero depositário, não as poderá alienar para o adquirente do controle e ofertante.

Por outro lado, teria o credor (fiduciário), proprietário da ação dada em garantia, o direito de participar da oferta pública do adquirente do controle? Veja-se que o novo art. 254-A, *caput*, da Lei 6.404/76 obriga o adquirente do controle a "fazer oferta pública de aquisição das *ações com direito a voto de propriedade dos demais acionistas da companhia* (...)". O direito de voto neste caso de alienação fiduciária está expressamente regulado pelo art. 113, parágrafo único, da Lei das S/A:

> Parágrafo único. O credor garantido por alienação fiduciária da ação não poderá exercer o direito de voto; o devedor somente poderá exercê-lo nos termos do contrato.

5. Orlando Gomes, *Contratos*, 12ª ed., p. 522.

Portanto, se "credor garantido por alienação fiduciária da ação *não poderá exercer o direito de voto*" e se a oferta pública destina-se a possibilitar a aquisição de "***ações com direito a voto*** *de propriedade dos demais acionistas da companhia* (...)", pensamos que o credor (fiduciário), proprietário da ação dada em garantia não terá direito de participar da oferta pública do adquirente do controle. Aliás, considerando que a propriedade adquirida pelo credor é resolúvel diante do pagamento integral da dívida, nem se conseguiria explicar como o credor poderia alienar as ações, que deveria devolver *a posteriori.*

Neste caso, restará ao acionista devedor (fiduciário) duas alternativas para recuperar a propriedade sobre as ações e o direito de participar da oferta pública: a) substituir o bem dado em garantia; ou b) quitar a dívida.

III.1.3 Ordinaristas com direito de voto suspenso por inadimplência (art. 120 da LSA)

Outra questão que surge é se deveriam ser incluídos na oferta pública aqueles acionistas, cujo direito de voto esteja suspenso, no momento da oferta pública, nos termos do art. 120 da Lei das S/A:

> Art. 120. A assembléia geral poderá suspender o exercício dos direitos do acionista que deixar de cumprir obrigação imposta pela lei ou pelo estatuto, cessando a suspensão logo que cumprida a obrigação.

Neste caso, pensamos ser necessário distinguir entre o exercício do direito de voto e o direito de voto em si. O direito de usar o voto não se confunde com o direito de gozar e dispor do voto em si. A assembléia geral tem o poder de suspender, temporariamente até de cumpra suas obrigações, o exercício, o direito de uso, do voto do acionista, mas não tem o poder de suspender o direito de gozar de benefícios que tal direito lhe confere.

Para efeitos do direito de participação da oferta pública na alienação de controle dirigida à "aquisição das *ações com direito a voto* de propriedade dos demais acionistas da companhia (...)", isto significa que muito embora o acionista não possa exercer seu direito de voto, suas ações nunca perdem direito de gozo de benefícios conferidos pelo direito de voto, de tal modo que deverão ser incluídas na oferta pública.

III.2 Preferencialistas

III.2.1 Oferta pública como direito de preferência do acionista (novo art. 17, § 1º, III, da LSA)

Uma interpretação rigorosa do art. 254-A da Lei 6.404/1976 não pode ser feita isoladamente do resto da lei, mas deve considerar a lei como um todo sistemático. Assim, para verificar se preferencialistas com direito a voto, ainda que restrito ou temporário, teriam o direito de participar da oferta pública na alienação de controle de companhia aberta, o intérprete deve necessariamente considerar também a inovação do art. 17, § 1º, da Lei das S/A, que concede, dentre outras vantagens alternativas das ações preferenciais, o direito destas serem incluídas na oferta pública de alienação de controle:

> Art. 17. As preferências ou vantagens das ações preferenciais podem consistir:
>
> (...).
>
> § 1º. Independentemente do direito de receber ou não o valor de reembolso do capital com prêmio ou sem ele, as *ações preferenciais sem direito de voto ou com restrição ao exercício deste direito*, somente serão admitidas à negociação no mercado de valores mobiliários se a elas for atribuída pelo menos uma das seguintes preferências ou vantagens:
>
> (...).
>
> III — *direito de serem incluídas na oferta pública de alienação de controle, nas condições previstas no art. 254-A,*

assegurado o dividendo pelo menos igual ao das ações ordinárias.

Da simples leitura, conclui-se que ações sem direito de voto, que normalmente não teriam direito de participar da oferta pública na alienação de controle, podem vir a ter como vantagem concedida pelo estatuto a inclusão na oferta pública de alienação de controle, nas condições previstas no art. 254-A.

Ainda que apenas correlatos ao tema em exame, vale mencionar alguns questionamentos suscitados pelo citado art. 17, § 1º, III: será que as companhias abertas que, antes mesmo da Lei 10.303/2001 já concediam como vantagem de suas ações preferenciais a inclusão na oferta pública de alienação de controle a 70% do valor do bloco de controle, deverão se adaptar aos 80%? Será que o "Novo Mercado" pode permitir, como vantagem das suas ações preferenciais, a inclusão na oferta pública de alienação de controle a preços inferiores aos 80% do valor do bloco de controle?

III.2.2 Preferencialistas com direito de voto restrito (art. 111 da LSA)

É certo que nos estritos termos do art. 254-A da Lei 6.404/1976, o adquirente do controle esteja obrigado a "fazer oferta pública de aquisição das *ações com direito a voto* de propriedade dos demais acionistas da companhia (...)", independentemente de se tratar de voto pleno ou voto restrito. Contudo, uma vez que o novo art. 17, § 1º, III, da Lei das S/A expressamente já faculta ao estatuto que ações preferenciais com direito de voto restrito tenham como vantagem a inclusão na oferta pública de alienação de controle, nas condições previstas no art. 254-A, fica claro que se faculta tal inclusão, é porque nunca foi obrigatória, não se tratando, portanto, de um direito de todo preferencialista com direito de voto restrito, mas, sim, de um privilégio de alguns conforme seu estatuto.

III.2.3 Preferencialistas com direito de voto por não pagamento de dividendos (art. 111, § 1º, da LSA)

Situação inteiramente distinta das examinadas acima é aquela em que, devido ao não pagamento de dividendos, o preferencialista, não beneficiado pelo art. 17, § 1º, III, acima citado, nem titular de direito de voto ou com direito de voto restrito, adquire por força do art. 111, §§ 1º e 2º, da Lei das S/A pleno direito de voto:

> § 1º. As ações preferenciais sem direito de voto adquirirão o exercício desse direito se a companhia, pelo prazo previsto no estatuto, não superior a três exercícios consecutivos, deixar de pagar os dividendos fixos ou mínimos a que fizerem jus, direito que conservarão até o pagamento, se tais dividendos não forem cumulativos, ou até que sejam pagos os cumulativos em atraso.
>
> § 2º. Na mesma hipótese e sob a mesma condição do § 1º, as ações preferenciais com direito de voto restrito terão suspensas as limitações ao exercício desse direito.

Argumentam alguns autores que o direito de voto adquirido nos termos destas normas seria providência contingente apenas para assegurar ao preferencialista o reingresso na plenitude das vantagens e privilégios de que fruía, de tal modo que tal direito de voto não o incluiria no controle da companhia.[6] Em outras palavras, poder-se-ia afirmar que direito de voto adquirido nos termos destas normas seria um direito de voto restrito à deliberação de pagamento dos dividendos fixos ou mínimos.

Contudo, não é isso que decorre da interpretação sistemática destes parágrafos do art. 111 da Lei 6.404/1976. Ao dispor que "na mesma hipótese e sob a mesma

6. Alfredo Lamy Filho, "Oferta pública por alienação de controle e as ações preferenciais com direito de voto por não pagamento de dividendos", in Alfredo Lamy Filho e José Luiz Bulhões Pedreira, *Lei das S/A*, pp. 640 e ss.

condição do § 1º, as ações preferenciais *com direito de voto restrito terão suspensas as limitações ao exercício desse direito*", o § 2º deixa claro que, nestes casos, as limitações ao direito de voto são plenamente suspensas, *gerando um direito de voto irrestrito*. E se o § 2º gera um direito de voto irrestrito "na mesma hipótese e sob a mesma condição do § 1º", certamente que o direito de voto adquirido nos termos deste § 1º somente poderia ser um direito de voto igualmente irrestrito. Enfim, o direito de voto adquirido por preferencialistas sem direito de voto ou com direito de voto restrito em virtude do não pagamento de dividendos é um direito pleno, integral, que, portanto, confere, sim, ao preferencialista potencial de controle da companhia. Por isso, preferencialistas com direito a voto em virtude do não pagamento de dividendos, devem ser incluídos na oferta pública na alienação de controle.

Ademais, segundo lições de Modesto Carvalhosa, "se os titulares de ações preferenciais adquirirem o direito de voto, nos termos do art. 111, § 1º, da Lei das S/A, também devem ser incluídos como destinatários da oferta pública decorrente da alienação de controle acionário, uma vez que o art. 254-A não estabelece qualquer requisito quanto ao caráter de maior ou menor permanência do direito de voto, não cabendo ao intérprete distinguir onde a lei não o faz".[7]

Por fim, cabe mencionar que à época da legislação passada, a Resolução 401/1976 definia, em seu item II, alienação de controle de companhia aberta como o negócio pelo qual o acionista controlador transfere o poder de controle da companhia mediante a venda ou permuta do conjunto de ações de sua propriedade que lhe assegura, *de modo permanente*, a maioria dos votos nas deliberações sociais. Por tal razão, como o voto adquirido por preferencialista em virtude do não pagamento de dividendos seria um voto transitório, não ensejaria situação de controle e, portanto, não precisaria ser incluído da oferta pública. Ocorre que o novo art. 254-A, § 1º, define a alienação de controle sem fazer qualquer referência ao *modo permanente* do controle em transferência, de modo que a velha interpretação dada na vigência da Resolução 401/1976 não vale mais.

IV. Conclusões

Pelo todo exposto, conclui-se que são destinatários da oferta pública na alienação de controle nos termos do novo art. 254-A os ordinaristas com direito de voto pleno e os o ordinaristas com direito de voto suspenso por inadimplência (art. 120 da LSA). Nos casos de ações ordinárias objeto de alienação fiduciária (art. 113 da LSA), nem o acionista devedor, mero possuidor da ação, nem o credor proprietário da ação têm direito de ser incluídos na oferta pública em questão. Já para os preferencialistas sem direito a voto ou com direito de voto restrito, a nova lei faculta ao estatuto incluí-los na oferta pública com o direito de preferência do acionista (novo art. 17, § 1º, III). Precisamente devido a esta faculdade dada pela lei, apenas os preferencialistas com direito de voto restrito (art. 111) beneficiado por tal decisão estatutária terão direito de participar da oferta pública. Já os preferencialistas com direito de voto por não pagamento de dividendos (art. 111, § 1º), não beneficiados pelo citado art. 17, § 1º, III, deverão ser incluídos na lista de acionistas beneficiários da oferta pública.

V. Bibliografia

BERLE JR., Adolf A. e MEANS, Gardner C. *The Modern Corporation and Private Property*, Nova Iorque, MacMillan, 1940.

CANTIDIANO, Luiz Leonardo. *Reforma da Lei das S/A Comentada*, Rio de Janeiro, Renovar, 2002.

7. Modesto Carvalhosa, *A Nova Lei das Sociedades Anônimas*, p. 392.

CARVALHOSA, Modesto. *A Nova Lei das Sociedades Anônimas*, São Paulo, Saraiva, 2002.

______. *Comentários à Lei de Sociedades Anônimas*, v. 4, t. II (arts. 243 a 300) e v. 4 (arts. 106 a 137), São Paulo, Saraiva, 1998.

COMPARATO, Fábio Konder. *O Poder de Controle na Sociedade Anônima*, 2ª ed. refundida e adaptada à Lei 6.404/1976, São Paulo, Ed. RT, 1977.

GOMES, Orlando. *Contratos*, 12ª ed., Rio de Janeiro. Forense, 1992.

LAMY FILHO, Alfredo e PEDREIRA, José Luiz Bulhões. *Lei das S/A*, vs. 1 e 2, Rio de Janeiro, Renovar, 1996.

PEREIRA, Guilherme Döring Cunha. *Alienação do Poder de Controle Acionário*, São Paulo, Saraiva, 1995.

PETITPIERRE-SAUVAIN, Anne. *La Cession de Controle, Mode de Cession de l'Entreprise*, Genebra, Livr. de l'Univ. Georg, 1977, pp. 77 e ss.

SALOMÃO FILHO, Calixto. "Interesse social e poderes dos administradores na alienação de controle", *RDM* 89/65 e ss.

WALD, Arnoldo. "Do descabimento da oferta pública de compra em relação às ações preferenciais", *RDM* 45/7 e ss.

______. *Obrigações e Contratos*, São Paulo, Ed. RT, 1995.

Espaço Discente

A (DES?)NECESSIDADE DE HOMOLOGAÇÃO DE LAUDOS ARBITRAIS ESTRANGEIROS APÓS A ENTRADA EM VIGOR, NO BRASIL, DA CONVENÇÃO DE NOVA IORQUE

FABIANE VERÇOSA

1. Introdução. 2. A necessidade de homologação das sentenças estrangeiras. 3. A equiparação de efeitos entre a sentença judicial e a sentença arbitral, introduzida pela Lei 9.307/1996. 4. A Convenção de Nova Iorque como paradigma da Lei de Arbitragem brasileira, inclusive quanto aos requisitos para o reconhecimento dos laudos arbitrais estrangeiros. 5. O art. III da Convenção de Nova Iorque. 6. Breve análise de legislação comparada. 7. A posição adotada pelo STF quanto à homologação de decisões estrangeiras não-judiciais. 8. Conclusão. 9. Bibliografia.

1. Introdução

Quarenta e quatro anos após ter sido aberta à assinatura pelos Estados na Secretaria-Geral das Nações Unidas, a Convenção sobre o Reconhecimento e a Execução de Sentenças Arbitrais Estrangeiras — mais conhecida como Convenção de Nova Iorque — foi finalmente promulgada pelo Brasil. Com efeito, em 23.7.2002, o Presidente da República assinou o Decreto Executivo 4.311, por meio do qual a Convenção de Nova Iorque — que havia sido aprovada pelo Congresso brasileiro em 25.4.2002, mediante o Decreto Legislativo 52 —, enfim entrou em vigor em nosso País. Assim, o Brasil deixava o período de injustificável indiferença a todas as vantagens que a promulgação da mais importante Convenção internacional sobre arbitragem pode proporcionar e unia-se aos outros 130 países que já faziam parte da referida Convenção, dentre os quais se incluem todas as nações desenvolvidas e todos os seus parceiros do MERCOSUL.

De fato, a tão aguardada promulgação da Convenção de Nova Iorque significava, pois, um sinal inequívoco da adequação do Brasil às modernas regras do direito comercial internacional, além de representar uma importante contribuição para a melhor inserção das empresas brasileiras no cenário mundial.[1]

A par destes e tantos outros inegáveis benefícios, a promulgação daquele que é o *key stone treaty* em matéria de arbitragem internacional[2] gerou também uma contro-

1. Mensagem do então Ministro das Relações Exteriores, Luiz Felipe Lampreia, ao Presidente da República, recomendando o envio da Convenção de Nova Iorque à apreciação do Poder Legislativo. *Apud* Theophilo de Azeredo Santos, "A Convenção de Nova York", in Pedro A. Batista Martins e José Maria Rossani Garcez (coords.), *Reflexões sobre Arbitragem*, p. 438.

2. Richard Gravin, "The International Commercial Arbitration Institutions: How good a job they are doing", in *The American University Journal of International Law and Policy* 4/325, n. 2, *apud*

versa questão, ainda pouco debatida entre nós. Uma vez que a Convenção de Nova Iorque passou a integrar o ordenamento jurídico brasileiro, instaurou-se uma grande dúvida, em função da parte final do art. III da Convenção, que dispõe, *in verbis*: "Art. III. (...) *Para fins de reconhecimento ou de execução das sentenças arbitrais às quais a presente Convenção se aplica*, não serão impostas condições substancialmente mais onerosas *ou taxas ou cobranças mais altas* do que as impostas para o reconhecimento ou a execução de sentenças arbitrais domésticas" (grifamos).

Diante da redação do dispositivo mencionado, faz-se mister indagar: Persiste a necessidade de se homologarem, no Brasil, os laudos arbitrais proferidos fora do território nacional (definidos pelo parágrafo único do art. 34 da Lei 9.397/1996 como estrangeiros)?

O assunto se reveste de evidente relevância prática, tendo em vista a crescente importância que o instituto da arbitragem vem adquirindo em nosso País, sobretudo após a edição da Lei 9.307/1996. De se notar, também, que, com cada vez mais freqüência, as instituições arbitrais internacionais vêm sendo instadas a administrar controvérsias envolvendo pessoas — físicas e, em especial, jurídicas — brasileiras, que têm freqüentemente optado pela arbitragem para a solução dos litígios oriundos de seus contratos internacionais. Vale dizer que, com a celebrada adesão do Brasil à Convenção de Nova Iorque, a credibilidade da arbitragem em nosso País deve crescer sensivelmente, aumentando ainda mais a procura desta forma de solução de controvérsias e a conseqüente prolação de laudos arbitrais estrangeiros destinados a ser executados no Brasil.

Assim, a finalidade destas notas reside em averiguar se, após a vigência da Convenção de Nova Iorque no Brasil, os laudos arbitrais estrangeiros continuam sujeitos ao procedimento de homologação pelo Supremo Tribunal Federal para serem reconhecidos e executados em nosso País, tal como previsto na Lei 9.307/1996 (art. 35). Para tanto, serão apreciados os dispositivos legais vigentes aplicáveis à matéria, bem como a doutrina pátria mais autorizada. Também será feito um breve exame de legislação comparada e, ao final, serão apresentadas algumas conclusões acerca do tratamento a ser conferido à questão em nosso ordenamento jurídico.

2. *A necessidade de homologação das sentenças estrangeiras*

A necessidade de se homologarem[3] as sentenças estrangeiras perante a mais alta Corte do País é prevista no art. 102, I, *h*, da Constituição Federal: "Compete ao Supremo Tribunal Federal, precipuamente, a guarda da Constituição, cabendo-lhe: I — processar e julgar, originariamente: (...) h) a homologação *das* sentenças estrangeiras (...)" (grifos nossos).

De se notar que, desde a Carta de 1946, se impõe a homologação "*das* sentenças estrangeiras", enquanto os textos constitucionais anteriores se referiam meramente à homologação "*de* sentenças estrangeiras".

Em função do referido dispositivo, discute-se se a necessidade de homologação de *todas* as sentenças proferidas fora do território nacional consiste em um imperativo constitucional. Na opinião de Haroldo Valladão,[4] toda e qualquer sentença estrangeira deve ser homologada pelo STF. Já

Theophilo de Azeredo Santos, "A Convenção de Nova York", in Pedro A. Batista Martins e José Maria Rossani Garcez (coords.), *Reflexões sobre Arbitragem*, p. 436.

3. De acordo com Pontes de Miranda, "*Homologar* é tornar o ato, que se examina, semelhante, adequado, ao ato que deveria ser" (Pontes de Miranda, *Comentários ao CPC (de 1973)*, t. VI, p. 259, *apud* José Carlos Barbosa Moreira, *Comentários ao Código de Processo Civil*, v. V, p. 63).

4. V. "Parecer" de Haroldo Valladão, *Revista Forense* 138/401-409, nov. 1951.

outros doutrinadores consideram que devem ser submetidas ao juízo de delibação[5] do Supremo apenas as sentenças estrangeiras que são necessariamente passíveis de homologação.

O art. 483 do Código de Processo Civil[6] parece reafirmar a necessidade de homologação de todas as sentenças estrangeiras. Entretanto, alguns doutrinadores entendem que, ao prever que a sentença proferida por tribunal estrangeiro não terá *eficácia* no Brasil antes de homologada pelo STF, o art. 483 do CPC está se referindo meramente à eficácia *executiva*, à qual alude o artigo imediatamente seguinte do CPC, o 484.[7] Logo, segundo tal corrente doutrinária, somente as sentenças estrangeiras sujeitas à execução dependem de homologação pelo Supremo Tribunal Federal.

Aduza-se que o art. 483 do Código de Processo Civil apresenta critério distinto daquele empregado pelo *caput* do art. 15 da Lei de Introdução ao Código Civil, ao se referir à "sentença proferida por 'tribunal estrangeiro'", enquanto que o art. 15 da LICC se refere à sentença proferida "no estrangeiro".

Ainda, quanto ao art. 15 da LICC, vale dizer que seu parágrafo único[8] tem sido considerado inconstitucional por diversos autores, que consideram que este dispositivo subtrai ao STF o exercício da competência homologatória conferida pela Constituição Federal.[9]

Por fim, cumpre notar que, de acordo com o art. 19 do Protocolo de Cooperação e Assistência Jurisdicional em Matéria Civil, Comercial Trabalhista e Administrativa, de 1992 — conhecido como Protocolo de Las Leñas —, a homologação de sentenças e laudos arbitrais oriundas de países do Mercosul é efetivada mediante carta rogatória e por intermédio da Autoridade Central.[10] Vale dizer que o STF continua competente para o reconhecimento de tais decisões e que o referido dispositivo convencional não pretende, de forma alguma, que seja suprimida a homologação da sentença (judicial ou arbitral) estrangeira para que seja reconhecida e executada nos Estados-membros do Mercosul. Nas palavras de Nadia de Araújo:[11] "*O Protocolo prevê uma autêntica homologação*, revestida externamente da forma de carta rogatória, *em ra-*

5. No Brasil, o sistema de reconhecimento de sentenças estrangeiras se assemelha ao *giudizio di delibazione* italiano, mediante o qual apenas se procede ao exame de questões formais e jamais é analisado o mérito da decisão alienígena. Aduza-se que o juízo de delibação brasileiro é ainda mais liberal que o italiano.

6. Art. 483. A sentença proferida por tribunal estrangeiro não terá eficácia no Brasil senão depois de homologada pelo Supremo Tribunal Federal. Parágrafo único. A homologação obedecerá ao que dispuser o Regimento Interno do Supremo Tribunal Federal. Aduza-se que os arts. 215 a 224 do Regimento Interno do STF tratam da "Homologação de Sentença Estrangeira".

5. No Brasil, o sistema de reconhecimento de sentenças estrangeiras se assemelha ao *giudizio di delibazione* italiano, mediante o qual apenas se procede ao exame de questões formais e jamais é analisado o mérito da decisão alienígena. Aduza-se que o juízo de delibação brasileiro é ainda mais liberal que o italiano.

6. Art. 483. A sentença proferida por tribunal estrangeiro não terá eficácia no Brasil senão depois de homologada pelo Supremo Tribunal Federal. Parágrafo único. A homologação obedecerá ao que dispuser o Regimento Interno do Supremo Tribunal Federal. Aduza-se que os arts. 215 a 224 do Regimento Interno do STF tratam da "Homologação de Sentença Estrangeira".

7. Art. 484. A execução far-se-á por carta de sentença extraída dos autos da homologação e obedecerá às regras estabelecidas para a execução da sentença nacional da mesma natureza.

8. Art. 15. (...) Parágrafo único. Não dependem de homologação as sentenças meramente declaratórias do estado das pessoas.

9. Para um exame minucioso do assunto, v. José Carlos Barbosa Moreira, *Comentários ao Código de Processo* Civil, pp. 77-78.

10. Art. 19. O pedido de reconhecimento e execução das sentenças e de laudos arbitrais por parte das autoridades jurisdicionais será tramitado por via de cartas rogatórias e por intermédio da Autoridade Central.

11. Nadia de Araújo, "Solução de controvérsias no MERCOSUL", in Paulo Borba Casella (coord.), *MERCOSUL: Integração Regional e Globalização*, p. 126.

zão justamente do trâmite por intermédio das Autoridades Centrais" (grifos nossos).

3. *A equiparação de efeitos entre a sentença judicial e a sentença arbitral, introduzida pela Lei 9.307/1996*

Dentre as diversas inovações implementadas pela Lei de Arbitragem (Lei 9.307/1996), uma das mais celebradas foi a equiparação entre a sentenças arbitral e judicial, prevista no art. 31 da referida lei.[12] Logo, não apenas na nomenclatura ficaram ambas em pé de igualdade — uma vez que a própria lei denomina a decisão proferida pelo tribunal arbitral ou árbitro único de "sentença", à semelhança daquela proferida por um juiz estatal —, mas, também, quanto aos efeitos produzidos. Ademais, sendo condenatória a sentença arbitral, foi-lhe conferido o *status* de título executivo, ficando dispensada da necessidade de homologação pelo Poder Judiciário de onde foi proferida,[13] conforme se exigia antes da edição da referida lei.

É digno de nota o destaque dado pela doutrina à equiparação ora mencionada.

Na lição de Carlos Alberto Carmona:[14] "Em síntese apertada, a Lei 9.307/1996, ao regular a arbitragem no Brasil, introduziu pelo menos três novidades fundamentais que modificam radicalmente a estrutura do instituto no país: a) (...); b) estipulou que a sentença arbitral passa a ter a mesma eficácia da sentença estatal (art. 18 da Lei), de tal sorte que, sendo condenatória, constituirá título executivo judicial (art. 584, II, do Cód. Proc. Civ. Brasileiro), o que significa dizer que o laudo arbitral condenatório fica equiparado, para todos os efeitos — inclusive para fins de eventuais embargos do devedor — à sentença estatal da mesma natureza; e c) (...)."

Leciona ainda o autor: "*O legislador preferiu não utilizar na Lei de Arbitragem a expressão 'laudo arbitral', substituindo-a por 'sentença arbitral', tudo a demonstrar que pretendeu atribuir à decisão dos árbitros* eficácia plena de sentença" (grifamos).

José Maria Rossani Garcez[15] também enfatiza a referida equiparação, ao afirmar: "(...) *nossa Lei de arbitragem utiliza exclusiva e deliberadamente a expressão 'sentença arbitral'*, equiparando em tudo o laudo arbitral a uma sentença judiciária, (...)" (grifos nossos).

Também Pedro Baptista Martins[16] ressalta este aspecto da Lei 9.307/1996: "*Em outras palavras, foi assimilada pelo Judiciário a equiparação da decisão arbitral à judicial, como contido na lei de arbitragem. Trata-se de* equiparação legal *que esparrama autoridade à coisa julgada*" (grifamos).

Em consonância com a equiparação imposta por lei, é de se concluir que as sentenças arbitrais estrangeiras, a exemplo das judiciais, também devem ser homologadas pelo Supremo Tribunal Federal, em obediência ao comando constitucionalmente imposto. É esta, aliás, a opinião da doutrina mais abalizada, conforme se passará a ver.

12. Art. 31. A sentença arbitral produz, entre as partes e seus sucessores, os mesmos efeitos da sentença proferida pelos órgãos do Poder Judiciário e, sendo condenatória, constitui título executivo.

13. Arts. 18 e 35 da Lei de Arbitragem. Assim, no caso de sentenças arbitrais estrangeiras, a Lei de 1996 dispensou a necessidade de dupla homologação — pelo Poder Judiciário do Estado onde foi prolatada e pelo Supremo Tribunal Federal, sendo exigida apenas esta última. Vale notar, porém, que nos casos em que no próprio Estado em que o laudo foi proferido se exige sua homologação pelo Poder Judiciário, continua a ser necessária a dupla homologação. Nas doutas palavras de José Carlos Barbosa Moreira "(...) não se concebe que o Brasil 'importe' uma eficácia ainda inexistente: não se importa o nada" (ob. cit., p. 72).

14. Carlos Alberto Carmona, "A arbitragem no Brasil no terceiro ano de vigência da Lei 9.307/1996", in Adriana Noemi Pucci, *Aspectos Atuais da Arbitragem*, pp. 45-46.

15. José Maria Rossani Garcez, "A arbitragem internacional e a Lei Brasileira de Arbitragem — Lei 9.307/1996", in Adriana Noemi Pucci, *Aspectos Atuais da Arbitragem*, p. 198.

16. Pedro A. Baptista Martins, "A arbitragem na visão do Poder Judiciário", *Revista Doutrina* 11/170.

Aduz Beat Walter Rechsteiner:[17]

"Como regra geral, os laudos arbitrais estrangeiros são suscetíveis de homologação pelo Supremo Tribunal Federal (STF).

"Desta forma estão equiparados às sentenças estrangeiras, com a conseqüência de que aplicam-se à homologação do laudo arbitral estrangeiro, no que couberem, todas as regras aplicadas às sentenças estrangeiras em geral."

Pedro Baptista Martins destaca o fundamento constitucional da homologação dos laudos arbitrais estrangeiros:[18] "*Com a sistemática implantada pela lei de arbitragem, tanto a homologação de sentença arbitral nacional, quanto aquela proferida no exterior independem da chancela estatal ordinária, exceto, nesta última hipótese, no que tange ao* exequatur *pelo STF, imposto* constitucionalmente *como medida imperativa para que produza efeitos no país*" (grifos nossos).

Ao prosseguir o exame das importantes inovações introduzidas pela Lei de Arbitragem, Carmona[19] sublinha o mandamento expresso de que cabe ao STF homologar sentenças arbitrais estrangeiras: "(...) *o art. 3º da Lei de Arbitragem interpreta de modo conveniente o art. 102, I, 'h' da Constituição Federal, que outorga à Suprema Corte a competência para a 'homologação das sentenças estrangeiras'* (sejam elas estatais ou arbitrais)" (grifos nossos).

Carreira Alvim[20] também acentua o caráter constitucional da imposição de se homologarem as sentenças arbitrais estrangeiras, ao asseverar:

"*A sentença estrangeira sempre foi reconhecida pela ordem jurídica interna, dependendo a sua eficácia de homologação do Supremo Tribunal Federal, conforme art. 102, inciso I, alínea 'h', da Constituição Federal.*

"*Esse reconhecimento e exeqüibilidade, agora expresso na Lei 9.307/1996, tem, pois,* fundamento constitucional, *como sempre teve nas anteriores Constituições brasileiras, explicitando, apenas, a nova lei, que a sentença arbitral estrangeira será reconhecida ou executada no Brasil de conformidade com os tratados internacionais com eficácia no ordenamento interno e, na sua ausência, estritamente de acordo com os temos da própria lei*" (grifamos).

E prossegue o referido autor, ao comentar o art. 35 da Lei de Arbitragem: "*Esse artigo repete preceito constitucional, expresso no art. 102, inciso I, alínea 'h', da Constituição, nos termos do qual compete ao Supremo Tribunal Federal processar e julgar, originariamente, 'a homologação das sentenças estrangeiras', sem distinguir, para esse fim, entre sentença* judicial *ou sentença arbitral*" (grifos no original).

Entretanto, a necessidade de homologação das sentenças arbitrais estrangeiras — corolário da equiparação introduzida pela Lei de Arbitragem entre as sentenças arbitral e a judicial — não é reconhecida pela totalidade dos autores pátrios, apesar de seu fundamento constitucional. De fato, José Carlos de Magalhães não reconhece a equiparação — estabelecida pela própria lei, repise-se — entre a sentença judicial e a arbitral. Daí não ser imperativo constitucional, segundo o referido autor, a homologação de sentenças arbitrais estrangeiras. Em sua opinião, ademais, os laudos arbitrais são atos privados, desprovidos de autoridade pública, e, como tais, não são passíveis de homologação pelo Poder Judiciário, como ocorre com atos que também se revestem de natureza privada, tais como os contratos. Assim se manifesta o autor,[21] *in verbis*:

"*Se o laudo arbitral é ato privado, decorrente da vontade das partes, destinado a dirimir controvérsia sobre relação contratual de natureza patrimonial — e,*

17. Beat Walter Rechsteiner, *Arbitragem Privada Internacional: Teoria e Prática*, 2ª ed., p. 133.

18. Ob. cit., p. 170.

19. Ob. cit., p. 46.

20. J. E. Carreira Alvim, *Comentários a Lei de Arbitragem*, pp. 165-167.

21. José Carlos de Magalhães, "Reconhecimento e execução de laudos arbitrais estrangeiros", *RT* 740/116-127, jun. 1997, pp. 118-121.

portanto, de caráter disponível — não há intervenção de autoridade pública estrangeira que justifique sua prévia aceitação pelo órgão judiciário brasileiro. Os contratos celebrados no exterior e exeqüíveis no Brasil não necessitam ser apresentados a qualquer Poder Público do país, para serem reconhecidos ou para que sua execução ou cumprimento pela parte aqui domiciliada seja autorizado. (...) E não há diferença da natureza privada entre um contrato privado celebrado no exterior e um laudo arbitral, elaborado também no exterior, por árbitro que resolva uma controvérsia sobre esse mesmo contrato. Tanto o laudo como o contrato são instrumentos que decorrem de uma relação privada que tem por objeto um direito de caráter patrimonial privado e, assim, disponível.

"(...) *Nem se diga que a norma do art. 35 da Lei 9.307/1996, ao exigir a homologação do laudo arbitral estrangeiro pelo STF, estaria suportada pela norma da alínea* h *do art. 102 da Constituição, pois esta dispõe que compete àquela Corte, originariamente 'a homologação das sentenças estrangeiras e a concessão do* exequatur *às cartas rogatórias, que podem ser conferidas pelo regimento interno a seu Presidente'. A sentença estrangeira a que se refere o dispositivo constitucional significa, como não poderia deixar de ser, sentença* judicial *estrangeira, provinda de Estado estrangeiro e, portanto, dotada de caráter oficial, como diz Fragistas, a que representa um ersatz. O laudo arbitral, não obstante a nomenclatura utilizada pela Lei 9.307/1996, não é sentença judicial e o artifício utilizado de assim denominá-lo não lhe altera o caráter de ato privado, desprovido de autoridade pública, a justificar a intervenção do Supremo Tribunal Federal, já tão sobrecarregado de processos, que lhe impedem o cumprimento de sua missão maior, que é a de interpretar a Constituição*" (grifos no original).

O autor continua expressando sua perplexidade face à homologação, imposta pela Lei de Arbitragem, do laudo arbitral estrangeiro — ato privado que é, em sua opinião. E acrescenta que não é razoável exigir tal homologação do laudo estrangeiro — apenas em função do local onde foi proferido — e não exigi-la em relação ao laudo prolatado no Brasil: "*Mais ainda, diz a lei que, para ser reconhecida* (sic) *ou executada* (sic) *no Brasil, o laudo arbitral emitido em outro país depende de homologação pelo STF, não prevendo a homologação judicial do laudo proferido no Brasil. Parece difícil explicar a diversidade de tratamento, em função do local onde o laudo foi produzido, considerando-se que, em ambos os casos, trata-se de ato de* natureza privada" (grifamos).

Por fim, cumpre tecer um último comentário acerca da equiparação entre a sentença judicial e a arbitral, reconhecida quase que unanimemente pela doutrina pátria, conforme citado. É que não se pode ir além e extrapolar os limites da equiparação estabelecida por lei, conferindo mais efeitos ao laudo arbitral que à sentença judicial. Caso seja realmente dispensado o procedimento homologatório dos laudos arbitrais estrangeiros e, por outro lado, seja mantida a necessidade de homologação das sentenças judiciais, advirá a esdrúxula situação em que as sentenças proferidas pelo Poder Judiciário de um Estado — após terem sido eventualmente submetidas a todos os recursos cabíveis de acordo com a *lex fori* e terem necessariamente transitado em julgado — teriam de passar pelo crivo do STF, enquanto os laudos arbitrais estrangeiros seriam reconhecidos e executados, independentemente de homologação. Tal cenário poderia gerar até mesmo graves discussões e inegáveis problemas de ordem pública.

4. A Convenção de Nova Iorque como paradigma da Lei de Arbitragem brasileira, inclusive quanto aos requisitos para o reconhecimento dos laudos arbitrais estrangeiros

Uma breve análise comparativa entre os requisitos para o reconhecimento de laudos arbitrais estrangeiros impostos pela Lei de Arbitragem (arts. 38 e 39), de um lado, e pela Convenção de Nova Iorque (art. V), de outro, conduz facilmente à percepção de que são bastante semelhantes. Aliás, tal constatação é amplamente proclamada pela doutrina pátria, que reconhece, ademais, que a Convenção de Nova Iorque serviu de inspiração para o diploma brasileiro sobre arbitragem.[22]

De fato, vários são os autores que apontam a nítida semelhança entre os dispositivos da Lei 9.307/1996 e os da Convenção de Nova Iorque aplicáveis à matéria.

Cite-se, primeiramente, Beat Walter Rechsteiner:[23] "*A análise de todas as normas da Lei 9.307/1996, de 23.09.1996, referentes ao reconhecimento e à execução de sentenças arbitrais estrangeiras, revela, porém, uma* influência muito forte da Convenção de Nova Iorque, *de 10.6.1958*" (grifamos).

O autor é extremamente elucidativo, ao afirmar:[24] "*Embora o Brasil não tenha ratificado ainda a Convenção (de Nova Iorque), a Lei 9.307/1996, de 23.9.1996, adota basicamente seus princípios. A assim ser, o reconhecimento e a execução da sentença arbitral estrangeira somente poderá ser negado quando a parte, contra a qual o laudo for executado, demonstrar que*: (transcrição dos arts. 38 e 39 da Lei de Arbitragem)".

Da observação do autor pode-se concluir que a disciplina da homologação de laudos arbitrais estrangeiros não iria passar, em nosso País, por profundas alterações, quando da promulgação da Convenção de Nova Iorque.

Também merece destaque a lição de Carlos Alberto Carmona:[25] "*Muito embora o Brasil não tenha ratificado, por questões puramente políticas, o importante tratado internacional, convém ressaltar que a Lei de Arbitragem (Lei 9.307, de 23 de setembro de 1996)* praticamente ***reproduz*** (arts. 38 e 39) ***todos os casos de recusa de homologação*** aos laudos estrangeiros previstos no art. V da Convenção nova-iorquina" (grifos nossos).

Ora, uma vez que as hipóteses de recusa à homologação previstos na Lei de Arbitragem são quase idênticas àquelas da Convenção de Nova Iorque, não há que se falar em dispensa de homologação dos laudos estrangeiros quando a referida Convenção foi promulgada. Até porque a Convenção mencionada não dispensa, de plano, a homologação dos laudos arbitrais estrangeiros.

Sobre a questão, também se debruça José Maria Rossani Garcez:[26] "*Ainda que o Brasil não tenha firmado até agora a Convenção de Nova Iorque, ainda, repetimos, que esteja prestes a fazê-lo, a Lei de Arbitragem, em seus arts. 38 e 39, prevê, de forma quase idêntica à que se encontra prevista no art. V, 1 e 2 da mencionada Convenção,* ***as hipóteses nas quais pode vir a ser negada, no Brasil, a homologação*** para o reconhecimento ou execução de sentença arbitral estrangeira. *Com efeito, as hipóteses previstas no art. V, 1 e 2 da referida Convenção* pouco ou nada diferem daquelas previstas nos arts. 38 e 39 da Lei brasileira" (grifamos).

Tal opinião corrobora a idéia acima exposta de que, com a promulgação da Convenção de Nova Iorque, pouco ou nada deveria mudar em nosso ordenamento jurídico quanto à homologação de laudos arbi-

22. "Segundo um dos autores do Anteprojeto de 1992, Pedro Baptista Martins, as normas dos arts. 38 e 39 da Lei 9.307/1996 visaram a suprir lacuna do direito brasileiro, eis que nosso país, à época, não havia ainda ratificado a Convenção do Panamá, muito menos a de Nova Iorque" (Lauro da Gama Souza Jr., "Reconhecimento e execução de sentenças arbitrais estrangeiras", in Paulo Borba Casella, *Arbitragem — Lei Brasileira e Praxe Internacional*, 2ª ed., p. 415).

23. Ob. cit., p. 143.

24. Ob. cit., pp. 140-141.

25. Ob. cit., p. 46.

26. José Maria Rossani Garcez, *Técnicas de Negociação, Resolução Alternativa de Conflitos: ADRS, Mediação, Conciliação e Arbitragem*, p. 150.

trais estrangeiros — justamente porque a Lei de Arbitragem já era uma reprodução muito similar à Convenção mencionada, quanto a este aspecto.

Lauro da Gama e Souza Jr. também invoca a flagrante semelhança entre a Lei de Arbitragem brasileira e a Convenção de 1958 nesta matéria,[27] *in verbis*: "*Tendo-se em conta que os incisos I a VI do referido art. 38 reproduzem, substancialmente, o art. V da Convenção de Nova Iorque, de 1958*, (...)".

Cumpre observar, por oportuno, que há quem considere a Lei de Arbitragem até mesmo mais flexível e inovadora que a Convenção de Nova Iorque, no que tange ao procedimento aplicável à homologação dos laudos estrangeiros. Com efeito, assevera Clávio de Melo Valença Filho:[28] "*Não há dúvidas de que a redação do art. 38 da Lei de Arbitragem prescreve um regime homologatório* mais moderno e liberal do que aquele previsto pela Convenção de Nova Iorque de 1958. *Por exemplo, a lei brasileira não prevê a possibilidade de recusar-se a homologação à sentença arbitral anulada no país cujo direito regeu a instância arbitral, o que é possível de acordo com o texto convencional*" (grifos nossos).

Cumpre fazer menção a um outro aspecto fundamental da Convenção. Em nenhum de seus dispositivos, a Convenção de Nova Iorque prevê como se dará a recusa ao reconhecimento do laudo, nem como será o processo de homologação; ela se limita meramente a estabelecer as hipóteses em que o reconhecimento do laudo pode ser negado. Logo, fica a critério do Estado ratificante estabelecer como será o processo de reconhecimento. É de se concluir, pois, que a Convenção não afasta, de plano, a necessidade de homologação do laudo arbitral estrangeiro.

Desta opinião compartilha Beat Walter Rechsteiner,[29] que aduz: "A Convenção de Nova Iorque de 10.*6.1958 não se pronunciou com relação ao procedimento a ser adotado quando do reconhecimento e da execução da sentença arbitral estrangeira pelas autoridades judiciais nacionais. A Lei 9.307/1996, de 23.9.1996, neste sentido segue a tradição brasileira, estabelecendo ser competente, unicamente, o Supremo Tribunal Federal para a homologação de sentenças arbitrais estrangeiras, aplicando-se para isso, no que couber, as regras processuais gerais*".

Portanto, conforme se afirmou anteriormente, a Convenção de Nova Iorque não estipulou como se daria o reconhecimento da sentença arbitral alienígena. Ao revés, a Convenção outorgou aos Estados-membros a liberdade de disporem sobre o procedimento a ser empregado para o reconhecimento dos laudos arbitrais estrangeiros. Não parece ser possível afirmar, em absoluto, que ela aboliu ou dispensou o procedimento homologatório.

Ao comentar o art. III da Convenção de Nova Iorque, José Alberto Bucheb[30] acentua que cada Estado contratante reconhecerá a autoridade da sentença arbitral e permitirá a sua execução conforme as regras procedimentais obedecidas dentro do território em que o laudo é invocado. Logo, é de se concluir que cada Estado irá aplicar as hipóteses de recusa de homologação de laudos estrangeiros, em consonância com suas próprias regras procedimentais.

Todavia, o entendimento esposado por tantos autores não é unânime em nossa doutrina. Em artigo publicado previamente à entrada em vigor da Convenção de Nova Iorque no Brasil, Eduardo Grebler[31] se po-

27. Ob. cit., p. 416.

28. Clávio de Melo Valença Filho, "Ratificação da Convenção sobre o Reconhecimento e a Execução de Sentenças Arbitrais Estrangeiras (Nova Iorque, 1958)", *Revista de Direito Bancário, do Mercado de Capitais e da Arbitragem* 16/389, abr.-jun. 2002.

29. Ob. cit., p. 142.

30. José Alberto Bucheb, *A Arbitragem Internacional nos Contratos da Indústria do Petróleo*, p. 74.

31. Eduardo Grebler, "A lei-modelo sobre arbitragem comercial internacional da Uncitral em face

siciona enfaticamente a favor da dispensa de homologação de laudos arbitrais estrangeiros no Brasil, em virtude da promulgação da Convenção de Nova Iorque:

"(...) *no sistema ainda vigente, a sentença arbitral não será de imediato executável no Brasil, carecendo ser antes homologada pelo Supremo Tribunal Federal, observadas as regras procedimentais previstas na própria Lei de Arbitragem, no CPC e no Regimento Interno do STF.*

"*Vale notar que o sistema vigente está em vias de sofrer significativa alteração, pois se encontram em curso providências no sentido da adesão, pelo Brasil, à Convenção de Nova Iorque sobre o Reconhecimento e Execução de Laudos Arbitrais Estrangeiros.* Efetivando-se tal adesão, deixará de ser aplicável a norma da Lei de Arbitragem que requer a prévia homologação da sentença arbitral estrangeira, a qual passará, então, a ser diretamente executável no território nacional. *Enquanto tal não ocorre, contudo, o procedimento homologatório é indispensável,* (...)" (grifamos).

Na esteira do entendimento esposado por José Carlos de Magalhães e Eduardo Grebler, Marcelo Andrade Féres[32] se perfilha à corrente que defende a dispensa de homologação de laudos arbitrais estrangeiros, após a promulgação da Convenção de Nova Iorque pelo Brasil. Conclui o autor: "*Portanto, resta patente que o caminho a ser trilhado é do reconhecimento incondicional dos laudos arbitrais estrangeiros*".

Assevera ainda o referido autor: "*Entretanto, há um* nítido descompasso entre o teor da Lei 9.307/1996 e a Convenção de Nova Iorque sobre Reconhecimento e Execução de Sentenças Arbitrais Estrangeiras, firmada em 10 de julho (*sic*) de 1958. *Por força desse tratado, que conta hoje com a adesão de cerca de 110 Estados, dentre os quais não está o Brasil, os signatários comprometem-se, mutuamente, a reconhecer e executar os laudos estrangeiros,* independentemente de '*exequatur*'" (grifamos).

Com a devida vênia ao referido autor, a Convenção de Nova Iorque não parece ter nenhum artigo que determine, *ipso facto*, o reconhecimento dos laudos arbitrais estrangeiros independentemente de *exequatur*, tanto que, em alguns Estados-membros da Convenção, o procedimento homologatório é condição *sine qua non* para o reconhecimento e execução dos laudos arbitrais estrangeiros, conforme se verá mais adiante.

Além disso, ao reconhecer um supostamente "nítido descompasso" entre nossa lei interna sobre arbitragem e a referida Convenção, o autor assume posição diametralmente oposta à adotada pela significativa maioria da doutrina pátria, que quase unanimemente proclama a flagrante semelhança entre os dois diplomas, inclusive quanto aos casos de recusa de homologação dos laudos arbitrais estrangeiros, conforme exposto anteriormente.

Cumpre tecer um último comentário acerca dos arts. 38 e 39 da Lei de Arbitragem. De acordo com o art. 34 da referida lei, os tratados internacionais em matéria de arbitragem prevalecem sobre a legislação interna, abrindo-se uma clara exceção à doutrina do monismo moderado, adotada pela jurisprudência brasileira, segundo o Prof. Jacob Dolinger.[33] Logo, a Conven-

da Lei Brasileira de Arbitragem", *RDM* 116/108-109, out.-dez. 1999.

32. Marcelo Andrade Féres, "Repensando as condições de reconhecimento e execução de sentenças arbitrais estrangeiras no Brasil", *Jus Navigandi*, Teresina, a. 5, n. 50, abr. 2001, extraído do *site* <http://www1.jus.com.br/doutrina/texto.asp?id=1989>, consultado em 21.11.2002.

33. De acordo com a vertente moderada do monismo, o último ato normativo — seja lei interna ou tratado internacional —, em regra, prevalece sobre os menos recente; é o brocardo latino *lex posterior derogat priori*, ou *later in time*, dos americanos. Para uma análise profunda da aplicação do monismo moderado no Brasil, v. Jacob Dolinger, "As soluções da Suprema Corte brasileira para os conflitos entre o direito interno e o direito internacional: um exercício de ecletismo", *Revista Forense* 334/71-107, abr.-jun. 1996.

ção de Nova Iorque encontra-se em posição de primazia sobre a Lei de Arbitragem, tendo sido derrogados os arts. 38 e 39 da Lei 9.307/1996 pela referida Convenção, não sendo mais vigentes no Brasil. Devem ser observados, portanto, os requisitos previstos pela Convenção de Nova Iorque, para o reconhecimento dos laudos arbitrais estrangeiros — os quais muito se assemelham aos enumerados nos arts. 38 e 39 da Lei 9.307/1996, conforme exposto.

Por fim, cumpre invocar uma importante observação de José Maria Rossani Garcez:[34]

"(...), *seria inconcebível a executoriedade das sentenças arbitrais estrangeiras nos diversos sistemas legais, sem alguma forma de revisão do conteúdo e da forma em que tais sentenças foram proferidas.*

"*O momento natural para que esta revisão ou deliberação ocorra é após a sentença ser proferida e em que se tenha de submetê-la à legislação interna do país, de modo que nele ela possa ser excetuada. A existência do controle judiciário é um corolário da política existente nos sistemas legais que são favoráveis à arbitragem internacional, porque neles, por via reflexa, é aplicado o princípio da 'competência/competência', segundo o qual as cortes são impedidas de interferir durante o processo arbitral, reconhecendo-se aos árbitros a competência para verificarem e decidirem sobre questões prejudicais durante o processo, abrindo-se, quando da homologação das sentenças estrangeiras, a oportunidade para que o Judiciário possa objetar ou rever formalmente, em certas e especialíssimas situações, as decisões dos árbitros.*"

Logo, tendo em vista que os requisitos previstos nos arts. 38 e 39 são muito similares aos elencados no art. V da Convenção de Nova Iorque e que a referida Convenção não estipulou como se daria o reconhecimento dos laudos arbitrais estrangeiros — cabendo a cada Estado-parte dispor sobre o procedimento para o reconhecimento dos laudos arbitrais estrangeiros, conforme já mencionado — e que, no Brasil, o procedimento de homologação das sentenças alienígenas tem assento constitucional, é de se concluir que a Convenção de Nova Iorque não deve introduzir alterações significativas no regime homologatório adotado no Brasil antes de sua promulgação.

5. *O art. III da Convenção de Nova Iorque*

Conforme relatado na introdução deste estudo, o cerne da controvérsia acerca da eventual dispensa da homologação de laudos arbitrais estrangeiros, supostamente introduzida pela Convenção de Nova Iorque, reside no art. III da referida Convenção. Não é demais transcrever mais uma vez a tradução oficial do referido artigo para o vernáculo:[35] "Art. III. (...) *Para fins de reconhecimento ou de execução das sentenças arbitrais às quais a presente Convenção se aplica,* não serão impostas condições substancialmente mais onerosas ou taxas ou cobranças mais altas do que as impostas para o reconhecimento ou a execução de sentenças arbitrais domésticas" (grifamos).

Num primeiro exame, a expressão "condições substancialmente mais onerosas", de fato, pode conduzir ao raciocínio de que o procedimento homologatório se insere em tais condições, constituindo um óbice, uma dificuldade a mais imposta unicamente à sentença arbitral alienígena e não à nacional.

Contudo, o referido dispositivo prossegue, fazendo menção a "*taxas ou cobranças mais altas* do que as impostas para o

34. José Maria Rossani Garcez, "Homologação de sentenças arbitrais estrangeiras — Direito brasileiro e comparado", in Pedro Baptista Martins e José Maria Rossani Garcez (coords.), *Reflexões sobre Arbitragem*, p. 455.

35. A referida versão para o português foi transcrita do Decreto 4.311, de 23.7.2002.

reconhecimento ou a execução de sentenças arbitrais domésticas", remetendo sempre uma a idéia de pecúnia, numerário, valor financeiro, dinheiro. A própria expressão *onerosas* tem como principal acepção aquela relativa a ônus, despesas, custos.

Recorrendo-se à versão oficial em inglês do art. III,[36] não há dúvida de que os termos utilizados (*onerous*, *fees* e *charges*) conduzem sempre à noção de pecúnia, de numerário, não se tratando — como poderia ter ocorrido — de uma tradução inexata para o vernáculo. Vejamos:

"Article III. Each Contracting State shall recognize arbitral awards as binding and enforce them in accordance with the rules of procedure of the territory where the award is relied upon, under the conditions laid down in the following articles. There shall not be imposed substantially more *onerous* conditions or higher *fees* or *charges* on the recognition or enforcement of arbitral awards to which this Convention applies than are imposed on the recognition or enforcement of domestic arbitral awards" (grifamos).

É certo que o acompanhamento de um processo no Distrito Federal pode significar para a parte interessada algum dispêndio financeiro, tendo em vista que é necessário recolher as custas processuais cabíveis, bem como contratar advogados naquela cidade.

Tampouco restam dúvidas de que o Supremo Tribunal Federal, competente para apreciar as ações de homologação de sentenças estrangeiras, está sobrecarregado com o volume de processos de diversos tipos que são de sua competência — aí se incluindo as ações de homologação de sentença estrangeira —, o que acarreta uma certa morosidade no julgamento de tais processos. E, muitas vezes, a lentidão da Justiça implica em maiores montantes despendidos pelo autor ou partes do processo.

Entretanto, é de se notar que tais conseqüências — de caráter pecuniário — são meros "efeitos colaterais" do procedimento homologatório. Afinal, a ação de homologação de sentenças estrangeiras, no Brasil, exige um recolhimento de custas num valor não tão significativo, com o qual não possa arcar um litigante que tomou parte em uma arbitragem internacional.[37] Tal montante não pode ser considerado, *data maxima venia*, uma condição *substancialmente* onerosa. O mesmo certamente pode ser dito quanto às demais despesas advindas do processo, citadas anteriormente.

Temos dificuldade em aceitar que, caso a Convenção realmente tencionasse eliminar o procedimento homologatório — bem entendido, uma ação judicial visando à homologação da sentença arbitral estrangeira — teria sido feita simples menção à obscura expressão "condições substancialmente mais onerosas", a qual não remete necessariamente à idéia de supressão de requisitos processuais, procedimentais. Até porque o reconhecimento de sentenças estrangeiras é expressão da soberania de um Estado, devendo a dispensa de tal procedimento ser afastada, de forma *expressa*, na Convenção a que tal Estado aderiu.[38]

A nosso ver, tendo em vista que o procedimento homologatório consiste num requisito processual — e não, pecuniário — para o reconhecimento das sentenças arbitrais estrangeiras, não se pode depreender da redação do art. III que a Convenção de Nova Iorque impõe aos Estados-partes, *ipso facto*, a eliminação do procedimento homologatório. Ainda mais porque o reconheci-

36. São também oficiais as versões em chinês, francês, russo e espanhol (art. XVI, 1 da Convenção).

37. À época em que este artigo foi redigido, fevereiro de 2003, o valor máximo das custas a serem recolhidas para a ação de homologação de sentenças estrangeiras era de R$ 83,33 (oitenta e três reais e trinta e três centavos).

38. V. J. E. Carreira Alvim, ob. cit., p. 168. "Registram Nelson Nery Júnior e Maria Andrade Nery que *a homologação da sentença estrangeira é atividade privativa do Supremo Tribunal Federal*, expressão de soberania do Estado brasileiro nas relações de direito internacional *(art. 102, I, 'h')* (...)" (grifamos).

mento de sentenças estrangeiras — evidente manifestação do exercício da soberania do Estado —, deve ser suprimido de forma expressa e não, por via "oblíqua", mediante tão vaga e imprecisa expressão, como é o caso de "condições substancialmente mais onerosas".

A conclusão acima é corroborada por um breve exame de legislação comparada, por meio do qual se verifica que Estados-membros da Convenção de Nova Iorque continuam a exigir um procedimento autônomo para o reconhecimento dos laudos arbitrais estrangeiros, conforme se verá a seguir.

6. Breve análise de legislação comparada

Neste sucinto exame, buscou-se averiguar quais dos países analisados exigiam um procedimento autônomo — distinto e independente da ação de execução — para o reconhecimento dos laudos arbitrais estrangeiros.

Primeiramente, cumpre mencionar o caso do Uruguai, parceiro do Brasil no Mercosul e Estado-membro da Convenção de Nova Iorque desde 28 de junho de 1983, ou seja, há quase vinte anos.

Naquele país, o laudo arbitral estrangeiro deve primeiramente obter o *exequatur* perante a *Suprema Corte de Justicia*, de acordo com o art. 541.2 do *Código General del Proceso*, e, somente após ter sido cumprida esta etapa, poderá ser executado pelo juiz competente para o processo de execução (art. 541.3 do *Código General del Proceso*).

Deduz-se, pois, que a lei processual interna uruguaia impõe o procedimento de *exequatur* dos laudos arbitrais estrangeiros perante a *Suprema Corte de Justicia* previamente à sua execução,[39] a qual tramita perante o juiz competente.

Digno de nota também é o caso do México, país em que a Convenção de Nova Iorque entrou em vigor em 13 de julho de 1971.

Em 1988, foram introduzidas significativas alterações no *Código de Procedimiento Civil* (arts. 569 e ss.), que modificaram o procedimento aplicável ao reconhecimento e execução de sentenças judiciais e laudos arbitrais estrangeiros.[40] Em 1993, os referidos dispositivos sofreram novas modificações, em virtude da reforma do *Código de Comercio*, que dispõe sobre a arbitragem comercial.

Com fulcro no art. 569 do *Código de Procedimiento Civil*, os laudos arbitrais estrangeiros não-comerciais estão sujeitos à mesma disciplina aplicável ao reconhecimento das sentenças judiciais: um procedimento homologatório, conhecido como *exequatur* ou *homologación*, em que diversas condições devem ser observadas. Cumpre notar que tal procedimento autônomo de homologação somente é cabível no caso de decisões de cunho executivo, sendo distinto e independente da ação de execução a ser ajuizada posteriormente. Ademais, o *exequatur* ou *homologación* é requerido apenas para os laudos arbitrais não-comerciais alienígenas, não sendo necessário para os laudos nacionais desta natureza.

As condições para a concessão do *exequatur* estão previstas no art. 571 do *Código de Procedimiento Civil* e são mais rigorosas que aquelas impostas pela Lei Brasileira de Arbitragem. Peculiar é o requisito da reciprocidade negativa, mediante o qual deve ser negado o reconhecimento da decisão no México se for provado que ela não seria executada no país em que foi proferida.

De acordo com o *Código de Comercio*, os laudos arbitrais comerciais, por seu

39. Para um exame mais detalhado, v. Adriana Noemi Pucci, "A arbitragem nos países do Mercosul", *RT* 738/41-69, abr. 1997.

40. Para uma análise minuciosa, v. Jorge A. Vargas, "Enforcement of judgments in Mexico: the 1988 Rules of the Federal Code of Civil Procedure", *Northwester Journal of International Law & Business* 14/376-412, 1994.

turno — sejam nacionais ou estrangeiros —, somente se revestem de força executiva se submetidos ao *exequatur* do Poder Judiciário mexicano. Segundo o relatório do NAFTA *Advisory Committee on Private Commercial Disputes*:

"*Enforcement of foreign commercial arbitral awards in Mexico has been made substantially easier than the enforcement of foreign court judgments. Basically, enforcement of foreign commercial awards is subject to treaties and conventions to which Mexico is a party, supplemented by the provisions of the Commercial Code or applicable rules in the arbitration agreement.*

"*However, an arbitral award does not have executory force until clothed with the* fiat execulio *of a court as a result of an exequatur proceeding. For domestic arbitration, Article 1.422 of the Commercial Code confers exclusive jurisdiction on the federal or local court of first instance at the arbitral situs. For foreign awards, the court with jurisdiction over recognition and enforcement is the federal or local court of first instance of the domicile of the losing party, or in the absence thereof, of the location of the party's assets.*"[41]

Portanto, embora o México seja Estado-membro da Convenção de Nova Iorque — há mais de três décadas —, vige naquele país a necessidade de homologação dos laudos arbitrais estrangeiros de caráter não-comercial revestidos de caráter executivo, com fulcro nos arts. 569 e ss. do *Código de Procedimiento Civil*, o que não é exigido para os laudos nacionais similares.

Logo, basta uma singela análise de legislação comparada, para se comprovar que o fato de o Estado ter promulgado a Convenção de Nova Iorque não significa necessariamente que este Estado não possa estabelecer um procedimento de homologação de laudos arbitrais estrangeiros. Daí se deduz que a Convenção de Nova Iorque não impõe a dispensa de homologação das sentenças arbitrais alienígenas. Portanto, deve ser repelida a idéia de que, com a entrada em vigor da Convenção de Nova Iorque em um Estado, é afastada, unicamente em função dos termos da própria Convenção, a necessidade de homologação dos laudos arbitrais estrangeiros.

7. *A posição adotada pelo STF quanto à homologação de decisões estrangeiras não-judiciais*

Antes de concluirmos o presente estudo, cumpre tecer sucintas considerações acerca da já consolidada postura do Supremo Tribunal Federal acerca da homologação das decisões não-judiciais alienígenas.

O STF já se pronunciou reiteradamente no sentido de que são homologáveis decisões proferidas por órgãos não-judiciais que sejam competentes para prolatá-las, de acordo com o ordenamento jurídico de origem. De fato, têm sido homologadas pelo Supremo decisões oriundas de tribunais religiosos (tais como os rabínicos e árabes),[42] e decisões prolatadas por autoridades administrativas (é o caso dos divórcios decretados pelo Rei da Dinamarca e aqueles registrados perante o prefeito, no Japão).[43-44]

Nas doutas palavras de José Carlos Barbosa Moreira:[45] "(t)*êm se equiparado às decisões judiciais estrangeiras*, para fins de homologação, *as proferidas por órgãos estranhos ao Poder Judiciário, mas no exercício de função judicante*" (grifamos).

41. NAFTA Advisory Committee on Private Commercial Disputes. *Enforcing Agreements to Arbitrate and Arbitral Awards in the NAFTA Countries*. Extraído do *site* <http//www.osec.doc.gov>, consultado em 21.2.2003.

42. V. SE 2.366, Espanha; SE 2.419, Israel; SE 3.135, Líbano; e Sentença Estrangeira Contestada 5.529-6, República Árabe da Síria.

43. V. SE 1.943, Dinamarca; SE 1.282, Noruega e SE 1.312, Japão.

44. Para um exame mais profundo, v. Carmem Tiburcio, "A arbitragem no Direito brasileiro", *Revista Forense* 351/49-63, jul.-set. 2000; em especial pp. 55-57.

45. Ob. cit., p. 65.

Deste modo, não cabe argumentar que os laudos arbitrais estrangeiros não são passíveis de homologação pelo STF, em virtude de não se tratarem de decisões judiciais, às quais estaria exclusivamente adstrito o procedimento homologatório. Já de longa data, o STF vem homologando decisões que não foram proferidas por juízes estatais, tendo sido prolatadas por outras autoridades, reconhecidas como competentes para proferi-las, de acordo com o ordenamento jurídico de origem. Se tais decisões são homologáveis, muito mais se justifica a homologação das sentenças arbitrais alienígenas, ainda mais em face da equiparação introduzida pela Lei de Arbitragem.

8. Conclusão

Em face de todo o exposto, permitimo-nos aduzir as seguintes conclusões:

(i) A homologação das sentenças estrangeiras (judiciais ou arbitrais) consiste em imposição constitucional, tendo em vista o art. 102, I, *h*, da Constituição Federal, cuja redação abrange "as" sentenças estrangeiras, remetendo à idéia de que todas devem ser homologadas. Ora, tendo em vista que a Lei 9.307/1996 equiparou as sentenças judiciais e arbitrais *não somente na nomenclatura*, mas também em seus *efeitos*, as sentenças arbitrais também se incluem no imperativo constitucional. Aduza-se que a doutrina pátria reconhece quase unanimemente que a homologação das sentenças estrangeiras tem assento constitucional.

(ii) Conforme já mencionado, a Lei 9.307/1996 equiparou as sentenças judicial e arbitral, não só na nomenclatura, mas também em seus efeitos. Porém, não se pode ir além e ultrapassar os limites estabelecidos por lei, outorgando mais efeitos ao laudo arbitral que à própria sentença judicial. Parece atentar contra a ordem pública exigir-se a homologação de sentenças judiciais estrangeiras — que foram eventualmente submetidas a todos os recursos cabíveis de acordo com a *lex fori* e necessariamente transitaram em julgado — e, por outro lado, dispensar da apreciação do STF os laudos arbitrais alienígenas, os quais seriam reconhecidos e executados, independentemente de homologação.

(iii) Os requisitos para o reconhecimento dos laudos arbitrais estrangeiros elencados nos arts. 38 e 39 da Lei de Arbitragem Brasileira são muito semelhantes aos previstos no art. V da Convenção de Nova Iorque, o que permite concluir que, uma vez que a referida Convenção ingressou em nosso ordenamento jurídico, não há que se falar em profundas alterações no regime homologatório brasileiro e, muito menos, em supressão da necessidade de homologação das sentenças arbitrais estrangeiras. Aduza-se que a Convenção de Nova Iorque outorgou aos Estados a possibilidade de disporem livremente sobre o procedimento a ser adotado para o reconhecimento dos laudos arbitrais estrangeiros — sendo que o procedimento homologatório, no Brasil, é imposto pela Constituição Federal.

(iv) A expressão "condições substancialmente mais onerosas", enunciada no art. 3º da Convenção de Nova Iorque, não necessariamente leva ao entendimento de que aí se inclui a ação de homologação, que consiste em condição processual. Ainda mais porque o artigo prossegue, se referindo a "taxas ou cobranças mais altas" sempre numa referência a pecúnia, numa aparente tentativa de evitar custos maiores para os laudos arbitrais estrangeiros do que os aplicáveis aos laudos domésticos. É de se duvidar se realmente o procedimento homologatório pode ser necessariamente enquadrado entre as "condições substancialmente mais onerosas", que a Convenção busca evitar. Caso a Convenção realmente pretendesse impedir um procedimento judicial autônomo de homologação, deveria ter sido mais explícita e específica, não se referindo vagamente a "condições mais onerosas". Até porque o reconhecimento de sentenças estrangeiras é expressão da soberania de um Estado, devendo a dispensa de tal procedimento ser expressamente afastada na Convenção a que tal Estado aderiu.

(v) Um breve exame de legislação comparada já demonstra que alguns Estados-membros da Convenção de Nova Iorque adotam um procedimento autônomo para a homologação dos laudos arbitrais estrangeiros, como é o caso do México e do Uruguai. Não se justificaria, pois, a dispensa do procedimento homologatório, no Brasil, fundada exclusivamente na promulgação da Convenção de Nova Iorque.

(vi) A jurisprudência do STF demonstra que nossa Corte Constitucional vem homologando decisões de tribunais religiosos e autoridades administrativas — não-judiciais, portanto. Não se justificaria a dispensa de homologação dos laudos arbitrais, apenas pelo simples fato de não se tratarem de sentenças judiciais.

Tendo em vista o exposto, a autora destas notas é de opinião de que persiste, em nosso País, a necessidade de homologação dos laudos arbitrais estrangeiros pelo Supremo Tribunal Federal, mesmo após a promulgação da Convenção de Nova Iorque pelo Brasil.

9. Bibliografia

ARAÚJO, Nadia de. "Solução de controvérsias no MERCOSUL", in CASELLA, Paulo Borba (coord.), *MERCOSUL: Integração Regional e Globalização*. Rio de Janeiro, Renovar, 2000, pp. 99-141.

ALVIM, J. E. Carreira. *Comentários a Lei de Arbitragem*. Rio de Janeiro, Lumen Juris, 2002.

BUCHEB, José Alberto. *A Arbitragem Internacional nos Contratos da Indústria do Petróleo*. Rio de Janeiro, Lumen Juris, 2002.

CARMONA, Carlos Alberto. "A arbitragem no Brasil no terceiro ano de vigência da Lei 9.307/1996", in PUCCI, Adriana Noemi, *Aspectos Atuais da Arbitragem*. Rio de Janeiro, Forense, 2001.

DOLINGER, Jacob. "As soluções da Suprema Corte brasileira para os conflitos entre o direito interno e o direito internacional: um exercício de ecletismo", *Revista Forense* 334/71-107, abr.-jun. 1996.

FÉRES, Marcelo Andrade. "Repensando as condições de reconhecimento e execução de sentenças arbitrais estrangeiras no Brasil", *Jus Navigandi*. Teresina, a. 5, n. 50, abr. 2001. Extraído do *site* <http://www1.jus.com.br/doutrina/texto.asp?id=1989>, consultado em 21.11.2002.

GARCEZ, José Maria Rossani. "A arbitragem internacional e a Lei Brasileira de Arbitragem — Lei 9.307/1996", in PUCCI, Adriana Noemi, *Aspectos Atuais da Arbitragem*. Rio de Janeiro, Forense, 2002.

______. "Homologação de sentenças arbitrais estrangeiras — Direito brasileiro e comparado", in MARTINS, Pedro A. B., *Reflexões sobre Arbitragem*. São Paulo, LTr, 2002.

______. *Técnicas de Negociação, Resolução Alternativa de Conflitos: ADRS, Mediação, Conciliação e Arbitragem*. Rio de Janeiro, Lumen Juris, 2002.

GREBLER, Eduardo. "A lei-modelo sobre arbitragem comercial internacional da Uncitral em face da Lei Brasileira de Arbitragem", *RDM* 116/101-109, out.-dez. 1999.

MAGALHÃES, José Carlos de. "Reconhecimento e execução de laudos arbitrais estrangeiros", *RT* 740/116-127, jun. 1997.

MARTINS, Pedro A. Baptista. "A arbitragem na visão do Poder Judiciário", *Revista Doutrina* 11/162-171.

______ e GARCEZ, José Maria Rossani (coord.), *Reflexões sobre Arbitragem*. São Paulo, Ed. LTr, 2002.

MOREIRA, José Carlos Barbosa. *Comentários ao Código de Processo Civil*. Rio de Janeiro, Forense, 2002.

NAFTA Advisory Committee on Private Commercial Disputes. *Enforcing Agreements to Arbitrate and Arbitral Awards in the NAFTA Countries*. Extraído do *site* <http//www.osec.doc.gov>, consultado em 21.2.2003.

PUCCI, Adriana Noemi. "A arbitragem nos países do Mercosul", *RT* 738/41-69, abr. 1997.

RECHSTEINER, Beat Walter. *Arbitragem Privada Internacional: Teoria e Prática*. 2ª ed. São Paulo, Ed. RT, 2001.

SANTOS, Theophilo de Azeredo. "A Convenção de Nova Iorque", in MARTINS, Pedro

A. B., *Reflexões sobre Arbitragem*. São Paulo, LTr, 2002.

SOUZA JR., Lauro da Gama. "Reconhecimento e execução de sentenças arbitrais estrangeiras", in CASELLA, Paulo Borba, *Arbitragem — Lei Brasileira e Praxe Internacional*. 2ª ed. São Paulo, LTr, 1999.

TIBURCIO, Carmem. "A arbitragem no Direito brasileiro", *Revista Forense* 351/49-63, jul.-set. 2000.

VALENÇA FILHO, Clávio de Melo. "Ratificação da Convenção sobre o Reconhecimento e a Execução de Sentenças Arbitrais Estrangeiras (Nova Iorque, 1958)", *Revista de Direito Bancário, do Mercado de Capitais e da Arbitragem* 16/387-390, abr.-jun. 2002.

VALLADÃO, Haroldo. "Parecer", *Revista Forense* 138/401-409, nov. 1951.

VARGAS, Jorge A. "Enforcement of judgments in México: the 1988 Rules of the Federal Code of Civil Procedure", in *Northwester Journal of International Law & Business* 14/376-412, 1994.

Espaço Discente

CONTRATO PRELIMINAR

Aspectos Jurídicos, Funcionalidade, Análise Econômica e Teoria dos Jogos

Adriana Josuá

I — Tipo jurídico. II — Funcionalidade. III — Análise econômica. IV — Estratégias contratuais e teoria dos jogos.

I — Tipo jurídico

Segundo Vincenzo Roppo (*Il Contratto*, Milão, Giuffré, pp. 651-679), "o contrato preliminar é o contrato que obriga as partes a concluir no futuro determinado contrato (contrato definitivo)". Entendemos aqui que todo contrato preliminar tem como objeto direto a realização de um determinado contrato definitivo, mas pode-se dizer que o objeto indireto do contrato preliminar é a prestação constante do contrato definitivo a ser realizado. Assim, os mesmos requisitos de validade do contrato aplicam-se ao objeto indireto do contrato preliminar, qual seja, o objeto do contrato definitivo nele programado. Portanto, o objeto do contrato definitivo previsto no contrato preliminar deve ser lícito e possível, sob pena de nulidade do contrato preliminar. Da mesma forma, o objeto do contrato definitivo (conforme previsto no contrato preliminar) deve ser determinado ou determinável.

Também se aplicam ao contrato preliminar todas as regras gerais do negócio jurídico e dos contratos. Assim, a validade do contrato depende, além das regras quanto ao objeto, de agente capaz e forma prescrita ou não defesa em lei, bem como do atendimento às demais disposições do Código Civil a respeito de declaração de vontade, negócio jurídico e regras gerais aos contratos.

O contrato preliminar é regulamentado especificamente pelos arts. 462 a 466 do Código Civil.

(a) *Forma*

Não é exigida, pela legislação pátria, a adoção no contrato preliminar da mesma forma exigida para os contratos definitivos, desde que presentes "todos os requisitos essenciais ao contrato a ser celebrado" (art. 462), ou seja, ao contrato definitivo. Portanto, é admitida a adoção de qualquer forma lícita para a contratação, sem prejuízo da possibilidade da parte prejudicada exigir a celebração do contrato definitivo. Na Itália, diferentemente, é exigida a adoção da mesma forma contratual, para possibilitar a válida conclusão do contrato definitivo previsto no contrato preliminar através de sentença constitutiva.

(b) *Requisitos essenciais*

O contrato preliminar, segundo o art. 462 do Código Civil, deve conter "todos os requisitos essenciais do contrato a ser celebrado". Surge, então, a questão da definição de "requisitos essenciais" e, em contrapartida, de requisitos acidentais ou secundários.

A respeito dos requisitos necessários ao contrato preliminar, entendeu o STF, nos termos do acórdão proferido no RE 88.716-RJ, de 11.9.1979, especificamente conforme colocado pelo voto vencedor do Rel. Ministro Moreira Alves, que a existência de um contrato preliminar dependerá da presença de *todos os elementos do contrato definitivo*, uma vez que ao juiz somente caberá suprir a declaração de vontade da parte contratante, e não suprir elementos ou cláusulas contratuais. Nesse sentido, manifesta-se o Ministro Relator: "(...), no direito comercial brasileiro, só se forma o vínculo contratual (preliminar ou definitivo), quando as partes chegam a acordo sobre todas as cláusulas que devem constar do contrato, sejam elas relativas aos denominados elementos essenciais, sejam elas referentes aos chamados elementos acidentais, ambos objetivamente considerados", e ainda, posteriormente no mesmo voto: "Tratando-se de obrigação fundada em contrato preliminar, é indispensável, para acolher-se a pretensão do credor, que aquele negócio jurídico contenha todos os elementos do definitivo: ao juiz não é dado estipular cláusulas e condições, mas apenas fazer desnecessária, por meio de sentença, a declaração de vontade que, incidindo sobre cláusulas e condições já estipuladas, daria corpo ao negócio definitivo".

Portanto, pode-se entender que nosso atual Código Civil, ao exigir a presença dos "requisitos essenciais", quis ampliar o conceito de contrato preliminar, admitindo que, ainda que requisitos não essenciais permaneçam em aberto no contrato preliminar, seja possível ao juiz suprir a recusa de uma das partes, porque todos os elementos necessários para configurar o negócio estarão presentes.

Conforme demonstrado no acórdão supracitado, os Códigos suíço e austríaco, tal como o brasileiro, consideram que um contrato se forma desde que as partes acordem a respeito dos pontos essenciais ou principais do contrato. Nesses casos, conforme esclarece o voto do Ministro Moreira Alves, a doutrina entende que os pontos essenciais ou principais (podendo-se possivelmente o mesmo se aplicar aos nossos "requisitos essenciais"), "não se adstringem, exclusivamente, aos elementos essenciais do tipo contratual em causa, e a força vinculativa do documento em que se fixa o acordo sobre esses pontos pode depender, também, do acordo sobre pontos secundários se, pela vontade das partes, deverem eles ser regulados contratualmente". Assim, devem ser considerados requisitos essenciais todos os pontos que dependam de acordo de vontade entre as partes e que não possam ser supridos pela lei, usos e costumes.

De qualquer forma, não é certo que ao nosso juiz se dê a prerrogativa, conforme dispõe o Código Suíço das Obrigações ("Art. 2. (...) A défaut d'accord sur tous les point secondaires, le juge les régle en tenant compte de la nature de l'affaire"), de suprir pontos em aberto (ainda que secundários) no contrato, especialmente em face do art. 464, que permite ao juiz "suprir a vontade da parte inadimplente", mas não esclarece se a este caberá suprir pontos secundários em aberto, ou somente a manifestação de vontade especificamente para a conversão do contrato preliminar em definitivo.

(c) *Conflito entre contrato preliminar e definitivo*

No caso de existência de dispositivos conflitantes entre o contrato preliminar e o contrato definitivo, sempre se dará maior peso ao contrato definitivo, entendendo-se que o contrato definitivo absorveu o contrato preliminar. Nos casos de conflitos ou alterações de disposições expressas do contrato preliminar no contrato definitivo, é fácil admitir-se nova ou diversa redação, tendo em vista a existência de acordo superveniente entre as partes. Uma dificuldade surge, no entanto, quando o contrato definitivo deixa de abordar determinado aspecto regulamentado no contrato preliminar. Outro problema decorre da eventual incapacidade superveniente de uma das partes contratantes, após a realização do contrato preliminar, sendo que neste caso, entende-se que o contrato definitivo será válido como cumprimento de uma obrigação assumida no contrato preliminar, mas desde que não sejam alterados termos estabelecidos no contrato preliminar (cf. Roppo, ob. cit., p. 660).

(d) *Remédios ao inadimplemento*

No caso de não adimplemento do contrato preliminar (ou seja, não celebração do contrato definitivo), à parte prejudicada caberá solicitar sua execução específica ou considerá-lo desfeito e solicitar perdas e danos. Nos termos do art. 463, admite-se expressamente que, esgotado o prazo estabelecido para a celebração do contrato definitivo, o juiz possa, a pedido do interessado (note-se, não necessariamente da contraparte no contrato preliminar), "suprir a vontade da parte inadimplente, *conferindo caráter definitivo ao contrato preliminar*, salvo se a isso se opuser a natureza da obrigação" (grifamos). Portanto, independentemente da forma do contrato preliminar, este poderá ser convertido, pelo juiz e nos termos da lei, em contrato definitivo, desde que a natureza da obrigação o permita.

Também é facultado à parte prejudicada no caso de não execução do contrato preliminar pelo estipulante, nos termos do art. 465, considerar o contrato preliminar desfeito e pedir perdas e danos.

II — Funcionalidade

Segundo Vincenzo Roppo (ob. cit.), a função principal dos contratos preliminares é controlar a conformidade do bem ou da prestação ao programa contratual. O contrato preliminar visa controlar a qualidade da prestação programada (do objeto indireto do contrato preliminar) e garantir às partes que determinado programa será cumprido.

A realização de um contrato preliminar pode justificar-se, essencialmente, em duas hipóteses. Primeiro, nos casos em que no contrato definitivo há consenso translativo ou efeitos reais, ou seja, o contrato preliminar é celebrado anteriormente ao definitivo, que, por sua vez, causará a transferência do direito, como, por exemplo, constituição de usufruto, servidão, compra e venda de bens imóveis, contrato de mútuo etc. Nestes casos, conforme esclarece Roppo, exalta-se a função de cindirem-se a constituição do vínculo obrigacional e a produção dos efeitos translativos.

A outra justificativa para a realização de contratos preliminares é a falta de determinadas condições essenciais para a realização do contrato definitivo. Em ambos os casos, a realização do contrato preliminar justifica-se sempre que as partes busquem segurança jurídica a respeito de determinada programação contratual.

Assim, o contrato preliminar será útil para garantir a uma parte que a outra irá concluir o contrato definitivo tão logo determinadas condições sejam cumpridas ou preenchidas, ao mesmo tempo em que permite às partes deixarem de transferir direitos e assumir obrigações até que certas condições sejam realizadas. Por exemplo, se um comprador não dispõe do dinheiro para adquirir determinado bem, o contrato preliminar é firmado para garantir ao vendedor e ao comprador que o bem será adquirido tão logo o comprador disponha do capital necessário, da mesma forma que permite ao vendedor manter a propriedade e posse do bem enquanto o contrato definitivo não é firmado.

Por fim, pode-se afirmar que o contrato preliminar, por, em tese, costumar ser menos específico e completo que o contrato definitivo, permite às partes mais tempo para negociar e concordar a respeito do clausulado e texto final de um contrato. Isto não significa, no entanto, que o objeto do contrato definitivo a ser firmado com base no contrato preliminar não deva, necessariamente, ser determinado ou determinável, lícito e possível.

III — Análise econômica

A análise econômica de qualquer contrato tem como preocupação a sua eficiência. Um contrato é considerado economicamente eficiente se este garante às partes contratantes o melhor resultado possível em uma determinada relação (diz-se, nesse caso, que se atingiu o Ótimo de Pareto). Nesse sentido, esclarece Steven Shavell ("Economic Analysis of Contract Law", *Working Paper* 9696, em <http://www.nber.org/papers/w9696>): "A contract is said to be mutually beneficial, or, in the language of economics, Pareto efficient, if the contract cannot be modified so as to raise the well-being — the expected utility — of each of the parties to it". Um contrato eficiente, nestes termos, será sempre adaptável caso uma determinada situação determine que sua alteração gere maior eficiência para as partes contratantes.

A eficiência econômica de um contrato está diretamente relacionada aos custos de transação incidentes sobre determinada relação contratual, entre eles os custos contratação, informação, negociação contratual (em especial de cláusulas referentes ao inadimplemento), de execução do contrato e custos de renegociação. Sempre que estes custos forem inexistentes ou muito baixos, presume-se que os contratos são eficientes.

É importante para a análise econômica de contratos determinar a diferença existente entre contratos completos e incompletos, sendo os primeiros aqueles que prevêem, exaustivamente, todas as possíveis hipóteses de eventos futuros em determinada relação contratual, e os segundos aqueles que deixam de prever todas as situações possíveis decorrentes de determinado contrato. Várias razões justificam a existência de contratos incompletos, entre elas o excesso de esforços e custos necessários para antecipar e negociar soluções e descrever contingências, os custos de executar as condições contratuais, o fato de que algumas contingências não são verificáveis (e, portanto, exeqüíveis) pelo Judiciário, e o fato de que, muitas vezes, as conseqüências de se adotar contratos incompletos podem ser benéficas às partes.

A justificativa econômica dos contratos está intrinsecamente relacionada com a exigibilidade das prestações. Os contratos, em especial aqueles cuja execução não é imediata, mas se protrai ou se dilata no tempo, são firmados por quatro razões genéricas (cf., Shavell, ob. cit., Cap. 13, pp. 4 e ss.): (i) para garantir a prestação futura de coisas ou serviços; (ii) para a alocação ou divisão de riscos mutuamente benéfica; (iii) como decorrência de opiniões diferentes a respeito de eventos futuros; e (iv) para alterar (dilatar) o tempo de consumo. A contratação com um destes objetivos somente se justifica na medida em que os contratantes possam ter uma expectativa de que os contratos serão exeqüíveis, ou seja, que o seu adimplemento será exigível (ou que a parte fará jus à compensação pelo não adimplemento).

Quanto ao adimplemento ou não de contratos, o remédio da execução específica, analisado do ponto de vista econômico, pode ser benéfico ou não às partes (nesse sentido, Steven Shavell, ob. cit., Cap. 13, p. 15). A execução específica de contratos será eficiente em contratos completos porque estes conterão a previsão de que, por exemplo, no caso de onerosidade excessiva decorrente do adimplemento do contrato, a parte poderá pagar à outra um valor compensatório e deixar de cumprir o contrato, e não será eficiente em um contrato incompleto que, nas mesmas circunstâncias, deixar de prever esta possibilidade, pois a parte será obrigada a cumprir a obrigação contratual, ainda que seu custo seja muito superior à utilidade que este possa receber pelo adimplemento do contrato.

Ainda, a respeito de remédios e rescisão contratual, a teoria econômica mais tradicional afirma que sempre que os custos de renegociação contratual forem baixos ou inexistentes, a rescisão contratual será eficiente (contrariamente a esta tese, v. Richard Craswell, "Contract Remedies, Renegociation, and the Theory of Efficient Breach", *Southern Califórnia Law Review*, mar. 1998, que entende que outros fatores como a redistribuição de utilidade decorrente da renegociação, a aversão a risco, a tomada de decisão referente a precauções tomadas pela parte e a decisão a respeito da seleção do contrato, podem afetar sua eficiência).

Em linhas gerais, sem considerar outros elementos que influem na eficiência contratual, esta (no caso de possibilidade de renegociação sem custos) está na possibilidade de ambas as partes se beneficiarem do inadimplemento do contrato em face de eventos futuros e não previstos no contrato (contratos incompletos). Por exemplo, se um terceiro demonstra interesse em adquirir um determinado bem por um preço superior àquele estabelecido contratualmente, a renegociação permitirá ao primeiro comprador oferecer um preço maior, caso a utilidade que este tenha no bem o justifique, ou aceitar a rescisão do contrato em troca do pagamento de compensação ou indenização, equivalente ao preço contratual, ficando o vendedor com a diferença entre este preço e o sobre-preço oferecido pelo segundo comprador. Outro exemplo é a onerosidade excessiva do contrato para o vendedor, caso em que o comprador poderá aceitar pagar um preço maior em troca do adimplemento ou receber a indenização (entendida como compensação pelo inadimplemento). A possibilidade de renegociação do contrato reduz a necessidade de contratos completos.

Com base nos conceitos acima colocados, podemos passar à análise econômica do contrato preliminar, tomando como base sua funcionalidade. Consideradas as funções do contrato preliminar em face das incertezas decorrentes do seu regulamento jurídico, a exeqüibilidade dos contratos preliminares pode ser identificada como um dos maiores problemas do tipo. Se a exigibilidade ou execução do contrato depender da presença de todos os requisitos essenciais do contrato definitivo, o contrato preliminar não será eficiente (não garantirá a segurança jurídica esperada para determinado programa contratual) quando este for celebrado tendo em vista a falta de elementos para a celebração do contrato definitivo, ou quando a necessidade de um prazo maior para negociar o texto e clausulado do contrato definitivo. Portanto, o interesse das partes em deixar de estabelecer, no contrato preliminar, determinados requisitos que podem ser considerados essenciais, é minado pela possibilidade do ordenamento deixar de dar ao contrato a segurança jurídica de que este será exeqüível.

Por outro lado, nos casos em que as partes buscam uma separação entre o momento do acordo e seus efeitos translativos, a execução do contrato preliminar (observados os requisitos legais) poderá ser esperada pela parte.

Sem prejuízo do problema da exeqüibilidade do contrato preliminar, as demais premissas para a análise da eficiência econômica dos contratos preliminares permanecem válidas, e devem ser consideradas pelas partes ao tomar a decisão de celebrar ou não um contrato preliminar e, ainda, a respeito de quão completos estes deverão ser e que tipos de remédios devem ser pré-determinados contratualmente.

IV — Estratégias contratuais e teoria dos jogos

Se entendermos que o contrato preliminar visa estabelecer programa contratual a ser observado pelas partes, a decisão de celebrá-lo, em que termos e condições e, por fim, cumprir ou não o acordado, necessariamente consistirá em uma formulação de estratégias. Em linhas gerais, se as partes têm informação e conhecimento a respeito das estratégias que podem ser adotadas pela outra, sabem quais os resultados decorrentes de cada uma destas estratégias, e se presumem que ambas agirão racionalmente na seleção das estratégias, estaremos diante de uma situação em que a teoria dos jogos poderá ser adotada como um instrumento eficiente para a tomada de decisões pelas partes.

A análise de contratos normalmente se dá sob o ponto de vista de jogos não cooperativos, uma vez que as partes têm interesses opostos. Em um contrato (assim como em jogos não cooperativos), cada parte está interessada em maximizar o seu resultado individual, sem se preocupar com o resultado das demais partes contratantes. Note-se, no entanto, que isto não quer dizer que o resultado de um jogo não cooperativo não possa ser o melhor resultado possível para ambas as partes.

Para a aplicação da teoria dos jogos, podemos simplificar uma situação contratual em três decisões estratégicas pelas partes: (i) a decisão de celebrar ou não um contrato; (ii) a decisão de elaborar contratos completos ou incompletos e, por fim, (iii) a de adimplir ou não determinado contrato.

Assim, as partes irão celebrar contratos sempre que a troca objeto deste trouxer resultados positivos para ambas. Todas as informações que as partes detiverem a respeito do negócio e da outra parte serão relevantes para a adoção de determinada estratégia, inclusive a respeito da sua situação econômica financeira e reputação. Neste contexto, o contrato preliminar surge como uma terceira alternativa à decisão entre celebrar ou não o contrato definitivo.

A decisão de celebrar ou não o contrato preliminar levará em conta o interesse das partes em se proporcionar um lapso temporal entre a data do contrato preliminar e a data da efetiva contratação. Se o contrato preliminar tem como objeto um contrato com efeitos reais, a celebração do preliminar é justificável na medida em que permite estabelecer a relação obrigacional entre as partes anteriormente aos seus efeitos reais. No entanto, se o contrato preliminar surgir como uma estratégia para a posterior definição de elementos secundários, a tomada de decisão deverá levar em conta, além de todos os fatores inerentes ao negócio e à outra parte contratante, a incerteza a respeito da aplicabilidade da execução específica a um contrato com pontos em aberto, ainda que secundários.

Num segundo momento, a negociação do contrato preliminar por uma parte de forma mais ou menos completa deverá levar em conta os possíveis resultados de cada uma das estratégias que podem ser adotadas pela outra parte. Assim, quanto mais completo o contrato preliminar mais facilmente as partes poderão estimar seus resultados no caso de eventual inadimplemento por uma delas. Isto permitirá às partes avaliar o custo da rescisão contratual (ou do arrependimento). Por exemplo: uma pessoa deseja celebrar um contrato para adquirir uma obra de arte, mas não tem informações suficientes a respeito do mercado para este tipo de bem na região. Como ela acredita ser um bom negócio, celebra com o vendedor um contrato preliminar para a futura aquisição da obra de arte pelo preço de $ 100, sendo que no caso de arrependimento pelo comprador, as perdas e danos ficam pré acordadas em $ 30. Após pesquisar o mercado, o comprador descobre obra semelhante à venda por $ 60. Sendo o contrato preliminar considerado válido e exeqüível, o comprador irá deixar de celebrar o contrato definitivo, pagando a indenização de $ 30 ao vendedor e adquirindo obra semelhante por $ 60. Portanto, o custo total do bem para o comprador será $ 90 ($ 30 mais $ 60), ao invés de $ 100. O mesmo pode aplicar-se a partir do ponto de vista do vendedor. Se um terceiro oferecer ao vendedor $ 140 pelo mesmo bem, ele irá preferir alienar o bem a este terceiro e pagar os $ 30 ao primeiro comprador a título de indenização, ficando com $ 110 pelo bem, ao invés de $ 100.

Por outro lado, caso o contrato preliminar fosse incompleto e não previsse a possibilidade de pagamento de indenização a um preço previamente ajustado, as partes não poderiam maximizar seus respectivos resultados em face de situações futuras, não previstas quando da elaboração do contrato preliminar, pois a parte inadimplente estaria sujeita à execução específica do contrato preliminar. Alternativamente, a outra parte poderá estar sujeita ao pagamento de perdas e danos, caso solicitado pela outra parte, ou caso o juiz entenda que a execução específica representará onerosidade excessiva decorrente do cumprimento da obrigação por uma das partes.

Por fim, a decisão a respeito de adimplir ou não determinada obrigação contratual, tendo em vista as situações acima descritas, estará intrinsecamente relacionada não só com o tratamento legal aplicável como também com a decisão anterior a respeito de quão completo será o contrato preliminar, conforme demonstrado acima.

A situação contratual acima colocada, na teoria dos jogos, pode ser representada da forma extensiva conforme segue, onde o resultado para cada uma das hipóteses será a diferença entre o preço contratado, o valor de mercado do bem e, conforme o caso, o valor da indenização por perdas e danos eventualmente pago.

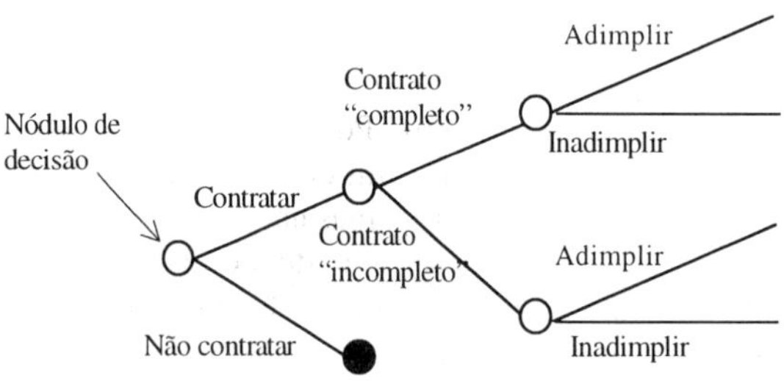

Se Preço= $ 100	Se Preço= $ 60	Se Preço= $ 140
(0, 0)	(-40, 40)	(40, -40)
(30, -30) ou (-30, 30)	(10, -10) ou (-70, 70)	(-10, 10) ou (70, -70)
(0, 0)	(-40, 40)	(40, -40)
(0, 0) (x, -x) ou (-x, x)	(-40, 40) (x, -x) ou (-x, x)	(40, -40) (x, -x) ou (-x, x)

Resultados (*payoff*), expressos da seguinte forma: ([*resultado do comprador*], [*resultado do vendedor*]). Para o preço de mercado do bem equivalente a $ 100, a parte que inadimplir (exceto no caso de execução específica), sempre sairá perdendo, portanto, caso o valor contratual do bem tenha sido adequadamente estimado, nenhuma das partes terá interesse em inadimplir o contrato (considerado o nosso exemplo). No caso de inadimplência em contratos incompletos, o resultado poderá ser a execução específica (0,0), (-40,40) ou (40,-40) ou o pagamento/recebimento de perdas e danos arbitrados pelo juiz (no valor $ x), sendo que o resultado (x,-x) representa o inadimplemento pelo vendedor, e (-x,x), pelo comprador.

Por outro lado, para um preço de mercado do bem equivalente a $ 60, em um contrato completo, a melhor alternativa para o comprador será inadimplir, pois mesmo pagando a multa de $ 30, este economiza $ 40, ficando com um resultado positivo de $ 10. Neste caso o vendedor não irá racionalmente inadimplir o contrato, pois seu resultado seria de –70, representado pelo pagamento de indenização de $ 30, mais a venda do bem no mercado por $ 60 (uma perda de $ 40 em relação ao preço contratual). O inverso é verdadeiro para o vendedor, caso o preço de mercado do bem for $ 140.

A partir do exemplo acima, as regras gerais a respeito de teoria dos jogos parecem intuitivas. Mas, na prática, diversos elementos irão influir na estratégia adotada, seja e o clausulado contratual levará em conta a conjuntura sócio-econômica em que determinado contrato será ou está sendo celebrado. Se as regras da teoria dos jogos (que aqui foram colocadas de forma extremamente simplificada) forem conhecidas por qualquer das partes ou pelo operador do direito e utilizadas como um instrumental para a tomada de decisões e para a negociação (na medida do possível), a parte poderá auferir não só os resultados para cada uma das possíveis estratégias em determinada situação, como, também, estimar as probabilidades a que cada estratégia está sujeita, de modo a instruir sua tomada de decisão. Quanto mais perfeito for o conhecimento que as partes tiverem das estraté gias que possam ser empregadas, mais eficiente deverá ser o resultado do negócio.

Portanto, os advogados devem tratar a teoria dos jogos como um mecanismo eficiente para a análise de estratégias contratuais e beneficiar-se desta para negociar contratos. Por fim, vale lembrar que a aplicação da teoria dos jogos no mundo jurídico não se restringe ao campo dos contratos, sendo aplicável também ao direito econômico, processual etc. De fato, o instrumental da teoria dos jogos é mundialmente utilizado para as mais diversas situações envolvendo tomada de decisões, inclusive por estrategistas militares e políticos, sendo que, mais recentemente, sua utilização tem sido difundida na análise de contratos, regras, e do impacto destas no comportamento humano (a respeito, Douglas G. Baird, Robert H. Gartner e Randal C. Picker, *Game Theory and the Law*, Harvard University Press, 1998).

Jurisprudência Comentada

CRIME CONTRA O SISTEMA FINANCEIRO NACIONAL

Denúncia. Peça processual ofertada com base, exclusivamente, em representação feita pelo Banco Central. Instituição que, após, determina o arquivamento do processo administrativo. Atipicidade da conduta caracterizada. Fato que enseja o trancamento da ação penal por falta de justa causa

Comentários de
Haroldo Malheiros Duclerc Verçosa
ao acórdão do Supremo Tribunal Federal no *habeas corpus* 81.324-1-SP

"Habeas corpus" 81.324-1-SP — 2ª Turma do STF

Rel.: Ministro Nelson Jobim

j. 12.3.2002

DJU 23.8.2002

Ementa da redação: Tendo a denúncia ofertada pelo Ministério Público se baseado, exclusivamente, na representação do Banco Central, a posterior decisão desse, no sentido de ser o processo administrativo arquivado por falta de ilicitude na conduta do agente, reflete-se na ação penal proposta pelo "Parquet", ensejando o seu trancamento por falta de justa causa.

ACÓRDÃO

Vistos, relatados e discutidos estes autos, acordam os Ministros do STF, em 2ª T., na conformidade da ata de julgamento e das notas taquigráficas, à unanimidade, em deferir o *habeas corpus*, para determinar o trancamento da ação penal por falta de justa causa.

Brasília, 12 de março de 2002.

Néri da Silveira, Presidente. Nelson Jobim, Relator.

RELATÓRIO

O Exmo. Sr. Min. Nelson Jobim (Relator): O Ministério Público Federal denunciou o paciente Abrahão Zarzur, Diretor-presidente do Banco Mercantil de Descontos, e outros diretores, por crime contra o Sistema Financeiro Nacional (Lei 7.492/1986, art. 6º;[1] f.).

Está na denúncia:

(...).

Narra a representação criminal enviada pelo Banco Central do Brasil ao Ministério Público Federal, que os denunciados, ao apresentarem o balanço patrimonial referente à data de 30.6.1994, dei-

1. Lei 7.492/1986: "Art. 6º. Induzir ou manter em erro sócio, investidor ou repartição pública competente, relativamente a operação ou situação financeira, sonegando-lhe informação ou prestando-a falsamente: Pena — Reclusão de 2 (dois) a 6 (seis) anos, e multa".

xaram de transferir créditos da Instituição Financeira que geriam, vencidos há mais de 360 dias, para a conta nominada de Operações de Crédito em Liquidação, doravante denominada de "OCL", na hipótese, créditos para com a Cooperativa Agrícola de Cotia, representados pelos Contratos 27298-8, de 18.2.1993, cuja terceira parcela vencera em 22.5.1993 (...) 27950-4, de 3.5.1993, com a primeira parcela vencida em 2.6.1993 (...) e 27666-6, de 2.4.1993, no qual a primeira parcela vencera em 1.5.1993 (...).

(...) deixaram os denunciados de providenciar a transferência para a mesma conta acima referida de créditos titulados por empresa em regime falimentar, no caso a Sefran Indústria Brasileira de Embalagens, cujo contrato 001.03859-5 vencera em 6.12.1993.

(...) (f.).

Em 4.7.1996 a denúncia foi recebida (f.).

Contra essa decisão, em 24.2.1997, a defesa do paciente impetrou *habeas* no TRF (HC 97.03.009677-8; f.).

Em 25.2.1997, o relator concedeu liminar (f.).

Em 21.3.2000, o *habeas* foi indeferido (HC 97.03.009677-8; f.).

Em 12.5.2000, a defesa interpôs recurso ordinário de *habeas corpus* no TRF (RHC 97.03.009677-8; f.).

Simultaneamente, em 15.5.2000, impetrou *habeas* no STJ (f.).

Na mesma data, o relator do *habeas* deferiu a liminar (HC 13.028; f.).

Em 10.7.2000, o TRF recebeu o RHC 97.03.009677-8.[2]

Em 22.8.2000, esse recurso foi remetido ao STJ.[3]

Lá ele recebeu o n. 10.453.

Em 28.11.2000, o STJ negou provimento ao recurso (RHC 10.453; f.).

Em 21.8.2001, o *habeas* foi indeferido (HC 13.028; f.).

Contra a decisão proferida no RHC 10.453, a defesa impetrou o presente *habeas*, com pedido de liminar (f.).

Alegou que:

(...).

Quando da instauração do processo administrativo, açodadamente o Banco Central encaminhara representação, nos mesmos termos ao Ministério Público Federal que, sem inquérito policial e sem maior indagação, desde logo ofereceu denúncia contra o paciente e demais diretores do banco, que foi recebida.

(...) (f.).

Posteriormente:

(...) O Banco Central (...) concluiu pela inexistência da falta, ao arquivar o processo administrativo correspondente. Ou seja, embora proclamada a inocência do paciente, mesmo sob a rígida ótica do Banco Central, continua ele sujeito à persecução penal, à qual evidentemente falta justa causa, até porque atípicos os fatos.

(...) se não tivesse ocorrido a autuação pelo Banco Central, não haveria representação (...) e nem acusação.

(...) (f.).

Objetiva o trancamento da ação penal, por ausência de justa causa (f.).

A Procuradoria-Geral da República opinou pelo indeferimento (f.).

É o relatório.

VOTO

O Exmo Sr. Min. Nelson Jobim (Relator): O *habeas* objetiva o trancamento da ação penal por falta de justa causa.

A jurisprudência do Tribunal é no sentido de não trancar a ação penal, salvo se o fato for evidentemente atípico.

Precedentes: HC 65.544, Oscar Correr; HC 80.659, Maurício Corrêa; HC

2. Essa informação foi retirada do andamento processual do TRF-3ª R., via internet.

3. Essa informação foi retirada do andamento processual do TRF-3ª R., via internet.

71.669, HC 72.731 e HC 73.450, Carlos Velloso; RHC 66.373, Néri da Silveira e HC 72.858, Marco Aurélio.

Analiso o caso concreto.

A denúncia tem por base, exclusivamente, a representação criminal 08123.000143/96-80, do Banco Central (CCrim 41/96; f.).

Trata, em tese, de crime contra o Sistema Financeiro Nacional.

O Banco Central ofereceu representação criminal ao Ministério Público.

Esse, sem qualquer providência, denunciou sem desenvolver qualquer ato de investigação.

Leio no parecer do Prof. Geraldo de Camargo Vidigal:

(...).

64. Ante às presunções, sem prova, em que se fundou o Banco Central para afirmar vencimento de contratos que se achavam vigentes; ante a regularidade das transferências para CL e da conseqüente regularidade das provisões para devedores duvidosos; ante à injustiça das acusações de "comprometimento de patrimônio" e de "manipulação patrimonial" feitas pela Procuradora Dra. Orlinda, fundadas em ilícitas presunções de vencimentos de contratos, de irregularidade conseqüente nas transferências para CL, de irregularidade derivada na grandeza de provisões — deveria o Banco Central oficiar imediatamente ao Ministério Público, tornando sem efeito sua manifestação anterior e comunicando que está realizando novas apreciações, para conclusões mais fundadas.

65. O processo administrativo instaurado parece-me inteiramente insubsistente.

(...) (f.).

O Banco Central, ao perceber o equívoco, decidiu pelo arquivamento do Processo Administrativo 9500474864 (f.).

Está na decisão:

(...).

Ora, é de palmar evidência que a dívida em questão fôra objeto de repactuação nos autos da execução judicial (f.), com substituição do devedor principal. Portanto, a permanência da Sefran como titular da obrigação, ainda quando sujeita ao regime falencial, decorre de simples erro de registro, pois a essa altura já deveria o Banco BMD ter procedido à alteração dos seus registros contábeis, tornando, assim, inaplicável o disposto no art. 1º, VII, da Resolução 174/1980, posto que de falido não se tratava o devedor.

Assim, estando os autos em boa ordem e considerando os argumentos de fato e de direito constantes dos autos, decido:

• Arquivar o processo, recorrendo de ofício ao Conselho de Recursos do Sistema Financeiro Nacional.

(...) (f.).

O Conselho de Recursos do Sistema Financeiro Nacional, em reexame necessário, referendou a decisão.

Está na ementa:

(...) decidem os membros do Conselho de Recursos do Sistema Financeiro Nacional, por unanimidade, negar provimento ao recurso de ofício, mantida a decisão do órgão de primeiro grau no sentido de arquivar o processo em relação aos recorridos Banco BMD S/A — em liquidação extrajudicial, Abrahão Zarzur, Roberto Fakhoury, Marcio Roberto Zarzur, Roberto Rodrigues de Almeida e Oscar Fakhoury, considerando que a irregularidade se desconfigurou, na medida em que, supervenientemente, o Banco Central do Brasil estipulou critério admitindo provisionamento de forma paulatina, vale dizer, um décimo do valor do crédito, viabilizando-se, dessarte, o reenquadramento da mencionada instituição, que submetida ao regime de liquidação extrajudicial de que trata a Lei 6.024/1974.

(...) (f.).

Ante a decisão administrativa, o paciente, entendendo ter desaparecido a justa causa para a ação penal, procurou fazer cessar o curso do processo, primeiro no TRF e posteriormente no STJ.

O TRF indeferiu o *habeas corpus* sob o argumento de que as instâncias penais e administrativas são independentes.

Leio na ementa:

(...).

1. A jurisdição, como manifestação do poder estatal, inclusive nas matérias penal e administrativa, é atividade privativa do Poder Judiciário, no sistema constitucional brasileiro.

2. (...).

3. O exercício do juízo de admissibilidade da acusação é operado pelo Poder Judiciário, sem vinculação ao entendimento consagrado na esfera administrativa. Ao contrário, sobre e contra eventual conclusão definitiva administrativa prevalecerá a eficácia da coisa julgada.

4. Qualquer decisão firmada em procedimento administrativo tem eficácia limitada, passível de impugnação perante o Poder Judiciário.

5. (...).

6. (...).

7. Contra o texto da lei processual penal e o sistema constitucional que ignora a existência do chamado tribunal contencioso administrativo, não cabe sujeitar o juiz, tanto mais o qualificado com competência criminal, ao entendimento da autoridade administrativa.

8. No Brasil Republicano, todas as Constituições repudiaram a existência da justiça administrativa e a exceção fiou com a alteração promovida no período, também de exceção, do pacote de abril (arts. 203[4] e 205[5] da EC 7/1977).

9. (...).

10. O Poder Judiciário, nos crimes de ação pública, para muito além de qualquer sujeição à autoridade administrativa, "poderá proferir sentença condenatória, ainda que o Ministério Público tenha opinado pela absolvição" (art. 385[6] do CPP).

11. (...).

12. Unidade de ordem jurídica não significa o nivelamento das decisões administrativa e penal, pois só a última tem a eficácia constitucional da coisa julgada. Supremacia da jurisdição penal (arts. 1.525[7] do CC, e 65 e 66[8] do CPP).

13. O juízo valorativo da autoridade administrativa, desprovida de garantias mais efetivas em prol da moralidade e a imparcialidade, não é necessariamente simétrico ao juízo de desvalor da conduta formulado pelo paciente. E isto, nem mesmo em *habeas corpus*, cabe presumir. Impertinência da alegação de ausência de dolo.

(...) (f.).

O STJ, sob o mesmo fundamento, indeferiu o RHC.

Está na ementa:

(...).

A decisão de arquivamento do processo instaurado para a apuração do fato no âmbito do Banco Central do Brasil não vincula o Poder Judiciário, posto tratarem-se de instâncias autônomas.

4. EC 7/1977: "Art. 203. Poderão ser criados contenciosos administrativos, federais e estaduais, sem poder jurisdicional, para a decisão de questões fiscais e previdenciárias, inclusive relativas a acidentes do trabalho (art. 153, § 4º)".

5. EC 7/1977: "Art. 205. As questões entre a União, os Estados, o Distrito Federal, os Municípios e respectivas autarquias, empresas públicas e sociedades de economia mista, ou entre umas e outras, serão decididas pela autoridade administrativa, na forma da lei, ressalvado ao acionista procedimento anulatório dessa decisão".

6. CPP: "Art. 385. Nos crimes de ação pública, o juiz poderá proferir sentença condenatória, ainda que o Ministério Público tenha opinado pela absolvição, bem como reconhecer agravantes, embora nenhuma tenha sido alegada".

7. CC: "Art. 1.525. A responsabilidade civil é independente da criminal; não se poderá, porém, questionar mais sobre a existência do fato, ou quem seja o seu autor, quando estas questões se acharem decididas no crime".

8. CPP: "Art. 65. Faz coisa julgada no cível a sentença penal que reconhecer ter sido o ato praticado em estado de necessidade, em legítima defesa, em estrito cumprimento de dever legal ou no exercício regular de direito. Art. 66. Não obstante a sentença absolutória no juízo criminal, a ação civil poderá ser proposta quando não tiver sido, categoricamente, reconhecida a inexistência material do fato".

(...) (f.).

A Procuradoria-Geral da República, ao opinar neste *habeas*, adotou a mesma linha.

Está na ementa do parecer:

(...).

A matéria já foi devidamente apreciada pela Suprema Corte, no sentido da irrelevância do arquivamento do procedimento administrativo para a persecução penal, em face da autonomia das instâncias administrativa e penal.

(...) (f.).

Digo eu.

O *habeas* mão tem por objetivo questionar a independência das instâncias administrativa e penal.

Seu objeto é o trancamento da ação penal por falta de justa causa, ante a evidente atipicidade do fato.

Essa circunstância já foi percebida pelo Procurador-Regional da República, que emitiu parecer no *habeas* impetrado perante o TRF.

Destaco de seu parecer:

(...).

Penso que o enfoque não pode se estabelecer à luz de discussão sobre a independência das instâncias administrativa e judicial e independência da jurisdição penal. É que a partir do momento em que a autoridade monetária proclamou que a operação realizada é legal e que a BBA não deve ser multáda pelo Banco Central, toda a discussão dever girar em torno da autonomia do ilícito e da segurança jurídica.

(...).

Ademais, que segurança jurídica poderá subsistir no nosso Sistema Financeiro e na própria ordem jurídica, se chegarmos a ponto de condenar o paciente por crime contra o Sistema Financeiro, aplicando-se pena em defesa da preservação da higidez, do sistema quando se sabe de antemão que a autoridade monetária não viu anormalidade nas operações realizadas (...).

(...) A prosseguir no processo crime, incidirá o Estado na "proibição de *venire contra factum próprio*". Por isso, a meu ver só há uma solução para assegurar a persecução penal *in casu*: desconstituir judicialmente a decisão do Conselho de Recursos do Sistema Financeiro Nacional.

(...). (f.).

Prossigo.

Antes do oferecimento da denúncia ou de uma decisão condenatória, é necessário examinar o nexo causal e o elemento subjetivo.

Nesse sentido, leio Damásio:

(...).

"A responsabilidade penal é pessoal. Imprescindível a responsabilidade subjetiva. Repele a responsabilidade objetiva. (...)" (STJ, *DJU* 13.9.1993, p. 18.580).

(...).

"Só pelo fato de ser diretor ninguém pode ser denunciado. Ser diretor é exercício regular de direito. Só pode haver crime se a conduta for ilícita" (STJ, HC 4.659-RJ, Rel. Min. Fernando Gonçalves, *RSTJ* 93/403).

(...).[9]

O caso concreto é emblemático.

Verifico nos autos que o paciente não desenvolveu nenhuma conduta consciente para fraudar o Sistema Financeiro Nacional.

Falta justa causa para a ação penal.

Conheço do *habeas* e o defiro.

VISTA

O Exmo. Sr. Min. Maurício Corrêa: Sr. Presidente, o eminente advogado, que usou da tribuna, foi muito explícito ao afirmar não haver nexo entre o que foi decidido na fase administrativa e o que posteriormente foi colocado à apreciação do Poder Judiciário no início dessa investigação. E

9. Damásio E. de Jesus, *Temas de Direito Criminal*, 2ª série, São Paulo, Saraiva, 2001, pp. 67-68.

o eminente Ministro-Relator entendeu também não haver atipicidade.

Pode o Poder Judiciário, nessa fase na qual se encontra o julgamento, obstaculizar a ação do Ministério Público? Tenho sérias dúvidas a respeito.

Com base nisso, peço vista dos autos para examinar a questão.

VOTO-VISTA

O Exmo. Sr. Min. Maurício Corrêa: Pedi vista desses autos para saber se o trancamento da ação penal, no caso, não resultaria intromissão, de forma indébito (*sic*), nas atribuições constitucionais do Ministério Público, dono que é, como elementar, da ação penal. Para bem compreender o fato apontado como ilícito penal, sujeito às sanções do art. 6º da Lei 7.492/1985, tenho como indispensável a leitura da denúncia (f.), *verbis*:

> Denúncia em face de Abrahão Zarzur, Roberto Fakhoury, Marcio Roberto Zarzur, Oscar Fakhoury, Roberto Rodrigues de Almeida e Cláudio Zarzur, todos qualificados às f., diretores do Banco BMD S/A, com sede na Rua XV de Novembro, n. 201, Centro, São Paulo, SP, em razão dos motivos de fato e de direito adiante transcritos.
>
> Os denunciados acima nominados, como se infere pelos termos do Estatuto Social e Ata de Assembléia Geral Ordinária, de 30.4.1993 (f.), compunham a diretoria executiva do Banco Mercantil de Descontos (atual BMD S/A) por ocasião da apresentação do balanço patrimonial semestral de 30.6.1994, que veio a ser publicado no *DCI — Diário Comércio e Indústria*, edição de 19.8.1984 (f.) aprovado por unanimidade pela Assembléia Geral Ordinária realizada em 28.4.1995 (f.).
>
> Verifica-se pelo exame dos documentos acima mencionados, que o denunciado Abrahão Zarzur, na qualidade de Diretor-Presidente, participa da orientação e fixação das condições gerais dos negócios sociais da empresa, enquanto que os denunciados Roberto Fakhoury e Marcio Roberto Zarzur, na qualidade de, respectivamente, Diretores 1º e 2º Vice-Presidentes, auxiliam e assessoram aquele, diretamente, na administração geral dos negócios. Já o denunciado Oscar Fakhoury, na qualidade de Diretor-Superintendente, além de exercer a função de auxílio e assessoramento do Presidente, é incumbido da superintendência de todos os negócios e operações sociais. Roberto Rodrigues de Almeida, na qualidade de Diretor Geral e Diretor responsável pela área contábil perante o Banco Central do Brasil, e Cláudio Zarzur, na qualidade de Diretor sem designação específica, completam a diretoria executiva da referida Instituição Financeira, sendo igualmente responsáveis pelo seu gerenciamento.
>
> No exercício de suas funções diretivas, os denunciados firmaram o balanço patrimonial acima mencionado, bem como o aprovaram na Assembléia Geral Ordinal acima mencionada.
>
> Os fatos acima descritos denotam, ao menos num primeiro momento, a responsabilidade de toda a Diretoria Executiva pelo cometimento do fato típico a que se refere a presente denúncia.
>
> Narra a Representação Criminal enviada pelo Banco Central do Brasil ao Ministério Público Federal, que os denunciados, ao apresentarem o balanço patrimonial referente à data de 30.6.1994, deixaram de transferir créditos da Instituição Financeira que geriam, vencidos há mais de 360 dias, para a conta nominada de Operações de Crédito em Liquidação, doravante denominada de "OCL", na hipótese, créditos para com a Cooperativa Agrícola de Cotia, representados pelos Contratos 27298-8, de 18.2.1993, cuja terceira parcela vencera em 22.5.1993 (f.), 27950-4, de 3.5.1993, com primeira parcela vencida em 2.6.1993 (f.), e 27666-6, de 2.4.1993, no qual a primeira parcela vencera em 1.5.1993 (f.).
>
> Além disso, deixaram os denunciados de providenciar a transferência para a mesma conta acima referida de créditos titulados por empresa em regime falimen-

tar, no caso a Sefran Indústria Brasileira de Embalagens, cujo Contrato 001.03859-5 vencera em 6.12.1993.

Agindo desta forma, estava a Instituição Financeira descumprindo normas regulamentares contidas nos arts. 1º, VII e VIII, *c* e 9º, III, todos da Resolução 1.748, de 30.6.1990.

Com tais atitudes, os denunciados deixaram de provisionar adequadamente os créditos de provisão duvidosa acima mencionados, como demonstra o quadro de f., onde se verifica que em vez de provisionar o valor de CR$ 6.551.561.000,00, foi provisionado tão-somente o valor de CR$ 1.299.008.000,00, o que resultou numa insuficiência de provisões na ordem de CR$ 5.252.553.000,00, ou seja, 8,78% do patrimônio líquido do demonstrativo apresentado pelo banco em 30.6.1994 — CR$ 59.828.303.000,00 (f.).

Em resumo: se transferidos fossem tais créditos para nominada conta "OCL", o patrimônio líquido da Instituição — fator de fundamental importância para aferição da verdadeira situação econômica da mesma — sofreria uma significativa redução, e outra seria a avaliação de seus sócios, de seus investidores, enfim, das pessoas que militam no mercado financeiro, que, examinando o balanço patrimonial em questão, foram induzidos a uma percepção sensivelmente distorcida a respeito da solidez da Instituição Financeira em alusão.

Esta prática de não provisionar corretamente os créditos de difícil liquidação, vulgarmente denominados de "créditos podres", por parte dos Diretores do BMD S/A já havia sido detectada pelo Banco Central do Brasil, em balanços patrimoniais anteriores, como se observa pelo Termo de Comparecimento de f., datado de 14.12.1992, cabendo ressaltar que, especificamente quanto aos fatos ora tratados, já havia sido a Diretoria Executiva da Instituição, através do denunciado Roberto Rodrigues de Almeida, sido alertada da incorreção de seu procedimento, como se constata pelo Termo de Comparecimento de f., datado de 19.7.1994, caracterizando-se a posterior publicação do balanço patrimonial de modo a superdimensionar o patrimônio líquido da empresa como uma demonstração da inequívoca intenção dos denunciados de fraudar o teor daquele balanço, iludindo a percepção das pessoas a quem se dirigia a aludida publicação.

Mas não é só por este fato que configura o dolo no atuar dos agentes.

2. Essa denúncia fora formulada tendo em vista representação do Banco Central (f.).

3. Posteriormente, o próprio Banco Central concluiu pela inexistência da conduta que então entendera criminosa, perpetrada pelo paciente.

4. Assim justificou esse pronunciamento, que, igualmente, tenho como necessário seja lido, no que interessa (f.):

6. Todo o procedimento parte da consideração de que, estando vencido o contrato há mais de um ano, impõe-se a transferência para "crédito em liquidação" e por conseqüência o provisionamento inteiro do crédito, donde as irregularidades apenadas. A situação não é assim tão palmar, porém.

7. Tratam-se de três Contratos de Abertura de Crédito com prazos respectivos de 361, 91 e 90 dias, dos quais consta previsão de cálculo e aplicação de juros a cada 30 dias. Não se confunda, entretanto, vencimento do principal com modalidade de cálculo nos acessórios, os quais poderão ser pagos a cada 30 dias ou incorporados ao principal desde que obedecidos os limites de disponibilidade e garantias. Este o traço essencial que singulariza as operações e as distingue de outras modalidades como "empréstimo bancário" e outros, cujas contratações prevêem explícita e claramente vencimentos do principal em parcelas fixas ou determináveis e em datas pré-fixadas. Já o contrato de abertura de crédito não transfere imediatamente determinada quantia; abre-se uma disponibilidade ao creditado até o montante acordado e o termo previsto; utilizando-a, o cliente paga juros pós-fi-

xados a cada período de utilização do limite que lhe é aberto. É um dos contratos mais generalizados na atividade bancária, de utilização comum por comerciantes que programam suas necessidades do crédito para certas ocasiões, evitando a realização de mútuos imediatos e afastando que a quantia mutuada permaneça ociosa em sua conta, onerando-o com juros e despesas desnecessariamente.

8. Os contratos a servirem de fundamento do presente procedimento prevêem (item 4, f.): "Os juros e comissões serão calculados conforme a modalidade de empréstimo e de cobrança pactuadas no quadro Características do Contrato, incorporando-se à dívida do creditado, de acordo com o tipo de cobrança contratada". Ou seja, utilizado o crédito, os juros e comissões se calculam a cada 30 dias e se incorporam ao principal. Óbvio que interessa ao creditado não comprometer o montante de sua disponibilidade, realizando, a cada mês, os pagamentos de juros e de parte ou de todo o saldo do principal. Assim o fez a Cotia nos dois primeiros meses da contratação e, interrompidos os pagamentos de juros, a inspeção do Banco Central deu como vencida toda a operação, entendendo devidas a transferência para "CL" e a provisão correspondente tão logo completado um ano da data em que seria paga nova parcela de juros.

9. Fosse assim, seria letra morta o dispositivo contratual do item 16 (f.) que obriga o creditado a efetuar o pagamento, no vencimento, de todo o principal e encargos. Vencimento, repita-se com escusas da redundância, é vencimento de todo o contrato e não apenas de parcela acessória. Diga-se, aliás, que "características do contrato" são todas aquelas inscritas no frontispício do documento contratual — prazo de 361 dias, data início 18.2.1993, data término — 14.2.1994, tipo cobrança — 30/30, juros à taxa de TRD + 39,2% a.a., flutuação da taxa — a cada 30 dias (dados retirados do primeiro dos contratos citados, às f.). Quis a área de fiscalização interpretar a expressão "tipo de cobrança — 30/30" como indicativa de que não pagas as parcelas mensais de juros, considerar-se-ia vencido o contrato. Ora, inexiste cláusula expressa que autorize tal interpretação. Pelo contrário, há disposição expressa que assegura a incorporação dos juros ao principal da dívida, o que afasta de logo vencimento antecipado que se queira albergar em não pagamento de juros, se mantidas garantias suficientes à cobertura de todo o saldo devedor.

10. Portanto, o pagamento de juros a cada 30 dias é faculdade do devedor, devendo-se entender que o crédito aberto tem vencimento no termo final de cada contrato. Hipótese de vencimento antecipado, nestes contratos, por inadimplemento de obrigação, é autorizada apenas no que respeita à insuficiência das garantias — v. item 13, f. — e nunca no que se refere ao não pagamento de juros, em cada período de flutuação de taxa.

11. Logo, não é imponível à Instituição, nem a seus administradores, exigência de transferir tais créditos para "CL" nem tampouco exigível o provisionamento por tais pendências no mês de junho/1994.

(...).

E, finalmente, arreta o documento.

15. Ora, é de palmar evidência que a dívida em questão fora objeto de repactuação nos autos da execução judicial (f.), com substituição do devedor principal. Portanto, a permanência da Sefran como titular da obrigação, ainda quando sujeita ao regime falencial, decorre de simples erro de registro, pois a essa altura já deveria o Banco BMD ter procedido à alteração dos seus registros contábeis, tornando, assim, inaplicável o disposto no art. 1º, VII, da Resolução 1.748/1990, posto que de falido não se tratava o devedor.

16. Assim, estando os autos em boa ordem e considerando os argumentos de fato e de direito constantes dos autos, decido:

• *Arquivar* o processo, recorrendo de ofício ao Conselho de Recursos do Sistema Financeiro Nacional (f.).

5. Esse entendimento foi confirmado no julgamento do recurso de ofício pelo CRSFN — Conselho de Recursos do Sistema Financeiro (f.).

6. No STJ, a 5ª T., Relator o Ministro Edson Vidigal, ao julgar o RHC que ensejou o presente *writ*, assentou a impossibilidade do trancamento da ação, visto que a apreciação do tema perante o Banco Central não vincula o Poder Judiciário, uma vez que as instâncias são autônomas.

7. Na assentada de 26 próximo passado, o Ministro Jobim concedeu a ordem para trancar a ação penal, dado que, segundo a sua visão, o caso é de falta de justa causa pela atipicidade do fato.

8. Ora, pela leitura das peças que propositadamente li, resulta evidente que, revista a matéria objeto do que pareceu anteriormente ao Banco Central tratar-se de conduta criminosa se desfez, pela circunstância, aliás bem explicitada, de que a operação causadora da persecução delituosa, foi na verdade lícita, já que as providências adotadas pelo paciente enquadram-se na atividade bancária, tendo havido repactuação das dívidas que aquele estabelecimento entendeu corretas, no que tange à inexistência das chamadas "Operações de Crédito em Liquidação".

9. Com efeito, ficando provado, às escâncaras, que a hipótese é de ação penal tendo como causa o que não existe, não é possível, sob nenhum título jurídico, que se dê curso à persecução penal, de modo a submeter o paciente a constrangimento dessa natureza, quando a prática por ele adotada não constitui nenhum tipo de ilícito que possa ensejar a atuação do órgão do Ministério Público.

10. Não se cuida, pois, de qualquer vinculação como registrou o acórdão impugnado, de autonomia das instâncias, mas sim de falta de justa causa para a *persecutio criminis*, pela impossibilidade jurídica de enquadramento penal do paciente.

11. Essa conclusão, em conseqüência, não tem nada que ver com aqueles casos em que se busca inibir a atuação do Ministério Público, por outros fundamentos que não os que aqui se discute, como pareceu ao ilustre subscritor do parecer de f., e sim de impossibilidade jurídica para a atuação do *Parquet*.

12. Incensurável, portanto, o voto do Ministro Jobim, a quem acompanho para também determinar o trancamento da ação penal em causa.

EXPLICAÇÃO

O Exmo. Sr. Min. Nelson Jobim (Relator): Sr. Presidente, o Ministro Maurício Corrêa fez uma análise, talvez bem mais aprofundada, dos pontos que eu havia colocado.

Afirmei que a fiscalização inicial do Banco Central encontrou dois créditos, entendendo que deveriam ser lançados na conta em liquidação.

Indo os créditos podres para a conta em liquidação, o balanço aparece numa performance de rentabilidade inferior à do Banco, repercutindo nas suas ações em bolsa etc.

Então, alguns banqueiros e algumas entidades fazem uma maquiagem nos seus balanços, evitando remeter créditos para conta em liquidação, pois estes créditos reduzem a rentabilidade do banco, portanto, enganam os investidores e mesmo os adquirentes em bolsa.

No caso específico, conforme o Ministro Maurício Corrêa mostrou, eram dois créditos: um era o da Sefran, que havia sido assumido por terceiro, ou seja, não havia pago nos autos da execução judicial; houve a assunção do crédito por terceiro, absolutamente líquido, sem problemas; logo, não havia a obrigação do banco de transferir para a conta em liquidação um crédito da Sefran, falida, mas já não era mais devedora do banco, uma vez que esse crédito havia sido assumido por terceiro em estado de liquidez; o outro, o da Cotia, exatamente como disse o Ministro Maurício Corrêa, não foi pago o principal, prosseguiu pagando juros; o crédito, portanto, pelas forças das instruções do Banco Central e do Sistema Financeiro, não vai para a conta em liquidação, fica no ativo da empresa, na medida em que está sendo pago.

A única obrigação que haveria e se cumpriu, conforme diz a própria decisão do Conselho, foi um provisionamento de 1/10 (um décimo) do valor, o que tinha sido feito.

Daí, o Banco Central chegou à conclusão de que sua conduta havia sido absolutamente correta, quer dizer, não provisionou aquilo que não era provisional, porque a empresa primitivamente era devedora e quem falira já não era mais ela, porque havia sido assumida por terceiro; enquanto a Cotia estava pagando os juros e os acessórios, e ele tinha provisionado 1/10 (um décimo) do valor do débito conforme determinação do Banco Central.

O Exmo. Sr. Min. Maurício Corrêa: Ministro Jobim, a mim me parece que tanto o acórdão impugnado quanto o parecer do Ministério Público talvez tenham se preocupado com essa referência feita a créditos podres. Estava usando um exemplo do passado com relação a determinados estabelecimentos bancários que utilizaram essa sistemática. O caso do Banco Nacional é antológico nesse aspecto, mas essa hipótese não tem absolutamente nada com isso.

O Exmo. Sr. Min. Nelson Jobim (Relator): E o caso do Banco Nacional era mais grave, porque eles forjaram o crédito. Havia créditos em liquidação que não foram, e outros que não existiam e foram maquiados para o efeito de se obter resultado positivo.

Era essa a minha observação, Sr. Presidente.

VOTO

O Exmo. Sr. Min. Carlos Velloso: Sr. Presidente, lembro-me do voto do Sr. Ministro-Relator. Na época, quando se iniciou o julgamento, entendi justamente isto: a fiscalização do Banco Central teria verificado a ocorrência de um erro no balanço da Instituição, que poderia ser tipificado como infração penal. Cuidou, então, de remeter representação ao Ministério Público, que, com base em tal representação, ofereceu denúncia. Relevante salientar que a denúncia embasou-se simplesmente nessa representação. É dizer: não houve nenhuma outra investigação, não houve inquérito policial.

Posteriormente, o Banco Central, revendo os fatos, afastou a ocorrência do erro. É dizer: em um segundo momento, o Banco Central, revendo o seu ato, declarou não ter existido o erro que apontara anteriormente. Essa segunda decisão foi comunicada ao Ministério Público. Ora, se este assentou a sua denúncia simplesmente na comunicação anterior que agora se tornara revogada, cumpria-lhe, também, ou rever a denúncia ou até procurar realizar novas investigações. Do modo como as coisas ficaram, não há justa causa para o prosseguimento da ação penal, da *persecutio criminis*.

Com essas brevíssimas considerações, adiro ao voto do Sr. Ministro-Relator, agora com as alentadas razões postas no voto do Sr. Ministro Maurício Corrêa.

VOTO

O Exmo. Sr. Min. Néri da Silveira (Presidente): Neste caso concreto, entendo que não se foge das conclusões adotadas pela Corte quanto à independência das instâncias administrativa, fiscal e penal.

A ação penal foi ajuizada pelo Ministério Público, mediante representação feita pelo Banco Central, ainda no curso das investigações, quanto aos fatos e irregularidades que constaram dessa representação.

Posteriormente, a aludida Instituição, em ultimando essas averiguações em torno dos fatos que, no primeiro momento, ensejaram a representação, concluiu pela inexistência de irregularidades nas operações.

As conclusões do Banco Central foram, inclusive, no sentido do arquivamento do processo administrativo fiscal, inicialmente instaurado. Dessas conclusões finais, houve comunicação ao Ministério Público.

Verifica-se, em hipótese como essa, ter o Ministério Público, que, na sua independência, aforara a ação penal, ficado com o fundamento do seu procedimento criminal efetivamente esvaziado, diante da apuração feita pelas conclusões do Banco Central. A partir desse momento, não havendo o Ministério Público adotado nenhuma providência quanto ao não-prosseguimento da ação penal, parece configurar-se uma situação de constrangimento injusto aos pacientes o prosseguimento da ação penal.

Daí por que, também eu, embora tenha adotado, no HC 77.770-5-SC, posição quanto à autonomia das instâncias administrativa e penal e à possibilidade de o Ministério Público aforar, desde logo, a ação penal, diante da *notitia criminis* relativa a um ilícito de natureza fiscal ou à configuração de um crime de natureza tributária, penso que, em hipótese como a ora descrita, não se justifica prosseguir, efetivamente, esta ação, que se tornou sem justa causa.

Por isso, acompanho o eminente Ministro-Relator para, também, deferir o *habeas corpus* e determinar o trancamento da ação penal por falta de justa causa.

EXTRATO DE ATA

Decisão: após o voto do Sr. Ministro-Relator, deferindo o *habeas corpus* para determinar o trancamento da ação penal por falta de justa causa, o julgamento foi adiado, em virtude de pedido de vista do Sr. Ministro Maurício Corrêa. Falou, pelo paciente, o Dr. Eduardo Augusto Muylaert Antunes e, pelo Ministério Público Federal, o Dr. Francisco Ribeiro de Bonis. 2ª T., 26.2.2002.

Decisão: por unanimidade, a Turma deferiu o *habeas corpus*, para determinar o trancamento da ação penal por falta de justa causa. 2ª T., 12.3.2002.

Presidência do Sr. Ministro Néri da Silveira. Presentes à Sessão os Srs. Ministros Celso de Mello, Carlos Velloso, Maurício Corrêa e Nelson Jobim.

Subprocurador-Geral da República, Dr. Edinaldo de Holanda Borges.

Comentários de

Haroldo Malheiros Duclerc Verçosa

O acórdão sob exame representa uma das mais importantes decisões já proferidas a respeito de crimes contra o SFN, cuja orientação deverá balizar a atitude do Banco Central do Brasil (BACEN) e da Comissão de Valores Mobiliários (CVM) nesta matéria daqui para frente. Verifique-se que a decisão foi tomada por unanimidade dos membros da 2ª Turma, tendo sido Relator o Ministro Nelson Jobim.

Tem sido prática recorrente do BACEN o imediato encaminhamento de representação ao Ministério Público Federal quando seus funcionários — no exercício do poder de fiscalização — deparam-se com fatos e documentos que parecem apontar em direção a algum ilícito concernente a crime contra o Sistema Financeiro Nacional (SFN).

Tais representações não raro são açodadas, tal como ocorreu no caso sob exame, mas, apesar disto, também é costumeiro que o Ministério Público as endosse sem maior exame, efetuando a denúncia correspondente. E, nesta linha de atitudes em cascata, o juiz, também, sem um estudo mais profundo do caso, acata a denúncia, abrindo a ação penal.

Mais tarde — muito mais tarde, pela proverbial demora do Judiciário — a ação penal é julgada improcedente inocentando-se os réus. Mas, até que se chegue a este ponto, os réus passaram por uma longa situação de constrangimento e de prejuízos pessoais e materiais diversos, muitas vezes expostos à sanha famélica da imprensa em noticiar escândalos.

É certo que o funcionário público está obrigado a efetuar as representações cabíveis quando estiver diante de *indícios de crimes*, sob pena de prevaricação. Mas a atuação dos órgãos fiscalizadores no cumprimento de suas obrigações neste campo em nada ficaria prejudicada se fosse aguardado o término do processo administrativo com a condenação dos indiciados (processo este que, tão-somente, deveria ser abreviado no âmbito do próprio órgão administrativo para se evitar a prescrição), do que decorreria maior certeza da efetiva prática de um crime.

Segundo o acórdão em tela, *não havia indícios*, mas tão-somente *presunções sem prova*, revelando, no fundo, um tipo de deformação profissional costumeiramente presente em funcionários responsáveis por investigações nos mercados, os quais fazem um pré-julgamento apressado e infundado a seu respeito dos fatos em jogo. Já se dizia antigamente que, "*de tanto se usar o cachimbo, a boca fica torta*". Ora, é compreensível que o funcionário público, no exercício do seu trabalho, adote uma posição ideológica em razão dos fins que o Estado procura alcançar por intermédio do ente ao qual ele está ligado, especialmente no campo da fiscalização e da aplicação de penalidades pela infringência de normas que resguardam o interesse público. Do lado de lá, imagina-se, está sempre um inimigo. Daí decorre que a atuação do funcionário necessita de controle, o que se faz por meio do processo administrativo regularmente instaurado e no qual o indiciado tem direito ao devido processo legal.

O controle do qual se fala é imperfeito, porque o Estado, no processo administrativo, ocupa ao mesmo tempo o lugar de parte e de juiz. Esta situação também é contornada pelo duplo grau de jurisdição na esfera administrativa, evidentemente não afastado o controle definitivo do Judiciário. Ora, o próprio Conselho de Recursos do Sistema Financeiro Nacional (CFSFN), ao qual o BACEN recorreu de ofício do ato de arquivamento do processo administrativo, manteve a decisão de primeira instância administrativa.

Diante da decisão acima, o paciente procurou obter a cessação do curso da ação penal, entendendo não mais existir justa causa para o seu prosseguimento.

Esta intenção foi frustrada tanto no TRF quanto no STJ.

No *habeas corpus* impetrado, o TRF entendeu serem independentes as instâncias penais e administrativas. Segundo a posição ali adotada, apenas o Judiciário tem a prerrogativa de fazer a coisa julgada. Caso nesta esfera fosse entendido não haver crime, a decisão alcançaria nos seus efeitos o plano administrativo. Mas o contrário não seria verdadeiro. Nestes termos, assim se expressou o TRF:

> *O juízo valorativo da autoridade administrativa, desprovida de garantias mais efetivas em prol da moralidade e da imparcialidade, não é necessariamente simétrico ao juízo de desvalor da conduta formulado pelo paciente.*

Por sua vez o STJ manifestou-se no sentido de que "*a decisão de arquivamento do processo administrativo no âmbito do Banco Central do Brasil não vincula o Poder Judiciário, posto tratarem-se de instâncias autônomas*".

Por sua vez, em seu voto, o Ministro Nelson Jobim, anunciando a existência de tese já acatada no STF a respeito da irrelevância do arquivamento do procedimento administrativo para a persecução penal, em face da autonomia das instâncias administrativa e penal, entendeu que, no caso, o *habeas corpus* não tinha por objetivo questionar tal independência, mas trancar a ação penal por falta de justa causa, ante a evidente atipicidade do fato.

Em seu parecer, por sua vez, o Procurador-Regional da República foi enfático no sentido de que inexistiria segurança jurídica no Sistema Financeiro e na própria ordem jurídica, "*se chegarmos a ponto de condenar o paciente por crime contra o Sistema Financeiro, aplicando-se pena em defesa da preservação da higidez do sistema, quando se sabe de antemão que a au-*

toridade monetária não viu anormalidade nas operações realizadas".

Em voto-vista, o Ministro Maurício Corrêa adotou a mesma posição do Relator, afirmando que se estava diante de hipótese de ação penal tendo como causa o que não existe, não sendo possível dar seqüência à persecução penal. Não se trataria de problema ligado à autonomia de instâncias, mas a de falta de justa causa para aquela ação.

Apesar da propalada independência das esferas penal e administrativa, não se pode negar que a atipicidade da conduta foi determinada em um segundo momento pela própria Autoridade Administrativa, justamente aquela que, com maior conhecimento de causa, pode melhor aferir o preenchimento dos tipos penais praticados na sua área de atuação, onde muitas vezes conhecimentos técnicos altamente especializados constituem a condição estritamente necessária para tal finalidade.

Lembre-se que o BACEN, ao reconhecer posteriormente à representação efetuada que os fatos eram atípicos, oficiou neste sentido o Ministério Público Federal, o qual não deu trela a tal manifestação seguindo o seu curso a ação penal.

De tudo isto resulta que, aplicada a visão do STF, a responsabilidade do BACEN ficou imensamente ressaltada, pois a direção que vier a tomar em processos administrativos determinará o rumo da representação penal, se acatada ou rejeitada. Isto porque, o próprio juiz deverá rejeitar de plano a denúncia diante da falta de prova de condenação no processo administrativo, toda vez que o fato típico revelar-se inexistente.

Pareceres

NEGÓCIO INDIRETO E OPERAÇÃO DE CÂMBIO

LUIZ GASTÃO PAES DE BARROS LEÃES

1. Exposição e consulta. 2. Inocorrência de jogo sobre o câmbio. 3. Negócios indiretos e operações de câmbio legítimas. 4. O atendimento de obrigação de natureza prudencial.

Parecer

1. Exposição e consulta

1.1 O presente Parecer tem por objeto o exame de três processos administrativos, instaurados pelo Banco Central do Brasil, envolvendo empresas ligadas ao antigo Banco *X* S/A, ou pertencentes ao antigo Banco *X'* S/A. Embora revelando estruturas jurídicas diferentes, as operações questionadas pelas autoridades do Banco Central exibem um traço comum: a obtenção de ganhos decorrentes de uma situação especial que se observou nos mercados de câmbio, na primeira metade da década de 1990.

1.2 Desde 1988, o regime cambial brasileiro é formado por dois mercados: o *mercado de câmbio de taxas livres* (MCTL) e o *mercado de câmbio de taxas flutuantes* (MCTF). Esse regime dualista foi instituído em 1988 com a criação do mercado de taxas flutuantes pela Resolução 1.552, de 22.12.1988, do Conselho Monetário Nacional, regulamentada pela Circular 1.402, de 29.12.1988, do Banco Central do Brasil. Esses dois segmentos têm por característica comum o fato de as taxas cambiais serem *livremente* pactuadas no mercado, embora sob vigilância do Banco Central, a quem compete monitorar, no sentido de manter o funcionamento regular do mercado cambial (Lei 4.595, de 31.12.1964, art. 10, IX). No mercado de taxas livres, vulgarmente chamado de *mercado comercial*, são cursadas as principais operações de câmbio contratadas no País, constituindo o *locus* onde são realizadas as transações relativas à importação e exportação, investimentos estrangeiros e operações financeiras internacionais. Já no mercado de taxas flutuantes, também conhecido como *mercado de dólar turismo*, de menor dimensão, são realizadas as operações de câmbio relativas a transações ligadas às atividades turísticas, cartões de crédito e investimentos brasileiros no exterior.

1.3 Tradicionalmente, o dólar norte-americano tende a ser mais barato no mercado comercial. Entretanto, durante os períodos em que as três transações discutidas neste Parecer foram implementadas, o dólar esteve mais em conta no mercado de taxas flutuantes. Daí que o mecanismo inerente a todos esses negócios levou as empresas a operar numa combinação (i) de ingressos em moeda estrangeira através do mercado de taxas livres com (ii) egressos de moeda estrangeira através do mercado de taxas flutuantes, precedida sempre de uma transferência internacional de moeda nacional. Esse confronto gerava um excedente em moeda estrangeira, decorrente das diferentes taxas de câmbio que prevaleciam nos dois mercados. Vale dizer, um ingresso de US$ 100, realizado através do mercado comercial, deveria resultar em R$ 100, já que a taxa cambial era, na ocasião, um dólar por um real. Feita a reconversão dessa importância, através do mercado flutuante, o egresso — após a transferência internacional de reais — poderia ser, digamos, de US$ 102.

1.4 O Banco Central argüiu que tais operações infringiam os seguintes diplomas:

a) *Decreto 4.182/1920*, que proíbe o "jogo sobre câmbio", entendido este pelo Banco Central como todo negócio especulativo realizado no mercado de câmbio, tal como o negócio acima descrito;

b) *Lei 4.131/1962*, que versa sobre o registro do capital estrangeiro, em virtude das declarações falsas que poderiam ser imputadas aos contratos de câmbio relacionadas com o ingresso de divisas, ou em razão de erros na classificação das operações de câmbio nessas transações; e

c) *Resolução 1.620/1989*, que impõe aos bancos e seus administradores, que operam em câmbio, deveres de proteção às reservas cambiais do país.

1.5 Para melhor apreciação do problema, cumpre detalhar as estruturas jurídicas utilizadas pelo Banco *X* e pelo Banco *X'*, questionadas pelo Banco Central. Na primeira ordem de transação, doravante aqui designada apenas como "caso M.", uma entidade sediada no exterior, pertencente ao grupo *X*, subscreveu e integralizou um aumento de capital de uma subsidiária local, que recebeu os recursos internados no País e, ato contínuo, os emprestou a outra subsidiária local, que deles se utilizou para efetuar a compra de ações da subsidiária em que se operara o aumento de capital social citado. A lógica dessa transação pode ser facilmente entendida se se leva em consideração que o montante do ingresso de recursos, expresso em dólar, que contribuiu para a majoração do capital, será convertido em reais no mercado comercial, de taxas livres. Quando as ações emitidas foram adquiridas, a entidade *off-shore* converteu os reais, que recebeu, novamente em dólar, através do mercado de taxas flutuantes, resultando daí uma diferença a maior para as entidades sediadas no exterior.

1.6 Essa estrutura foi repetida várias vezes, usando-se diferentes companhias e envolvendo numerários num total de aproximadamente US$ 220 milhões, o que geraria um ganho de *plus minus* US$ 2 milhões. O Banco Central do Brasil indeferiu a defesa apresentada e aplicou uma multa equivalente a 5% do total dos recursos utilizados na transação, sob o pretexto de que *X* infringira o Decreto 4.182/1920.

1.7 A segunda ordem de transação (doravante identificada apenas como "caso F. P.") se distingue ligeiramente do "caso M.", pois se aproveita de uma situação preexistente. Ou seja, ao tempo em que ocorreu a referida divergência nos mercados de câmbio, um determinado investidor estrangeiro já decidira resgatar o investimento anteriormente feito em fundo de privatização, através do mercado de câmbio comercial, recebendo o pagamento correspondente em reais. Esses reais foram subseqüentemente convertidos em dólares através do mercado de câmbio a taxas flutuantes, gerando um ganho, resultado da obtenção pelo investidor de um volume maior de dólares do que receberia caso a conversão se operasse no mercado comercial. A seguir, transferiu os dólares recebidos a outro investidor estrangeiro, que, por sua vez, fez um investimento em outro fundo de privatização, até que, nove meses depois, promoveu o resgate das cotas, usando o mesmo e idêntico esquema.

1.8 Tal como aconteceu no "caso M.", o Banco Central do Brasil questionou a operação em tela, indeferindo a defesa apresentada e impondo uma multa igual a 5% do montante envolvido na transação, sob o argumento de que *X* utilizou-se de um código incorreto no preenchimento do contrato de câmbio.

1.9 Por fim, a terceira ordem de transação, doravante aqui identificada apenas como "caso B.", foi realizada por empresas do grupo *X'*, numa variação do caso relativo aos fundos de privatização, acima descrito. Em síntese, uma empresa estrangeira pertencente ao grupo *X'* investiu num fundo de privatização — o *X'* B. F. P. — e ato contínuo resgatou as suas cotas, recebendo reais, com os quais repatriou o investimento através do mercado flutuante. A seguir, outra entidade *off-shore* de propriedade do grupo *X'* repetiu a esquema. O Banco Central iniciou um processo administrativo, que resta ainda sem decisão.

1.10 Em face do exposto, somos consultados sobre a procedência da autuação do Banco Central. Uma série de dúvidas foi suscitada. De acordo com a legislação cambiária, seriam ilegítimas as operações de câmbio acima descritas? As transações efetuadas corresponderiam ao delito tipificado como jogo sobre o câmbio? O fato de as transações acima descritas gerarem, como subproduto, um ganho cambial, comprometeriam a natureza dos negócios realizados? A intenção de atingir um escopo ulterior, que transcende os fins típicos dos negócios executados, permitiria fossem esses negócios caracterizados como simulação? Pelo fato de buscarem esse ganho, poderiam ser consideradas falsas as declarações constantes dos contratos de câmbio e errônea a classificação das operações, tendo em vista a estrutura dos negócios realizados? Estruturados em contratos autônomos, constituiriam os negócios referidos uma unidade diferenciada a exigir um regime autônomo, que não se confundiria com a disciplina de cada contrato isolado? É o que procuraremos responder, em três seções sucessivas, abordando as objeções levantadas pelo Banco Central.

2. *Inocorrência de jogo sobre o câmbio*

2.1 A primeira alegação do Banco Central nas autuações referidas, para a instauração dos processos administrativos acima citados, residiria numa suposta verificação da prática de "*jogo sobre o câmbio*" na movimentação de recursos, encarado como "*operação ilegítima*" por inobservância dos requisitos do art. 5º da Lei 4.182, de 13.11.1920, que dispõe o seguinte:

> Art. 5º. O Governo instituirá a fiscalização dos Bancos e casas bancárias, para o fim *de prevenir e coibir o jogo sobre o câmbio*, assegurando apenas as *operações legítimas*, observando o seguinte:
>
> 1º. No contrato de compra e venda das cambiais deverão sempre ficar declarados os nomes do comprador e do vendedor;
>
> 2º. *São proibidas as liquidações por diferença das operações sobre letras de câmbio e moeda metálica*;
>
> 3º. Os Bancos e instituições que operem com câmbio deverão realizar, no Tesouro Nacional, um depósito que será fixado pelo Governo, tendo em vista a importância das operações.
>
> § 1º. Poderá o Ministro da Fazenda, quando a conveniência o indicar:
>
> a) exigir as provas de que as operações de compra e venda de cambiais são *reais e legítimas, proibindo-as em caso contrário*;
>
> b) impor multas correspondentes, no máximo, ao dobro da transação e, no mínimo, de 5:000$000 às pessoas ou às instituições que infringirem os preceitos deste artigo e as instruções do Ministro da Fazenda tendente à boa execução da presente lei;
>
> (...).

2.2 A lei acima citada, que "instituiu a fiscalização dos bancos e casas bancárias", foi regulamentada pelo Decreto 14.728, de 16.3.1921, que, por sua vez, baixou o "Regulamento para o serviço de fiscalização das operações cambiais e bancárias", repetindo, nos seus arts. 34 e 39, as determinações acima reproduzidas:

> Art. 34. Os Bancos e casas bancárias nacionais ou estrangeiras que negociarem em cambiais, são obrigados a fazer no Tesouro ou nas delegacias fiscais, *um de-*

pósito, que será fixado pelo Governo, tendo em vista a importância das respectivas operações cambiais.

(...).

Art. 39. Nos contratos de compra e venda de cambiais, deverão sempre ficar declarados os nomes do comprador e do vendedor. São *proibidas as liquidações por diferença das operações sobre letras de câmbio e moeda metálica*. São nulas as operações que excederem o prazo de, já consignado em lei, noventa dias, no máximo, incluídas as prorrogações.

2.3 Em 19.10.1933, o Governo baixou o Decreto 23.258, definindo o que deveria ser considerado "*operações de câmbio ilegítimas*":

Atendendo a que são consideradas *operações legítimas* as realizadas de acordo com as normas traçadas pela Lei 4.182, de 1920, e pelo Decreto 14.728, de 1921, e circulares da extinta Inspetoria Geral dos Bancos, do Gabinete do Consultor da Fazenda e do Banco do Brasil (Seção de Fiscalização Bancária);

Atendendo a que a Lei 4.182, de 1920, art. 5º, dá competência ao Governo para estabelecer condições e cautelas que forem necessárias para *regularizar as operações cambiais e reprimir o jogo sobre o câmbio*;

(...).

[o Governo] DECRETA:

Art. 1º. São consideradas *operações de câmbio ilegítimas* as realizadas entre bancos, pessoas naturais ou jurídicas, domiciliadas ou estabelecidas no País, com quaisquer entidades do exterior, quando tais operações não transitem pelos bancos habilitados a operar em câmbio, mediante prévia autorização da fiscalização bancária a cargo do Banco do Brasil.

Art. 2º. São também consideradas operações de câmbio ilegítimas as realizadas em moeda brasileira por entidades domiciliadas no País, por conta e ordem de entidades brasileiras ou estrangeiras domiciliadas ou residentes no exterior.

(...).

Art. 6º. As infrações dos arts. 1º, 2º e 3º serão punidas com multas correspondentes ao dobro do valor da operação, no máximo e mínimo de cinco contos de réis, nos termos do art. 5º, letra *b*, da Lei 4.182, citada.

(...).

2.4 Combinando os dispositivos transcritos, podemos dizer que o Governo, através dos diplomas acima referidos, assegurava a realização de operações de câmbio *legítimas*, considerando como tais apenas aquelas realizadas por instituições financeiras devidamente autorizadas a operarem em câmbio, e desde que obedecessem aos seguintes requisitos: (a) as instituições dispusessem de uma *posição cambial* junto às autoridades monetárias, e (b) os contratos de câmbio identificassem os nomes das partes contratantes e não estipulassem a liquidação exclusivamente pela diferença entre o preço ajustado e a cotação à época do vencimento. As operações de câmbio que não observassem esses requisitos seriam reputadas "jogos de câmbio", e, como tais, "operações ilegítimas", que a legislação em foco visava coibir e penalizar.

2.5 Advirta-se que os chamados "*contratos diferenciais*", mormente quando tenham por objeto câmbio e moeda, sempre mereceram restrições por parte do ordenamento jurídico brasileiro, antes mesmo da promulgação do Código Civil brasileiro de 1916. Com efeito, já dispunham o Decreto 1.359, de 20.4.1893, que baixou o regulamento para o exercício das funções dos corretores de fundos públicos e operações de bolsa (art. 121), o Decreto 354, de 16.12.1985, que reorganizou a corporação dos corretores de fundos públicos (art. 9º), e o Decreto 2.475, de 13.3.1897 (art. 94), que o regulamentou, que, *verbis*:

Art. 94. As liquidações das operações da Bolsa feitas a prazo poderão ser realizadas pela efetiva entrega dos títulos e pagamento dos preços, ou pela prestação da diferença entre a cotação da data do contrato e a da época da liquidação.

São excetuadas desta disposição as operações sobre letras de câmbio e moeda metálica, que somente serão liquidáveis pela entrega efetiva dos títulos e das espécies.

2.6 Esses dispositivos serviram de inspiração ao art. 1.479 do Código Civil brasileiro[1] que, no entanto, acompanhou a orientação do Código Civil alemão, que, no § 764, *equiparou* ao jogo o contrato diferencial (*Differenzgeschäft*) sobre mercadorias, títulos ou valores, estendendo a este a disciplina do jogo e da aposta (*ist der Vertrag as Spiel anzusehen*),[2] retirando-lhe, por conseguinte, a pretensão e a exigibilidade:

> Art. 1.479. São *equiparados ao jogo*, submetendo-se, como tais, ao disposto nos artigos antecedentes, os contratos sobre títulos de bolsa, mercadorias ou valores, em que se estipule a *liquidação, exclusivamente, pela diferença entre o preço ajustado e a cotação*, que eles tiverem, no vencimento do ajuste.

2.7 Ao assimilar ao jogo a disciplina do contrato diferencial, no qual fique estipulada a liquidação *exclusivamente* pela diferença entre o preço ajustado e a cotação que desfrutarem num dado momento, a lei civil fez uma série de distinções. Em princípio, seria admissível ajustar uma compra e venda a termo de mercadorias, valores e títulos de bolsa, deixando a fixação do preço ao sabor da cotação, não se considerando de azar as operações que possam ser, alternativamente, realizadas pela efetiva entrega dos bens negociados, ou pela prestação da diferença. O contrato, porém, passa a ser considerado diferencial, e, como tal, equiparado ao jogo, quando não tenha por objetivo a entrega efetiva de bens ou valores, mas apenas e tão-somente a liquidação pelo pagamento da diferença, convertendo a álea do mercado no objeto específico do contrato.

2.8 Ora, ao submeter o contrato diferencial, assim entendido, às disposições relativas ao chamado *jogo tolerado*, constantes dos arts. 1.477 e 1.478, a lei civil não impõe propriamente a *nulidade* desses contratos, mas lhes empresta uma *eficácia reduzida*, destituída de pretensão e de ação. Assim sendo, apurada a diferença, esta passa a constituir uma *obrigação natural*, privada de ação para exigir o pagamento. Quer dizer, se o *solvens* voluntariamente entrega ao *accipiens* a importância devida, não lhe cabe o direito de repetir, pois tal pagamento, embora inexigível, não era indevido (CC, art. 970). Os chamados jogos tolerados, portanto, não transpõem o limiar da iliceidade, e não são nulos, se bem que nem por isso conquistem os favores da lei.[3]

2.9 Nesse ponto, o Código Civil se distancia da legislação relativa às operações de bolsa, acima citada, que *vedava*, pura e simplesmente, a prática de contratos sobre câmbio e moeda liquidáveis pela prestação da diferença. Daí o objetivo do art. 5º da Lei 4.182, de 1920, *proibindo* as liquidações por diferença das operações sobre câmbio e moeda. Ora, se o negócio diferencial passa a ser *proibido*, as conseqüências jurídicas se alteram, devendo o mesmo ser encarado como um *jogo ilícito*, e, portanto, *nulo*, ao qual não se aplicam os artigos citados do Código Civil. Dessa forma, esse diploma, alterando a lei civil, procura *restaurar* a tradição do ordenamento jurídico brasileiro que assimilava as operações diferenciais relativas a câmbio e moeda ao jogo ilícito, como forma de impedir que a oscilação do mercado de divisas pudesse se converter em área de especulação lesiva à moeda nacional.

1. *Código Civil Comentado* por Clovis Bevilaqua, v. V, Francisco Alves, 1947, p. 240.

2. "§ 764. [*Differenzgeschäft*] Wird ein auf Lieferung von Waren oder Wertpapieren lautender Vertrag Absicht geschlossen, dass der Unterschied zwischen dem vereinbarten Preise und dem Börsen- oder Mraktpreise der Lieferungszeit von dem velierenden Teile an den gewinnenden gezahlt werden soll, so ist der Vertrag als Spiel anzusehen."

3. Pontes de Miranda, *Tratado de Direito Privado*, t. LII, 2ª ed., Rio de Janeiro, Borsói, 1966, pp. 267 e ss.; Manuel Inácio Carvalho de Mendonça, *Contratos no Direito Civil Brasileiro*, t. II, 3ª ed., Rio de Janeiro, 1955, pp. 803 e ss.

2.10 De onde deflui a necessidade de se conceituar devidamente a operação diferencial assimilada ao jogo, para os efeitos da lei. De acordo com a legislação citada, são reputadas como ilícitas as operações sobre câmbio ou moeda cujas liquidações se realizem *exclusivamente* pela diferença entre o preço ajustado e a cotação. Inexistindo, *ab origine*, a vontade efetiva de alienar ou adquirir efeitos, as operações em tela se reduzem a meras apostas de valores, limitando-se as partes a especular sobre as oscilações de mercado. A prestação depende apenas do acaso, sendo insuscetível de estimação prévia. O câmbio, encarado como troca de moedas, passa a revestir caráter nitidamente fictício, pois os valores negociados não são efetivamente permutados, mas apenas utilizados como referências para as liquidações por diferença. Na realidade, esses "*negócios diferenciais*" não são verdadeiros contratos de compra e venda, revelando um perfil jurídico peculiar.

2.11 Nessas condições, de acordo com essa legislação, para que uma operação de câmbio seja caracterizada como um negócio diferencial, deve conter os seguintes elementos informativos: a) revestir *caráter aleatório*; b) prever *liquidação exclusivamente por diferença* e, c) promover uma *troca de divisas fictícia*. Dotadas desses elementos informativos, essas operações se equiparam aos jogos ilícitos, na exata medida em que a determinação da diferença é confiada exclusivamente a um fator casual e incerto. Essa a razão da sua configuração como *jogos sobre o câmbio*, reprimidos pela Lei 4.182/1920.

2.12 Advirta-se que esses jogos ilícitos de câmbio abrangem apenas as chamadas *operações diferenciais propriamente ditas*, que são aquelas em que os figurantes pactuam a liquidação exclusivamente por diferença, seja essa declaração manifestada num único contrato (operações simples), seja exteriorizada em dois contratos ajustados em posições inversas através dos mesmos figurantes (operações complexas). Não constituem jogos de câmbio ilícitos, porém, as operações diferenciais denominadas *impróprias*, assim consideradas aquelas cujas prestações são realizadas em espécie, embora as partes — sejam elas distintas ou não — as tenham convencionado especulando nas diferenças que se apurarem.[4] É com base nessa distinção que os contratos que tenham por objeto os riscos de câmbio, como os contratos a futuro, *caps*, *floors*, *swaps* e *hedgings* desfrutam de incontestável validade jurídica e têm livre trânsito do mercado.[5]

2.13 Cumpre acrescentar que, ainda que sob o prisma econômico se possa falar no caso num negócio unitário, esses contratos de compra e venda, executados mediante a entrega efetiva e real do objeto transacionado, conservam, cada um deles, sob o ponto de vista jurídico, autonomia dogmática, não configurando negócios diferenciais nem mesmo quando as partes lancem mão, na liquidação, do mecanismo da compensação legal (CC art. 1.009; CCom art. 439). De resto, o ânimo especulativo, que levou as partes a realizarem as operações contrapostas, resulta sempre estranho à estrutura jurídica das operações e não gera reflexos sobre a *causa* dos contratos, que continua a ser a entrega do bem alienado contra o pagamento do preço. Como observou Ascarelli,[6] a motivação psicológica das partes, ao estruturarem esses negócios diferenciais, não é em nada diversa do ânimo que leva todo contratante a realizar uma

4. Francesco Messineo, "L'affare differenziale improprio", in *Operazioni di Borsa e di Banca*, Milão, Giuffrè, 1954, pp. 75 e ss.; Luigi Bianchi D'Espinosa, *I Contratti di Borsa. Il Riporto*, Milão, 1969, pp. 387 e ss.

5. D. Preite, "Recenti sviluppi in tema di contratti differenziali semplici (in particolare *caps*, *floors*, *swaps*, *index futures*)", in *Dir. Comm. Internaz.*, 1992, p. 171; Francesco Caputo Nasetti, *Profili Civilistici dei Contratti "derivativi" Finanziari*, Giuffrè, 1997, pp. 57 e ss.; Bruno Inzitari, "Il contratto di *swap*", in *I Contratti del Commercio, dell'Industria e del Mercato Finanziario*, t. III, Utet, 1995, pp. 2.466 e ss.

6. "Aleatorietà e contratti di borsa", in *Problemi Giuridici*, t. II, Milão, Giuffrè, 1959, pp. 739 e ss.

compra e venda, esperando ganhar com a oscilação futura do mercado.

2.14 Ora, nas três operações descritas nas intimações realizadas pelo Banco Central do Brasil, as situações não apresentam os elementos informadores dos contratos diferenciais, acima especificados, que a Lei 4.182/1920 fulmina, denominando-os de "jogos sobre o câmbio". Com efeito, nas hipóteses em pauta, as liquidações sempre se processaram mediante a entrega efetiva e real de moeda estrangeira contra a entrega de moeda nacional (como, por exemplo, no caso dos valores investidos nos fundos de privatização), ou mediante o real e efetivo pagamento em moeda nacional, sem contratação de câmbio (como, por exemplo, no caso dos resgates das cotas).

2.15 Essas operações, portanto, não são fictícias, nem foram liquidadas por diferença, ainda que da diversidade de cotações nos distintos mercados de câmbio tenha resultado ganho para as partes. Ademais, essas operações não revestem o caráter de contratos aleatórios, na medida em que as prestações pactuadas não ficaram na dependência de eventos casuais e incertos. As operações de câmbio foram cursadas nos mercados do câmbio comercial e flutuante, a taxas de todos conhecidas. Em conseqüência, as partes envolvidas não se posicionaram sob a perspectiva de uma álea, expondo-se a uma eventualidade recíproca de perda ou de ganho. Em suma, não houve, nessas operações, qualquer "jogo" no câmbio.

2.16 Nas decisões proferidas pelo Banco Central, argüiu-se ainda que a definição do jogo sobre o câmbio como um conjunto de operações em que a moeda estrangeira não é efetivamente negociada, mas utilizada apenas como referência, "é falha", pois baseada "em normativos antigos, anteriores e contemporâneos à edição da Lei 4.182/1920", destacando-se ainda que "em nenhum momento esta Autarquia acusou ter havido liquidação por diferença nas operações questionadas". Ora, quem se referiu ao art. 5º da Lei 4.182/1920, ao instaurar os processos administrativos contra supostos jogos de câmbio, foi exatamente o órgão fiscalizador, e é esse dispositivo que proíbe o "jogo sobre o câmbio" encarado como contrato diferencial. Todos sabemos que constitui regra básica de hermenêutica que, seja qual for o processo de interpretação utilizado, o exegeta não pode divorciar-se do texto legal, continente do direito. O intérprete, seja quem for, está sempre preso às definições estabelecidas na lei, mormente quando essas definições se referem a delitos tipificados que o legislador visa reprimir.

2.17 Com efeito, ao se indagar se determinados fatos se inserem na zona de liberdade que assiste aos particulares de organizarem a sua vida negocial, ou se, pelo contrário, configuram, por qualquer título, comportamento antijurídico, cumpre sempre examinar se tais fatos se situam ou não dentro dos limites da *legalidade*, que é o princípio constitucional que assegura ao indivíduo a prerrogativa de fazer ou deixar de fazer alguma coisa senão em virtude da lei (Constituição, art. 5º, II). Expressão dessa garantia, em matéria punitiva, é o princípio da *tipicidade* dos delitos, também de assento constitucional (art. 5º, XXXIX), através do qual se estabelece que "não há crime sem lei anterior que *o defina*, nem pena sem prévia cominação legal". Em matéria penal, o princípio da legalidade não se baseia, portanto, apenas no conceito de reserva de lei, mas de *reserva de lei qualificada*, pois não se limita à exigência de uma lei formal, como fundamento da sanção, requerendo, ademais, que esse diploma estabeleça "*a definição*" dos atos vedados. Por conseqüência, todo e qualquer esforço hermenêutico, no campo de uma norma sancionatória, só pode se desenvolver a partir de tipos delituosos devidamente enunciados pela lei.

3. Negócios indiretos e operações de câmbio legítimas

3.1 Nas transações objeto de autuação, o Banco Central procurou incluir no conceito de "jogo de câmbio" outras formas de "operações ilegítimas", que não aquelas definidas na lei, como as que vislumbra tenham sido praticadas nas operações de transferência de recursos do e para o exterior, realizadas pelas entidades autuadas nos mercados de taxas livres e de taxas flutuantes. Não obstante admita o revestimento formal incensurável dessas operações, elas seriam ilegítimas, ao juízo da autoridade fiscalizadora, porque *simuladas*, ou seja, "tiveram por finalidade precípua justamente o ganho financeiro especulativo alcançado e não as finalidades declaradas no formulário dos contratos de câmbio". A ilegitimidade das operações em tela residiria, portanto, não propriamente no ganho financeiro auferido (a que a intimação, aliás, sequer faz alusão), mas nas irregularidades praticadas na realização desses contratos, orientados no sentido de obter esse ganho cambial.

3.2 Segundo as decisões do Banco Central, a análise dessas operações de câmbio, de forma separada, induz à impressão de que cada uma delas foi realizada dentro das normas pertinentes. Mas quando vistas em conjunto, torna-se claro que as operações são irregulares, porque visam a produzir efeito diverso do ostensivamente indicado em seus formulários. Nítida, portanto, seria a sua natureza simulatória. Pois como se sabe, ocorre *simulação* quando as partes manifestam uma vontade diferente da sua vontade real, visando aparentar um negócio jurídico que não corresponda à realidade. Há, na simulação, uma divergência entre a vontade real e a declarada, com o intuito determinado de enganar terceiros. O Código Civil brasileiro enumera três formas típicas de simulação dos atos jurídicos (art. 102), atribuindo aos terceiros lesados, inclusive aos representantes do poder público, legitimidade para demandar a nulidade dos atos (art. 105).

3.3 Ora bem, em todas as modalidades de simulação, concorrem dois elementos básicos: (i) a incompatibilidade entre a forma e o conteúdo do negócio jurídico realizado, de sorte que o *meio utilizado* procura moldar uma realidade cujas características discrepam totalmente daquelas que são próprias da categoria legal empregada; e (ii) a diversidade entre os *resultados* reais obtidos e os efeitos naturais do negócio jurídico utilizado. Se o meio for ilícito, ou seja, se a forma jurídica só com violência se acomodar à vontade real das partes, essa circunstância já comanda, por definição, a ilicitude jurídica dos resultados. Se, porém, o negócio jurídico celebrado corresponde à vontade real das partes, é de se inferir que lícitos serão também os seus resultados, ainda que, indiretamente, provoquem efeitos diversos daqueles que são peculiares ao esquema negocial praticado. Daí a idéia do *negócio indireto*, como negócio legítimo e eficaz. Segundo essa teoria, que já ganhou o beneplácito do nosso Direito, ocorre negócio indireto quando os fins típicos de uma operação são realmente queridos pelas partes, embora atuem para que se atinja uma finalidade ulterior, essencial na determinação volitiva dos referidos negócios.[7]

3.4 A característica nuclear do negócio indireto reside, pois, na utilização de um determinado contrato, cujos efeitos típicos são realmente queridos pelas partes, por um motivo ulterior a ser conseguido através dos efeitos próprios do tipo negocial a que corresponde o negócio realizado. As partes querem verdadeiramente o negócio-meio, com os efeitos que lhe são próprios, embora só para conseguirem um resultado econômico diverso do que lhe é normal. É nesse ponto que o negócio indireto se distancia da simulação: no negócio simulado há uma divergência entre a vontade real e a vontade declarada; no negócio indireto não há essa divergência, distinguindo-se do negócio típico apenas pela motivação, que transcende aquela que corresponde à sua função característica. O negócio indireto é, destarte, uma operação verdadeira, e lícita,

7. Tullio Ascarelli, "O negócio indireto", in *Problemas das Sociedades Anônimas e Direito Comparado*, Saraiva, 1945, pp. 99 e ss.

e não compartilha da natureza enganosa, e ilícita, da simulação. A distinção entre o negócio simulado e o negócio indireto corresponde à fronteira que separa a mentira da verdade.

3.5 É sob esse prisma que devem ser encaradas as operações objeto deste estudo. Com efeito, submetidas as operações em exame a cuidadoso escrutínio, vemos que as partes envolvidas recorreram a esquemas negociais típicos para atingir os fins que lhes são peculiares, mas que indiretamente lhes abririam a oportunidade de realização de um resultado adicional atípico, também legítimo. Quer dizer, os negócios em tela nunca foram fictícios ou simulados, mas efetivamente realizados, embora motivados por um escopo econômico não habitual nesse tipo de operação.

3.6 Se não, vejamos. Na hipótese relativa aos fundos de privatização, verificamos que o Banco *X* N. A., de Porto Rico, resgatou investimentos há muitos anos realizados em moeda estrangeira em fundos de privatização, solicitando se procedesse ao pagamento em reais. Como esses investimentos qualificavam-se como *investimentos estrangeiros*, o valor poderia ter sido remetido ao exterior através do mercado de taxas livres. Dadas as diferenças das taxas praticadas, era mais vantajosa a remessa através do mercado de taxas flutuantes, o que apenas exigia que o pagamento das cotas se efetivasse em moeda nacional, como ocorreu. Essa escolha nada tinha de irregular, estando em conformidade com a Circular 2.409, vigente à época. Embora essa Circular tenha sido revogada, o princípio nela expresso continua em vigor, a teor do disposto na Circular 2.677.

3.7 Ora, acontece que a liquidação financeira dos dois tipos de operação, cursadas em mercados de câmbio distintos, propiciou, em função do diferencial das taxas existentes, um *ganho cambial*, que deve ser imputado à própria sistemática criada pelo Banco Central do Brasil, que admite a livre conversão entre reais e moedas estrangeiras, através do mecanismo das contas de não-residentes, no mercado de taxas flutuantes. Com efeito, a obtenção desses ganhos em virtude das diferenças praticadas nesses diversos mercados não sofre, nem nunca sofreu, qualquer censura por parte do ordenamento jurídico vigente, tanto mais que a própria regulamentação cambial permite a prática de *operações de arbitragem* no mercado de câmbio livre (CNC, item 1.2.16.*b*), autorizando igualmente que os bancos que operam no mercado de taxa flutuante realizem operações desse naipe contra a sua própria posição no mercado de taxas livres (CNC, item 2.3.4). Em suma, através da arbitragem, admite-se que uma instituição altere a sua posição cambial, baseada na equivalência de moedas, buscando obter vantagens em função dos diferenciais das taxas existentes — exatamente como ocorre na situação em exame.

3.8 Nas hipóteses relacionadas com a sociedade M. Participações Ltda., foram travadas transações muito similares. Várias operações de câmbio foram celebradas junto ao Banco *X* S/A a fim de permitir a realização de *investimentos diretos* em sociedades constituídas de acordo com as leis brasileiras, que tinham em comum serem detidas em sua totalidade pela sociedade *X* Participação e Empreendimentos Ltda. Ato contínuo, esses recursos, que entraram nessas sociedades a título de aporte para aumentos de capital, foram objeto de empréstimo para a *M*. Participações Ltda., também controlada pela *X* Participação e Empreendimentos Ltda. Como esses investimentos se qualificavam como estrangeiros, o valor mutuado poderia ser remetido ao exterior por meio de operação cursada no mercado de câmbio de taxas livres.

3.9 Aqui, no entanto, se repetiu o que se deu com os recursos resgatados dos fundos de privatização, acima descritos. Dadas as diferenças de taxas praticadas no mercado comercial e no mercado flutuante, utilizou-se esse segundo mercado de câmbio para dita remessa, o que exigiu fosse o pagamento feito em moeda nacional. Recebendo esse pagamento em reais, a *M*.

Participações Ltda. promoveu a conversão da moeda nacional em dólares e efetuou a transferência para a conta de não-residente que o Banco *X* N. A. mantinha no banco brasileiro, para o fim de proceder ao pagamento da *D*. Holdings Ltd., por compra de participação societária que esta detinha em empresa no País. A combinação da liquidação financeira dos dois tipos de operações, cursadas em mercados de câmbios distintos, relativos ao aporte de investimento estrangeiro e à liquidação da compra feita por entidade no exterior, gerou um ganho cambial para as partes.

3.10 Ora, quem quer que examine as etapas acima descritas logo verificará que em nenhuma delas ocorreu qualquer irregularidade. Todas as operações são reais e implicaram em atos efetivamente executados. Os recursos em moeda estrangeira, oriundos de operações conduzidas no mercado de câmbio de taxas livres, foram efetivamente creditados junto ao Banco *X*, na conta das empresas nacionais, que promoveram aumentos de capital, mediante alterações em seus contratos sociais. O fato de esses recursos terem sido, na mesma data, mutuados à *M*. Participações Ltda., não constitui qualquer ato ilícito, nem lhes desnatura o caráter do investimento estrangeiro direto em empresa brasileira. Com efeito, a lei brasileira admite os empréstimos entre empresas do mesmo grupo econômico (*intercompany loans*).

3.11 Por outro lado, as operações de câmbio, cadastradas no Banco Central, somadas aos documentos societários relativos ao aumento de capital registrados em cartório, acompanhados de relatórios contábeis, são elementos comprobatórios de que os recursos ingressados foram, de fato, "aplicados em atividades econômicas no País", na forma preceituada no art. 1º da Lei 4.131/1962. Pois embora tenha ocorrido, através do mútuo, a transferência desses recursos para a coligada *M.*, *remanesce* no ativo das sociedades mutuantes os créditos correspondentes a esses empréstimos. Não se verificou, assim, a aludida divergência entre a real destinação dada aos recursos (saída imediata por MCTF) e aquela declarada nos contratos de câmbio quando da sua internação no País (aporte de capital estrangeiro em empresa nacional).[8]

3.12 A ausência do registro de capital estrangeiro para esse aporte se deve ao fato de que, uma vez internado, logo foi transferido para empresa sediada no País, operando-se a "nacionalização de investimento estrangeiro", por força do mecanismo previsto no parágrafo único do art. 52 do Decreto 55.572/1965, que dispensa as empresas da manutenção desse registro. Mas mesmo que não houvesse essa previsão, cabe acentuar que o registro não constitui num elemento formal, que faça parte integrante do conceito legal de capital estran-

8. Nos três processos, o Banco Central alega que o fato de os recursos entrarem e saírem imediatamente do País não seria consistente com a classificação de "investimento estrangeiro", tal como conceituado pelo art. 1º da Lei 4.131, pois lhe faltaria o requisito da *perenidade*, que, segundo a opinião consagrada, sempre está presente no conceito de investimento — e no de investimento estrangeiro, em particular. Assim, na Lei de Sociedades Anônimas, o *investimento* é definido como o subconjunto do ativo, que inclui os bens possuídos pela sociedade empresária como fontes de rendimentos financeiros, como as participações societárias *permanentes* (Lei 6.404, art. 179, III). E no *Balance of Payments Manual*, do FMI (4ª ed., 1977, p. 136), que atua como paradigma para a nossa legislação cambial, o *investimento estrangeiro* é definido como "investment that is made to acquire *a lasting interest* in an enterprise operating in an economy other than that of an investor". Ora, nos casos aqui tratados, tanto na hipótese de investimento direto de capital estrangeiro em sociedades nacionais, quanto em fundos e carteiras de investimentos, foi mantido o requisito da permanência da "aplicação no Brasil". No caso M., p. ex., o aporte de recursos estrangeiros no aumento de capital da empresa permanece integralmente inscrito em sua contabilidade, ainda que o numerário decorrente desse aporte tenha entrado no giro das atividades econômicas desenvolvidas por essa sociedade. Da mesma forma, nos negócios relativos aos fundos de privatização, a entrada de divisas destinada aos fundos de investimentos estrangeiros, e o subseqüente resgate das suas cotas, foi acompanhada de novo ingresso de recursos do exterior, destinado a outro fundo de privatização, permanecendo assim aplicado no Brasil.

geiro. Na realidade, o registro de capital estrangeiro, instituído pelo art. 3º da Lei 4.131, de 3.9.1962, constitui apenas um "serviço especial" franqueado ao investidor, como forma de lhe garantir o direito ao repatriamento, à remissibilidade dos lucros e ao reinvestimento. A inexistência de registro não consubstancia, porém, qualquer infração à regulamentação cambial, nem sujeita o investidor a qualquer tipo de sanção.

3.13 As mesmas considerações podem ser feitas em relação à terceira ordem de autuação, relativa às operações de câmbio, atinentes aos investimentos estrangeiros da Financiera *S.* S/A no fundo de privatização *X'* B., administrado pelo Banco *X'* S/A, e subseqüente resgate de algumas dessas quotas sem remessa de divisas ao exterior, mediante o pagamento em reais das cotas resgatadas, repatriando-se, ao depois, o investimento através do mercado de taxas flutuantes. A seguir, a investidora estrangeira, *X'* Internacional Business Corporation, ligada ao grupo, repetiu a operação, cursando nos dois mercados através do Banco *X'* e *C*. Em suas linhas básicas, essa transação consiste numa variação das operações com fundo privatização, como a característica distintiva de que os investidores estrangeiros referidos têm ligações com o Banco *X'* e o Banco *X*. Da mesma forma, a condução das operações nos dois mercados de câmbio, com utilização de transferência internacional em reais, produziram, no contexto final, a obtenção de um ganho financeiro consistente na diferença entre as divisas internadas, pelo mercado de taxas livres, e o egresso delas, pelo mercado de taxas flutuantes.

3.14 Bem examinadas, em todas essas três modalidades de operação, não se observa divergência entre a vontade real e declarada, tendo os negócios sido realizados com o objetivo de irradiar os efeitos que lhe são próprios, a fim de que, através deles, pudessem as partes auferir o ganho decorrente da diferença entre os dois mercados de câmbio, então existente. As operações não eram fictícias, nem foram realizadas de maneira enganosa, com o intuito deliberado de fraudar a lei e prejudicar terceiros, mas efetivadas de maneira real e concreta, com a intenção de aproveitar uma oportunidade comercial lícita, decorrente de uma diferença de taxas de câmbio cursadas em diferentes mercados. Consubstanciam, pois, modalidades de "negócios indiretos", que devem ser considerados válidos e submetidos à disciplina própria dos negócios realizados.

3.15 O negócio indireto somente fica comprometido quando o escopo perseguido se revela ilegal. No caso, as operações de câmbio em exame somente estariam comprometidas se o ganho financeiro, decorrente da diferença das taxas praticadas, se revelasse um *ganho indevido*, porque contraveniente a dispositivo de lei. Ora, o regime cambial brasileiro com duplo mercado foi regularmente instituído pelo Banco Central, com a criação, em 1988, do mercado de taxas flutuantes (Circular 1.402/1988; Resolução 1.552/1988), passando esses dois segmentos a se caracterizarem pelo fato de ambas as taxas cambiais serem livremente pactuadas pelo mercado, sob a vigilância do próprio Banco Central (Lei 4.595/1964, art. 10, IX).

3.16 De março de 1995 a janeiro de 1999, prevaleceu o sistema de banda cambial, através do qual o Banco Central estabelecia limites máximos e mínimos para a flutuação das taxas cambiais, quando foi eliminado. Desde janeiro de 1999, é o *mercado interbancário* quem define as taxas de câmbio, de maneira livre, mas sempre monitorado pelo Banco Central, que de resto vem desenvolvendo uma série de ações que sinaliza no sentido da unificação dos mercados, como a possibilidade de os bancos poderem deslocar as divisas que sobram de um segmento para o outro, aproximando as cotações nos mercados. Assim, operações de arbitragem entre esses segmentos são perfeitamente naturais e o ganho eventualmente obtido, totalmente legítimo.

3.17 Cumpre acrescentar que o negócio indireto não é propriamente uma categoria dogmática, mas apenas uma categoria econômica. Nessas condições, ele não interfere na linha estrutural do negócio-meio, criando um novo tipo negocial, mesmo quando, sob o ângulo econômico, possa ser visto como uma realidade unitária. Assim, no caso aqui tratado, as declarações constantes dos contratos de câmbio e as classificações das operações constantes dos respectivos formulários devem fazer referência apenas e tão-somente aos negócios-meio efetivamente realizados e aos efeitos que lhes são próprios. Em nenhum deles, a busca do ganho cambial justificaria fazer referência a diferentes números de códigos e a diversa natureza de operações senão as que foram efetivamente realizadas. Totalmente descabida, assim, a capitulação das operações em foco, feita pelo Banco Central nos processos *sub examine*, como inquinadas de "declarações falsas" e "classificação incorreta", em infração ao § 4º do art. 23 da Lei 4.131/1962. Essa infração seria cometida, isso sim, se nos formulários constassem referências a códigos e operações que não se afeiçoassem aos negócios efetivamente celebrados.

4. O atendimento de obrigação de natureza prudencial

4.1 Resta, como último ponto, a questão da inobservância da *obrigação de natureza prudencial*, atribuída às instituições financeiras autorizadas a operar em câmbio, na medida em que essa autorização, segundo dispõe a alínea III da Resolução 1.620, de 26.7.1989, "implica a defesa intransigente das reservas cambiais do país". Como as próprias autoridades do Banco Central, aliás, já o reconheceram, esse dispositivo não é aplicável ao caso em exame, visto que os procedimentos determinados na Resolução em apreço dizem respeito apenas a operações cursadas no mercado de câmbio de taxas livres, referentes a importação e exportação, não tendo aplicação nas transações que aqui se discute, e que envolvem pagamentos em reais. Mas mesmo que o fossem, as operações atacadas permitiram o ingresso de moeda estrangeira no mercado de taxas livres, que reforça as reservas do país. A alegação de que não teria sido adotado, no caso, procedimento de caráter prudencial, perde completamente o sentido, na medida em que o bem tutelado pela norma — as reservas cambiais do país — em nenhum momento foi ameaçada.

4.2 Insiste, porém, o Banco Central na alegação de que, se não houve a conduta omissiva a que a Resolução 1.620 faz alusão, teria havido, sim, ação dolosa por parte das instituições, que praticaram operações que lesaram as reservas cambiais do país. Essas reservas teriam sofrido um decréscimo indevido, equivalente ao ganho auferido na operação, "em detrimento da política cambial praticada por esta Autarquia que, à época, visava a estabilizar as cotações do dólar no mercado de taxas livres".

4.3 Ora, em primeiro lugar, cumpre acentuar que as operações em apreço foram praticadas de forma incensurável sob o ponto de vista da legislação vigente, de forma que, de modo algum, podem elas ser caracterizadas de operações de câmbio irregulares. Por outro lado, admitindo-se que as operações em tela foram efetuadas com o fim indireto de apurar um ganho na arbitragem entre as taxas de câmbio cursadas no mercado comercial e no mercado flutuante, cabe lembrar que esse ganho cambial não é vedado pela legislação. Não se trata aqui de "evasão de divisas", que é o fenômeno definido pela Lei 7.492/1986 como a saída clandestina de divisas do país, através de "operação de câmbio não autorizada" (art. 22).[9] Nas transações objeto deste Parecer, faltam, assim, para a configuração do delito vislumbrado pelas autoridades do Banco Central, tanto o *elemen-*

9. Rodolfo Tigre Maia, *Dos Crimes contra o Sistema Financeiro Nacional*, Malheiros Editores, 1999, pp. 132 e ss.; José Carlos Tórtima, *Crimes contra o Sistema Financeiro Nacional*, Lumen Juris, 2000, pp. 141 e ss.

to normativo (operação de câmbio não autorizada), quanto o *elemento subjetivo* do tipo (o fim de promover um êxodo indevido de divisas). Daí ser absolutamente exagerado e inconsistente falar que, nas transações aqui examinadas, teria ocorrido a desobediência, por parte das instituições financeiras envolvidas, do dever de defesa das reservas cambiais do país.

4.4 Em suma, entendemos que militam em favor das entidades autuadas sólidas e jurídicas razões para reverter as decisões já proferidas nos dois processos administrativos, através de recurso ao Conselho de Recursos do Sistema Financeiro Nacional, ou eventualmente ao Judiciário.

São Paulo, 24 de setembro de 2001.

CHEQUE. FALSIFICAÇÃO. DIREITO APLICÁVEL. USOS E COSTUMES. COMPORTAMENTO DO EMITENTE E DO SACADO. DANO MORAL

FERNANDO NETTO BOITEUX

Exposição e consulta. I — Os fatos. II — O objeto da consulta. III — O direito aplicável. IV — Os usos e costumes: O comportamento do emitente. V — O comportamento do banco. VI — Da responsabilidade civil dos bancos. VII — Do dano moral. VIII — Conclusão.

Exposição e consulta

Consulta-me o Banco... S/A, sobre a questão descrita abaixo, pedindo a minha opinião legal.

I — Os fatos

1. A Indústria..., adiante referida simplesmente [emitente], emitiu dois cheques cruzados, ... Em ambos os cheques foi indicado como beneficiário o Banco...

Estes cheques foram sacados contra o Banco..., adiante referido simplesmente "Banco" estando, ambos, destinados ao pagamento de ICMS da companhia emitente.

2. Ocorre que ambos os cheques foram adulterados nos campos "favorecido" e "destinação", mediante grosseira falsificação, para se incluir o nome da empresa..., tendo sido pagos a ela, indevidamente.

3. Este pagamento deu origem a ações judiciais por dano material e moral contra o Banco, que se encontram pendentes no Foro do...

4. Em ambos os pedidos, no que diz respeito a esta consulta, a [emitente] afirmou que: "o réu agiu com manifesta imprudência ao permitir a compensação da indigitada cártula sem a observância dos procedimentos bancários específicos, fato que teria ocasionado a lavratura de auto de infração pelo Fisco Estadual (...)".

5. A contestação do Banco, por sua vez, sustenta, também em ambos os processos, a "conduta culposa da [emitente], ao ter contratado os serviços de empresa de entregas para a efetivação dos pagamentos bancários que a empresa deveria realizar".

6. A primeira ação teve o seu pedido reconhecido em primeira instância, estando pendente de recurso, e a segunda ainda se encontra em primeira instância.

7. As informações acima constam dos relatórios anexos que me foram fornecidos pela consulente e têm origem no *data room* do Banco ... S/A.

II — O objeto da consulta

8. Pergunta-me a consulente sobre a minha opinião legal em relação ao teor da tese apresentada na inicial e na contestação de ambos os processos, a ser analisada conforme os documentos que me foram apresentados. Como os argumentos são idênticos nos dois casos, eles serão analisados em conjunto.

9. A solução da questão envolve, antes de tudo — pelo respeito à hierarquia das fontes normativas —, o exame da legislação aplicável ao cheque para, após, serem examinados os usos e costumes aplicáveis à espécie, a fim de que se possa determinar se houve o descumprimento da lei ou dos referidos usos pelo banco sacado.

III — O direito aplicável

10. Necessário verificar, portanto, frente à lei e aos usos e costumes bancários — se ficar entendido que eles se aplicam à espécie —, quais os cuidados que deve tomar o emitente do cheque [...], e qual a extensão do exame que deve fazer o Banco, na presença do cheque que lhe é apresentado, para saber se a culpa deve ser atribuída ao Banco ou à correntista.

11. Importa relembrar, primeiro, quais os requisitos essenciais do cheque, que são aqueles previstos no art. 1º da Lei 7.357/1985 (Lei do Cheque), a saber:

> Art. 1º. O cheque contém:
>
> I — a denominação "cheque" inscrita no contexto do título e expressa na língua em que este é redigido;
>
> II — a ordem incondicional de pagar quantia determinada;
>
> III — o nome do banco ou da instituição financeira que deve pagar (sacado);
>
> IV — a indicação do lugar de pagamento;
>
> V — a indicação da data e do lugar de emissão;
>
> VI — a assinatura do emitente (sacador), ou de seu mandatário com poderes especiais.
>
> Parágrafo único. A assinatura do emitente ou a de seu mandatário com poderes especiais pode ser constituída, na forma de legislação específica, por chancela mecânica ou processo equivalente.

12. Esses requisitos são chamados pela doutrina essenciais, pois sem a presença deles o documento não será considerado um cheque. Ora, se a principal operação bancária é o pagamento de cheques, e se a operação questionada é precisamente a de pagamento de um cheque, é evidente que cada um desses requisitos deveria ter sido analisado detidamente pelo Banco, com o cuidado necessário a um profissional do crédito. Isto porque, como lembra Sérgio Carlos Covello: "a profissionalidade é o traço relevante das operações bancárias",[1] característica ressaltada por toda a doutrina, nacional e estrangeira.[2]

13. A doutrina estrangeira confirma amplamente nossa afirmação de que o exame das características essenciais do cheque deve ser feito em sua totalidade, não bastando o exame da assinatura do cliente para a exoneração de responsabilidade do banco. Assim, Jack Vézian, em sua monografia clássica sobre a responsabilidade do banqueiro:[3]

"Pour s'assurer que le titre qui lui est présenté émane bien de son client et contient les véritables instructions de celui-ci, le banquier ne peut se référer qu'à la forme du titre. C'est à travers la forme du cheque qu'il peut approcher la vérité, et découvrir parfois les fraudes éventuelles.

"• Le premier élément qu'il doit vérifier est l'éxistence sur le titre des mentions exigées par l'article 2 du décret-loi de 1935: *La dénomination de chéque, le mandat de payer une somme déterminée, la désignation du tiré, le lieu de paiment, la date et le lieu de création, la signature du tireur.*

"Si l'une delles fait défault, le banquier doit rejeter le chèque ou le renvoyer pour régularisation. Son paiement serait fautif s'il

1. Sérgio Carlos Covello, *Contratos Bancários*, 2ª ed., rev. e atual., São Paulo, Saraiva, 1991, p. 27.

2. Por toda a doutrina estrangeira a obra clássica de Joaquin Garrigues destaca, também, a profissionalidade das operações bancárias, em *Contratos Bancarios*, 2ª ed. rev., Madri, 1975, p. 11.

3. Jack Vézian, *La Responsabilité du Banquier en Droit Privé Français*, 3ª ed., Paris, Librairies Techniques, 1983, p. 102.

était effectué au vu d'un titre privé d'une mention obligatoire.

"• Le banquier a aussi l'obligation de s'assurer que le titre n'a pas fait objet d'altérations, grattages, lavages ou surcharges (...)."

14. Nossa legislação confirma, amplamente, o entendimento da melhor doutrina e, a título de exemplo, podemos lembrar que, quando o legislador brasileiro pretendeu exonerar o banco do exame de algum elemento do cheque, como ocorre com a conferência das assinaturas dos endossantes, ele o fez expressamente (Lei 7.357/1985, art. 39, *caput*).

15. É de se reconhecer, ainda, que, se — como afirmado nos documentos que me foram entregues pelo Banco —, a falsificação foi grosseira, o exame teria revelado de pronto a fraude, impedindo o pagamento do cheque adulterado. Isto porque, precisamente por se tratarem de elementos "essenciais", que dizem respeito à própria existência do cheque, eles têm que ser examinados com acuidade profissional.

16. Todavia, ainda que não fique provada a falsificação grosseira — o que se admite para argumentar —, a responsabilidade do Banco pelo pagamento do cheque falsificado permanecerá íntegra, como demonstra Joaquín Garrigues:[4] "A la responsabilidad del Banco en caso de falta de culpa por ambas partes nos conduce también la doctrina del riesgo profesional. Es inherente al tráfico bancario de cheques el peligro de que se presenten cheques falsificados, y el perjuicio de tener que pagarlos se compensa con el lucro que obtiene el Banco del conjunto de operaciones que realiza. La falsificación va dirigida contra el Banco, y aunque este no incurre en culpa, debe soportar las consecuencias del caso fortuito".

17. No mesmo sentido, na doutrina portuguesa, L. P. Moitinho de Almeida:[5] "(...) Por isso o banco depositário, que faz valer o seu interesse, deve reparar o dano causado no exercício da sua actividade; é um risco inseparável que pesa e deve pesar sobre a sua economia, cujo serviço de depósito e sua movimentação por meio de cheques obedece a escopo lucrativo e se integra na actividade empresarial do banco".

18. E, para reafirmar a unidade da doutrina, em nosso direito afirma o Professor Fábio Konder Comparato:[6] "(...) Cada estabelecimento bancário, por conseguinte, mantém-se ligado à esfera da relação contratual com o seu cliente respectivo: o banco sacado com o emitente do cheque e o banco cobrador com o depositante do título em conta. Se o banco cobrador, que remete o cheque à compensação, procede com negligência no exame do título recebido para crédito em conta de depósito, ou mesmo para simples cobrança, responde pelos prejuízos sofridos pelo emitente. Não se trata, reafirmamos, de uma responsabilidade cambial e, portanto, de natureza objetiva, mas de responsabilidade segundo o direito comum e as normas próprias do direito bancário, isto é, fundada em culpa do banqueiro que procede com negligência ou contrariamente às normas técnicas que regulam a sua atividade profissional".

19. Vistos estes requisitos, já assentou a doutrina a distinção entre o cheque falso, cuja assinatura é falsa desde o momento de sua emissão; o cheque falsificado, que é autêntico no momento de sua emissão sendo objeto de fraude posterior na assinatura do emitente; e o cheque adulterado, que, pelos dados que me foram fornecidos, é o caso em exame, pois no conceito dado por Egberto Lacerda Teixeira:[7] "A alteração representa a modificação indevida

4. Joaquín Garrigues, *Contratos Bancarios*, cit., p. 520.

5. L. P. Moitinho de Almeida, *Responsabilidade Civil dos Bancos pelo Pagamento de Cheques Falsificados*, Coimbra, Coimbra Editora, 1982, p. 108.

6. Fábio Konder Comparato, *Direito Empresarial: Estudos e Pareceres*, São Paulo, Saraiva, 1990, p. 458.

7. Egberto Lacerda Teixeira, *A Nova Lei Brasileira do Cheque*, 3ª ed., São Paulo, Saraiva, 1986 p. 66.

de outros requisitos essenciais do cheque, tais como: a data ou lugar da emissão; a soma a pagar; moeda do pagamento etc.".

20. A Súmula 28 do Supremo Tribunal Federal, à vista das incontáveis posições assumidas em torno da questão da responsabilidade do pagamento do cheque falso, adotou a seguinte distinção:

> O estabelecimento bancário é responsável pelo pagamento de cheque falso, ressalvadas as hipóteses de culpa exclusiva ou concorrente do correntista.

21. Como vimos, o Supremo Tribunal Federal não examinou a hipótese de cheque falsificado ou adulterado, apenas a do cheque falso, ainda que se possa entender que tomou os termos como equivalentes, como faz uma parte de nossa doutrina.

22. A questão também não foi abordada pela Lei Uniforme de Genebra, pois, como afirma Cunha Peixoto:[8] "A divergência entre os países que participaram da conferência de Genebra foi de tal monta que se resolveu conservar a questão fora da Lei Uniforme, deixando a cada país o encargo de legislar sobre o assunto".

23. A legislação brasileira, quando editada (Lei 7.357/1985), incorporou, em termos gerais, o que já dispunha a Súmula do Supremo Tribunal Federal, como afirma Maria Elizabete Vilaça Lopes.[9] Todavia, a nosso ver, foi mais longe que a doutrina e a jurisprudência que lhe antecederam e não distingue, quanto à responsabilidade do banco, o cheque falso do falsificado ou adulterado.

24. Como observa Egberto Lacerda Teixeira, a lei em vigor foi ainda mais longe:[10] "(...) impondo ao sacado ainda maior dever de vigilância quanto à regularidade formal do cheque, tanto na conferência da firma do emitente como na verificação dos demais requisitos do cheque, notadamente a enunciação da soma a pagar, objeto freqüente de alterações abusivas".

25. Ocorre que, ao ampliar a responsabilidade do banco, afirma, em qualquer hipótese, a responsabilidade do mesmo pelo pagamento, a não ser nos casos de culpa do correntista, do endossante ou do beneficiário, ampliando o disposto na Súmula 28 do Supremo Tribunal Federal. Transcrevemos o art. 39, parágrafo único, da Lei 7.357/1985 (grifos nossos):

> (...) *o banco sacado responde pelo pagamento do cheque falso, falsificado ou adulterado*, salvo dolo ou culpa do correntista, do endossante ou do beneficiário, dos quais poderá o sacado, no todo ou em parte, reaver o que pagou.

26. O Superior Tribunal de Justiça, por sua vez, a quem passou a competência para o exame da matéria na Constituição de 1988, examinou a tese em dois acórdãos principais, pois nos demais, tendo em vista estar em discussão o reexame de provas, não chegou a se firmar jurisprudência. Em nenhum deles foi excluída a responsabilidade do banco, ainda que tenha sido mitigada, pelo reconhecimento *expresso* da responsabilidade concorrente do correntista.

27. No primeiro, que examina a hipótese de cheque falsificado, tem a seguinte ementa:[11]

> *Cheque falsificado.*
>
> Reconhecida a culpa concorrente, do estabelecimento bancário e do correntista, impõe-se abrandar, mas não excluir, a responsabilidade do Banco.

28. No segundo, que examina a hipótese de cheque adulterado, o acórdão tem a seguinte ementa:[12]

8. Carlos Fulgêncio da Cunha Peixoto, *O Cheque*, v. 2, Rio de Janeiro, Ed. Revista Forense, 1952, p. 375.

9. Maria Elizabete Vilaça Lopes, *Comentários à Nova Lei do Cheque*, São Paulo, Resenha Tributária, 1985, p. 27.

10. Egberto Lacerda Teixeira, *A Nova Lei Brasileira do Cheque*, cit., p. 68.

11. STJ, agravo regimental do agravo de instrumento 20.436-9-MG, 4ª T., Rel. Ministro Athos Carneiro, j. 27.5.1992, unânime.

12. STJ, REsp 52.750-3-PE, 4ª T., Rel. Ministro Barros Monteiro, j. 12.9.1994, unânime.

Cheque adulterado. Culpa concorrente do estabelecimento bancário. Ônus da sucumbência. Distribuição.

Em hipótese de culpa concorrente, a responsabilidade do Banco é mitigada, dividindo-a com o correntista.

(...).

29. Quanto aos fatos que poderiam caracterizar a responsabilidade do correntista ou do banco, no caso em exame, eles serão examinados adiante, em título próprio.

IV — Os usos e costumes

30. Como examinado na descrição dos fatos que motivaram esta consulta, a [emitente] acusou o Banco de ter agido sem respeitar os "procedimentos bancários específicos". Esses procedimentos se encontram tanto na legislação — inclusive na sua interpretação jurisprudencial —, quanto nos usos e costumes, até mesmo por força do disposto no art. 4º da Lei de Introdução ao Código Civil.

31. A importância dos usos e costumes em matéria bancária não requer demonstração, tendo em vista que muitos deles, como o do cruzamento de cheques, se transformaram em lei, posteriormente.

Há casos em que a própria lei comercial determina que os usos e costumes sejam aplicados para suprir as lacunas, em matéria comercial, com preferência sobre as leis civis, como dispõe o art. 291 do Código Comercial, por exemplo.

32. A prova da existência dos usos e costumes das praças nacionais pode ser feita através de certidões das Juntas Comerciais, se lá estiverem registrados, dado que a elas incumbe o "assentamento dos usos e práticas mercantis" (Lei 8.934/1994, art. 8º, inc. VI; Decreto 1.800/1996, art. 7º, inc. VI).

Para se assegurar de sua atualidade, determina o Decreto referido (art. 88), que qüinqüenalmente, as Juntas Comerciais processarão a revisão e publicação da coleção dos usos ou práticas mercantis assentados na forma do artigo anterior.

33. Todavia, ainda que não estejam registrados, os usos e costumes podem ser provados por qualquer meio admitido em direito (arts. 332 e 337 do Código de Processo Civil), porque:[13] "sua condição de validade, isto é, o título que as faz normas integrantes do sistema repousa, porém, num elemento diferente daquele que conhecemos para as normas legais. Não se trata de procedimentos regulados por normas de competência, mas a própria *opinio necessitatis*, o processo de institucionalização que as consagra como normas obrigatórias".

34. Pelas razões expostas, é importante não confundir a vigência da norma consuetudinária, isto é, o início do prazo de sua validade, com o assento na Junta Comercial. Tércio Sampaio Ferraz Jr. explica que:[14] "Como ela não é promulgada, e exige um uso continuado no tempo, os sistemas jurídicos modernos encontraram uma espécie de *Ersatz* (substituto) para a promulgação: o costume tem de ser provado por quem o alega. A prova é do seu teor e não de que a norma já é vigente, mas isso cria uma condição de controle pela autoridade competente de que a norma consuetudinária existe".

Apenas quando o assento contraria a lei é que ele deve ser afastado, em função da hierarquia normativa.

35. Entre esses costumes, um se aplicaria particularmente ao caso em exame, que é o da consulta feita ao emitente por ocasião do pagamento de cheques de elevado valor.

Este costume é reconhecido não só na nossa prática bancária como, também, no direito comparado, o que demonstra a sua universalidade. Por exemplo, Jack Vézian afirma, ainda analisando a responsabilidade dos bancos pelo pagamento de cheques adulterados, e confrontando a necessidade de pagamento imediato dos cheques com a necessidade de segurança dos pagamen-

13. Tércio Sampaio Ferraz Jr., *Introdução ao Estudo do Direito — Técnica, Decisão, Dominação*, São Paulo, Atlas, 1988, p. 218.

14. Tércio Sampaio Ferraz Jr., ob. cit., p. 219.

tos:[15] "Notons que la rapidité du paiement ne constitue pas une excuse valable en toutes hypothèses. Si le banquier relève une anomalie ou un indice quelconque qui le fait douter de l'authenticité du titre, il doit surseoir au paiement et demander une confirmation à son client".

36. Em nosso direito, antiga jurisprudência do Tribunal de Justiça do Estado de São Paulo já reconhecia a existência do costume da consulta ao correntista no caso de cheques de valor elevado, sem a qual o banco seria sempre responsável pelo pagamento. Ainda que a posição tomada pelo Tribunal tenha sido questionada em doutrina, entendemos que esta não tem razão, pois confundiu os requisitos do cheque previstos, à época, pela Lei Uniforme de Genebra sobre Cheques, com a responsabilidade decorrente pelo seu pagamento indevido, matéria afeta à responsabilidade civil.[16]

37. O reconhecimento deste costume, também, pelo comércio, está revelado, inclusive, pelo Superior Tribunal de Justiça, reconhecendo o Ministro Vicente Cernicchiaro tratar-se uma tentativa de estelionato impedida pela consulta prévia de cheque de crime impossível, pois a consulta impediu a sua consumação.[17]

38. O Tribunal de Alçada do Paraná também reconheceu o procedimento de consulta de cheques pelos bancos como um costume ao responsabilizar ambas as agências, inclusive a portadora, pela falta de consulta, em acórdão com a seguinte ementa:[18]

Cheque. Extravio, perda ou furto.

(...).

Falta de cautela das agências envolvidas, inclusive a portadora — Aceitação de operação de alto valor sem consulta ao emitente — Boa-fé deste configurada (...).

39. Por esses argumentos, entendemos existente e aplicável o procedimento de consulta de cheques pelos bancos, se estes se revelam de valor elevado — e os valores dos cheques, no caso em exame, são elevados por qualquer critério que se adote —, razão pela qual não temos dúvida em afirmar, pelo conjunto dos fatos, analisados abaixo, a responsabilidade do banco pela falta de consulta.

O comportamento do emitente

40. Analisando-se o comportamento da [emitente] — como consta nos documentos analisados —, bem como a inexistência de outros comportamentos excludentes de responsabilidade do Banco previstos em nossa lei, vê-se que, além dos requisitos essenciais à existência do cheque ela acrescentou outros, a saber:

a) o cruzamento do cheque;

b) a sua destinação, que era o pagamento de tributos.

41. Ora, o uso de mais requisitos do que a lei prevê, no preenchimento do cheque, denota excesso de zelo, não a sua falta, de forma que não se pode imputar dolo ou culpa àquele que age com excesso de cuidado, sabendo-se que o dolo se caracteriza pela intenção de causar dano a outrem e que a culpa se caracteriza pela omissão, negligência ou imprudência (Código Civil, art. 159), exatamente o contrário do que ocorreu no caso em exame.

Assim, o dolo fica afastado em razão do próprio emitente ter sido o prejudicado; a culpa em razão do excesso de zelo na sua

15. Jack Vézian, *La Responsabilité...*, cit., p. 103.

16. TJSP, apelação cível 50.661-1-Mogi das Cruzes, 6ª C., Rel. Desembargador Camargo Sampaio, j. 20.9.1984, unânime, publicado, com comentários de Haroldo Malheiros Duclerc Verçosa, "Banco — Pagamento de cheque — Valor adulterado — Inexistência de culpa do correntista — Responsabilidade do estabelecimento bancário. Comentários à jurisprudência", na *RDM* 64/71-75, nova série, 1986.

17. STJ, *habeas corpus* 7.597-SP, 6ª T., Rel. Ministro Vicente Cernicchiaro, j. 17.11.1998, unânime.

18. TAPR, apelação cível 0099922400-Maringá, 6ª CCível, Juiz Ruy Fernando de Oliveira, j. 10.3.1997, ac. 5.761, publicação 21.3.1997, *JUIS — Jurisprudência Informatizada Saraiva* 29, 3º trim. 2002.

conduta, que revela maior cuidado que o previsto em lei.

42. Ficou demonstrado, portanto, que o emitente tomou todos os cuidados que a Lei do Cheque lhe permitia para obter o maior grau possível de segurança jurídica, afastando qualquer alegação no sentido de sua responsabilidade.

43. Resta analisar, ainda, a alegação de que a [emitente] deveria ter feito o pagamento por si mesma, ao invés de "ter contratado os serviços de empresa de entregas". Para acreditar que esse procedimento pode, por si, caracterizar a culpa ou dolo da [emitente], teríamos que imaginar uma pessoa jurídica que tivesse a capacidade de se dirigir pessoalmente a um banco, não sendo necessário ser jurista para saber que esses atos só podem ser praticados por pessoas físicas, humanas, sejam elas seus diretores, gerentes, empregados ou prepostos, pois a pessoa jurídica só pode agir por meio de seus representantes (Código Civil, art. 17).

Ora, se não se pode exigir comportamento diverso do agente, não há que se falar em dolo ou culpa do emitente do cheque, ficando excluída a primeira hipótese de exclusão de responsabilidade do banco sacado, a que consiste na existência de "dolo ou culpa do correntista" (Lei 7.357/1985, art. 39, parágrafo único).

44. A responsabilidade do endossante, segunda hipótese excludente da responsabilidade do banco, a que consiste na existência de "dolo ou culpa (...) do endossante" (Lei 7.357/1985, art. 39, parágrafo único) também não ocorreu, pois não houve endosso no cheque.

45. A responsabilidade do beneficiário, terceira e última hipótese excludente de responsabilidade do banco, também não pode ter ocorrido, pois o beneficiário, que era a Fazenda Pública, a quem estava destinado o pagamento do ICMS não recebeu o cheque, nem o dinheiro. A expressão legal é "dolo ou culpa (...) do beneficiário" (Lei 7.357/1985, art. 39, parágrafo único).

V — O comportamento do banco

46. Na ausência de qualquer das excludentes de responsabilidade previstas acima, o banco sacado responde sempre pelo pagamento indevido do cheque, como é o caso em exame, com fundamento no disposto na Lei 7.357/1985, art. 39, parágrafo único.

47. Tanto é assim, que no Processo n. ..., acima referido, foi prolatada sentença reconhecendo a responsabilidade exclusiva do Banco... S/A pelo pagamento do cheque, sendo condenado à restituição do seu valor acrescido de juros de mora a partir da citação e corrigidos monetariamente desde a data de compensação da cártula, ao pagamento de indenização por danos morais e ao pagamento de honorários advocatícios decorrentes da sucumbência.

VI — Da responsabilidade civil dos bancos

48. Esclarece Geneviève Viney sobre a natureza da responsabilidade que decorre da relação dos profissionais com seus clientes:[19] "Généralement, on admet aujourd'hui que ces relations sont contractuelles. Toutefois l'affirmation de cette qualification a donné lieu, dans certains cas, à beaucoup d'hésitations".

49. No caso em exame, essa dúvida que se colocou a grande jurista, sobre a natureza da responsabilidade dos profissionais (no nosso caso, o Banco) na relação com seus clientes, não chega a nos afligir. Isto porque foi o próprio legislador que a resolveu para nós.

Como vimos acima, no item 25, ao transcrever o art. 39, parágrafo único, da Lei do Cheque (Lei 7.357/1985), o legislador determinou que "(...) *o banco sacado responde pelo pagamento do cheque falso, falsificado ou adulterado*, salvo dolo ou culpa do correntista (...)". Determinou, por-

19. Geneviève Viney, "Introduction à la responsabilité", in Jacques Guestin (coord.), *Traité de Droit Civil*, 2ª ed., Paris, LGDJ, 1995, p. 322.

tanto, o legislador, a culpa presumida do banco pelas operações com os seus clientes, o que significa que eles têm o ônus de provar a culpa do cliente, para que dela possam se exonerar.

Até que essa prova seja realizada, e, se acolhida, tenha transitado em julgado, presume-se o banco responsável pelas operações com seus clientes, como é o caso em exame.

50. Poderíamos discutir, como o faz Geneviève Viney, se a responsabilidade de que se trata no caso é de natureza contratual ou extracontratual. Poderíamos discutir, ainda, se essa responsabilidade tem fundamento na teoria da culpa ou no risco, apenas para chegar à conclusão que chegou Alvino Lima na sua obra clássica *Da Culpa ao Risco*, após o estudo do tema, das fontes romanas aos dias de hoje:[20] "Ambas, porém, continuarão a subsistir, como forças paralelas, convergindo para um mesmo fim, sem que jamais, talvez, se possam exterminar ou confundir, fundamentando, neste ou naquele caso, a imperiosa necessidade de ressarcir o dano, na proteção dos direitos lesados".

51. Chegaríamos, certamente, à mesma conclusão a que chegou Aguiar Dias após a leitura da obra de Alvino Lima: o interesse na questão das teorias aplicáveis não tem "nenhuma influência sobre os problemas da responsabilidade civil".[21]

52. Assim, evitando a erudição desnecessária, voltamos a afirmar: a culpa do banco é presumida, na forma da lei, e ele só se desincumbe dela com o trânsito em julgado da sentença que lhe venha a ser favorável.

VII — Do dano moral

53. Como acima explanado, conseqüência lógica da responsabilização das instituições financeiras pelo pagamento de cheque falso, falsificado ou adulterado, é a condenação do banco à restituição do seu valor, acrescido de juros de mora e correção monetária a incidir da data de compensação da cártula.

Porém, a responsabilização do banco não se limita a indenizar os prejuízos financeiros suportados pelo correntista. Este possui, ainda, direito a perceber pagamento de valor a título de danos morais. Como demonstra Caio Mário da Silva Pereira:[22] "O fundamento da reparabilidade pelo dano moral está em que, a par do patrimônio em sentido técnico, o indivíduo é titular de direitos integrantes de sua personalidade, não podendo conformar-se a ordem jurídica em que sejam impunemente atingidos. Colocando a questão em termos de maior amplitude, Savatier oferece uma definição de dano moral como 'qualquer sofrimento humano que não é causado por uma perda pecuniária', e abrange todo atentado à reputação da vítima, à sua autoridade legítima, ao seu pudor, à sua segurança e tranqüilidade, ao seu amor-próprio estético, à integridade de sua inteligência, a suas afeições etc." (*Traité de la Responsabilité Civile*, v. II, n. 525).

54. A extensão do dano moral às pessoas jurídicas é hoje pacífica em nosso direito, reconhecida pela Súmula 227 do Superior Tribunal de Justiça.

55. O valor determinado pelo Tribunal leva em consideração o porte da empresa e atende, perfeitamente, ao critério de razoabilidade determinado pelo Superior Tribunal de Justiça. Exemplificando, no ano passado, em julgamento unânime, o Superior Tribunal de Justiça concedeu indenização por dano moral, a uma pessoa física que teve o seu nome incluído injustamente em cadastros de proteção ao crédito, no valor de R$ 50.000,00 (cinqüenta mil reais).[23]

56. Dentro do mesmo critério, uma indenização de 1.000 (mil) salários míni-

20. Alvino Lima, *Da Culpa ao Risco*, 2ª ed., rev. e atual., São Paulo, Ed. RT, 1999, p. 41.

21. José de Aguiar Dias, *Da Responsabilidade Civil*, v. I, 6ª ed., rev. e aum., Rio de Janeiro, Forense, 1979, p. 43.

22. Caio Mário da Silva Pereira, ob. cit., p. 61.

23. STJ, REsp 261.160-SP (2000/0053304-1), 3ª T., Rel. Ministro Ari Pagendler, j. 17.5.2001, unânime.

mos para uma pessoa jurídica do porte da [emitente] é nada mais que razoável, sendo apenas quatro vezes maior que a concedida a uma pessoa física pelo Tribunal, até mesmo porque, como frisou o Ministro Relator a indenização se destina a "desestimular o ofensor de práticas desse jaez" (transcrição do voto do Relator).

VIII — Conclusão

Pelos motivos expostos, e conforme os documentos apresentados, afirmamos a nossa opinião legal no sentido da responsabilidade do Banco pelo pagamento dos cheques referidos no início de nossa exposição, excluída a responsabilidade da correntista.

Tomando-se por base o acima exposto, entendemos que a fixação de danos morais no Processo n. ..., foi perfeitamente razoável, posto que considerou as condições econômico-financeiras das partes envolvidas.

São Paulo, 20 de agosto de 2002.

* * *

Impressão e acabamento:
GRÁFICA PAYM
Tel. (011) 4392-3344